江苏税收发展研究报告

2016

主编 王开田

南京大学出版社

图书在版编目(CIP)数据

江苏税收发展研究报告. 2016 / 王开田主编. — 南京：
南京大学出版社，2017.6
ISBN 978-7-305-18713-1

Ⅰ. ①江… Ⅱ. ①王… Ⅲ. ①地方税收—税收管理—
研究报告—江苏—2016 Ⅳ. ①F812.753.042

中国版本图书馆 CIP 数据核字(2017)第 114471 号

出版发行　南京大学出版社
社　　址　南京市汉口路 22 号　　　邮　编　210093
出 版 人　金鑫荣
书　　名　**江苏税收发展研究报告(2016)**
主　　编　王开田
责任编辑　秦　露　王日俊

照　　排　南京南琳图文制作有限公司
印　　刷　虎彩印艺股份有限公司
开　　本　787×1092　1/16　印张 17.75　字数 455 千
版　　次　2017 年 6 月第 1 版　　2017 年 6 月第 1 次印刷
ISBN 978-7-305-18713-1
定　　价　136.00 元

网址：http://www.njupco.com
官方微博：http://weibo.com/njupco
官方微信号：njupress
销售咨询热线：(025) 83594756

指导委员会

主　　任　陈章龙　宋学锋

委　　员　徐　莹　赵芝明　鞠兴荣　王开田

　　　　　章寿龙　潘　镇　谢科进　邢孝兵

　　　　　党建兵　张为付　宣　烨

编写委员会

主　　编　王开田

副主编　田志刚

编写人员　陈桂华　毛翠英　王红领　任巧玲

　　　　　柏　洁　高晓鹤　王　蓉　刘冰川

　　　　　石向庆

本书为江苏高校优势学科建设工程(PAPD)、江苏现代服务业协同创新中心(CNISCC)、江苏高校人文社会科学校外研究基地"江苏现代服务业研究院"(JIMSI)、江苏省重点培育智库"现代服务业智库"的研究成果。

书　　　名:江苏税收发展研究报告 2016

主　　　编:王开田

出 版 社:南京大学出版社

目　录

综合篇

Part Ⅰ

政策篇

Part Ⅱ

数据篇

Part Ⅲ

征管篇

Part Ⅳ

综合篇

第一章　经济新常态与税收新常态

一、新常态概述

(一) 相关背景

改革开放以来,我国经济整体迅猛发展,一跃成为世界第二大经济体。根据《中国统计年鉴》(2016)所披露的数据(见表 1-1),进入新世纪以后,我国每年的经济增速均高位运行,突出表现为 2003—2007 年中每年的 GDP 增速均保持在两位数,"十一五"时期的年均经济增长率更是高达 11.2%。可以说,在这段时期,我国经济总体水平不断提升、国家综合实力不断增强,效果卓著。但是,进入"十二五"以后,经济增速却呈现出明显的下行趋势,2011年的经济增长率由上年的两位数增速降为 9.5%,2012 年和 2013 年则更是降到低于 8% 的增速,2014 年一季度的 GDP 增长率更是进一步降至 7.4%,趋势而言降势明显,由此中国的经济增长格局正式开启了换挡的大幕。与此同时,受经济总体格局增速下行的影响,经济发展方式也开始发生深刻的变化,中国经济在增长可持续性、增长速度、增长动力、增长模式等方面均呈现出了较以往的大不同,经济发展呈现出鲜明的新阶段的特征。

在这样的宏观大背景下,2014 年 5 月,习近平总书记在河南考察时首次提出了"新常态"的重要论述:"我国发展仍处于重要战略机遇期,我们要增强信心,从当前我国经济发展的阶段性特征出发,适应新常态,保持战略上的平常心态。"2014 年 11 月 9 日,习近平在亚太经合组织(APEC)工商领导人峰会上发表演讲时,首次在国际场合中对中国经济"新常态"作出了全面阐述。在介绍中国经济呈现出"新常态"的三个特点基础上,明确提出新常态也将给中国带来新的发展机遇:一是新常态下,中国经济增速虽然放缓,实际增量依然可观;二是新常态下,中国经济增长更趋平稳,增长动力更为多元;三是新常态下,中国经济结构优化升级,发展前景更加稳定;四是新常态下,中国政府大力简政放权,市场活力进一步释放。全面深化改革的力度被定义为是能否适应新常态的关键。由此,"新常态"成为中国经济发展转轨换挡新阶段的统称。本书中以"新常态"首次提出来的时间为节点,以 2014 年作为前后转换的时间分界线。当然,经济发展的阶段性是一个动态的连续的过程,而不可能是一个静态的、有明确分界点的时点概念,但从趋势变化的强弱程度以及与党中央对经济形势的判断相统一的原则来考虑,本书以 2014 年作为"旧常态"与"新常态"的分界年份是比较合理可行的。

表 1-1　2001—2014 年中国 GDP 增速　　　　　　　　　单位:%

年份	GDP 增长率	年份	GDP 增长率
2001	8.3	2003	10
2002	9.1	2004	10.1

(续表)

年份	GDP 增长率	年份	GDP 增长率
2005	11.4	2010	10.6
2006	12.7	2011	9.5
2007	14.2	2012	7.9
2008	9.7	2013	7.8
2009	9.4	2014	7.3

(二) 基本概念与主要特点

所谓"新常态",是指一种趋势性、结构性的新的发展状态,是当前和未来一段时期所面临的经济运行状态的阶段性改变,即从原来旧的状态向一种新的相对稳定的常态的转变。习近平主席从三个特点的角度对新常态阶段的经济格局作出了界定:一是增长速度由高度增长换挡为中高速增长;二是经济结构要不断优化升级;三是增长动力将从要素驱动、投资驱动转向创新驱动。这三个特点后被形象地描述为是中国经济开始进入"经济增长速度换挡期、结构调整阵痛期、前期刺激政策消化期"等三期叠加的新常态。提质增效被概括为是新常态的本质。具体来看[①]:

经济增速的新常态主要是政府主导的投资驱动型经济将转向市场引导的需求自主型经济,这导致中国经济的潜在增长率将降至 6%—7% 的中高速增长区间。中国经济发展从高速增长转为中高速增长,增速更趋平稳,虽有小幅上下波动,但将继续运行在合理区间,这就是一种经济增速的新常态。

结构调整的新常态主要是根据国际经验和我国现实情况看,新常态下的明显特征是经济增速"下台阶"、经济效益"上台阶"。动力结构从要素驱动、投资驱动转向创新驱动,人力、资源的粗放、无效投入明显下降,技术进步和创新等高效投入增长(如研发经费占 GDP 的比重增加)并推进经济质量和效益提升。在先进生产力不断产生和扩张,落后生产力不断萎缩和退出的进程中,经济内生的新动力逐步集聚,新经济的成分萌芽成长。

宏观政策的新常态主要是指而对经济下行压力,中国将有更大的容忍度,坚持转方式、调结构不动摇,坚持改革不动摇,在宏观调控政策上保持定力。要增强货币政策的传导性,有效运用货币政策的"有保有压"功能。要充分发挥市场配置资源的决定性作用。

最终,"保持战略上的平常心态",是以微调、预调等结构改革取代强刺激,将成为此后宏观政策的新常态。

(三) 基本趋势特征

"新常态"的经济发展阶段特征一经提出便引起了强烈的关注与热议,更成为国家宏观经济政策调整与指导的方向性定位。基于对"新常态"认识的多样性,在 2014 年 12 月召开的中央经济工作会议上,对经济"新常态"的内涵、特点和趋势性变化做出了系统的阐述与说明。会议首次确定了经济发展新常态的九大趋势性变化,提出要认识新常态、适应新常态和引领新常态。此次中央经济工作会议从消费需求、投资需求、出口和国际收支等九大方面阐

---

① 郭晓风. 新常态与新思路[J]. 江苏商论,2014(12):77.

释了"新常态"所呈现出的新型特征,具体包括:

(1)从消费需求看,由过去明显的模仿型排浪式特征转为个性化、多样化消费渐成主流,保证产品质量安全、通过创新供给激活需求的重要性显著上升,必须采取正确的消费政策,释放消费潜力,使消费继续在推动经济发展中发挥基础作用。

(2)从投资需求看,经历了30多年高强度大规模开发建设后,传统产业相对饱和,但基础设施互联互通和一些新技术、新产品、新业态、新商业模式的投资机会大量涌现,对创新投融资方式提出了新要求,必须善于把握投资方向,消除投资障碍,使投资继续对经济发展发挥关键作用。

(3)从出口和国际收支看,国际金融危机发生前国际市场空间扩张很快,出口成为拉动我国经济快速发展的重要动能,之后全球总需求不振,我国低成本比较优势也发生了转化,同时我国出口竞争优势依然存在,高水平引进来、大规模走出去正在同步发生,必须加紧培育新的比较优势,使出口继续对经济发展发挥支撑作用。

(4)从生产能力和产业组织方式看,过去供给不足是长期困扰中国的一个主要矛盾,现在传统产业供给能力大幅超出需求,产业结构必须优化升级,企业兼并重组、生产相对集中不可避免,新兴产业、服务业、小微企业作用更加凸显,生产小型化、智能化、专业化将成为产业组织新特征。

(5)从生产要素相对优势看,过去劳动力成本低是最大优势,引进技术和管理就能迅速变成生产力,人口老龄化日趋发展,农业富余劳动力减少,要素的规模驱动力减弱,经济增长将更多依靠人力资本质量和技术进步,必须让创新成为驱动发展的新引擎。

(6)从市场竞争特点看,由过去主要是数量扩张和价格竞争,逐步转向质量型、差异化为主的竞争,统一全国市场、提高资源配置效率是经济发展的内生性要求,必须深化改革开放,加快形成统一透明、有序规范的市场环境。

(7)从资源环境约束看,过去能源资源和生态环境空间相对较大,基于现时环境承载能力已经达到或接近上限,必须顺应人民群众对良好生态环境的期待,推动形成绿色低碳循环发展新方式。

(8)从经济风险积累和化解看,伴随着经济增速下调,各类隐性风险逐步显性化,风险总体可控,但化解以高杠杆和泡沫化为主要特征的各类风险将持续一段时间,必须标本兼治、对症下药,建立健全化解各类风险的体制机制。

(9)从资源配置模式和宏观调控方式看,全面刺激政策的边际效果明显递减,既要全面化解产能过剩,也要通过发挥市场机制作用探索未来产业发展方向,必须全面把握总供求关系新变化,科学进行宏观调控。

这些趋势性变化说明,我国经济转向了形态更高级、分工更复杂、结构更合理的阶段演化路径,经济发展进入新常态,从高速增长转向中高速增长,经济发展方式正从规模速度型粗放增长转向质量效率型集约增长,经济结构从"增量扩能"为主转向"调整存量、做优增量"并存的深度调整,经济发展动力则是从传统增长点转向新的增长点。此后,如何正确认识新常态、适应新常态、引领新常态,便成了我国经济发展的大逻辑与纲领性框架。

二、经济新常态与税收新常态

众所周知,经济决定税收,而税收作为政府宏观调控的主要间接杠杆之一,对经济发挥着巨大且重要的反作用。基于这一基本原理,经济进入"新常态"的发展阶段之后,必然会带来税收的"新常态"格局;与此同时,税收的"新常态"也会嵌入到经济发展的综合体系之中。

(一)经济新常态决定税收新常态

作为税收的经济基础,经济新常态将不可避免对税收规模、税收结构、税收增长趋势、税收征管以及税制改革等方面发挥直接的基础性作用,税收将在新常态的宏观经济环境中寻求平稳与高效的运行。这些约束性作用具体表现在:

第一,从税收总体规模角度来看,经济是税收的源泉。经济发展新常态,既有消费模式的变换、投资机会的变迁、进出口格局的变化,又有产业组织的更新、经济增长驱动力的更替、市场竞争的更迭,以及发展方式的转型、经济风险类型的转变和未来产业发展的转向等。这些特征直接影响税源结构和税收增长。总的来看,我国经济增长从高速转为中高速,这只是速度的换挡,但增长趋势不变。税收增长也会相应放缓,但随着经济结构的优化以及新产业、新业态等不断出现,将为税收增加新的增长点和动力。

第二,经济结构与产业结构的转换必然导致税源结构发生变化,税收改革必须与之协同。随着经济增长动能的转换,新的产业结构与经济结构会通过作用于税源结构的变化从而直接带来税收结构的新常态。这种结构性的税收新常态可以表现为地域性分地区的税收新结构(如东部、中部与西部之间),也可以表现为不同产业、行业之间的税收结构变迁(如第三产业中的服务业税收比重增加,房地产业税收所占比重下降)。这种税收结构的变化既是对经济结构性调整的一个反应,同时也可以理解为是经济转型升级、新的税收增长点形成情况取得进展的一个反馈指标。

第三,新常态的经济形势变迁会对税制改革提出直接的迫切要求。我国1994年所开始实施的分税制财税管理体制是在需求激励型的旧常态模式下建立并运作的,而新时期无论是经济结构的变迁还是经济增长动能的转换,侧重点已由"需求侧"逐步向"供给侧"改变,这就对税收制度必须与时俱进地进行改革提出了迫切的现实要求。因此,必须推进税制改革,以适应经济发展新常态的要求,有针对性地照应速度变化、结构变化、动力转换三大特点及九个趋势性变化进行税收制度的改革与调整。如现已开展的"营改增"工作及环境保护税的拟开征,便是这一税收制度变革需求的经典实践。

第四,税收征管方式及税收优惠侧重点等将发生变化。首先是法治经济的深化发展必然推动依法治税、依法征税水平的提高。税务部门依法征税、权力和责任一致,纳税人依法纳税、权利和义务对等,这既是转变职能的反映,也是现代税收文明的体现。税收征纳双方都崇法守法,才能构建起一个善治的税收秩序。此外,国家在新常态下的战略安排(如一带一路)、调控政策(如供给侧改革、去僵尸企业)、引导措施(如大众创业、万众创新)也必然会对税收优惠政策的调整与实施产生影响,例如伴随着产业结构优化升级、保障和改善民生等经济社会发展重点,会给小微企业扶持发展、鼓励大众创业和万众创新税收优惠政策等政策方面带来直接的影响。

第五,新常态也将对中国的国际税收以及税收的国际化产生影响。毫无疑问,中国在改革开放后作为出口依赖增长模式的国家,新常态所带来的进出口格局的变化以及税收制度的变革,都会或多或少给国际税收带来影响。与此同时,伴随着"一带一路"战略推进,配套的税收政策会直接带来税收国际化的影响,如周边相关国家都很关心中国的关税政策,便是典型例证。可以说,新常态下的税收是国际化的税收。

(二) 税收新常态对经济的反作用

经济"新常态"客观上决定了税收"新常态",而税收环境的复杂深刻变化也催生了税收"新常态"。同时,税收作为反映经济运行状况的晴雨表,特别是目前我国以商品税为主的单一税制结构对所属经济状况的反映尤为敏感,因此,必须重视税收对经济的影响。

税收的收入职能、调控职能对经济能动地发挥刺激作用。一方面,税收是经济的窗口,税收收入直接反映经济运行状况,加之税收数据的真实性和可靠性,因此,从税收收入角度来分析地区经济运行情况,能够更好地把握未来区域经济布局和产业结构调整的方向。另一方面,税收既是政府促进区域经济发展的物质保障,也是政府进行宏观经济调控的重要手段,政府可以运用税收政策加快区域产业结构调整和经济发展方式的转变,从而促进区域经济的持续健康快速发展。

第二章　新常态下江苏省社会经济运行

一、新常态下江苏省经济运行概况

总体而言,在进入新常态后的 2014—2015 年,与全国全局性的经济形势相一致,江苏省也面对了复杂多变的宏观经济环境和艰巨繁重的改革发展稳定任务,稳中求进一直是全省工作的总基调。经过努力,进入新常态阶段后,江苏统筹做好稳增长、促改革、调结构、惠民生、防风险各项工作,经济社会发展实现了总体稳定、稳中有进。2014 年,重生态也是江苏的一项重要工作,当年主要经济指标增幅保持在合理区间,综合实力再上新水平,结构调整实现新进展,发展质量有了新提升,改善民生取得新成效。而 2015 年江苏省更是主动适应经济发展新常态,在做到经济社会发展总体平稳、稳中有进的基础上还实现了稳中有好,转型升级取得新进展,社会事业获得新进步。

(一) 全省经济在转型升级中平稳增长

在进入新常态的两年中,江苏省经济运行总体情况见下表:

表 2-1　2014—2015 年江苏省经济发展总体情况　　　　　　　单位:亿元

综合指标		2014 年	2015 年
地区生产总值	总额	65 088.3	70 116.4
	增长率	8.7%	8.5%
第一产业增加值	总额	3 634.3	3 988
	增长率	2.9%	3.2%
第二产业增加值	总额	31 057.5	32 043.6
	增长率	8.8%	8.4%
第三产业增加值	总额	30 396.5	34 084.8
	增长率	9.3%	9.3%
人均生产总值	总额(元)	81 874	87 995
	增长率	8.4%	8.3%
全年平均每位从业人员创造的增加值	总额(元)	136 730	147 314
	增加额(元)	12 433	10 584

上表清楚地说明,进入新常态后,江苏省整体上的经济形势发展依然较好,"总体平稳、稳中有进"特征明显。但是从两年中的短期对比的增长率角度来看,2015 年全年实现地区生产总值、第二产业增加值、人均生产总值的增长速度均低于 2014 年的指标增速,全年平均

每位从业人员创造的增加值在总额实现增长的基础上也呈现出增量下降的现象。这些都在一定程度上展示了新常态下"增速换挡"的特征。但从具体增幅差异程度而言,江苏省在过去的两年中整体上降幅不大,尤其可贵的是,第三产业增加值保持了相同的增长速度,稳中求发展的特征尤为显著。

(二) 产业结构不断优化

进入新常态后,江苏省的产业分别在动态调整的基础上呈现出结构优化的明细特征。三次产业增加值的比例由 2014 年的 5.6∶47.7∶46.7 调整为 2015 年的 5.7∶45.7∶48.6,实现了产业结构由"二三一"向"三二一"的标志性转变。产业结构的优化升级带来了显著的成效,2014 年全年实现高新技术产业产值 5.7 万亿元,比上年增长 10.4%;占规上工业总产值比重达 39.5%,比上年提高 1.0 个百分点;新兴产业销售收入比上年增长 13.2%。2015 年则实现了全年高新技术产业产值 6.1 万亿元,比上年增长 7.6%;占规上工业总产值比重达 40.1%,比上年提高 0.6 个百分点。战略性新兴产业销售收入 4.5 万亿元,比上年增长 10.4%;占规上工业总产值比重达 29.4%,比上年提高 0.7 个百分点。

进入新常态阶段,江苏省的服务业发展势头较好。2014 年江苏省服务业发展加快,全年实现服务业增加值 30 396.5 亿元,比上年增长 9.3%;占 GDP 比重达 46.7%,同比提高 1.2 个百分点。到了 2015 年,全年服务业增加值占 GDP 比重则又提高了 1.6 个百分点。

(三) 经济活力持续增强

进入新常态阶段后,江苏省整体的经济活力情况保持了较好的增长势头,详情见表 2-2。无论是从最能反映经济增长活力的非公有制经济增加值总体角度来看,还是从私营个体经济、年末工商部门登记的私营企业等个体指标来看,进入新常态后,江苏省的经济活力均显现出不断增强的特征。2014 年和 2015 年中,全年非公有制经济实现增加值总量规模均增长,但遗憾的是动态角度来看的年增长率由 2014 年的 9.2% 降为了 2015 年的 8.8%;注册资本的增速则最为显著,由 2014 年的 17.4% 一跃上升为 2015 年的 30.7%;其他指标均在基本持平的水准上保持了平稳的增长势头。这充分凸显出江苏省全省经济发展与全国整体"新常态"经济形势的一致性,同时也符合江苏省在全国经济大棋中的基本地位。2014 年江苏省扎实推进新型城镇化,年末城镇化率达到 65.2%,比上年提高了 1.1 个百分点;而 2015 年这些数据则分别为 66.5% 和 1.3 个百分点,成效显著。

表 2-2　2014—2015 年江苏省经济活力情况　　　　　　　　单位:亿元

综合指标		2014 年	2015 年
非公有制经济增加值	总额	43 869.5	47 398.7
	增长率	9.2%	8.8%
	占 GDP 比重	67.4%	67.6%
私营个体经济占 GDP 比重	比重	42.8%	43.4%
	增长率	0.5%	0.6%

（续表）

综合指标			2014 年	2015 年
年末工商部门登记的私营企业	总户数(万户)		157.4	182.2
	新增户数(万户)		27.8	39.4
	注册资本	总额	55 825.1	72 965.4
		增长率	17.4%	30.7%
	个体户(万户)	总额	371.1	387.2
		新增	63.4	63.7

（四）区域经济协调发展

伴随着新常态阶段经济形势的综合变化,江苏省加大了转型升级步伐,下力气推动区域经济协调发展。2014 年,苏南转型升级步伐加快,创新发展能力和国际竞争力进一步增强;苏中、苏北大部分指标增幅继续高于全省平均水平,经济总量对全省的贡献率达 44.6%,比 2013 年提高了 0.4 个百分点;沿海开发顺利推进,沿海地区实现生产总值 11 454.2 亿元,比上年增长 10.6%,对全省经济增长贡献率达 18.5%。

经过努力,到了 2015 年,江苏省的区域发展更趋协调。苏南现代化建设示范区引领带动作用逐步显现,苏中融合发展、特色发展加快推进,苏北大部分指标增幅保持住了继续高于全省平均水平的格局,苏中、苏北经济总量对全省的贡献率达 46.2%,比 2014 年提高 1.4 个百分点;沿海开发有力推进,沿海地区实现生产总值 12 521.5 亿元,比上年增长 10.1%,对全省经济增长贡献率达 19.4%。

二、新常态下江苏省经济运行与人民生活

（一）居民消费价格温和上涨

进入新常态阶段后,江苏省的居民消费价格保持了温和上涨的势头。2014 年中,江苏全年居民消费价格比上年上涨 2.2%(涨幅同比下降 0.1 个百分点),其中城市、农村均上涨 2.2%;而 2015 年这些数据则分别为 1.7%、1.7% 和 1.5%。具体而言,分类别的居民消费价格指数及其构成情况见下表:

表 2-3　居民消费价格指数及其构成情况(以上年为 100)

指标	2014 年			2015 年		
	全省	城市	农村	全省	城市	农村
居民消费价格	102.2	102.2	102.2	101.7	101.7	101.5
食品	102.6	102.7	102.5	103.0	102.8	103.5
♯粮食	103.6	103.4	103.8	102.6	102.2	103.2
烟酒	98.6	98.6	98.8	101.9	101.7	102.4
衣着	103.9	104.0	103.6	103.0	103.1	102.7
家庭设备用品及维修服务	103.3	103.4	102.9	102.8	103.0	102.1

（续表）

指标	2014 年			2015 年		
	全省	城市	农村	全省	城市	农村
医疗保健及个人用品	101.8	101.3	103.4	101.6	101.6	101.7
交通和通信	99.8	99.8	99.7	97.3	97.3	97.1
娱乐教育文化用品及服务	102.6	102.7	102.5	101.8	102.2	100.6
居住	102.4	102.4	102.3	100.9	101.2	100.0

　　从上表来看,进入新常态后,与老百姓生活息息相关的消费价格水平无论是从总量视角还是从结构性角度,江苏省均呈现了温和上涨的明显特征。但是,总量上增幅趋缓;结构上,除了食品、烟酒以及城市医疗保健及个人用品方面相较于 2014 年的同期数据有所微增外,其余指标在 2015 年均呈现出比 2014 年同期指标下降的趋势。这与新常态的综合经济形势变化完全一致,同时也从一个侧面反映出江苏省新常态阶段对居民消费所带来的相应影响。

（二）居民收入持续增加

　　根据城乡一体化住户抽样调查的结果,进入新常态阶段后江苏无论是全省居民人均可支配收入还是以常住地为标准划分的城镇居民人均可支配收入和农村居民人均可支配收入,均保持了一贯的增长态势,反映江苏居民生活水平在持续改善的基础上得以不断提高。

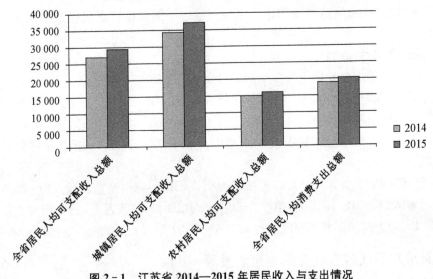

图 2 - 1　江苏省 2014—2015 年居民收入与支出情况

　　2014 年,江苏全年全省居民人均可支配收入 27 173 元,比上年增长 9.7%。按常住地分,城镇居民人均可支配收入 34 346 元,增长 8.7%;农村居民人均可支配收入 14 958 元,增长 10.6%;全省居民人均消费支出 19 164 元,比上年增长 6.9%。而 2015 年江苏全年全省居民人均可支配收入 29 539 元,比上年增长 8.7%;其中城镇居民人均可支配收入 37 173 元,增长 8.2%;农村居民人均可支配收入 16 257 元,增长 8.7%;全省居民人均消费支出 20 556 元,比上年增长 7.3%。图 2 - 1 表明新常态的延续并未影响到江苏省居民收入的增长步伐,2015 年江苏省城乡居民的人均可支配收入均超过了上一年,全省居民人均消费支

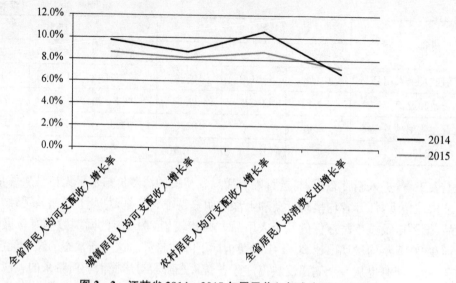

图2-2 江苏省2014—2015年居民收入与支出增长率情况

出也高于2014年的水平。但从图2-2的增长率折线图来看,上述三项人均可支配收入指标在2015年的增长率均低于2014年各自指标的增速,这说明,动态而言新常态下江苏城乡居民收入的增速放缓特征;加之2015年全省人均消费支出增速超过了2014年的增长率水平,收入增速放缓、支出增速增加的格局也给新常态下的江苏省居民生活带来了一丝不利因素。

(三)就业形势总体稳定

2014年,江苏年末全省就业人口4 760.83万人,其中:第一产业就业人口918.84万人,第二产业就业人口2 047.16万人,第三产业就业人口1 794.83万人,三大产业的从业人口占比为19.3∶43∶37.7。城镇地区就业人口3 029.46万人,城镇登记失业率3.01%;促进失业人员再就业77.64万人,其中就业困难人员就业14.07万人;新增农村劳动力转移25.72万人。

2015年,江苏年末全省就业人口4 758.50万人,其中:第一产业就业人口875.56万人,第二产业就业人口2 046.16万人,第三产业就业人口1 836.78万人,三大产业的从业人口占比为18.4∶43∶38.6。城镇地区就业人口3 076.22万人,城镇登记失业率3.00%。

三、新常态下江苏省社会民生事业发展

(一)教育事业协调发展

表2-4说明进入新常态后,江苏省教育事业的发展较为平稳,2014年和2015年的相关教育指标协调发展,没有发生骤升骤降的问题。但总体上,2015年呈现出比2014年普遍微增的格局,表明江苏省的教育事业并未因经济进入新常态而随之出现下滑的窘境。这也从一个侧面反映出江苏省的民生事业协调发展,从而为人力资本与技术创新不断地培养和储备大量的人才,增强在人员与教育领域内的竞争优势。

表 2-4 2014—2015 年江苏省教育事业情况

指标		2014 年	2015 年
普通高校(所)		134	137
高等教育毛入学率(%)		51.0	52.3
普通高等教育本专科教育	招生(万人)	44.49	44.9
	在校生(万人)	169.86	171.6
	毕业生(万人)	47.87	48.4
研究生教育	招生(万人)	4.91	5.1
	在校生(万人)	15.07	15.6
	毕业生(万人)	4.17	4.3
中等职业教育在校生(不含技工学校)(万人)		72.36	68
九年义务教育巩固率(%)		100	100
高中阶段教育毛入学率(%)		99	99.1
特殊教育	招生(万人)	0.34	0.4
	在校生(万人)	2.24	2.3
幼儿园	数量(所)	5 072	6 759
	在园幼儿(万人)	234.13	250.7

(二)公共文化服务水平稳步提高

2014 年末全省共有文化馆、群众艺术馆 116 个,公共图书馆 113 个,博物馆 292 个,美术馆 17 个,综合档案馆 169 个,向社会开放档案 328 万卷(件、册)。共有广播电台 14 座,中短波广播发射台和转播台 21 座,电视台 14 座,广播综合人口覆盖率和电视综合人口覆盖率分别达 99.99% 和 99.88%。有线电视用户 2 287.7 万户,比上年增长 1.9%。生产故事影剧片 14 部。全年报纸出版 28 亿份,杂志出版 1.2 亿册,图书出版 5.5 亿册。

2015 年末全省共有文化馆、群众艺术馆 287 个,公共图书馆 114 个,博物馆 301 个,美术馆 23 个,综合档案馆 118 个,向社会开放档案 43.1 万件。共有广播电台 14 座,中短波广播发射台和转播台 21 座,电视台 14 座,广播综合人口覆盖率和电视综合人口覆盖率均为 100%。有线电视用户 2 285.5 万户,与上年基本持平。生产故事影剧片 19 部。全年报纸出版 26.8 亿份,杂志出版 1.2 亿册,图书出版 5.5 亿册。

(三)卫生事业加快发展

2014 年末共有各类卫生机构 32 000 个。其中,医院 1 520 个,卫生院、社区服务中心 1 589 个,疾病预防控制中心 123 个,妇幼卫生保健机构 109 个。各类卫生机构拥有病床 38 万张,医院拥有病床 30.6 万张,卫生院、社区服务中心拥有病床 7.4 万张。共有卫生技术人员 45.6 万人,其中执业医师、执业助理医师 17.8 万人,注册护士 18.8 万人,疾病预防控制中心卫生技术人员 6 312 人,妇幼卫生保健机构卫生技术人员 7 500 人。城乡基层卫生服务网络更加健全。村卫生室人员 5.2 万人,农村实现医疗点全覆盖。新型农村合作医疗人口覆盖率达 98% 以上。县级公立医院综合改革全面启动。

2015 年末共有各类卫生机构 32 015 个。其中医院、卫生院 2 622 个,卫生防疫防治机构 165 个,妇幼卫生保健机构 109 个。各类卫生机构拥有病床 40.7 万张,其中医院、卫生院拥有病床 37.9 万张。共有卫生技术人员 48.7 万人,其中执业医师、执业助理医师 18.3 万人,注册护士 20 万人,卫生防疫防治机构卫生技术人员 7 352 人,妇幼卫生保健机构卫生技术人员 8 244 人。新型农村合作医疗人口覆盖率达 98% 以上。县级公立医院综合改革全面启动。

(四)社会保障

进入新常态阶段后,江苏省的城乡居民医疗和养老保险基本实现全覆盖,每年末的社会保险主要险种覆盖率均达 95% 以上。2014 年末,全省企业职工基本养老保险、城镇职工基本医疗保险、失业保险参保人数分别比上年末增长 4.4%、3.8% 和 3.8%;而 2015 年末,这些险种则分别上涨了 3.4%、2.8% 和 3.4%。此外,2014 年末城镇居民基本医疗保险参保人数(含人社部门经办的新型农村合作医疗)比上年末增长 0.7%,全省新开工保障性住房 27.8 万套,基本建成 26.6 万套(户),分别完成年度目标的 106.7% 和 115.4%;而 2015 年这些数据则分别为 10.5%、29.22 万套、31.78 万套、109.8% 和 113.5%。这些都说明江苏省的社会保障事业在经济新常态的形势下依然保持了明显的前进步伐,民生保障较好。但从年末享受企业职工基本养老保险离退休人员与享受城镇职工基本医疗保险退休人员的角度来看,2014 年分别有 598.11 万人和 576.95 万人享受了上述保险,领取了基础养老金的人数 987.96 万人;2015 年相应的数据则分别为 640.09 万人、610.33 万人与 1 022.96 万人。这说明江苏省的社会保障事业在一定程度上已折射出人口也在显现老龄化的特征,必须在后续的发展中给予足够的关注。

四、新常态下江苏省国内外贸易

(一)国内贸易

依据 2014 年和 2015 年的江苏省国民经济和社会发展统计公报,进入新常态阶段后,江苏省的消费品市场保持了总体平稳的运行状态。总体来看,2014 年全年实现社会消费品零售总额 23 209.0 亿元[①],比上年增长 12.4%;2015 年则全年实现社会消费品零售总额 25 876.8 亿元,比上年增长 10.3%。细分来看:

表 2 - 5　2014—2015 年江苏省消费品零售额　　　　　单位:亿元、%

类别	指标		2014 年	2015 年
经营单位所在地	城镇消费品零售额	总额	20 868.9	23 252.3
		增长率	12.4	10.2
	乡村消费品零售额	总额	2 340.1	2 624.5
		增长率	11.9	10.9

---

① 在《江苏统计年鉴》(2016)中,2014 年的全年实现社会消费品零售总额为 23 458.07 亿元,为了与《2014 年江苏省国民经济和社会发展统计公报》原文相一致,此处选用统计公报中的数据。

（续表）

类别	指标		2014 年	2015 年
消费形态	商品零售额	总额	21 088.7	23 456.7
		增长率	12.6	10.3
	餐饮收入额	总额	2 120.3	2 420.1
		增长率	9.8	10.5

从上表来看，虽然经济形势在总体上进入了新常态阶段，但是江苏省的消费品市场整体上还是比较平稳且有所发展的。2014 年和 2015 年限额以上企业商品零售额中的粮油、食品、饮料、烟酒类零售额、服装、鞋帽、针纺织品类零售额、日用品类零售额、家用电器和音像器材类零售额、中西药品类零售额、建筑及装潢材料类零售额以及汽车类零售额等，均出现了不同程度的增长。这使得江苏省的国内贸易在消费品零售的角度呈现了一定的积极与乐观特征。

但是，根据《江苏统计年鉴》(2016) 所披露的基础数据，动态的比较江苏省在"十二五"期间各年中的国内贸易基本情况，会发现在新常态前后，江苏省的国内贸易情况出现了明显的拐点特征——在进入新常态阶段以后，除了商品交易市场数，江苏省的限额以上法人企业、限额以上产业活动单位、限额以上批发和零售业、社会消费品零售总额等指标均以 2014 年为拐点，由此前的动态升上趋势扭转为逐年减少，这说明新常态的经济大局对江苏省形成了较大的影响与约束作用，对江苏省经济活力的进一步高水平维持与推进在客观上提出了挑战。

表 2-6   2011—2015 年江苏省国内贸易基本情况

指　　标		2011 年	2012 年	2013 年	2014 年	2015 年
限额以上法人企业（个）		14 923	16 358	25 175	22 683	22 165
限额以上产业活动单位（个）		27 431	28 452	39 672	36 544	36 099
限额以上企业（单位）从业人数（人）		1 157 919	1 229 898	1 442 376	1 372 467	1 316 192
限额以上批发和零售业	商品购进总额（亿元）	29 794.97	32 972.76	42 377.61	41 554.17	40 149.81
	商品销售总额（亿元）	33 834.05	35 792.88	46 399.82	46 152.51	42 772.98
	商品库存总额（亿元）	1 854.40	2 108.28	2 496.86	2 582.84	2 471.78
社会消费品零售总额（亿元）		16 058.31	18 411.11	20 878.20	23 458.07	25 876.77
商品交易市场数（个）		3 879	3 890	2 625	2 826	2 861

（二）开放型经济

基于江苏经济发展的开放性程度较高，新常态给江苏省的开放型经济带来了比较明显的难中求进影响。首先，2014 年基于之前的增长惯性，在新常态的形势变化下仍然保持了低位增长、结构优化、对外投资增长、开发区经济发展稳定的特征。具体而言：首先，外贸进出口低位增长,全年实现进出口总额比上年增长 2.3%。其中,出口总额增长 4.0%;进口总额则与上年持平。其次,贸易转型步伐加快,一般贸易出口额比上年增长 8.8%;加工贸易出口额下降 0.6%。第三,出口结构进一步优化,机电产品、高新技术产品出口额分别占出口总额比重为 64.8%、37.8%。第四,外贸出口平稳增长,外商投资企业出口额比上年增长 2.4%;私营企业出口额增长 5.8%。第五,利用外资规模全国领先,全年新批外商投资企业 3 031 家,新批协议外资 431.9 亿美元;实际使用外资 281.7 亿美元,比上年下降 14.2%。新批及净增资 3 000 万美元以上项目 701 个。第六,对外投资增势良好,全年新批境外投资项目 736 个,比上年增长 21.7%;中方协议投资增长 17.5%;全年新签对外承包工程合同额比上年增长 13.0%;新签对外承包工程完成营业额增长 9.5%。最后,开发区经济发展稳定,全省开发区实现进出口总额 4 570.0 亿美元,其中出口总额 2 729.0 亿美元,分别比上年增长 1.8% 和 3.3%,占全省总量的 81.1% 和 79.8%。

2014 年江苏省的对外贸易走出了增幅低速放缓的轨迹,而到了 2015 年则呈现出明显的下降特征。在 2015 年中,江苏省实现进出口总额 5 456.1 亿美元,同比下降 3.2%。其中,出口 3 386.7 亿美元,下降 0.9%;进口 2 069.5 亿美元,下降 6.7%。按人民币计价,出口总额增长 0.1%。进出口总额中,一般贸易进出口总额 2 388.3 亿美元,加工贸易 2 296.7 亿美元。出口总额中,一般贸易出口总额 1 552.5 亿美元,占全部出口比重达 45.8%,高于加工贸易 2.1 个百分点。机电产品出口增长 1.5%,高新技术产品出口增长 1.3%。全年对美国出口比上年增长 3.7%,对印度、东盟出口分别增长 11.8%、2.6%,对欧盟、日本出口分别下降 4.3%、9%。全年实际使用外资 242.7 亿美元,比上年下降 13.8%;新设及净增资 3 000 万美元以上企业 605 个。"走出去"步伐加快,全年新批境外投资项目 879 个,比上年增长 19.4%;境外投资中方协议投资额 103 亿美元,增长 42.8%。

五、新常态下江苏省可持续发展

(一)科技创新能力持续增强

首先,虽然从 2014 年开始全国经济进入新常态,但是江苏省依然保持了不断增强的科技创新能力,其区域创新能力在 2014 年和 2015 年连续保持了全国第一的格局。2014 年,江苏全省科技进步贡献率达 59.0%,比上年提高 1.5 个百分点;而 2015 年全省的科技进步贡献率在整体压力较大的情况下依然达到了 60%。

其次,从专利的角度来看,2014 年江苏授权专利 20 万件,其中发明专利 2.0 万件;全省企业共申请专利 26.1 万件。2015 年这些数据则分别为 25 万件、3.6 万件和 27.5 万件,无论是从申请和授权的专利数量,还是从发明专利大幅提高的专利质量角度,新常态下江苏省的专利发展均取得了较好的成绩。

最后,2014 年全年共签订各类技术合同 2.5 万项,技术合同成交额达 655.3 亿元,比上年增长 11.9%。2015 年全年则共签订各类技术合同 2.5 万项,技术合同成交额达 700 亿元,比上年增长 6.8%。

(二)高新技术产业较快发展

虽然经济发展进入新常态,但是江苏省的高新技术产业却依然蓬勃发展。在 2014 年和 2015 年,江苏省分别组织实施了省重大科技成果转化专项资金项目 151 项和 182 项,分别新增总投入 105.0 亿元和 119 亿元;全省按国家新标准认定高新技术企业累计达 7 703 家和 1 万家;新认定省级高新技术产品 10 277 项和 9 802 项;已建国家级高新技术特色产业基地 133 个和 139 个。除了新认定省级高新技术产品在 2015 年略有回落,其余指标在 2015 年的表现均明显好于 2014 年。高新技术产业作为产业结构调整与转型升级中的重要抓手,江苏省在新常态下依然保持了这一产业的较快发展,对于后期的经济可持续性发展至关重要。

(三)科研投入比重提升

科研投入对于技术创新和转型升级的重要性不言而喻。进入新常态后,江苏省保持了科研投入逐年提升的格局,从而为后续经济发展提供了巨大的潜力支撑。2014 年,江苏省全社会研究与发展(R&D)活动经费 1630 亿元,占地区生产总值比重为 2.5%,比上年提高 0.05 个百分点。全省从事科技活动人员 118.89 万人,其中研究与发展(R&D)人员 68.96 万人。全省拥有中国科学院和中国工程院院士 90 人。全省各类科学研究与技术开发机构中,政府部门属独立研究与开发机构达 148 个。全省已建国家和省级重点实验室 97 个,科技服务平台 278 个,工程技术研究中心 2 748 个,企业院士工作站 328 个,经国家认定的技术中心 75 家。

2015 年,江苏省全社会研究与发展(R&D)活动经费 1 788 亿元,占地区生产总值比重为 2.55%,比上年提高 0.05 个百分点。全省从事科技活动人员 120.3 万人,其中研究与发展(R&D)人员 74.6 万人。全省拥有中国科学院和中国工程院院士 96 人。全省各类科学研究与技术开发机构中,政府部门属独立研究与开发机构达 144 个。全省已建国家和省级重点实验室 97 个,科技服务平台 290 个,工程技术研究中心 2 989 个,企业院士工作站 329 个,经国家认定的技术中心 95 家。

(四)环境保护

在新常态的经济背景下,江苏省依然坚持每年制定生态文明建设规划,划定全省生态红线保护区域。设立自然保护区 31 个,其中国家级自然保护区 3 个,面积超过 56 万公顷。在 2014 年及之后的一年中,江苏省深入开展工业废气、机动车尾气、城市扬尘等各类污染物综合治理,建立大气污染防治区域联防联控机制,实现燃煤大机组脱硫脱硝全覆盖,在每一年中 PM2.5 平均浓度同比均下降超过 9.5%。深入开展重点流域治理,太湖流域水质持续改善,南水北调江苏段水质达标。加强绿色江苏建设,林木覆盖率超过 22%,国家生态市(县、区)达到 35 个。

(五)节能降耗

2014 年以来,江苏省大力实施节能减排重点工程,鼓励发展循环经济,严格控制高耗能项目,加快淘汰落后产能,推动重点耗能企业能效提升。2014 年全省电力行业关停小火电机组 69.6 万千瓦,2015 年关停小火电机组 52.6 万千瓦。单位 GDP 能耗下降,化学需氧量、二氧化硫、氨氮、氮氧化物排放削减均完成年度目标任务。

六、新常态蕴含的江苏经济发展新机遇

新常态下江苏发展的外部环境和内在条件都发生了深刻的变化,但总体而言,江苏省仍处于大有可为的重要战略机遇期。新常态给未来江苏经济发展再上新台阶带来了一系列新

机遇。

（一）增速放缓与增量客观并存，经济发展提升空间巨大

进入新常态阶段后，江苏省的经济增速虽然放缓但实际增量依然可观，人均发展水平潜藏着进一步提升的巨大空间。2008年国际金融危机发生后，江苏经济增速逐步回落。2013年全省GDP增速降至个位数，为9.6%，比金融危机前的2007年（14.9%）低5.3个百分点。但由于基数提高，GDP增量仍在扩大。2013年，全省GDP增量按现价计算为5 104亿元，约相当于1995年全年的总量。过去30多年间，江苏人均发展水平实现了大幅跃升，2013年全省人均GDP达12 047美元，根据世界银行划分标准，正处于从上中等收入阶段向高收入阶段攀升的过渡期。

据估计，2013年江苏人均发展水平相当于20世纪70年代后期的美国、80年代初的日本、80年代中后期的德国和英国、90年代中后期的韩国。这表明，一方面江苏发展追赶的任务仍相当艰巨，另一方面也预示着经济仍有巨大的发展空间，经济增长仍存在着巨大的韧性、潜力和回旋余地，完全可以再创一个较长的"黄金发展期"。

（二）经济结构调整孕育新突破

新常态下，江苏省的经济结构从增量扩能为主转向调整存量与做优增量并存的深度调整，结构调整孕育新突破。

一是产业结构将深度调整优化，新产业、新业态、新产品大量涌现，促进产业层次向中高端迈进。近年来，江苏大力发展战略性新兴产业和现代服务业，产业结构已悄然变化。

二是需求结构将进一步改善，内需增长特别是消费的支撑作用增强。经济增长主要依靠投资、出口拉动的局面初步有所改观。

三是依靠低土地成本、劳动成本和环境成本等形成的优势将逐渐消失，经济增长的贡献主要来自全要素生产率和人力资本的提升。随着劳动力技能的不断提高，"新人口红利"将加快形成。

四是创新体系逐步完善正释放出越来越多推动经济发展的"正能量"，将加速结构优化升级。《中国区域创新能力报告2014》显示，江苏区域创新能力实现"六连冠"，其中企业创新、创新环境两项指标居全国第一。

（三）经济发展方式提质增效

新常态下江苏省的经济发展方式从规模速度型粗放增长转向质量效率型集约增长，提质增效将成为趋势。由数量扩张向质量提升转变，改变长期以来形成的速度效益型增长模式，使经济规模与质量、速度和效益的关系达到一种新的平衡，推动经济增长进入全面提升质量和效益的"新通道"，是新常态转换的重要目标。

按照经济发展质量的内涵和指标选取原则，江苏省统计局曾构建了由综合经济效益、要素投入产出、经济结构优化、科技创新能力、资源节约和环境保护、经济增长的稳定性等六个评价子系统28项指标组成的经济发展质量评价体系，以此对江苏经济发展质量进行监测评价。监测结果显示，新常态阶段前后江苏全省经济发展质量呈稳步提高态势，提质增效已经成为江苏经济进入"第二季"的主旋律。

（四）经济发展动力多元化

新常态下江苏的经济发展动力从传统增长点转向新的增长点，未来经济发展的支撑力将呈现多元化。

一是城镇化将释放出消费和投资增长的巨大潜力。目前江苏城镇化率虽然已达65%以上，但到2020年全省常住人口城镇化率将达到72%，由此每年约增加90万左右的城镇人口，则需要每年增加公共支出900亿元，所形成的基础设施、住房建设投资需求和居民消费需求，将成为江苏经济发展的强大动力。

二是网络经济将成为经济增长的新引擎。

三是绿色环保产业市场前景广阔。发展节能环保产业不仅有助于降低能源消耗、减轻环境污染，而且通过提供需求快速扩张的生态产品，能够拉动有效投资，激发绿色消费，形成新的增长动力。

四是在国际市场对国内传统出口商品需求增长放缓的情况下，江苏利用较强的装备能力、产业配套能力和资金输出等优势，推动产业、品牌、资金和人才"走出去"的潜力巨大。

（五）深化改革开放激发活力

新常态下江苏各项改革开放政策必然逐步深化，"改革红利"将极大地激发经济发展的内在活力。改革开放本质上是一种制度创新，改革通过优化要素配置促进全要素生产率的提高，从而不断释放出经济增长的动力和活力。近年来，江苏发挥政府与市场的正向叠加效应，加大简政放权力度，坚持和完善基本经济制度，积极发展混合所有制经济，改革效应逐步显现。进入新常态阶段后，江苏民营经济依然充满活力。要素价格调整、国企改革、事业单位分类改革、农村土地改革等，都将为促进经济高效均衡发展转型注入活力。同时，江苏开放型经济仍然呈现出强大的活力。只要不断破除制度障碍，坚持扩大开放，就能够把经济发展的巨大潜力激发出来、把全社会创造力释放出来，进而实现经济全面协调可持续发展。

七、新常态下江苏经济发展面临的重大挑战

经过30多年的发展，江苏经济已站在一个较高的平台上，但发展中积累的结构性矛盾也逐渐显现，经济发展方式转变尚未取得实质性突破，面临的挑战依然突出。

（一）新旧增长动力转换"青黄不接"

新常态表面上是增长速度的换挡，本质上则是增长动力的转换。近年来，原有的要素投入、规模扩张效应已见边际，而同时整体经济增长对传统动力的依赖仍然较强，新兴动力尚未形成足够的拉动力，马力不足，新旧动力接续出现断档。以钢铁、水泥、化学纤维等为代表的传统经济增长点明显减速。新兴产业总体上虽然保持了较快增长，但受需求萎缩、"双反"等因素影响，也面临着价格大幅跳水、增速放缓、融资困难等诸多困难。从出口情况看，由于外需市场持续萎靡，出口需求对经济增长的拉动减弱。江苏固定资产投资一直在较高位运行，但近年来增速也在逐步回落。部分企业盈利能力下降。未来经济增长新动力如果跑不赢传统动力，真正优化的新常态将难以实现。

（二）产业转型升级发展"任重道远"

1. 产业结构不够协调，产能过剩现象比较严重

主要是农业基础薄弱、工业大而不强、服务业发展滞后。多年来，江苏通过引进资金、技术，发挥低成本优势，逐渐成长为制造业大省，但产业总体处在全球分工体系和价值链的中低端，处于"低科技含量、低附加值"状态，许多关键技术、大型成套设备、核心元器件和重要

基础件都依赖进口。部分行业产能利用不足。从服务业情况看,对经济转型升级起重要作用的研发、营销、金融、商务、保险、物流等现代生产性服务业发展仍显滞后。

2. 需求结构不够合理,消费需求特别是居民消费不足

改革开放以来,江苏投资率(资本形成总额占 GDP 比重)一直处于较高位势,近年来虽有所回落,但 2013 年仍高达 48.4%。2013 年,江苏消费率(最终消费占 GDP 比重)为 45%,比2010 年提高3.4 个百分点,但仍低于 20 世纪 80 年代的平均水平;其中居民消费率为 32%,低于 2002 年之前的历年水平。世界银行数据显示,20 世纪 70 年代以来,世界平均最终消费率保持了缓升态势,由 1977—1983 年的 75.9% 上升至 1998—2007 年的 78.2%。目前,多数发达国家平均消费率在 70%—80%,中等发达国家维持在 65% 左右,相比之下江苏存在较大差距。

3. 收入分配结构有待改善,制约了居民整体消费能力和意愿的提升

经济结构的转型必然伴随收入分配结构的调整,换言之,没有收入分配结构的全面调整,结构转型也将很难获得成功。江苏与全国一样,初次收入分配中劳动报酬占 GDP 比重不高,2013 年全省劳动者报酬占 GDP 的 43.1%,与 2000 年相比下降 2.7 个百分点。而代表政府所得的生产税净额和代表企业所得的固定资产折旧及营业盈余占 GDP 比重,则分别由 2000 年的 12.9% 和 41.3% 上升到 2013 年的 13.8% 和 43.1%。

4. 城乡和区域结构不够合理,统筹发展水平仍有待提升

虽然江苏城乡和区域发展相对差距有所缩小,但绝对差距仍在拉大,特别是区域城乡一体化、居民收入、基本公共服务水平等方面的差距较大。2005 年,苏南人均 GDP 比苏中、苏北分别高出 31 917 元和 39 360 元,到 2013 年这一差距扩大到 41 154 元和 64 607 元。2005 年苏南农民人均纯收入比苏中、苏北分别高 2 021 元和 3 039 元,到 2013 年这一差距扩大到 4 732 元和 7 338 元。中心城市辐射带动力偏弱,乡村建设相对滞后,农村生产生活条件仍需改善。

(三)创新驱动经济增长亟待"演绎精彩"

按照产业竞争优势来源因素作为判断依据,目前江苏经济增长动力正转入由投资驱动向创新驱动的过渡期。江苏改革开放后从生产要素驱动的发展模式起步,主要依靠劳动力、资本和土地等要素成本低的优势,通过引进与模仿及大量投资,逐步完善各项基础设施,从全球市场上先获得大量成熟技术、技术装备,在资本密集、劳动密集、规模经济特别明显的基础原材料、标准化产品和零部件等产业形成了较强的竞争力,并由此进入以投资驱动为主的发展阶段。发达国家和地区的实践表明,依靠高储蓄率、高投资率固然可以获得较快的经济增长,但如果不能及时向创新驱动的增长模式转型,就难以在新的竞争条件下形成新的竞争力和竞争优势。

近年来,江苏区域创新能力连续多年位居全国第一,但自主创新能力仍然不足,原创性研发过少,技术对外依赖程度较高。2013 年,江苏基础研究和应用研究的经费支出占总研发经费的比重分别在 3% 和 10% 以下,低于先进省份水平。原创性基础研究投入不足导致江苏核心技术的开发能力较弱,专利总量的 70% 集中在传统产业和外围技术,关键部件、器件和材料主要依靠进口。江苏对外技术依存度约为 60%,而大部分发达国家都在 30% 以下,其中美国和日本低于 10%。从创新产出效率看,2013 年,江苏平均每件专利所有权转让

及许可收入为 16.69 万元,同期全国平均水平为 37.83 万元,江苏每件专利的收入仅相当于全国的 44%,专利产出能力偏低。

(四)资源环境约束成发展最大"瓶颈因子"

经过多年持之以恒的努力,江苏省的能源消费强度不断降低,节能减排效果显著,以较低的能源消费增长支撑了全省经济较快发展。但由于江苏产业结构中重化工业比重较大,一次能源结构以煤炭为主,能源资源需求呈刚性增长。同时,江苏万元 GDP 消耗能源水平虽然在全国属于较低的地区,也低于全国水平,但与发达国家比较,相同能耗产出 GDP 仅为 2010 年美国的 35.4%、日本的 17.3%、韩国的 54.5%,能耗产出率远低于发达国家,相同产出消耗的能源分别是美国、日本和韩国的 2.8 倍、5.8 倍和 4.4 倍。主要耗能产品能耗高于主要能源消费国家平均水平,一些重化工行业单位产品能耗比世界先进水平高10%—50%。同时,与经济增长相伴生的环境污染问题比较严重,经济发展与资源环境的矛盾日趋尖锐,资源环境的"瓶颈"约束愈益强化。有效破解资源能源约束难题,提高经济增长的集约绿色低碳水平,已成为未来实现经济可持续发展的关键。

八、推动新常态下江苏经济发展的相关建议

推进经济发展迈上新台阶,是江苏谋求更大发展、提高综合实力的关键。必须更加突出发展方式转变,突出结构优化,更加注重激发企业和市场活力,促进改革红利、内需潜力和创新动力相叠加,形成"多点给力、多重动力、多元支撑、多极发展"的新格局,着力构建长远发展的竞争优势。

(一)以创新为核心驱动力,推动经济由中低端向中高端跃升

新常态下,应加快培育和确立以创新为核心的新竞争优势,使创新驱动成为江苏转型发展最强大的引擎。大力实施创新驱动核心战略,扎实推进创新型省份建设,用好创新型省份试点和苏南自主创新示范区建设等重大机遇,发挥江苏科教资源丰富的优势,建立以企业为主体、市场为导向、产学研相结合的技术创新体系,不断凸显创新驱动成效。

一是突出企业创新主体地位,建立健全企业主导产业技术研发创新的体制机制,最大限度地调动和激发广大科技工作者的创新活力,真正解放和发展"第一生产力",培育一批高新技术企业和创新型领军企业。

二是深化产学研协同创新,促进科技与经济紧密结合,加快科技成果不断向现实生产力转化。

三是把技术引进、消化吸收和自主创新结合起来,力争在重点技术创新领域实现突破。

四是全面提高劳动者素质,加大人力资本的投资和积累,打造创新创业人才高地,加快现代职业教育,开发、培育和创造"新人口红利"。

五是充分发挥政府的服务和引导作用,激发各类创新主体的创新能量。

(二)以扩大内需为战略基点,提高内需特别是消费需求的贡献率

江苏在今后相当长的时间内都将面临外需持续低迷的压力,扩大内需特别是消费需求已经成为应对经济减速的不二之选。要发挥好投资的关键作用,积极增加有效投入,大力优化投资结构。充分发挥好政府投资的引导带动与乘数效应,进一步突出重点,加大民生领域投入。充分释放民间投资潜力,细化鼓励民间投资的各项政策措施,健全民间投资服务体

系,为民间投资营造更多发展机遇,创造更大发展空间。着力扩大消费需求,补齐经济发展中的"短板",提高居民消费增长率和消费率。尽快建立居民收入与经济同步增长的联动机制,培育更多的具有高消费能力的中产阶层群体,扩大服务消费,加大公共产品供给力度,完善消费政策,培育新型消费文化。

(三)以构建现代产业体系为目标,提升产业整体素质和竞争力

经济转型升级的关键是优化产业结构。加快构建以高新技术为主导、服务经济为主体、先进制造业为支撑、现代农业为基础的现代产业体系,既要优化增量、调整存量,更要提高层次和质量,逐步实现产业结构和生产要素配置效率从低到高攀升,推动产业结构高端化、产业布局合理化、产业发展集聚化。以发展战略性新兴产业和现代服务业为重要着力点,通过规划引导、技术创新和金融创新,着重培育和发展有前景、有优势、有核心竞争力的战略性新兴产业,积极发展现代物流、健康、电子商务、科技服务、现代金融、养老等新兴服务业。以改造提升传统产业和化解过剩产能为关键点,加快推进信息化与工业化的深度融合,积极运用高新技术改造提升传统产业,坚决淘汰落后产能、低端产品制造能力和高污染高消耗、低层次低效益的产业。

(四)以推进区域、城乡协调发展为抓手,优化经济发展空间格局

抓住国家推进新型城镇化的重大机遇,积极稳妥推进以人为核心的新型城镇化和城乡发展一体化,促进城乡共同繁荣、社会和谐进步。今后一个时期要把促进符合条件的农业转移人口市民化作为推进新型城镇化的重点,推进相关政策制度改革,把有能力、有意愿、在城镇稳定就业和生活的常住人口有序转为城镇居民,稳步推进城镇基本公共服务常住人口全覆盖,使进城农民找到归属感,融入新生活。坚持城市发展与产业成长"两手抓",实现产业发展和城镇建设融合,使市民能够"安居乐业"。大力发展实体经济,把城镇化与调整产业结构、培育新兴产业、发展服务业、促进就业创业结合起来,使新型城镇化和城乡体化有产业支撑,有就业保障。继续做好区域互补、跨江融合、南北联动大文章,完善区域共建共享政策举措,注重依照市场原则促进要素流动、企业合作和产业转移,提高区域均衡发展水平。

(五)以生态文明建设为重要着力点,用好生态环境的倒逼压力

江苏能源资源匮乏、环境容量有限,要实现经济持续稳定健康发展,就必须降低能源资源消耗和排放强度,推动经济发展方式向低碳、绿色、集约的方向转变,最大限度地提高资源利用效率,走出一条经济发展和生态文明相辅相成、相得益彰的路子。

一是要突出抓好重点领域、重点地区、重点行业的节能减排,推进开发区生态化、循环化改造,建立以企业为主体的节能技术创新体系;二是充分发挥市场在价格形成中的决定性作用,逐步建立反映市场供求关系、资源稀缺程度、环境损害成本的价格形成机制;三是大力发展绿色经济,利用利益引导机制,培育绿色新兴产业和绿色消费行为;四是加大大气污染和水污染防治力度,促进主要流域水质持续改善、生态持续修复;五是加大生态保护力度,大力实施主体功能区建设,深入推进资源节约集约利用。

(六)以深化改革开放为保障,为经济发展注入强大活力

应突出重点、抓住关键,着力解决经济领域最迫切、最紧要的改革问题,以改革的领先支撑江苏发展的率先。

一是紧紧围绕使市场在资源配置中起决定性作用,正确处理好政府与市场的关系,放开用活市场这只看不见的手,管住用好政府这只看得见的手,推动经济更有效率、更加公平、更可持续发展,充分释放体制机制创新红利。

二是紧紧围绕增强微观主体活力和促进经济转型升级,加大对与经济增长、促进就业创业密切相关的审批事项的改革力度,重点是取消或简化前置性审批,全面搞活微观经济,增强各类市场主体活力和创造力。

三是着力在重要领域和关键环节改革上取得实质性进展,全面深化国企国资、财税和金融体制等改革。

四是加快构建更高水平开放型经济体系,积极呼应对接国家新一轮对外开放战略布局,抓住用好中国(上海)自由贸易试验区建设和实施"一带一路"、长江经济带建设的重大机遇,进一步增强开放型经济发展活力,拓展江苏发展新空间。①

---

① 刘兴远. 新常态下推动江苏经济发展迈上新台阶[J]. 唯实,2015(1):18-22.

第三章　新常态下江苏省的经济运行与税收形势

一、新常态下江苏省地区生产总值与税收收入概况

本书以新常态提出来的 2014 年为分界点,对新常态下的江苏省税收发展问题进行研究。根据《江苏统计年鉴》(2016)可知 2011—2015 年江苏省的地区生产总值与税收收入规模为表 3-1。江苏省作为我国的发达经济省份,其地区 GDP 的增长情况总体上优于全国的整体水平,但在增速趋势上则与全国特征相一致,表现为以 2014 年为节点,地区生产总值的增速持续且明显的放缓。

2011 年及之后的"十二五"期间,江苏省的税收收入总体规模持续上升,且每年均以超过 10% 的速度增长,税收收入占地区生产总值的比重也维持在 8.5%—9.5%。

表 3-1　2011—2015 年江苏省地区生产总值、税收收入情况

年　份	地区生产总值(亿元)	税收收入(亿元)	地区生产总值增幅(%)	税收收入增幅(%)	税收收入占比(%)	弹性系数
2011	49 110.27	4 124.62	18.55	24.51	8.40	2.92
2012	54 058.22	4 782.59	10.08	15.95	8.85	1.80
2013	59 753.37	5 419.49	10.54	13.32	9.07	1.47
2014	65 088.32	6 006.05	8.93	10.82	9.23	1.17
2015	70 116.38	6 610.12	7.72	10.06	9.43	1.07

二、新常态下江苏省税收形势的基本特征

(一)税收增速随着经济增长速度的下滑而递降

2011—2015 年时期江苏省无论是地区生产总值还是税收的增速均呈现前高后低的特征,下滑趋势明显。根据表 3-1 绘制的图 3-1 清楚地说明了这一点。

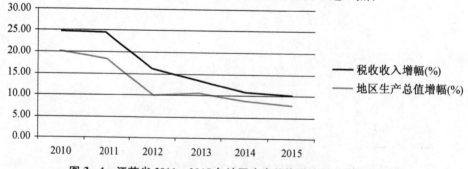

图 3-1　江苏省 2011—2015 年地区生产总值增速与税收收入增速

在经济进入新常态以前,2011—2013 年江苏省无论是地区生产总值还是税收收入的增速均以两位数的速率增长;但是进入 2014 年后,虽然税收收入维持了两位数的增长速率,但江苏省地区生产总值的增长率却降到 10％以下。这说明江苏省的经济发展形态与全国格局走势一致,但在具体的发展水平方面优于全国的综合水平。

(二) 在收入分配格局中政府所处的地位较为稳定

无论是在新常态阶段之前还是之后,税收收入的增长速度均高于地区生产总值的增长速度,说明江苏省的收入分配格局中向政府倾斜的趋势一直未变。尤其是进入新常态阶段的 2014 年和 2015 年,江苏省税收收入占当年地区生产总值的比重并没有伴随着两项指标增速的放缓而有所下降,反而是持续地增高至 9.23％和 9.43％,这说明即便是进入了新常态阶段,江苏省整体的宏观税负水平也是不低的。

(三) 税收弹性说明新常态下江苏省税收负担格局有所优化

经济作为税收的源泉,一定时期的经济增长必然带来其税收收入的增长。理论上,税收的财政收入功能要求一个经济体的税收收入应随着其 GDP 同步增长并弹性略大于 1。根据表 3-1 中的弹性系数数据可知,在"旧常态"下的 2011—2013 年,尽管经济的增长带来了税收收入的增长,但二者的增长速度并不同步,税收在每年中的弹性系数分别为 2.92、1.80 和 1.47;但是进入新常态后,2014 年这一系数降为 1.17,2015 年则进一步降至 1.07。结合上述第二点中关于江苏省整体宏观税负的判断,可以理解为江苏省的税收收入规模在相对高位运行的基础上呈现出了逐步优化、更加趋于合理的弹性特征。但与此同时也应警惕,税收的财政收入功能要求其弹性应略大于 1,2015 年的弹性系数已经处于相对低位,所以还应从动态的角度关注江苏省在后续年份中的这一指标,以防出现财政预算收入规模受到影响,从而影响到政府各项职能的发挥。这一点对于经济走势呈"L"型的现在尤为重要,必须重视。

(四) 新常态"换档期"的转换期特征明显

从历年中的地区生产总值增速差额与税收收入增速差额来看,江苏省的经济格局以及由此导致的税收收入格局,呈现出明显的新常态"换挡期"的转换期特征。一是增幅由 2014 年之前可谓的高增长转为 2014 年及之后的中高速增长。二是 2011—2015 年,相较于上一年的地区生产总值增速,江苏省在各年中地区生产总值增幅的增速差额分别为 -1.67％、-8.47％、0.46％、-1.61％和 -1.21％;税收收入增速差额的相应数据则分别为 -1.27％、-8.56％、-2.63％、-2.5％和 -0.76％。将这些增幅差额数据绘制成图(见图 3-2)可知:进入新常态后,2014 年江苏省税收收入增长率的下降幅度超过了同期地区生产总值增

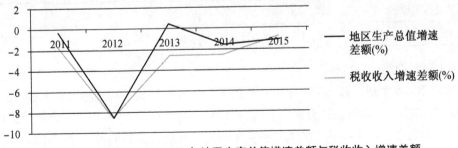

图 3-2　江苏省 2011—2015 年地区生产总值增速差额与税收收入增速差额

长率的下降幅度,但这一种趋势随即在 2015 年便得以逆转,这充分展示了江苏省与全国新常态"转换期"相一致的动态博弈均衡建立过程,也说明了新常态下江苏省还未能真正确立起稳定的动态税收增长格局。

(五) 江苏省税收收入与其经济增长之间呈现一定程度的优化关系

仅从 2014 年及之后江苏省税收收入增长率来看,动态而言江苏省税收收入相对规模降幅明显,但是结合前述关于江苏省税收弹性系数的分析,我们认为:进入新常态阶段后,各种新形势、新要素、新动能的转换,尤其是国家宏观经济"L"型下行趋势的确立,在客观上对江苏省的税收收入规模产生了约束作用;但是从整个"十二五"期间每年中江苏省税收收入增长率与同年地区生产总值增长率的差额指标来看,2014 年和 2015 年江苏省税收收入增长率分别超过了地区生产总值增幅 1.9 和 2.3 个百分点(即 1.9%和 2.3%),而这一数据在 2011—2013 年则分别是 6%、5.9%和 2.8%,这从一个侧面说明新常态的转换在一定程度上优化了江苏省税收收入与其经济增长之间的关系。

三、新常态下江苏省税收的结构分析

根据《江苏统计年鉴》(2016),江苏省 2011—2015 年的税收收入及其具体构成情况见表 3-2。基于本报告后续章节即为依据税种的基本分类对江苏省进入新常态后的税收收入情况进行系统的分税类分析,因此此处仅为框架性的简要介绍。

表 3-2　2011—2015 年江苏省税收收入情况　　　　　　　　　　　单位:亿元

税种	2011 年	2012 年	2013 年	2014 年	2015 年
增值税	650.80	708.75	859.26	987.54	1 046.92
营业税	1 260.60	1 659.67	1 872.41	2 084.66	2 442.82
企业所得税	731.17	745.88	763.66	821.04	917.58
个人所得税	237.74	224.22	264.88	306.33	360.89
城市维护建设税	270.82	309.93	339.53	376.15	421.46
房产税	121.39	160.88	192.84	228.73	248.01
土地增值税	256.97	317.17	405.79	444.89	437.01
耕地占用税	54.33	57.96	42.91	34.74	31.76
契税	319.78	332.84	383.75	401.69	370.11
其他各项税收	221.02	265.29	294.46	320.27	333.56
合计	4 124.62	4 782.59	5 419.49	6 006.05	6 610.12

(一) 税种归类的基本情况

根据上图,可整理计算出按一定标准分类的税种分布结构。从国际惯例上看,往往是依据课税对象的不同将所有税种分为商品税、所得税和财产税,而我国由于财产税体系中未能涉及自然资源,以及将某些特定的消费行为单列出来开征行为目的税,因此中国的税种分类往往是包括商品税、所得税、财产税、资源税和行为目的税。由于《江苏统计年鉴》(2016)未将所有的现行 18 个税种收入规模全部进行细分披露,而诸如印花税、车辆购置税等税种被简单地归入中国的财产税类有略有不妥,因此本书此处将商品税、所得税之外的所有其他税种概括为是其他税类,具体的详细分析则按照我国五项税类划分的框架在后续的章节中逐章进行系统性的细化研究与说明。基于此,表 3 - 2 中的数据便可归纳整理为:

表 3 - 3   2011—2015 年江苏省税收收入分税类情况   单位:亿元

税　类	2011 年	2012 年	2013 年	2014 年	2015 年
商品税	1 911.40	2 368.42	2 731.67	3 072.20	3 489.74
所得税	968.91	970.10	1 028.54	1 127.37	1 278.47
其他税	1 244.31	1 444.07	1 659.28	1 806.47	1 841.91
合　计	4 124.62	4 782.59	5 419.49	6 006.05	6 610.12

(二) 新常态后江苏省各税种占税收收入总额比重的结构变化

以表 3 - 3 中的数据为基础,可计算得出 2011—2015 年江苏省各税类占总税收收入的比重情况,见表 3 - 4,在其基础上又可作图 3 - 3。

表 3 - 4   2011—2015 年江苏省各税类占总税收收入的比重   单位:%

税类	2011 年	2012 年	2013 年	2014 年	2015 年
商品税	46.34	49.52	50.40	51.15	52.79
所得税	23.49	20.28	18.98	18.77	19.34
其他税	30.17	30.19	30.62	30.08	27.87

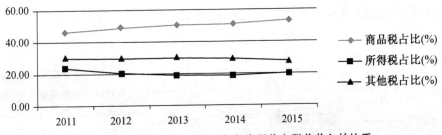

图 3 - 3   江苏省 2011—2015 年各类税收占税收收入的比重

根据上述图表可以清楚地看出:在 2011—2015 年,商品税一直是江苏省的绝对主体税种,尤其是进入新常态后其占江苏省总体税收收入的比重甚至超过了半壁江山;而图表中所得税占税收收入的比重虽然低于财产税的占比,但是结合我国两种税类所包括的税种数量,我们有理由判定事实上所得税类是江苏省的第二大税类;至于财产税类,虽然它是由诸多税收规模相对有限的"小税"组成,但从江苏省的实际情况来看,其聚合在一起所占的地位仍不可小觑。这些均为新常态下江苏省税收制度的改革与完善、税源以及税收规模趋势分析与预测、税收结构变迁等方面提供了重要的信息。虽然目前我国地方政府尚没有税收立法权,营业税也已经改为了增值税,但是这一指标的重要意义仍不能忽视。同时这一指标也给江苏省税务(尤其是地税部门)部门以启迪,在完成了商品税中的"营改增"税制改革后,下一步的改革突破口应对直接税中的所得税类予以重视,这对我国国家层面的税制改革也具有同样的启示作用。

(三)新常态下江苏省三类税种增长率的变化情况

2011—2015 年江苏省三类税种的增长率情况见下表:

表 3-5 2011—2015 年江苏省三类税种的增长率　　　　　　　　单位:%

税类	2011 年	2012 年	2013 年	2014 年	2015 年
商品税	86.67	23.91	15.34	12.47	13.59
所得税	31.76	0.12	6.02	9.61	13.40
其他税	25.60	16.05	14.90	8.87	1.96

与静态的相对规模指标相一致,从动态的角度来看,商品税依然是位列第一的首要税类,但是随着时间的推移,其快速增长的势头也逐渐弱化。所得税的增速中,由于前期个人所得税的改革等因素导致 2012 年增速受阻,但进入新常态的 2014 年,所得税增速与商品税增速的差距已快速缩小,到了 2015 年几乎与商品税增幅旗鼓相当。其他税的增幅整体上呈现了明显的递降特征,由 2011 年的 25.6% 剧降至 2015 年的 1.96%,增幅可谓缓慢,这表明进入新常态后,总体经济形势与格局的变化对江苏省的地方收入水平确实造成了一定的负面影响,对地方部门组织收入和提高税收征管水平的能力提出了严峻的挑战。

江苏省 2011—2015 年税收收入分税类增长率折线图较为清晰地呈现了动态增长率的角度而言,江苏省三类税收的前后变化情况。从图形上看,进入新常态的 2014 年,江苏省三大类税收的增长速度呈现了相对聚拢(也就是增幅相对接近)的情况,此后便快速进入了商品税与所得税并驾齐驱增速接近,其他税的增速则显著分化骤降明显的格局,我们认为,这正是当期复杂经济形势在税收格局上的反映,同时也是江苏省税收要素内在的自我调整以便能在转换期内更好地和经济新形势相衔接。

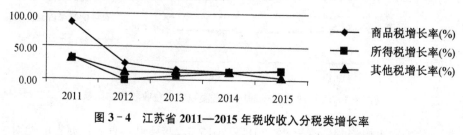

图 3-4 江苏省 2011—2015 年税收收入分税类增长率

四、主要结论及促进新常态下江苏省经济与税收协调发展的对策建议

(一)主要结论

(1)江苏省税收负担水平相较于全国和发达省份是偏高的,经济是影响税收负担水平的最重要的因素,因为江苏省转变经济发展方式,调整经济发展结构,不断提高贸易便利化水平,保持和提升外贸大省的国际竞争力,经济增长速度加快,2014 年经济总量连续突破 5 万亿元、6 万亿元,人均 GDP 超过 1.3 万美元,因而经济的运行质量较好,经济发展水平较高,可以提供更多的税源。

（2）江苏省各地区税收负担水平和经济增长存在着严重的不均衡现象，根据经济发展程度的不同，江苏自南向北分为苏南、苏中和苏北三个经济片区，这三个经济片区之间的发展并不均衡，其中苏南地区拥有良好的经济基础优势，发展最为迅速，苏中次之，苏北居末，苏南超省平均水平，苏中超全国但低于省平均水平，苏北低于全国平均水平，经济发展的不平衡造成税收负担水平的不平衡。

（3）江苏省税收负担水平与经济增长关系基本协调，江苏省 GDP 增长率与税收负担水平之间存在一定的负相关，且互为因果关系。江苏省科学制定合适的产业政策，不断调整产业结构，大力发展旅游业及其相关产业，第三产业得到了快速的发展，第三产业占比超过第二产业。

（二）促进新常态下江苏省经济与税收协调发展的对策建议

1. 保持经济快速增长，提升经济总量

经济发展水平直接影响着税收收入，江苏省要把握经济发展与税收负担的关系，重视经济增长的质量，积极发挥长江"黄金水道"的"黄金效应"，大力发展旅游、物流及金融等现代第三产业，大力培育消费热点，完善消费政策，改善消费环境，着力扩大居民消费，结合江苏省自然资源，推出近郊游、乡村游等多元化的假日旅游产品，积极发展高铁旅游、城铁旅游、自驾游、湖泊游等新业态，以满足游客的多元化需求，积极扩大有效投入，优化投资结构，促进投资与扩大消费、改善民生相结合，抓好重点项目建设，加快建设一批事关发展全局的重大基础设施、一批带动作用强的重大产业项目、一批成效明显的重大民生工程，以航空物流、港口物流和铁路物流为方向，大力发展冷链物流、专业市场，增强经济发展的内生动力，走健康、绿色、优质、高速的发展新路。

2. 优化产业结构，培育税收主体

加强地区平衡，加大统筹城乡发展、区域发展，协调苏南经济发达市、县与苏北经济薄弱县实行对口挂钩协作，加速苏北工业化进程；利用新一轮沿江开发的契机，建设苏中以长江为轴的新型国际制造业基地；鼓励苏南主动参与长江三角区域分工合作，主动与上海及国际经济接轨，提高经济国际化水平，形成长江南北联动开发，三大区域优势互补、互利互赢、竞相开发的新格局。加快苏南国家自主创新示范区建设，探索有利于创新的新政策、新机制、新模式，提升区域创新体系整体效能，努力建设创新驱动发展引领区、深化科技体制改革试验区和区域创新一体化先行区。加强苏中、苏北创新能力建设。

完善以高新技术产业为主导、服务经济为主体、先进制造业为支撑、现代农业为基础的现代产业体系，调整产业结构，化解产能过剩，培育新兴产业，寻求优质项目投资作支撑，以高新产业增长为驱动力，加快构建以高新技术产业为主导、服务经济为主体、先进制造业为支撑、现代农业为基础的现代产业体系，坚持高端引领，主攻高端技术，发展高端产品，突破高端环节，重点支持新能源、新材料、生物技术和新医药、节能环保、软件和服务外包、新一代信息技术和物联网、高端装备制造、新能源汽车、智能电网、海洋工程等十大新兴产业发展，推动战略性新兴产业向价值链高端提升，走新型工业化道路。

3. 推进和完善相关税收制度

税收是财政收入的主要来源和调控经济、调节分配的重要手段，我国现行国税、地税征管体制存在着突出问题，为此要深化国税、地税征管体制改革，持续推进纳税服务工作，充分发挥国税、地税各自优势,推动服务深度融合、执法适度整合、信息高度聚合,着力解决现行征管体制中一些突出的和深层次的问题,不断推进税收征管体制和征管能力现代化,降低征纳成本,提高征管效率,增强税法遵从度和纳税人满意度,进一步扩大增值税进项税额抵扣范围,让纳税人充分享受改革红利。

调节收入分配差距、促进社会公平是个人所得税的首要功能。已有研究发现江苏省2005年个人所得税征收税额为3 500元,到2014年个人所得税税额为4 500元,江苏省要加强个人所得税的征管,降低工薪阶层个人所得税负担,特别是要降低3%—20%个人所得税累进税率幅度,实现精准减税,降低工薪阶层税负。①

---

① 李阳.税收负担与经济发展研究[J].中国商论,2016(3):190-192.

政策篇

第四章　新常态时期江苏国税的法规政策

　　由于我国实行的是单一制下的分税制体制,与行政权限归属相对应,我国的地方政府没有税收方面的立法权。因此,虽然经济在 2014 年开始进入新常态阶段后我国开启了大规模的结构性减税措施,以及加大"营改增"等税收制度改革的步伐,但实际上这些税收改革的决策权都在中央,地方政府在税收实体法与税收程序法方面主要发挥实施税收政策的功能。正是在这一大税收立法框架下,无论是江苏省的国税部门还是地税部门,均是在中央制定的法律法规约束下制定一些本辖区内适用的若干地方法规。

一、税收实体法方面的法规

　　进入新常态后,江苏省国家税务局涉及税收实体法税种方面的法规主要集中在增值税领域,这源于当时国家正在大力试点的"营改增"改革。具体内容包括两项:

(一) 关于电信业营业税改征增值税一般纳税人资格认定的政策规定

　　2014 年 5 月 9 日,江苏省国家税务局根据国家税务总局《关于营业税改征增值税试点增值税一般纳税人资格认定有关事项的公告》(国家税务总局公告 2013 年第 75 号),结合实际情况,就江苏省电信业试点纳税人(以下简称"试点纳税人")营业税改征增值税试点实施前的增值税一般纳税人资格认定事项做出补充规定(江苏省国家税务局公告〔2014〕第 4号)。自公布之日起:

　　(1) 试点实施前,江苏省试点纳税人以主管国税机关发放的《营改增纳税人调查核实确认表》,对试点实施前的应税服务年销售额以及认定一般纳税人的其他条件进行确认,并以此表作为办理增值税一般纳税人资格认定手续的申请资料。

　　(2) 试点实施前的应税服务年销售额按以下公式换算:

　　应税服务年销售额＝2013 年 4 月至 2014 年 3 月期间的应税服务营业额合计÷(1＋3％)

　　按照现行营业税规定差额征收营业税的试点纳税人,其应税服务营业额按未扣除之前的营业额计算。

　　(3) 完成一般纳税人资格认定后,由主管国税机关制作、送达《税务事项通知书》,告知纳税人,并由主管国税机关在一般纳税人《税务登记证》副本"资格认定"栏内加盖"增值税一般纳税人"戳记。

(二) 关于扩大农产品增值税进项税额核定扣除试点行业范围的规定

　　根据《财政部、国家税务总局关于在部分行业试行农产品增值税进项税额核定扣除办法的通知》《财政部、国家税务总局关于扩大农产品增值税进项税额核定扣除试点行业范围的通知》的有关规定,江苏省国税局、江苏省财政厅就扩大江苏省内农产品增值税进项税额核定扣除试点行业范围做出规定(江苏省国家税务局、江苏省财政厅公告〔2014〕第 12 号),自

2015年1月1日起：

(1) 自2015年1月1日起,江苏省以下行业中以购进农产品棉花(皮棉、籽棉)、羊毛(原毛)、蚕茧(干茧、鲜茧)为原料生产销售棉纱、毛条、生丝的增值税一般纳税人,包括以外购上述农产品生产棉纱、毛条、生丝并连续生产其他产品的一般纳税人,试行农产品增值税进项税额核定扣除办法:

① 棉纺纱加工(代码:C1711);

② 毛条及毛纱线加工(代码:C1721)和毛织造加工(代码:C1722);

③ 缫丝加工(代码:C1741)。

以上行业分类内容按照《国民经济行业分类》(GB/T4754—2011)执行。

(2) 农产品增值税进项税额核定扣除方法

纳入扩大试点范围的增值税一般纳税人,按照《农产品增值税进项税额核定扣除试点实施办法》(以下称《实施办法》)第八条和第十二条的规定,确定相应的核定扣除方法计算确定允许抵扣的农产品增值税进项税额。

(3) 全省统一的扣除标准(农产品单耗数量)

① 棉纺纱加工行业

产品名称	耗用农产品名称	农产品单耗数量(吨/吨)
精梳棉纱	皮棉	1.4
普梳棉纱	皮棉	1.1

备注:籽棉折算皮棉的比例为2.7吨:1吨

② 毛条及毛纱线加工和毛织造加工行业

产品名称	耗用农产品名称	农产品单耗数量(吨/吨)
毛条	原毛	1.16

备注:原毛是指已按洗净率折算的羊毛

③ 缫丝加工行业

产品名称	耗用农产品名称	农产品单耗数量(吨/吨)
生丝	干茧	3.3

备注:鲜茧折算干茧的比例为2.5吨:1吨

(4) 按照《实施办法》第九条有关规定,试点纳税人自实施核定扣除之日起,将期初库存农产品以及库存半成品、产成品耗用的农产品增值税进项税额作转出处理。

试点纳税人按规定作进项税额转出形成应纳税款,一次性缴纳入库确有困难的,可于2015年6月30日前将进项税额应转出额分期转出,但需做好台账管理以备税务机关核查。

各地主管税务机关应在2014年12月15日前统计各核定扣除纳税人的进项转出数,填报《扩大试点行业期初库存进项税额转出汇总统计表》(见附件)并由各省辖市局汇总上报省局货物与劳务税处。

（5）试点纳税人在申报期内，除向主管税务机关报送《增值税一般纳税人纳税申报办法》规定的纳税申报资料外，还应按国家税务总局公告 2012 年第 35 号第六条有关规定，按月向主管税务机关报送《农产品核定扣除增值税进项税额计算表（汇总表）》，并结合纳税人生产经营状况，有选择地填报《投入产出法核定农产品增值税进项税额计算表》《成本法核定农产品增值税进项税额计算表》《购进农产品直接销售核定农产品增值税进项税额计算表》和《购进农产品用于生产经营且不构成货物实体核定农产品增值税进项税额计算表》。申报表的具体填报要求按国家税务总局公告 2012 年第 35 号第七条规定执行。

（6）试点纳税人如因生产经营方式变化等原因，不再适用购进农产品增值税进项税额核定扣除办法的，应于变化当月告知主管税务机关，主管税务机关应及时进行清算调整。

二、全面实施税收职责清单制度

2014 年 6 月，江苏省国家税务局发布关于全面实施税收职责清单的公告（江苏省国家税务局公告〔2014〕第 6 号），提出为贯彻落实国务院及国家税务总局关于转变职能、改进作风的要求，进一步理顺征纳双方的权利义务关系，江苏省国家税务局决定 2014 年 7 月 1 日起全面实施《税收职责清单》，具体事项包括：

（1）凡纳税人需要到国税机关办理的各类涉税事项由各级纳税服务部门统一受理。各地原属地管理分局不再直接从事纳税服务工作，不再受理纳税人各类涉税申请。

（2）国税机关秉承"无需求不打扰"的理念，积极维护纳税人的合法权益，努力构建良好的征纳合作遵从关系。国税机关将对纳税人的涉税风险以短信、网络、邮寄等方式进行提示提醒。

（3）为降低纳税人办税成本，提高办税效率，国税机关大力推进网络、自助、邮寄、电话、短信等各类非接触式服务。

（4）纳税人应如实向国税机关报送涉税资料，依法对自己的税务登记、纳税申报、发票使用、会计核算、税收优惠适用等各类涉税行为承担责任。

（5）除以下纳税服务事项外，国税机关一般不再进行实地调查。

① 新办批发或零售业纳税人申请认定一般纳税人且同时申请增值税税控最大开票限额为一百万元及以上限额的。

② 批发或零售业纳税人申请增值税税控最大开票限额为一百万元及以上限额的行政许可。

（6）国税机关以风险管理为导向，重点加强事中和事后监管，建立纳税人不良记录档案，并以国税专递的方式告知纳税人。

（7）国税机关的税收检查实行事前告知制度，对同一纳税人的税收检查原则上一个年度内不超过一次。税收执法人员不主动出示税收检查通知书和税务检查证的，纳税人有权拒绝检查。

三、规范税务行政处罚裁量权

自 2014 年 5 月 1 日起，为规范税务行政处罚自由裁量权的行使，保护税务行政相对人的合法权益,促进国税机关依法行政,根据《中华人民共和国行政处罚法》、《中华人民共和国税收征收管理法》等法律法规的规定,江苏省开始规范税务行政处罚裁量权,主要内容如下。具体《税务行政处罚自由裁量基准》见江苏地税部门的相关法规政策部分。

(一) 基本原则

1. 合法性原则

实施税务行政处罚应当遵循合法性原则,以事实为依据,以法律为准绳,在法定职权范围内,按照法定程序做出处罚决定。

2. 合理性原则

实施税务行政处罚应当遵循合理性原则,符合立法宗旨和逻辑理性。处罚决定应当全面考虑相关因素,与税务行政相对人违法行为的性质、情节以及危害后果相当。对不同性质、情节及危害后果的税收违法行为,应当区别情况做出不同的处罚决定。不得滥用或者怠于行使自由裁量权。

3. 公平公正原则

税务行政处罚应当遵循公平公正原则,相同情况相同对待。对违法事实、性质、情节等因素基本相同的税收违法行为,是否实施行政处罚以及处罚的种类、幅度等应当基本相同,不得因案件以外的因素影响行政处罚的结果。

(二) 主要措施

(1) 对有关行政处罚的羁束性规定,国税机关必须适用。对有关行政处罚的选择性规定,国税机关应当遵循裁量原则和标准,结合具体情况在规定的条件和要求范围内选择适用。

(2) 税务行政处罚应当由行政处罚法及税收征管法规定的具有行政处罚权的国税机关行使。

(3) 税务行政相对人一年内首次实施法律、法规、规章规定"可以"予以行政处罚的违法行为,国税机关应当责令其限期改正。在规定期限内改正的,不予行政处罚;逾期不改正的,应予行政处罚。税务行政相对人一年内实施上述同类税收违法行为两次以上,应当依法予以行政处罚。其中:"一年"是指一个公历年度,"同类税收违法行为"是指应当适用同一处罚条、款、项的税收违法行为。除法律法规有特殊规定外,责令限期改正的期限一般不超过15日。

(4) 对法定罚款幅度以金额计的税收违法行为,处罚对象为公民(含个体工商户)的,处罚金额不得低于50元;处罚对象为法人和其他组织的,处罚金额不得低于100元。

(5) 对法定罚款幅度以倍数计的,罚款的倍数应当为10%的整数倍。罚款幅度以金额计的,罚款金额应当为10元的整数倍。

(6) 税务行政相对人不予行政处罚的若干情形:一是因不可抗力导致税务行政相对人有税收违法行为的;二是因国税机关原因导致税务行政相对人有税收违法行为的;三是税收违法行为轻微并及时纠正,没有造成危害后果的;四是不满十四周岁的人有税收违法行为的;五是精神病人在不能辨认或者不能控制自己行为时有税收违法行为的;六是税收违法行为在五年内未被发现的;七是其他依法应当不予行政处罚的情形。

(7) 税务行政相对人从轻处罚规定:

① 税务行政相对人在国税机关实施检查前,有下列情形之一的,可以根据其违法情节减轻处罚,但处罚最低不得低于减轻前应处最低罚款额的 50%:一是主动消除、减轻税收违法行为危害后果的;二是其他依法应当减轻处罚的情形。

② 税务行政相对人有下列情形之一的,可以根据其违法情节从轻处罚:一是在实施检查过程中,主动消除、减轻税收违法行为危害后果的;二是在实施检查过程中,积极配合国税机关查处税收违法行为,主动补缴少缴税款的;三是检举他人重大偷税、逃避追缴欠税、抗税、骗税违法行为,经查证属实的;四是受他人胁迫有税收违法行为的;五是其他依法应当从轻处罚的情形。

(8) 税务行政相对人从重处罚规定。税务行政相对人有以下情形之一的,应当从重处罚:一是一个纳税年度内再次实施已被国税机关行政处罚过的同类税收违法行为的;二是逃避、拒绝或者以其他方式妨碍国税机关检查的;三是恐吓、威胁、报复税务人员、证人、举报人的;四是违法手段恶劣,严重干扰税收管理秩序的;五是其他依法应当从重处罚的情形。

(9) 实施税务行政处罚,应当按照本办法规定的裁量基准执行,有下列情形之一的,应当经过集体合议决定,并报上一级国税机关备案:一是拟做出的税务行政处罚决定高于或者低于裁量基准的;二是罚款数额较大的案件;三是争议较大的案件;四是在本辖区有重大影响的案件;五是其他重大疑难案件。

(10) 实施税务行政处罚,应当依法听取税务行政相对人的陈述申辩意见。符合听证条件的税务行政相对人要求听证的,国税机关应当组织听证。对税务行政相对人在陈述申辩及听证程序中提出的事实、理由及有关证据,国税机关应当认真审查判断,必要时应当进行调查,情况属实的应予以采纳。不得因税务行政相对人陈述申辩及要求听证而加重其法律责任。

(11) 税务行政处罚案件调查结束后,调查人员应当根据具体案情,对照裁量标准,在案件调查材料中对是否实施税务行政处罚以及处以何种处罚、具体处罚幅度提出建议,并明示裁量的理由及事实依据。

税务行政处罚案件的审理、审核、审批人员应当综合全案情况,对调查人员的处罚建议进行审查判断,在有关报告中签署意见,并说明依据和理由。对调查人员未按照规定说明裁量的理由及事实依据的,审理、审核、审批人员应当将案卷退回,或者要求有关人员补充说明。

(12) 省局及省辖市级国税机关应当建立案卷评查和典型案例指导制度。对于案卷评查过程中发现的问题,应通知相关单位依法纠正或直接纠正。各地开展案卷评查工作的情况应定期向上一级国税机关报告。

(13) 实施税务行政处罚,有下列情形之一的,依照有关规定追究直接责任人员的责任:一是税务行政处罚决定被人民法院终审确认违法的;二是税务行政处罚决定被复议机关确认违法的;三是税务行政处罚决定被上级机关确认违法或不当的;四是因税务行政处罚权行使不当引起税务行政相对人投诉,在社会上造成不良影响的;五是其他不当行使税务行政处罚权造成严重后果的。

四、发布第一批税务行政处罚权力清单和权力运行流程图

根据《国家税务总局关于推行税收执法权力清单制度的指导意见》、《国家税务总局关于印发〈推行税务行政处罚权力清单制度工作方案〉的通知》及《国家税务总局关于发布第一批税务行政处罚权力清单的公告》的规定,江苏省国家税务局于 2015 年 3 月公布《第一批税务行政处罚权力清单》及《税务行政处罚权力运行流程图》。

表 4－1　第一批税务行政处罚权力清单

类型	违法行为		处罚依据	处罚内容	处罚主体
一、账簿凭证管理类	1. 未按规定设置、保管账簿资料,报送财务、会计制度办法核算软件,安装使用税控装置。	纳税人未按照规定设置、保管账簿或者保管记账凭证和有关资料。	《中华人民共和国税收征收管理法》第六十条	责令限期改正,可以处 2 000 元以下的罚款;情节严重的,处 2 000 元以上 1 万元以下的罚款。	国税机关
		纳税人未按照规定将财务、会计制度或者财务、会计处理办法和会计核算软件报送税务机关备查。		责令限期改正,可以处 2 000 元以下的罚款;情节严重的,处 2 000 元以上 1 万元以下的罚款。	国税机关
		纳税人未按照规定安装、使用税控装置,或者损毁或者擅自改动税控装置。		责令限期改正,可以处 2 000 元以下的罚款;情节严重的,处 2 000 元以上 1 万元以下的罚款。	国税机关
	2. 扣缴义务人未按照规定设置、保管代扣代缴、代收代缴税款账簿或者保管代扣代缴、代收代缴税款记账凭证及有关资料。		《中华人民共和国税收征收管理法》第六十一条	责令限期改正,可以处 2 000 元以下的罚款;情节严重的,处 2 000 元以上 5 000 元以下的罚款。	国税机关
	3. 非法印制、转借、倒卖、变造或者伪造完税凭证。		《中华人民共和国税收征收管理法实施细则》第九十一条	责令改正,处 2 000 元以上 1 万元以下的罚款;情节严重的,处 1 万元以上 5 万元以下的罚款。	国税机关
二、纳税申报类	4. 未按规定期限办理纳税申报和报送纳税资料。	纳税人未按照规定的期限办理纳税申报和报送纳税资料。	《中华人民共和国税收征收管理法》第六十二条	责令限期改正,可以处 2 000 元以下的罚款;情节严重的,可以处 2 000 元以上 1 万元以下的罚款。	国税机关
		扣缴义务人未按照规定的期限向税务机关报送代扣代缴、代收代缴税款报告表和有关资料。		责令限期改正,可以处 2 000 元以下的罚款;情节严重的,可以处 2 000 元以上 1 万元以下的罚款。	国税机关
	5. 纳税人、扣缴义务人编造虚假计税依据。		《中华人民共和国税收征收管理法》第六十四条	责令限期改正,并处 5 万元以下的罚款。	国税机关

（续表）

类型	违法行为	处罚依据	处罚内容	处罚主体
三、税务检查类	6. 纳税人、扣缴义务人逃避、拒绝或者以其他方式阻挠税务机关检查(包括提供虚假资料，不如实反映情况，或者拒绝提供有关资料的；拒绝或者阻止税务机关记录、录音、录像、照相和复制与案件有关的情况和资料的；在检查期间，纳税人、扣缴义务人转移、隐匿、销毁有关资料的；有不依法接受税务检查的其他情形的)。	《中华人民共和国税收征收管理法》第七十条、《中华人民共和国税收征收管理法实施细则》第九十六条	责令改正，可以处1万元以下的罚款；情节严重的，处1万元以上5万元以下的罚款。	国税机关
	7. 纳税人、扣缴义务人的开户银行或者其他金融机构拒绝接受税务机关依法检查纳税人、扣缴义务人存款账户，或者拒绝执行税务机关作出的冻结存款或者扣缴税款的决定，或者在接到税务机关的书面通知后帮助纳税人、扣缴义务人转移存款，造成税款流失。	《中华人民共和国税收征收管理法》第七十三条	处10万元以上50万元以下的罚款，对直接负责的主管人员和其他直接责任人员处1000元以上1万元以下的罚款。	国税机关
	8. 税务机关依照税收征管法第五十四条第(五)项的规定到车站、码头、机场、邮政企业及其分支机构检查纳税人有关情况时，有关单位拒绝的。	《中华人民共和国税收征收管理法实施细则》第九十五条	责令改正，可以处1万元以下的罚款；情节严重的，处1万元以上5万元以下的罚款。	国税机关

五、公布重大税收违法案件信息制度

为认真贯彻落实国家税务总局关于公布重大税收违法案件信息工作规定，严厉惩戒税收违法行为，促进社会诚信体系建设，自2014年10月1日起，江苏省国家税务局开始实施《江苏省国税系统重大税收违法案件信息公布办法(试行)》(江苏省国家税务局公告〔2014〕第11号)，要求全省省辖市级(含张家港保税区国家税务局，下同)以上国税机关应当依据本办法的规定，定期向社会公布重大税收违法案件信息。

(1) 公布重大税收违法案件信息，应当遵循依法公开、公平公正、分级管理、统一规范的原则。

(2) 全省省辖市级以上国税机关应当通过门户网站定期向社会公布重大税收违法案件信息，同时可以根据本地区实际情况，通过税务机关公告栏、报纸、广播、电视、网络媒体等途径以及新闻发布会等形式向社会公布。

县级国税机关查处的重大税收违法案件，统一由所在地的省辖市级国税机关公布。

(3) 按照谁检查、谁负责的原则，作出行政处理、行政处罚的税务机关应当对公布案件信息的真实性与准确性负责。

(4) 江苏省国家税务局公布全省各级国税机关查结的符合下列标准的税收违法案件信息：

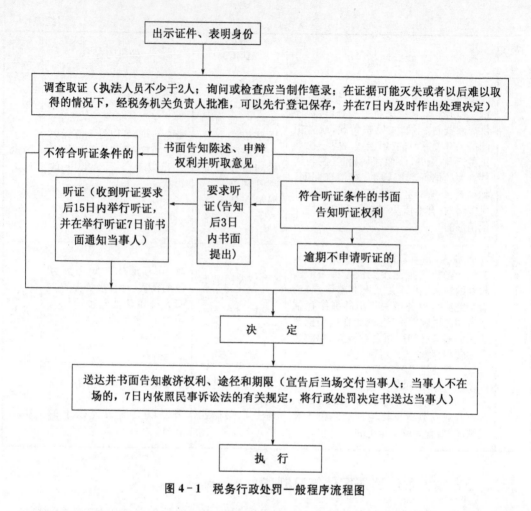

图 4-1 税务行政处罚一般程序流程图

一是纳税人伪造、变造、隐匿、擅自销毁账簿、记账凭证，或者在账簿上多列支出或者不列、少列收入，或者经税务机关通知申报而拒不申报或者进行虚假的纳税申报，不缴或者少缴应纳税款，查补税款金额300万元以上，且占应纳税额百分之十以上的；二是纳税人欠缴应纳税款，采取转移或者隐匿财产的手段，妨碍税务机关追缴欠缴的税款，查补税款金额300万元以上的；三是以假报出口或者其他欺骗手段，骗取国家出口退税款，查补税款金额300万元以上的；四是以暴力、威胁方法拒不缴纳税款的；五是虚开增值税专用发票或者虚开用于骗取出口退税、抵扣税款的其他发票，虚开税款数额800万元以上的；六是虚开普通发票，票面额累计3 000万元以上的；七是虽未达到上述标准，但违法情节严重、有较大社会影响的。

各级国税机关查结的重大税收违法案件，是指国税机关做出了《税务处理决定书》和《税务行政处罚决定书》，并且在法定期间内，当事人没有申请行政复议或者提起行政诉讼，或者经行政复议或法院裁判最终确定效力的案件。

（5）省辖市级国税机关公布管辖地各级国税机关查结的符合下列标准的税收违法案件信息：一是纳税人伪造、变造、隐匿、擅自销毁账簿、记账凭证，或者在账簿上多列支出或者不列、少列收入，或者经税务机关通知申报而拒不申报或者进行虚假的纳税申报，不缴或者少缴应纳税款,查补税款金额 100 万元以上,且占应纳税额百分之十以上的;二是纳税人欠缴应纳税款,采取转移或者隐匿财产的手段,妨碍税务机关追缴欠缴的税款,查补税款金额 100 万元以上的;三是以假报出口或者其他欺骗手段,骗取国家出口退税款,查补税款金额 100 万元以上的;四是以暴力、威胁方法拒不缴纳税款的;五是虚开增值税专用发票或者虚开用于骗取出口退税、抵扣税款的其他发票,虚开税款数额 300 万元以上的;六是虚开普通发票,票面额累计 2 000 万元以上的;七是虽未达到上述标准,但违法情节严重、有较大社会影响的。

(6) 公布重大税收违法案件信息应当包括以下内容:一是对法人或者其他组织,公布其名称、纳税人识别号、组织机构代码、注册地址,法定代表人或者负责人姓名、性别及公民身份证号码(隐去出生年、月、日号码段,下同),附有直接责任的财务人员姓名、性别及身份证号码;二是对自然人,公布其姓名、性别、身份证号码;三是主要违法事实;四是相关法律依据;五是行政处理、行政处罚情况;六是实施检查的单位。

对公布的重大税收违法案件负有直接责任的中介机构及从业人员,国税机关可以依法一并公布其相关信息。

(7) 对按本公告公布的当事人,依法采取以下措施:一是纳税信用级别直接判为 D 级,适用《纳税信用管理办法(试行)》关于 D 级纳税人的管理措施;二是对欠缴查补税款的当事人在出境前未按照规定结清应纳税款、滞纳金或者提供纳税担保的,国税机关可以依据《中华人民共和国税收征收管理法》等有关规定,通知出入境管理机关阻止其出境;三是因税收违法行为,触犯刑事法律,被判处刑罚,执行期满未逾五年,国税机关可以依据《中华人民共和国公司法》等有关规定,通知工商行政管理等机关限制其担任企业的法定代表人、董事、监事、高级管理人员;四是对公布的重大税收违法案件信息,国税机关可以依据《征信业管理条例》等有关规定向征信机构通报,供金融机构融资授信参考使用;五是对国税机关申请人民法院强制执行的行政处罚案件的当事人,由执行法院依法纳入失信被执行人名单,采取限制高消费等惩戒措施;六是国税机关根据实际情况依法采取其他严格管理的措施。

(8) 每季度终了后 30 日内,省辖市级以上国税机关在其门户网站上公布重大税收违法案件信息。

(9) 重大税收违法案件信息自公布之日起满 2 年的,从公布栏中撤出。

(10) 被公布的当事人对公布内容产生异议的,由作出行政处理、行政处罚决定的国税机关负责复核和处理。

六、公开行政审批事项

为深入推进行政审批制度改革,根据《国家税务总局关于公开行政审批事项等相关工作的公告》(国家税务总局公告〔2014〕第 10 号)要求,2014 年 7 月江苏省国家税务局决定向社会公开当前保留的行政审批事项清单,接受社会监督,并听取社会各界对进一步取消和下放行政审批事项的意见。主要内容包括两点:

一是本次公开的行政审批事项是江苏省国税系统实施的审批事项。

二是全省各级国税机关要按照本公告的规定,不得在公开的清单外实施其他行政审批,不得对已经取消和下放的审批项目以其他名目搞变相审批,坚决杜绝随意新设、边减边增、明减暗增、明放暗收等现象。对违反规定的将严肃追究相关单位和人员责任。同时,对取消和下放的行政审批事项要落实到位,及时清理修改有关税收规范性文件,切实加强事中事后监管。

表4－2　江苏省国家税务局行政审批事项公开目录

序号	审批部门	项目名称	子项	审批类别	共同审批部门	审批对象
1	省国税局	企业印制发票审批	无	行政许可	无	印制企业
2	省国税局	对纳税人延期缴纳税款的核准	无	行政许可	无	纳税人
3	省国税局	对纳税人延期申报的核准	无	行政许可	无	纳税人
4	省国税局	对纳税人变更纳税定额的核准	无	行政许可	无	纳税人
5	省国税局	增值税专用发票(增值税税控系统)最高开票限额审批	无	行政许可	无	纳税人
6	省国税局	对采取实际利润额预缴以外的其他企业所得税预缴方式的核定	无	行政许可	无	纳税人
7	税务总局或省国税局	非居民企业选择由其主要机构场所汇总缴纳企业所得税的审批	无	行政许可	无	非居民企业
8	省国税局	对办理税务登记(注销、外出经营报验)的核准	无	非行政许可审批	无	纳税人
9	省国税局	偏远地区简并征期认定	无	非行政许可审批	无	纳税人
10	省国税局	对吸纳下岗失业人员达到规定条件的服务型、商贸企业和对下岗失业人员从事个体经营减免税的审批	无	非行政许可审批	无	纳税人
11	省国税局	对增值税一般纳税人资格认定的审批	无	非行政许可审批	无	纳税人
12	省国税局	申请开具红字增值税专用发票的审核	无	非行政许可审批	无	增值税一般纳税人
13	省国税局	对企业汇总缴纳增值税的审批	无	非行政许可审批	财政部、各省财政厅(局)	纳税人

（续表）

序号	审批部门	项目名称	子项	审批类别	共同审批部门	审批对象
14	税务总局	两个或两个以上纳税人合并缴纳增值税审批	无	非行政许可审批	财政部	纳税人
15	税务总局	逾期增值税扣税凭证继续抵扣审批	无	非行政许可审批	无	纳税人
16	省国税局	未按期申报抵扣增值税扣税凭证申请继续抵扣的审批	无	非行政许可审批	无	纳税人
17	省国税局	农产品增值税进项税额核定扣除标准的核准	无	非行政许可审批	无	纳税人
18	省国税局	退还集成电路企业采购设备留抵税额审批	无	非行政许可审批	无	纳税人
19	省国税局	增值税即征即退审批	无	非行政许可审批	无	纳税人
20	税务总局	外国政府和国际组织无偿援助项目在华采购物资免税审批	无	非行政许可审批	商务部、财政部	纳税人
21	省国税局	促进残疾人就业企业增值税退税审批	无	非行政许可审批	无	纳税人
22	省国税局	对承担粮食收储任务的国有粮食购销企业免征增值税的审核	无	非行政许可审批	同级财政、粮食部门	纳税人
23	省国税局	对承担粮食收储任务的国有粮食购销企业和经营免税项目的粮食经营企业以及有政府储备食用植物油销售业务的企业增值税免税资格的审核	1. 对承担粮食收储任务的国有粮食购销企业增值税免税资格的审核认定	非行政许可审批	无	纳税人
			2. 对经营免税项目的粮食经营企业增值税免税资格的审核认定	非行政许可审批	无	纳税人
			3. 有政府储备食用植物油销售业务的企业增值税免税资格的审核认定	非行政许可审批	无	纳税人
24	省国税局	拍卖行拍卖免征增值税货物审批	无	非行政许可审批	无	纳税人
25	省国税局	软件产品增值税退税审核	无	·非行政许可审批	无	纳税人

（续表）

序号	审批部门	项目名称	子项	审批类别	共同审批部门	审批对象
26	省国税局	营改增后随军家属优惠政策审批	无	非行政许可审批	无	纳税人
27	省国税局	营改增后军队转业干部优惠政策审批	无	非行政许可审批	无	纳税人
28	省国税局	营改增后退役军人优惠政策审批	无	非行政许可审批	民政部门	纳税人
29	省国税局	出口货物劳务退(免)税审批	1. 外贸企业免退税审批	非行政许可审批	无	纳税人
			2. 生产企业免抵退税审批	非行政许可审批	无	纳税人
			3. 出口企业视同出口货物退(免)税审批	非行政许可审批	无	纳税人
			4. 营业税改征增值税适用增值税零税率应税服务免抵退税审批	非行政许可审批	无	纳税人
			5. 出口退(免)税资格认定	非行政许可审批	无	纳税人
			6. 出口退(免)税资格认定变更	非行政许可审批	无	纳税人
			7. 出口退(免)税资格认定注销	非行政许可审批	无	纳税人
			8. 集团公司具有免抵退税资格成员企业认定	非行政许可审批	无	纳税人
			9. 研发机构采购国产设备退税资格的认定、审核审批	非行政许可审批	无	纳税人
			10. 逾期申报退(免)税批准	非行政许可审批	无	纳税人
			11. 以边境小额贸易方式代理外国企业、外国自然人出口货物备案登记及备案核销的核准	非行政许可审批	无	纳税人

（续表）

序号	审批部门	项目名称	子项	审批类别	共同审批部门	审批对象
			12. 生产企业出口的船舶、大型成套机电设备免抵退税审核、审批	非行政许可审批	无	纳税人
			13. 免税卷烟核销	非行政许可审批	无	纳税人
			14. 出具出口货物退（免）税相关证明核准	非行政许可审批	无	纳税人
			15. 融资租赁船舶出口退（免）税审批	非行政许可审批	无	纳税人
			17. 中国免税品（集团）总公司经营的国产商品退税审核	非行政许可审批	无	纳税人
30	省国税局	列入车辆购置税免税图册的审批	无	非行政许可审批	无	车辆生产企业或纳税人
31	省国税局	设有固定装置的非运输车辆免征车辆购置税审核	无	非行政许可审批	无	纳税人
32	省国税局	车辆购置税完税车辆退车的退税审核	无	非行政许可审批	无	纳税人
33	省国税局	车辆购置税完税车辆不予登记的退税审核	无	非行政许可审批	无	纳税人
34	省国税局	车辆购置税已完税设有固定装置非运输车辆退税审核	无	非行政许可审批	无	纳税人
35	省国税局	公共汽电车辆免征车辆购置税的审核	无	非行政许可审批	无	纳税人
36	省国税局	对企业汇总缴纳消费税的审批	无	非行政许可审批	同级财政部门	纳税人
37	税务总局	卷烟消费税计税价格的核定审批	无	非行政许可审批	无	纳税人
38	省国税局	白酒消费税计税价格的核定审批	无	非行政许可审批	无	纳税人

（续表）

序号	审批部门	项目名称	子项	审批类别	共同审批部门	审批对象
39	省国税局	葡萄酒消费税退税审批	无	非行政许可审批	无	纳税人
40	省国税局	石脑油、燃料油消费税退税审批	1. 乙烯、芳烃生产企业退税资格认定	非行政许可审批	进口地海关	纳税人
			2. 定点直供石脑油、燃料油免税数量审批	非行政许可审批	无	纳税人
			3. 乙烯、芳烃生产企业石脑油、燃料油消费税退税	非行政许可审批	进口地海关	纳税人
41	省国税局	销货退回的消费税退税审批	无	非行政许可审批	无	纳税人
42	省国税局	出口应税消费品办理免税后发生退关或国外退货补缴消费税审批	无	非行政许可审批	无	纳税人
43	省国税局	消费税税款抵扣审核	无	非行政许可审批	无	纳税人
44	省国税局	成品油消费税征税范围认定	无	非行政许可审批	无	纳税人
45	省国税局	非居民享受税收协定(含与港澳台协议)待遇审批	1. 享受协定(含与港澳台安排、协议)待遇对方居民身份审核	非行政许可审批	无	纳税人
			2. 取得协定(含与港澳台安排、协议)待遇相关所得的受益所有人身份审核	非行政许可审批	无	纳税人
46	省国税局	中国税收居民身份的认定	无	非行政许可审批	无	纳税人
47	税务总局	预约定价期满后对需要续签的企业核准	无	非行政许可审批	无	纳税人
48	税务总局	企业就成本分摊协议是否符合独立交易原则的审核	无	非行政许可审批	无	纳税人
49	省国税局	主管税务机关对非居民企业适用行业及所适用的利润率的审核	无	非行政许可审批	无	非居民企业

（续表）

序号	审批部门	项目名称	子项	审批类别	共同审批部门	审批对象
50	省国税局	非境内注册居民企业选择主管税务机关的批准	无	非行政许可审批	无	境外注册中资控股居民企业
51	税务总局	境外注册中资控股居民企业主管税务机关的变更审批	无	非行政许可审批	无	境外注册中资控股居民企业
52	省国税局	境外注册的中资控股企业依据实际管理机构标准判定为中国居民企业审批	无	非行政许可审批	无	纳税人
53	省国税局	收入全额归属中央的企业下属二级及二级以下分支机构名单的备案审核	无	非行政许可审批	无	纳税人
54	省国税局	汇总纳税企业组织结构变更审核	无	非行政许可审批	无	纳税人
55	省国税局	企业符合特殊性税务处理规定条件的业务的核准	1. 企业符合特殊性税务处理规定条件的债务重组业务的核准	非行政许可审批	无	纳税人
			2. 企业符合特殊性税务处理规定条件的债权转股权业务的核准	非行政许可审批	无	纳税人
			3. 企业符合特殊性税务处理规定条件的股权收购业务的核准	非行政许可审批	无	纳税人
			4. 企业符合特殊性税务处理规定条件的资产收购业务的核准	非行政许可审批	无	纳税人
			5. 企业符合特殊性税务处理规定条件的企业合并业务的核准	非行政许可审批	无	纳税人
			6. 企业符合特殊性税务处理规定条件的企业分立业务的核准	非行政许可审批	无	纳税人
			7. 企业符合特殊性税务处理规定条件的跨境重组业务的核准	非行政许可审批	无	纳税人

（续表）

序号	审批部门	项目名称	子项	审批类别	共同审批部门	审批对象
56	省国税局	企业取得的符合条件的技术转让所得享受所得税优惠核准	无	非行政许可审批	无	纳税人
57	省国税局	安置残疾人员和国家鼓励安置的其他就业人员所支付工资的加计扣除的核准	无	非行政许可审批	无	纳税人
58	省国税局	创业投资企业享受创业投资所得税优惠核准	无	非行政许可审批	无	纳税人
59	省国税局	企业享受符合条件的固定资产加速折旧或缩短折旧年限所得税优惠的核准	无	非行政许可审批	无	纳税人
60	省国税局	企业享受综合利用资源所得税优惠的核准	无	非行政许可审批	无	纳税人
61	省国税局	企业享受文化体制改革中转制的经营性文化事业单位所得税优惠的核准	无	非行政许可审批	中宣部、财政部	纳税人
62	省国税局	电网企业新建项目分摊期间费用的核准	无	非行政许可审批	无	纳税人
63	省国税局	企业享受苏州工业园区有限合伙制创业投资企业法人合伙人试点优惠政策的核准	无	非行政许可审批	无	纳税人
64	省国税局	企业享受生产和装配伤残人员专门用品企业所得税优惠的核准	无	非行政许可审批	无	纳税人
65	省国税局	企业境外所得适用简易征收和饶让抵免的核准	无	非行政许可审批	无	纳税人
66	省国税局	符合条件的非营利组织享受免税收入优惠的备案核准	无	非行政许可审批	无	纳税人
67	省国税局	企业从事农林牧渔业项目的所得享受所得税优惠的备案核准	无	非行政许可审批	无	纳税人
68	省国税局	企业从事国家重点扶持的公共基础设施项目投资经营的所得享受所得税优惠的备案核准	无	非行政许可审批	无	纳税人
69	省国税局	企业符合条件的环境保护、节能节水项目的所得享受所得税优惠的备案核准	无	非行政许可审批	无	纳税人

（续表）

序号	审批部门	项目名称	子项	审批类别	共同审批部门	审批对象
70	省国税局	企业购置用于环境保护、节能节水、安全生产的专用设备的投资额享受所得税优惠的备案核准	无	非行政许可审批	无	纳税人
71	省国税局	软件、集成电路企业享受所得税优惠的备案核准	无	非行政许可审批	无	纳税人
72	省国税局	动漫产业企业享受所得税优惠的备案核准	无	非行政许可审批	无	纳税人
73	省国税局	节能服务公司实施合同能源管理项目享受所得税优惠的备案核准	无	非行政许可审批	无	纳税人
74	省国税局	中国清洁发展机制基金及清洁发展机制项目实施企业享受所得税优惠的备案核准	无	非行政许可审批	无	纳税人
75	省国税局	税务师事务所设立审批	无	非行政许可审批	无	税务师事务所及其分所
76	税务总局	注册税务师资格核准	无	非行政许可审批	人力资源和社会保障部	参加注册税务师执业资格考试成绩合格者
77	省国税局	注册税务师执业核准	无	非行政许可审批	无	注册税务师

七、公布税务行政许可事项目录

2015 年 12 月,根据国务院深化行政审批制度改革要求,江苏省国家税务局就江苏国税系统税务行政许可事项进行公告,要求全省各级国税机关应当依据《中华人民共和国行政许可法》的相关规定实施税务行政许可,认真落实《国家税务总局关于进一步深化税务行政审批制度改革工作的意见》(税总发〔2015〕102 号)、《国家税务总局关于公布税务行政许可事项目录的公告》(国家税务总局公告 2015 年第 87 号)等文件规定,深入推进简政放权、放管结合、优化服务,不断提高税收管理和服务效能。

表4-3　税务行政许可事项目录

序号	项目名称	设定依据	审批对象	审批部门
1	企业印制发票审批	《中华人民共和国税收征收管理法》第22条:"增值税专用发票由国务院税务主管部门指定的企业印制;其他发票,按照国务院税务主管部门的规定,分别由省、自治区、直辖市国家税务局、地方税务局指定企业印制。未经前款规定的税务机关指定,不得印制发票。"《中华人民共和国发票管理办法》第7条:"增值税专用发票由国务院税务主管部门确定的企业印制;其他发票,按照国务院税务主管部门的规定,由省、自治区、直辖市税务机关确定的企业印制。禁止私自印制、伪造、变造发票。"第8条:"印制发票的企业应当具备下列条件:(一)取得印刷经营许可证和营业执照;(二)设备、技术水平能够满足印刷发票的需要;(三)有健全的财务制度和严格的质量监督、安全管理、保密制度。税务机关应当以招标方式确定印制发票的企业,并发给发票准印证。"	印制企业	增值税专用发票由国家税务总局确定;其他发票由省税务机关确定
2	对纳税人延期缴纳税款的核准	《中华人民共和国税收征收管理法》第31条第2款:"纳税人因有特殊困难,不能按期缴纳税款的,经省、自治区、直辖市国家税务局、地方税务局批准,可以延期缴纳税款,但是最长不得超过三个月。"《中华人民共和国税收征收管理法实施细则》第41条:"纳税人有下列情形之一的,属于税收征管法第三十一条所称特殊困难:(一)因不可抗力,导致纳税人发生较大损失,正常生产经营活动受到较大影响的;(二)当期货币资金在扣除应付职工工资、社会保险费后,不足以缴纳税款。计划单列市国家税务局、地方税务局可以参照税收征管法第三十一条第二款的批准权限,审批纳税人延期缴纳税款。"《中华人民共和国税收征收管理法实施细则》第42条第1款:"纳税人需要延期缴纳税款的,应当在缴纳税款期限届满前提出申请,并报送下列材料:申请延期缴纳税款报告,当期货币资金余额情况及所有银行存款账户的对账单,资产负债表,应付职工工资和社会保险费等税务机关要求提供的支出预算。"	纳税人	省税务机关
3	对纳税人延期申报的核准	《中华人民共和国税收征收管理法》第27条:"纳税人、扣缴义务人不能按期办理纳税申报或者报送代扣代缴、代收代缴税款报告表的,经税务机关核准,可以延期申报。"《中华人民共和国税收征收管理法实施细则》第37条:"纳税人、扣缴义务人按照规定的期限办理纳税申报或者报送代扣代缴、代收代缴税款报告表确有困难,需要延期的,应当在规定的期限内向税务机关提	纳税人	主管税务机关

序号	项目名称	设定依据	审批对象	审批部门
		出书面延期申请,经税务机关核准,在核准的期限内办理。纳税人、扣缴义务人因不可抗力,不能按期办理纳税申报或者报送代扣代缴、代收代缴税款报告表的,可以延期办理;但是,应当在不可抗力情形消除后立即向税务机关报告。税务机关应当查明事实,予以核准。"		
4	对纳税人变更纳税定额的核准	《中华人民共和国税收征收管理法实施细则》第47条第3款:"纳税人对税务机关采取本条规定的方法核定的应纳税额有异议的,应当提供相关证据,经税务机关认定后,调整应纳税额。"	纳税人	主管税务机关
5	增值税专用发票(增值税税控系统)最高开票限额审批	《国务院对确需保留的行政审批项目设定行政许可的决定》(国务院令第412号)附件第236项:增值税防伪税控系统最高开票限额审批。	纳税人	区县税务机关
6	对采取实际利润额预缴以外的其他企业所得税预缴方式的核定	《中华人民共和国企业所得税法实施条例》第128条:"企业所得税分月或分季预缴,由税务机关具体核定。企业根据企业所得税法第五十四条规定分月或者分季预缴企业所得税时,应当按照月度或者季度的实际利润额预缴;按照月度或者季度的实际利润额预缴有困难的,可以按照上一纳税年度应纳税所得额的月度或者季度平均额预缴,或者按照经税务机关认可的其他方法预缴。"	纳税人	主管税务机关
7	非居民企业选择由其主要机构场所汇总缴纳企业所得税的审批	《中华人民共和国企业所得税法》第51条:"非居民企业取得本法第三条第二款规定的所得,以机构、场所所在地为纳税地点。非居民企业在中国境内设立两个或者两个以上机构、场所的,经税务机关审核批准,可以选择由其主要机构、场所汇总缴纳企业所得税。非居民企业取得本法第三条第三款规定的所得,以扣缴义务人所在地为纳税地点。"《中华人民共和国企业所得税法实施条例》第127条:"企业所得税法第五十一条所称经税务机关审核批准,是指经各机构、场所所在地税务机关的共同上级税务机关审核批准。非居民企业经批准汇总缴纳企业所得税后,需要增设、合并、迁移、关闭机构、场所或者停止机构、场所业务的,应当事先由负责汇总申报缴纳企业所得税的主要机构、场所向其所在地税务机关报告;需要变更汇总缴纳企业所得税的主要机构、场所的,依前款规定办理。"	非居民企业	非居民企业各机构、场所所在地税务机关的共同上级税务机关

第五章　新常态时期江苏地税的法规政策

　　与地方国税部门一样,我国的地方税务部门也没有独立的税收立法权,也必须在国家一盘棋的税收法律制度框架下开展自己的相关工作。由此,经济进入新常态发展阶段后,江苏省地方税务部门的法规政策便主要集中在了少量税款征收标准的地方性调整、本省地方性的税收征管以及由地方税务部门负责征收的"非税收入"等方面。

一、税收实体法方面的法规

　　基于地方政府在税收法律方面没有立法权及自主权,所以进入新常态阶段后,江苏省地方税务部门在实体法税种方面制定的专门法规与政策相对较少。

(一)残疾人等个人所得税减征管理

　　2015 年 12 月 30 日,江苏省地方税务局制定关于残疾人等个人所得税减征管理的有关规定(苏地税规〔2015〕7 号),提出为了进一步规范江苏省残疾人等个人所得税减征管理工作,根据《中华人民共和国个人所得税法》第五条、《中华人民共和国个人所得税法实施条例》第十六条、江苏省政府办公厅《关于我省残疾人等个人所得税减征规定的函》、国家税务总局《税收减免管理办法》,制定江苏省残疾人等个人所得税减征管理的有关规定。具体内容包括:

　　1. 减征原则

　　残疾人等个人所得税减征实行"先征后退"原则。即纳税人或者扣缴义务人必须按照税法的规定申报缴纳个人所得税,年度终了后再按本办法规定办理退税。

　　2. 减征对象

　　适用的个人所得税减征对象仅限于《中华人民共和国个人所得税法》第五条规定列举的个人。具体包括:

　　(1)残疾、孤老人员和烈属

　　享受税收优惠的残疾人是指持有第二代《中华人民共和国残疾人证》并注明属于视力残疾、听力残疾、言语残疾、肢体残疾、智力残疾、精神残疾和多重残疾的人员,以及持有《中华人民共和国残疾军人证(1 至 8 级)》的人员;孤老是指男年满 60 周岁、女年满 55 周岁,无法定扶养义务人的个人;烈属是指烈士的父母、配偶及子女。

　　(2)因严重自然灾害造成重大损失的个人

　　3. 减征范围

　　减征范围限于劳动所得,具体所得项目为:工资薪金所得;个体工商户的生产、经营所得;对企事业单位的承包、承租经营所得;劳务报酬所得;稿酬所得;特许权使用费所得。

　　可申请退还的个人所得税以纳税人或者其扣缴义务人在本省范围内自行申报或者扣缴申报缴纳的个人所得税为限。

4. 减征幅度

(1)孤老和烈属的所得,其个人所得税减征幅度按下列比例计算。

表 5-1　个人所得税减征幅度

级　数	全年应纳所得税额	减征比例(%)
1	不超过 5 000(含)元的	100
2	超过 5 000 元至 20 000(含)元的部分	50
3	超过 20 000 元的部分	0

(2)残疾人的所得,其个人所得税减征幅度根据残疾程度分别确定。残疾程度为中度以上,即残疾等级为一、二、三级(视力、听力、言语、肢体、智力、精神、多重)的残疾人,一级至六级(含六级)的转业、复员、退伍的革命伤残军人,其个人所得税减征幅度与孤老、烈属相同;残疾程度为轻度,即残疾等级为四级(视力、听力、言语、肢体、智力、精神、多重)的残疾人,七级至八级的转业、复员、退伍革命伤残军人,其个人所得税减征幅度按孤老、烈属的 50% 计算。

(3)因严重自然灾害造成重大损失的,其个人所得税应视扣除保险赔款后的实际损失酌情减征,最高不超过全年应纳个人所得税款的 80%。

5. 减征期限

残疾、孤老人员和烈属的所得,每年均可减征。因严重自然灾害造成重大损失的,减征遭受灾害当年的个人所得税。对于个别损失很大的,可以减征至次年。

6. 减征申请

(1)减征申请

符合规定享受减征个人所得税优惠的纳税人,应在本公告第七条规定的时间内向主管税务机关提出书面申请,同时按规定提交减免税申请表及相关资料。

(2)资料提供

① 残疾、孤老以及烈属类减免纳税人在首次办理减免税时,需提供下列资料:《纳税人减免税备案登记表》;申请人的有效个人身份证件(复印件);残疾证明(残疾人减免税);男年满 60 周岁、女年满 55 周岁,无法定抚养义务人的个人的证明(孤老减免税);烈属资格证明(烈属减免税);申请减免年度个人完税证明。

残疾证明是指第二代《中华人民共和国残疾人证》或《中华人民共和国残疾军人证(1 至 8 级)》,残疾证应在有效期内;孤老证明由乡镇以上的民政部门或当地政府开具;烈属资格证明是指中华人民共和国民政部出具的《烈士证明书》(2013 年 8 月 1 日以前未换新证的烈属持有《革命烈士证明书》);能证明烈属身份的户口簿、结婚证等有效证件原件(现场审核后交还)及复印件,如无有效证件证明,可提供由当地乡镇以上公安机关或政府民政部门出具的身份证明原件。

以后年度办理减免税时,除残疾程度发生变化需按上述要求提供新的材料外,不需要再办理减免税申请,可凭以前年度减免税批复直接填写《纳税人减免税申请表》申请办理退税。

② 重大自然灾害减免应提供下列资料:《纳税人减免税申请核准表》;申请人的有效个人身份证件(复印件);申请减免年度个人完税证明;重大自然灾害证明。

重大自然灾害证明资料包括相关部门或地方政府(乡镇以上)出具的自然灾害证明,或者保险公司理赔时出具的保险理赔文件原件(现场审核后交还)及复印件。

7. 申请时间

符合规定享受减征个人所得税优惠的纳税人,应于纳税年度终了后及时办理上一年度的减免税申请;申请时间超过三年的,按照《中华人民共和国税收征收管理法》规定处理。

8. 管理权限

本公告规定的个人所得税减征由主管税务机关一次性核实确认。

纳税人应在主要收入来源地主管税务机关申请办理个人所得税减征。

9. 法律责任

纳税人采取欺骗等手段骗取个人所得税减免税优惠的,按《中华人民共和国税收征收管理法》的规定处理,构成犯罪的,依法移送司法机关处理。

(二)调整建筑安装业个人所得税核定征收比例

2015 年 8 月,江苏省地税局发布公告要求自 2015 年 9 月 1 日起,为了贯彻落实国务院惠民生政策精神,进一步降低税负、促进公平,对江苏全省建筑安装业个人所得税核定征收比例进行调整,办法为:

建筑安装业个人所得税采取按照工程价款的一定比例核定征收税款办法的,核定征收的比例为工程价款的 4‰。

(三)调整契税纳税期限

江苏省地方税务局 2015 年 3 月 17 日发布关于调整契税纳税期限的公告,要求公告发布即日起,根据《中华人民共和国契税暂行条例》及《江苏省实施〈中华人民共和国契税暂行条例〉办法》相关规定,将江苏省契税纳税期限调整为:

在江苏省行政区域内承受土地、房屋权属的单位和个人,应当向土地、房屋所在地的地方税务机关办理契税纳税申报,契税纳税期限为纳税人依法办理土地、房屋权属登记手续之前。

(四)土地增值税的若干问题

2016 年 1 月 8 日,江苏省地方税务局发布苏地税规〔2015〕8 号文,对关于土地增值税的若干问题进行公告,并于 2016 年 3 月 1 日起施行。根据《中华人民共和国土地增值税暂行条例》及其实施细则和其他税收法律法规的规定,这些有关土地增值税的若干问题包括:

1. 关于土地增值税清算单位问题

土地增值税以国家有关部门审批、备案的项目为单位进行清算。对于国家有关部门批准分期开发的项目,以分期项目为单位进行清算。对开发周期较长,纳税人自行分期的开发项目,可将自行分期项目确定为清算单位,并报主管税务机关备案。对同一宗地块上的多个批准项目,纳税人进行整体开发的,可将该宗土地上的多个项目作为一个清算单位,并报主管税务机关备案。

同一清算单位中包含普通住宅、非普通住宅、其他类型房产的,应分别计算收入、扣除项目金额、增值额、增值率和应纳税额。

2. 关于土地成本分摊问题

土地成本是指取得土地使用权所支付的金额。土地成本仅在能够办理权属登记手续的建筑物及其附着物之间进行分摊。在不同清算单位或同一清算单位不同类型房产之间分摊土地成本时，可直接归集的，应直接计入该清算单位或该类型房产的土地成本；不能直接归集的，可按建筑面积法计算分摊，也可按税务机关认可的其他合理方法计算分摊。

3. 关于人防工程成本费用扣除问题

依法配建并经验收合格的人防工程，允许扣除相关成本、费用。

4. 关于车库（车位、储藏室等）问题

（1）能够办理权属登记手续的车库（车位、储藏室等）单独转让时，房地产开发企业应按"其他类型房产"确认收入并计算成本费用。

（2）不能办理权属登记手续的车库（车位、储藏室等），按照《国家税务总局关于房地产开发企业土地增值税清算管理有关问题的通知》（国税发〔2006〕187号）第四条第（三）项的规定执行。

（3）随房附赠的车库（车位、储藏室等），无论能否办理权属登记手续，房地产开发企业均应按销售合同上的房产类型计算成本费用。

5. 关于装修支出问题

房地产开发企业销售已装修的房屋，对以建筑物或构筑物为载体，移动后会引起性质、形状改变或者功能受损的装修支出，可作为开发成本予以扣除。对可移动的物品（如可移动的家用电器、家具、日用品、装饰用品等），不计收入也不允许扣除相关成本费用。

6. 关于新建房问题

房地产开发企业建造的商品房（不含已列入固定资产或作为投资性房地产的房屋），应按照转让新建房的政策规定缴纳土地增值税。非房地产开发企业自建房屋，自房屋竣工之日起3年内（含）转让的，可按照转让新建房的政策规定缴纳土地增值税。

二、行政规费、基金的征收管理

（一）规范基金与费的征收

2015年1月，江苏省地方税务局发布《关于进一步规范基金、费征收有关问题的通知》（苏地税发〔2014〕89号），要求江苏各省辖市及苏州工业园区地方税务局、张家港保税区地方税务局以及省地方税务局直属税务局，基于为了贯彻落实《中共江苏省委　江苏省人民政府关于进一步简政放权加快转变政府职能的实施意见》《省政府办公厅关于全面清理行政权力建立权力清单管理制度的通知》精神，深入推进依法行政，规范基金、费征收，对下述内容作出规定：

1. 充分认识规范基金、费征收的必要性

征收基金、费是各级政府赋予地税机关的工作职责，对照省委、省政府文件规定和依法行政要求，当前部分地区地税机关接受政府委托征收的有关基金、费存在着设定依据不合规、征收行为不规范等问题。各地要认真贯彻落实省委、省政府关于转变政府职能、推进依法行政、规范涉企收费的精神，提高认识，统筹安排。在思想上，要充分认识到规范和完善基金、费征收工作，是对省委省政府推进法治政府建设目标的有效落实，是推进地税机关依法行政，守好"生命线"的重要基础；是进一步减轻企业负担，维护地税机关良好形象的重要举措；是降低执法风险和行政成本的重要保障。在执行上，要按照省局的工作要求和当地政府部门的工作安排,落实好规范基金、费征收的相关规定,推进基金、费依法、合规征收。

2. 规范基金、费征收的具体要求

(1) 实行基金、费征收项目清单制度

按照省委、省政府转变机关职能、建立"政府性基金和行政事业性收费目录"的要求,凡全省地税系统普遍征收的基金、费征收项目清单(附件1)由省局建立,实行"目录之外无征收"。各级地税机关要按照省委、省政府规定和当地政府部门的要求,以基金、费征收项目须由法律、法规设定或列入政府性基金和行政事业性收费目录为原则,认真配合政府及相关部门对现行征收基金、费进行合规性审查和清理,对于省局目录之外且符合规定的现行基金、费征收项目,可列入当地清单目录,并报省局备案。

(2) 实行基金、费征收权力清单制度

严格按照省政府办公厅关于建立权力清单制度的规定,对基金、费行政征收权力进行全面梳理,以职权法定为准则,结合基金、费征收项目目录,制定基金、费行政征收权力目录,编制权力事项责任清单,结合税收征管,优化权利事项运行程序,明确工作责任,提高运行效能。

(3) 规范基金、费征收行为

严禁擅自增加项目、提高标准、扩大范围,凡未列入清单目录中的基金、费项目,一律不得征收。自2015年1月1日起,实行综合基金征收方式的地区一律取消综合征收。

3. 工作要求

(1) 履行职责,规范征收

要进一步转变观念、统一认识,要从转变职能、依法行政的角度,提高对实行目录清单制和规范征收行为重要的认识,认真对照依法履职、安全履职的要求,全面开展不合规基金、费征收项目和征收行为的清理工作,把规范征收作为主线贯穿于基金、费征收工作中。

(2) 加强沟通,争取支持

要从取消不合规收费项目的必要性、行政征收依据合法性、减轻企业负担的迫切性等角度,积极主动向当地政府汇报宣传按照省委、省政府的要求以及法律、法规的规定征收基金、费的重要性,争取地方政府和相关部门的理解和支持。

(3) 公开目录,加强宣传

要从公开透明的角度,做好清单目录公布和宣传工作。要通过12366纳税服务热线、税收门户网站、办税服务大厅和纳税人之家等途径广泛宣传地税部门推行清单目录制度和规范征收的举措,接受缴费单位和社会各界的监督。

表5-2 基金、费征收项目清单

序号	项目	序号	项目
1	社会保险费	5	残疾人就业保障金
2	教育费附加	6	工会经费
3	地方教育附加费	7	文化事业建设费
4	防洪保安资金		

(二) 社会保险费欠费管理

为进一步加强社会保险费征收管理,维护用人单位和劳动者的合法权益,江苏省地方税务局会同江苏省人力资源和社会保障厅、江苏省财政厅联合发布《江苏省社会保险费欠费管理办法(试行)》(苏地税规〔2015〕4 号),自 2015 年 7 月 1 日起实施。其目的旨在进一步加强基本养老保险、基本医疗保险、失业保险、工伤保险、生育保险(以下简称社会保险费)征缴的管理,预防和解决社会保险费欠缴问题,维护用人单位和劳动者的合法权益。社会保险费欠费则是指由各级地税机关征收的用人单位未按时足额缴纳的社会保险费和应加收的滞纳金。具体内容包括:

(1) 按发生时间的不同,欠费分为当期欠费和往期欠费。其中:当期欠费是指一个征收期(月)内,超过规定期限未缴纳的社会保险费;往期欠费则是指除当期以外,本年和以前年度超过规定期限未缴纳的社会保险费。

(2) 暂不纳入催缴和清缴范围的欠费单位。

欠费单位符合下列情形之一的,在经主管地税机关和社会保险经办机构联合认定后暂不纳入催缴和清缴范围:一是依法宣告破产以及吊销营业执照、责令关闭、撤销或者决定提前解散的企业;二是连续三个月以上未申报、缴纳税收和社会保险费,且已无法找到地址、无法联系的企业;三是已注销税务登记,但参保职工社会保险关系尚未转出且连续三个月以上未申报、缴纳社会保险费的企业;四是其他经主管地税机关和社会保险经办机构共同认定暂不纳入催缴和清缴范围的企业。

(3) 主管地税机关应当按月催缴当期欠费,向欠费单位送达《社会保险费限期缴纳通知书(当期欠费)》。

(4) 主管地税机关应当对往期欠费开展清缴,向欠费单位送达《社会保险费限期缴纳通知书》。欠费单位的分类认定、变更和解除当年新欠和历史陈欠各级第七条欠费单位逾期仍未缴纳或者补足社会保险费的,主管地税机关可以按照《中华人民共和国社会保险法》第六十三条规定,凭《查询单位存款账户通知书》向银行或其他金融机构查询其存款账户。

(5) 查实欠费单位账户有存款的,主管地税机关应当向社会保险经办机构发送《关于提供社会保险费欠费情况的函》,与社会保险经办机构核对、确认欠费险种及金额。社会保险经办机构应当及时将欠费险种和金额告知欠费单位。主管地税机关凭县级以上地方税务局制发的《划拨社会保险费的决定》和《划拨银行存款通知书》,书面通知欠费单位开户银行或其他金融机构划拨欠缴的社会保险费,并向欠费单位送达《划拨社会保险费的决定》。

(6) 主管地税机关要求银行或其他金融机构协助查询账户、划拨欠费单位欠缴社会保险费时,应当遵守以下规定:一是主管地税机关及税务执法人员应当对银行或其他金融机构提供的资料保密;二是税务执法人员执行查询、划拨任务时,应当由两名以上人员参加,并出示工作证件和相关文书;三是查询欠费单位存款账户时,由银行或其他金融机构提供欠费单位账户余额等相关信息。无法取得欠费单位账户余额等相关信息的,税务执法人员可以对相关资料进行抄录、复印、照相;四是划拨的资金必须转入指定的社会保险费征收账户。

(7) 欠费单位账户无余额或划拨后仍有欠费的,主管地税机关商社会保险经办机构同意后,可以要求欠费单位提供担保,签订《延期缴纳社会保险费协议》,缓缴期不得超过六个月,并将协议签订情况及时告知社会保险经办机构。

（8）欠费单位逾期未足额缴纳社会保险费且未提供担保的，主管地税机关应当向社会保险经办机构发送《关于提供社会保险费欠费情况的函》。社会保险经办机构应当将欠费险种和金额及时告知欠费单位。主管地税机关与社会保险经办机构核对、确认欠费险种及金额后，应当制作并向欠费单位送达《社会保险费征收决定书》。

（9）欠费单位未在《社会保险费征收决定书》规定的期限内足额缴清社会保险费的，主管地税机关应当自期限届满之日起七个工作日内制作并送达《社会保险费履行义务催告书》。

（10）《社会保险费履行义务催告书》送达十日后，欠费单位仍未履行《社会保险费征收决定书》，且未在法定期限内提出行政复议申请或者提起行政诉讼的，主管地税机关可以依法向人民法院递交《社会保险费强制执行申请书》，申请强制执行。

（11）经人民法院强制执行后，对无财产可执行或财产不足清偿社会保险费的欠费单位，社会保险经办机构应当停止生成应征数据，主管地税机关应当停止催缴和清缴。

（12）不依法申报和缴纳社会保险费的行为属于失信行为。

用人单位拖欠社会保险费二个月以内的属于一般失信行为，拖欠社会保险费二个月以上六个月以下的属于较严重失信行为，拖欠社会保险费六个月以上的属于严重失信行为。

对一般失信行为，主管地税机关可以对欠费单位采取信用提醒和诚信约谈等方式。欠费金额较大的，可以告知用人单位的工会、主管部门及劳动者。

对较严重失信行为和严重失信行为，经主管地税机关和社会保险经办机构联合认定后，可以采取催缴通告等方式在社会新闻媒体、自办媒体等公开告示，并可以报同级信用管理机构，分别列入省、市公共信用信息系统黄、黑名单。

（13）主管地税机关应当将《社会保险费征收决定书》和《社会保险费履行义务催告书》直接送达用人单位。用人单位拒绝接收或者无法直接送达用人单位的，应当按照《中华人民共和国民事诉讼法》的有关规定送达。

（14）各级地税机关和社会保险经办机构应当定期交换数据信息，开展欠费数据比对，保证欠费数据的准确性和一致性。

（15）各级地税机关应当按照税费"同征同管"的原则，加强对欠费单位的征缴管理。应当对欠费重点户实施动态监控并定期将相关情况通报人力资源和社会保障部门、财政部门。社会保险经办机构应当将用人单位的参保异常情况及时反馈给地税机关。

（16）各级地税机关应当将连续三个月未申报、缴纳税收和社会保险费的用人单位名单提供给社会保险经办机构，并可以协助开展实地稽核，对无法找到地址、无法联系的用人单位，主管地税机关和社会保险经办机构应当将其认定为社会保险费非正常户，社会保险经办机构可以停止生成应征数据。

（17）对符合《劳动保障厅和财政厅关于破产企业欠缴基本养老保险费核销处理有关问题的通知》的规定，确无缴费能力的单位，人力资源和社会保障部门与地税机关应当会同财政部门定期开展认定工作，及时按规定核销相关欠费。

（18）各级财政、人力资源和社会保障部门与地税机关应当建立欠费清缴工作联席会议制度，相互配合和支持，共同研究解决社会保险费欠费清缴过程中存在的问题。

（19）各级地税机关与人力资源和社会保障部门应当加强信息化协同建设，在信息联网的基础上进一步深化应用,提高信息化协作办公能力。

(20) 江苏省地方税务局、江苏省人力资源和社会保障厅、江苏省财政厅定期对各地社会保险费征收、清欠和管理情况进行联合通报。

(21) 各地可以结合实际情况制定具体实施办法。

(三) 对小微企业减免部分政府性基金

2015 年 2 月,江苏省财政厅、江苏省国家税务局、江苏省地方税务局发布关于《公布对小微企业减免部分政府性基金的通知》(苏财综〔2015〕2 号),提出为贯彻落实《财政部国家税务总局关于对小微企业免征有关政府性基金的通知》和《省政府办公厅关于进一步加强涉企收费管理减轻企业负担的通知》要求,进一步减轻小微企业负担,决定对小微企业减免五项政府性基金。

(1) 对以下小微企业纳税义务人免征教育费附加、地方教育附加和文化事业建设费。

① 按月销售额不超过 3 万元(含 3 万元)以及按季销售额不超过 9 万元(含 9 万元)的纯增值税纳税义务人,免征所属期自 2015 年 1 月 1 日起至 2017 年 12 月 31 日按增值税缴纳的教育费附加、地方教育附加、文化事业建设费。

② 按月营业额不超过 3 万元(含 3 万元)以及按季营业额不超过 9 万元(含 9 万元)的纯营业税纳税义务人,免征所属期自 2015 年 1 月 1 日起至 2017 年 12 月 31 日按营业税缴纳的教育费附加、地方教育附加、文化事业建设费。

③ 对于既有增值税应税行为又有营业税应税行为的纳税义务人,月销售额不超过 3 万元(含 3 万元)以及按季销售额不超过 9 万元(含 9 万元)的免征所属期自 2015 年 1 月 1 日起至 2017 年 12 月 31 日应按增值税缴纳的教育费附加、地方教育附加、文化事业建设费。月营业额不超过 3 万元(含 3 万元)以及按季营业额不超过 9 万元(含 9 万元)的免征所属期自 2015 年 1 月 1 日起至 2017 年 12 月 31 日应按营业税缴纳的教育费附加、地方教育附加、文化事业建设费。

(2) 自 2015 年 1 月 1 日起,对小微企业免征防洪保安资金,对其他企业按现行标准减半征收防洪保安资金。免征防洪保安资金的小微企业范围,按照《中小企业划型标准规定》(工信部联企业〔2011〕300 号)确定。

(3) 对安排残疾人就业未达到规定比例、在职职工总数 20 人以下(含 20 人)的小微企业,属于 2015 年 1 月 1 日后新注册登记的,自其工商登记注册之日起 3 年内,免征残疾人就业保障金;属于 2015 年 1 月 1 日前注册登记的,自 2015 年 1 月 1 日起 3 年内,免征残疾人就业保障金。

(4) 免(减)征上述政府性基金后,有关部门和单位依法履行职能所需经费,由同级财政预算予以统筹安排,保障相关工作正常开展。

(5) 各地应严格按照本通知的规定执行,不得擅自扩大减免范围。

三、发布《税务行政处罚自由裁量基准》

2014 年 4 月 8 日,为进一步规范税务机关行政处罚权的行使,深入推进依法行政,经江苏省国家税务局、江苏省地方税务局共同研究制定并发布了《税务行政处罚自由裁量基准》,自 2014 年 5 月 1 日起施行。

表5-3 税务行政处罚自由裁量基准①

序号	违法行为	具体处罚行为	处罚依据	处罚标准	税务机关处罚幅度
1	纳税人未按照规定的期限申报办理税务登记、变更或者注销登记的;未按照规定设置、保管账簿或者保管记账凭证和有关资料的;未按照规定将财务、会计制度或者财务、会计处理办法和会计核算软件报送税务机关备查的;未按照规定将其全部银行账号向税务机关报告的;未按照规定安装、使用税控装置,或者损毁或者擅自改动税控装置的;纳税人未按照规定使用税务登记证件,或者转借、涂改、损毁、买卖、伪造税务登记证件的;纳税人未按照规定办理税务登记证件验证或者换证手续的	1. 对未按照规定的期限申报办理税务登记或者注销登记的行政处罚	《中华人民共和国税收征收管理法》第六十条第一款第(一)项	纳税人有下列行为之一的,由税务机关责令限期改正,可以处二千元以下的罚款;情节严重的,处二千元以上一万元以下的罚款:(一)未按照规定的期限申报办理税务登记、变更或者注销登记的	1. 在责令限期改正内改正的,个人处100元以下,单位处300元以下的罚款;
					2. 逾期改正的,个人处100元以上2 000元以下,单位处300元以上2 000元以下的罚款;
					3. 拒不改正或有其他严重情形的,处2 000元以上10 000元以下的罚款。
		2. 对未按照规定的期限申报办理变更税务登记的行政处罚	《中华人民共和国税收征收管理法》第六十条第一款第(一)项	纳税人有下列行为之一的,由税务机关责令限期改正,可以处二千元以下的罚款;情节严重的,处二千元以上一万元以下的罚款:(一)未按照规定的期限申报办理税务登记、变更或者注销登记的	1. ① 在责令限期改正的,个人处100元以下,单位处300元以下罚款;(国税适用) ② 未纳入信息推送确认范围的纳税人,在限期内改正的,个人处100元以下,单位处300元以下的罚款;(地税适用)
					2. ① 逾期改正的,个人处100元以上2 000元以下,单位处300元以上2 000元以下的罚款;(国税适用) ② 纳入信息推送确认范围的纳税人,在限期内改正的,未纳入信息推送确认范围的纳税人,在限期内未改正的,个人处100元以上2 000元以下,单位处300元以上2 000元以下的罚款;(地税适用)
					3. ① 拒不改正或有其他严重情形的,处2 000元以上10 000元以下的罚款。(国税适用) ② 纳入信息推送确认范围的纳税人,在限期内未改正的,处2 000元以上10 000元以下的罚款。(地税适用)

----

① 该基准于2016年4月进行了修订,并于2016年6月1日起开始施行。但限于篇幅,本报告不再细列修订后的具体基准。

(续表)

序号	违法行为	具体处罚行为	处罚依据	处罚标准	税务机关处罚幅度
		3. 对未按照规定设置、保管账簿或者保管记账凭证和有关资料的行政处罚	《中华人民共和国税收征收管理法》第六十条第一款第(二)项	纳税人有下列行为之一的,由税务机关责令限期改正,可以处二千元以下的罚款;情节严重的,处二千元以上一万元以下的罚款:(二)未按照规定设置、保管账簿或者保管记账凭证和有关资料的	1. 在责令限改期内改正的,个人处 100 元以下,单位处 300 元以下的罚款;
					2. 逾期改正的,个人处 100 元以上 2 000 元以下,单位处 300 元以上 2 000 元以下的罚款;
					3. 拒不改正或有其他严重情形的,处 2 000 元以上 10 000 元以下的罚款。
		4. 对未按照规定将财务、会计制度或者财务、会计处理办法和会计核算软件报送税务机关备查的行政处罚	《中华人民共和国税收征收管理法》第六十条第一款第(三)项	纳税人有下列行为之一的,由税务机关责令限期改正,可以处二千元以下的罚款;情节严重的,处二千元以上一万元以下的罚款:(三)未按照规定将财务、会计制度或者财务、会计处理办法和会计核算软件报送税务机关备查的	1. 在责令限改期内改正的,个人处 100 元以下,单位处 300 元以下的罚款;
					2. 逾期改正的,个人处 100 元以上 2 000 元以下,单位处 300 元以上 2 000 元以下的罚款;
					3. 拒不改正或有其他严重情形的,处 2 000 元以上 10 000 元以下的罚款。
		5. 对未按照规定将其全部银行账号向税务机关报告的行政处罚	《中华人民共和国税收征收管理法》第六十条第一款第(四)项	纳税人有下列行为之一的,由税务机关责令限期改正,可以处二千元以下的罚款;情节严重的,处二千元以上一万元以下的罚款:(四)未按照规定将其全部银行账号向税务机关报告的	1. 在责令限改期内改正的,个人处 100 元以下,单位处 300 元以下的罚款;
					2. 逾期改正的,个人处 100 元以上 2 000 元以下,单位处 300 元以上 2 000 元以下的罚款;
					3. 拒不改正或有其他严重情形的,处 2 000 元以上 10 000 元以下的罚款。

序号	违法行为	具体处罚行为	处罚依据	处罚标准	税务机关处罚幅度
		6. 对未按照规定安装、使用税控装置，或者损毁或者擅自改动税控装置的行政处罚	《中华人民共和国税收征收管理法》第六十条第一款第(五)项	纳税人有下列行为之一的，由税务机关责令限期改正，可以处二千元以下的罚款；情节严重的，处二千元以上一万元以下的罚款：(五)未按照规定安装、使用税控装置，或者损毁或者擅自改动税控装置的	1. 在责令限改期内改正的，个人处 100 元以下，单位处 300 元以下罚款； 2. 逾期改正的，个人处 100 元以上 2 000 元以下，单位处 300 元以上 2 000 元以下的罚款； 3. 拒不改正或有其他严重情形的，处 2 000 元以上 10 000 元以下的罚款。
		7. 对纳税人未按照规定使用税务登记证件，或者转借、涂改、损毁、买卖、伪造税务登记证件的行政处罚	《中华人民共和国税收征收管理法》第六十条第三款	纳税人未按照规定使用税务登记证件，或者转借、涂改、损毁、买卖、伪造税务登记证件的，处二千元以上一万元以下的罚款；情节严重的，处一万元以上五万元以下的罚款	1. 未造成少缴税款的，处 2 000 元以上 5 000 元以下的罚款； 2. 造成少缴税款但能补缴入库的，处 5 000 元以上 10 000 元以下的罚款； 3. 造成少缴税款无法追缴或有其他严重情形的，处 10 000 元以上 50 000 元以下的罚款。
		8. 对纳税人未按照规定办理税务登记证件验证或者换证手续的行政处罚	《中华人民共和国税收征收管理法实施细则》第九十条	纳税人未按照规定办理税务登记证件验证或者换证手续的，由税务机关责令限期改正，可以处 2 000 元以下的罚款；情节严重的，处 2 000 元以上 1 万元以下的罚款	1. 在责令限改期内改正的，个人处 100 元以下，单位处 300 元以下的罚款； 2. 逾期改正的，个人处 100 元以上 2 000 元以下，单位处 300 元以上 2 000 元以下的罚款； 3. 拒不改正或有其他严重情形的，处 2 000 元以上 10 000 元以下的罚款。

(续表)

序号	违法行为	具体处罚行为	处罚依据	处罚标准	税务机关处罚幅度
2	通过提供虚假的证明资料等手段,骗取税务登记证	对骗取税务登记证的行政处罚	《税务登记管理办法》第四十四条	纳税人通过提供虚假的证明资料等手段,骗取税务登记证的,处2 000元以下的罚款;情节严重的,处2 000元以上10 000元以下的罚款	1. 主动改正的,处2 000元以下罚款; 2. 拒不改正或有其他严重情形的,处2 000元以上10 000元以下罚款。
3	扣缴义务人未按照规定办理扣缴税款登记	对扣缴义务人未按照规定办理扣缴税款登记的行政处罚	《税务登记管理办法》第四十五条	扣缴义务人未按照规定办理扣缴税款登记的,税务机关应当自发现之日起3日内责令其限期改正,并可处2 000元以下的罚款	1. 在责令限改期内改正的,处300元以下罚款; 2. 逾期改正的,处300元以上500元以下罚款; 3. 拒不改正或有其他严重情形的,处500元以上2 000元以下罚款。
4	扣缴义务人未按照规定设置、保管代扣代缴、代收代缴税款账簿或者保管代扣代缴、代收代缴税款记账凭证及有关资料	对扣缴义务人未按照规定设置、保管代扣代缴、代收代缴税款账簿或者保管代扣代缴、代收代缴税款记账凭证及有关资料的行政处罚	《中华人民共和国税收征收管理法》第六十一条	扣缴义务人未按照规定设置、保管代扣代缴、代收代缴税款账簿或者保管代扣代缴、代收代缴税款记账凭证及有关资料的,由税务机关责令限期改正,可以处二千元以下的罚款;情节严重的,处二千元以上五千元以下的罚款	1. 在责令限改期内改正的,个人处100元以下,单位处300元以下的罚款; 2. 逾期改正的,个人处100元以上2 000元以下,单位处300元以上2 000元以下的罚款; 3. 拒不改正或有其他严重情形的,处2 000元以上5 000元以下的罚款。
5	纳税人未按照规定的期限办理纳税申报和报送纳税资料,或者扣缴义务人未按照规定的期限向税务机关报送代扣代缴、代收代缴税款报告表和有关资料	1. 对纳税人未按照规定的期限办理纳税申报和报送纳税资料的行政处罚	《中华人民共和国税收征收管理法》第六十二条	纳税人未按照规定的期限办理纳税申报和报送纳税资料的,由税务机关责令限期改正,可以处二千元以下的罚款;情节严重的,可以处二千元以上一万元以下的罚款	1. 在责令限改期内改正的,个人处100元以下,单位处300元以下的罚款; 2. 逾期改正的,个人处100元以上2 000元以下,单位处300元以上2 000元以下的罚款; 3. 拒不改正或有其他严重情形的,处2 000元以上10 000元以下的罚款。

（续表）

序号	违法行为	具体处罚行为	处罚依据	处罚标准	税务机关处罚幅度
		2. 对扣缴义务人未按照规定的期限向税务机关报送代扣代缴、代收代缴税款报告表和有关资料的行政处罚	《中华人民共和国税收征收管理法》第六十二条	扣缴义务人未按照规定的期限向税务机关报送代扣代缴、代收代缴税款报告表和有关资料的，由税务机关责令限期改正，可以处二千元以下的罚款；情节严重的，可以处二千元以上一万元以下的罚款	1. 在责令限改期内改正的，个人处 100 元以下，单位处 300 元以下的罚款； 2. 逾期改正的，个人处 100 元以上 2 000 元以下，单位处 300 元以上 2 000 元以下的罚款； 3. 拒不改正或有其他严重情形的，处 2 000 元以上 10 000 元以下的罚款。
6	偷税	1. 对纳税人偷税的行政处罚	《中华人民共和国税收征收管理法》第六十三条第一款	对纳税人偷税的，由税务机关追缴其不缴或者少缴的税款、滞纳金，并处不缴或者少缴的税款百分之五十以上五倍以下的罚款；构成犯罪的，依法追究刑事责任	1. 纳税人实施偷税有以下情形之一的，处不缴或少缴税款 0.5 倍以上 1 倍以下罚款：① 纳税人配合税务机关检查的；② 在税务机关对其违法行为作出税务处理前主动补缴税款和滞纳金的；③ 以及违法行为较轻的； 2. 纳税人实施偷税有以下情形之一的，处不缴或少缴税款 1 倍以上 2 倍以下罚款：① 因偷税被税务机关处罚或刑事处罚的，3 年内又实施偷税的；② 纳税人以非暴力方式不配合税务机关检查的； 3. 纳税人实施偷税，且以暴力、威胁方式阻碍税务机关检查的，处不缴或少缴税款 2 倍以上 5 倍以下的罚款。
		2. 对扣缴义务人采取偷税手段，不缴或少缴已扣、已收税款的行政处罚	《中华人民共和国税收征收管理法》第六十三条第二款	扣缴义务人采取前款所列手段，不缴或者少缴已扣、已收税款，由税务机关追缴其不缴或者少缴的税款、滞纳金，并处不缴或者少缴的税款百分之五十以上五倍以下的罚款；构成	1. 扣缴义务人实施偷税有以下情形之一的，处不缴或少缴税款 0.5 倍以上 1 倍以下罚款：① 扣缴义务人配合税务机关检查的；② 在税务机关对其违法行为作出税务处理前主动补缴税款和滞纳金的；③ 以及违法行为较轻的； 2. 扣缴义务人实施偷税有以下情形之一的，处不缴或少缴税款 1 倍以上 2 倍以下罚款；

序号	违法行为	具体处罚行为	处罚依据	处罚标准	税务机关处罚幅度
				犯罪的,依法追究刑事责任	① 因偷税被税务机关处罚或刑事处罚的,3年内又实施偷税的;② 扣缴义务人以非暴力方式不配合税务机关检查的;
					3. 扣缴义务人实施偷税,且以暴力、威胁方式阻碍税务机关检查的,处不缴或少缴税款2倍以上5倍以下的罚款。
7	编造虚假计税依据	对编造虚假计税依据的行政处罚	《中华人民共和国税收征收管理法》第六十四条第一款	纳税人、扣缴义务人编造虚假计税依据的,由税务机关责令限期改正,并处五万元以下的罚款	1. 在责令限改期内改正的,处5 000元以下罚款;
					2. 逾期改正的,处5 000元以上20 000元以下罚款;
					3. 拒不改正或有其他严重情形的,处20 000元以上50 000元以下罚款。
8	纳税人不进行纳税申报,不缴或者少缴应纳税款	对纳税人不进行纳税申报,不缴或者少缴应纳税款的行政处罚	《中华人民共和国税收征收管理法》第六十四条第二款	纳税人不进行纳税申报,不缴或者少缴应纳税款的,由税务机关追缴其不缴或者少缴的税款、滞纳金,并处不缴或者少缴的税款百分之五十以上五倍以下的罚款	1. 长期不进行纳税申报,情节严重的,处未缴、少缴税款1倍以上5倍以下的罚款;
					2. 其他不申报的,处未缴、少缴税款50%以上1倍以下的罚款。
9	纳税人欠缴应纳税款,采取转移或者隐匿财产的手段,妨碍税务机关追缴欠缴的税款	对纳税人逃避追缴欠税的行政处罚	《中华人民共和国税收征收管理法》第六十五条	纳税人欠缴应纳税款,采取转移或者隐匿财产的手段,妨碍税务机关追缴欠缴的税款的,由税务机关追缴欠缴的税款、滞纳金,并处欠缴税款百分之五十以上五倍以下的罚款;构成犯罪的,依法追究刑事责任	1. 逃避追缴欠税金额在50万元以下的,处欠缴税款50%以上1倍以下的罚款;
					2. 逃避追缴欠税金额在50万元以上100万元以下的,处欠缴税款1倍以上2倍以下的罚款;
					3. 逃避追缴欠税金额在100万元以上的,处欠缴税款2倍以上5倍以下的罚款。

(续表)

序号	违法行为	具体处罚行为	处罚依据	处罚标准	税务机关处罚幅度
10	以假报出口或者其他欺骗手段,骗取国家出口退税款	对以假报出口或者其他欺骗手段,骗取国家出口退税款的行政处罚	《中华人民共和国税收征收管理法》第六十六条	追缴骗取的退税款,并处骗取税款一倍以上五倍以下罚款;对骗取国家出口退税款的,可以在规定期间内停止为其办理出口退税。	1. 纳税人骗取出口退税有以下情形之一的,处骗取的退税款1倍以上2倍以下罚款:① 纳税人配合税务机关检查的;② 在税务机关对其违法行为作出税务处理前主动缴纳骗取的退税款的;③ 以及违法行为较轻的;
					2. 纳税人骗取出口退税有以下情形之一的,处骗取的退税款2倍以上3倍以下罚款:① 因骗取出口退税被税务机关处罚或刑事处罚的,3年内又骗取出口退税的;② 纳税人以非暴力方式不配合税务机关检查的;
					3. 纳税人骗取出口退税,且以暴力、威胁方式阻碍税务机关检查的,处骗取的退税款3倍以上5倍以下的罚款。
11	抗税	对纳税人抗税的行政处罚	《中华人民共和国税收征收管理法》第六十七条	以暴力、威胁方法拒不缴纳税款的,是抗税,除由税务机关追缴其拒缴的税款、滞纳金外,依法追究刑事责任。情节轻微,未构成犯罪的,由税务机关追缴其拒缴的税款、滞纳金,并处拒缴税款一倍以上五倍以下的罚款	1. 以威胁方式拒不缴纳税款的,处拒缴税款1倍以上2倍以下的罚款;
					2. 以暴力方式拒不缴纳税款的,处拒缴税款2倍以上5倍以下的罚款。
12	纳税人、扣缴义务人在责令限期改正期内不缴或者少缴应纳或者应解缴的税款,经税务机关责令限期缴纳,逾期仍未缴纳	对纳税人、扣缴义务人在规定期限内不缴或者少缴应纳或者应解缴的税款,经税务机关责令限期缴纳,逾期仍未缴纳的行	《中华人民共和国税收征收管理法》第六十八条	纳税人、扣缴义务人在规定期限内不缴或者少缴应纳或者应解缴的税款,经税务机关责令限期缴纳,逾期仍未缴纳的,税务机关除依照本法第四十	1. 纳税人、扣缴义务人配合税务机关执行的,处不缴或少缴税款50%以上1倍以下的罚款;
					2. 纳税人、扣缴义务人不配合税务机关执行的,处不缴或少缴税款1倍以上2倍以下的罚款;

(续表)

序号	违法行为	具体处罚行为	处罚依据	处罚标准	税务机关处罚幅度
		政处罚		条的规定采取强制执行措施追缴其不缴或者少缴的税款外,可以处不缴或者少缴的税款百分之五十以上五倍以下的罚款	3. 纳税人、扣缴义务人阻挠、抗拒执行,情节严重的,处不缴或少缴税款2倍以上5倍以下的罚款。
13	扣缴义务人应扣未扣、应收未收税款	对扣缴义务人应扣未扣、应收而不收税款的行政处罚	《中华人民共和国税收征收管理法》第六十九条	扣缴义务人应扣未扣、应收而不收税款的,由税务机关向纳税人追缴税款,对扣缴义务人处应扣未扣、应收未收税款百分之五十以上三倍以下的罚款	1. 扣缴义务人在税务检查过程中积极协助税务机关追回税款的,处应扣未扣、应收未收税款50%的罚款;
					2. 扣缴义务人在税务机关追回税款过程中不予配合的,处应扣未扣、应收未收税款50%以上(不含)1.5倍以下的罚款;
					3. 造成应扣未扣、应收未收税款无法追缴的,处应扣未扣、应收未收税款1.5倍以上3倍以下的罚款。
14	纳税人、扣缴义务人逃避、拒绝或者以其他方式阻挠税务机关检查;纳税人、扣缴义务人提供虚假资料,不如实反映情况,或者拒绝提供有关资料;拒绝或者阻止税务机关记录、录音、录像、照相和复制与案件有关的情况和资料;在检查期间,纳税人、扣缴义务人转移、隐匿、销毁有关资料;有不依法接受税务检查的其他情形	1. 对纳税人、扣缴义务人逃避、拒绝或者以其他方式阻挠税务机关检查的行政处罚	《中华人民共和国税收征收管理法》第七十条	纳税人、扣缴义务人逃避、拒绝或者以其他方式阻挠税务机关检查的,由税务机关责令改正,可以处一万元以下的罚款;情节严重的,处一万元以上五万元以下的罚款	1. 情节轻微,及时改正的,处2 000元以下罚款;
					2. 逾期改正的,处2 000元以上10 000元以下罚款;
					3. 拒不改正或有其他严重情形的,处10 000元以上50 000元以下罚款。
		2. 对纳税人、扣缴义务人提供虚假资料,不如实反映情况,或者拒绝提供有关资料的行政处罚	《中华人民共和国税收征收管理法实施细则》第九十六条第(一)项	纳税人、扣缴义务人有下列情形之一的,依照税收征管法第七十条的规定处罚:(一)提供虚假资料,不如实反映情况,或者拒绝提供有关资料的	1. 情节轻微,及时改正的,处2 000元以下罚款;
					2. 逾期改正的,处2 000元以上10 000元以下罚款;
					3. 拒不改正或有其他严重情形的,处10 000元以上50 000元以下罚款。

序号	违法行为	具体处罚行为	处罚依据	处罚标准	税务机关处罚幅度
		3. 对拒绝或者阻止税务机关记录、录音、录像、照相和复制与案件有关的情况和资料的行政处罚	《中华人民共和国税收征收管理法实施细则》第九十六条第(二)项	纳税人、扣缴义务人有下列情形之一的,依照税收征管法第七十条的规定处罚:(二)拒绝或者阻止税务机关记录、录音、录像、照相和复制与案件有关的情况和资料的	1. 情节轻微,及时改正的,处2 000元以下罚款;
					2. 逾期改正的,处2 000元以上10 000元以下罚款;
					3. 拒不改正或有其他严重情形的,处10 000元以上50 000元以下罚款。
		4. 对在检查期间,纳税人、扣缴义务人转移、隐匿、销毁有关资料的行政处罚	《中华人民共和国税收征收管理法实施细则》第九十六条第(三)项	纳税人、扣缴义务人有下列情形之一的,依照税收征管法第七十条的规定处罚:(三)在检查期间,纳税人、扣缴义务人转移、隐匿、销毁有关资料的	1. 情节轻微,及时改正的,处2 000元以下罚款;
					2. 逾期改正的,处2 000元以上10 000元以下罚款;
					3. 拒不改正或有其他严重情形的,处10 000元以上50 000元以下罚款。
		5. 对有不依法接受税务检查的其他情形的行政处罚	《中华人民共和国税收征收管理法实施细则》第九十六条第(四)项	纳税人、扣缴义务人有下列情形之一的,依照税收征管法第七十条的规定处罚:(四)有不依法接受税务检查的其他情形的	1. 情节轻微,及时改正的,处2 000元以下罚款;
					2. 逾期改正的,处2 000元以上10 000元以下罚款;
					3. 拒不改正或有其他严重情形的,处10 000元以上50 000元以下罚款。
15	非法印制发票	对非法印制发票的行政处罚	《中华人民共和国税收征收管理法》第七十一条	违反本法第二十二条规定,非法印制发票的,由税务机关销毁非法印制的发票,没收违法所得和作案工具,并处一万元以上五万元以下的罚款;构成犯罪的,依法追究刑事责任	1. 非法印制发票不满50份的,处10 000元以上20 000元以下罚款;
					2. 非法印制发票50份以上不满200份的,处20 000元以上30 000元以下罚款;
					3. 非法印制发票200份以上的,处30 000元以上50 000元以下罚款。

(续表)

序号	违法行为	具体处罚行为	处罚依据	处罚标准	税务机关处罚幅度
16	应当开具而未开具发票，或者未按照规定的时限、顺序、栏目，全部联次一次性开具发票，或者未加盖发票专用章；使用税控装置开具发票，未按期向主管税务机关报送开具发票的数据；使用非税控电子器具开具发票，未将非税控电子器具使用的软件程序说明资料报主管税务机关备案，或者未按照规定保存、报送开具发票的数据；拆本使用发票；扩大发票使用范围；以其他凭证代替发票使用；跨规定区域开具发票；未按照规定缴销发票；未按照规定存放和保管发票	1. 对应当开具而未开具发票，或者未按照规定的时限、顺序、栏目，全部联次一次性开具发票，或者未加盖发票专用章的行政处罚	《中华人民共和国发票管理办法》第三十五条第（一）项	违反本办法的规定，有下列情形之一的，由税务机关责令改正，可以处1万元以下的罚款；有违法所得的予以没收：（一）应当开具而未开具发票，或者未按照规定的时限、顺序、栏目，全部联次一次性开具发票，或者未加盖发票专用章的；	应当开具而未开具发票的： ① 在责令限改期内改正的，处2 000元以下的罚款； ② 逾期未改正的，处2 000元以上5 000元以下的罚款； ③ 拒不改正或有其他严重情节的，处5 000元以上10 000元以下的罚款。 未按照规定的时限、顺序、栏目，全部联次一次性开具发票，或者未加盖发票专用章的： ① 发票不满50份的，处以2 000元以下罚款； ② 发票50份以上200份以下的：处以2 000元以上5 000元以下罚款； ③ 发票200份以上的：处以5 000元以上10 000元以下罚款。
		2. 对使用税控装置开具发票，未按期向主管税务机关报送开具发票的数据的行政处罚	《中华人民共和国发票管理办法》第三十五条第（二）项	违反本办法的规定，有下列情形之一的，由税务机关责令改正，可以处1万元以下的罚款；有违法所得的予以没收：（二）使用税控装置开具发票，未按期向主管税务机关报送开具发票的数据的；	1. 在责令限改期内改正的，处2 000元以下的罚款； 2. 逾期改正的，处2 000元以上5 000元以下的罚款； 3. 拒不改正或有其他严重情节的，处5 000元以上10 000元以下的罚款。
		3. 对使用非税控电子器具开具发票，未将非税控电子器具使用的软件程序说明资料报主管税务机关备案，或者未按照规定保存、报送开具发票的数据的行政处罚	《中华人民共和国发票管理办法》第三十五条第（三）项	违反本办法的规定，有下列情形之一的，由税务机关责令改正，可以处1万元以下的罚款；有违法所得的予以没收：（三）使用非税控电子器具开具发票，未将非税控电子器具使用的软件程序说明资料报主管税务机关备案，或者未按照规定保存、报送开具发票的数据的；	1. 在责令限改期内改正的，处2 000元以下的罚款； 2. 逾期改正的，处2 000元以上5 000元以下的罚款； 3. 拒不改正或有其他严重情节的，处5 000元以上10 000元以下的罚款。

序号	违法行为	具体处罚行为	处罚依据	处罚标准	税务机关处罚幅度
		4. 对拆本使用发票的行政处罚	《中华人民共和国发票管理办法》第三十五条第(四)项	违反本办法的规定,有下列情形之一的,由税务机关责令改正,可以处1万元以下的罚款;有违法所得的予以没收:(四)拆本使用发票的;	由税务机关责令改正,可以处1万元以下的罚款;有违法所得的予以没收。
		5. 对扩大发票使用范围的行政处罚	《中华人民共和国发票管理办法》第三十五条第(五)项	违反本办法的规定,有下列情形之一的,由税务机关责令改正,可以处1万元以下的罚款;有违法所得的予以没收:(五)扩大发票使用范围的;	1. 在责令限改期内改正的,处2 000元以下的罚款; 2. 逾期改正的,处2 000元以上5 000元以下的罚款; 3. 拒不改正或有其他严重情节的,处5 000元以上10 000元以下的罚款。
		6. 对以其他凭证代替发票使用的行政处罚	《中华人民共和国发票管理办法》第三十五条第(六)项	违反本办法的规定,有下列情形之一的,由税务机关责令改正,可以处1万元以下的罚款;有违法所得的予以没收:(六)以其他凭证代替发票使用的;	1. 在责令限改期内改正的,处2 000元以下的罚款; 2. 逾期改正的,处2 000元以上5 000元以下的罚款; 3. 拒不改正或有其他严重情节的,处5 000元以上10 000元以下的罚款。
		7. 对跨规定区域开具发票的行政处罚	《中华人民共和国发票管理办法》第三十五条第(七)项	违反本办法的规定,有下列情形之一的,由税务机关责令改正,可以处1万元以下的罚款;有违法所得的予以没收:(七)跨规定区域开具发票的;	1. 在责令限改期内改正的,处2 000元以下的罚款; 2. 逾期改正的,处2 000元以上5 000元以下的罚款; 3. 拒不改正或有其他严重情节的,处5 000元以上10 000元以下的罚款。
		8. 对未按照规定缴销发票的行政处罚	《中华人民共和国发票管理办法》第三十五条第(八)项	违反本办法的规定,有下列情形之一的,由税务机关责令改	1. 在责令限改期内改正的,处500元以下的罚款; 2. 逾期改正的,处500元以上2 000元以下的罚款;

序号	违法行为	具体处罚行为	处罚依据	处罚标准	税务机关处罚幅度
				正,可以处1万元以下的罚款;有违法所得的予以没收;(八)未按照规定缴销发票的;	3. 拒不改正或有其他严重情节的,处2 000元以上10 000元以下的罚款。
		9. 对未按照规定存放和保管发票的行政处罚	《中华人民共和国发票管理办法》第三十五条第(九)项	违反本办法的规定,有下列情形之一的,由税务机关责令改正,可以处1万元以下的罚款;有违法所得的予以没收:(九)未按照规定存放和保管发票的。	1. 在责令限改期内改正的,处500元以下的罚款;
					2. 逾期改正的,处500元以上2 000元以下的罚款;
					3. 拒不改正或有其他严重情节的,处2 000元以上10 000元以下的罚款。
17	跨规定的使用区域携带、邮寄、运输空白发票,以及携带、邮寄或者运输空白发票出入境	对跨规定的使用区域携带、邮寄、运输空白发票,以及携带、邮寄或者运输空白发票出入境的行政处罚	《中华人民共和国发票管理办法》第三十六条第一款	由税务机关责令改正,可以处1万元以下罚款;情节严重的,处1万元以上3万元以下的罚款;有违法所得的予以没收。	1. 发票份数不满100份的,处3 000元以下罚款;
					2. 发票份数在100份以上500份以下的,处3 000元以上10 000元以下罚款;
					3. 发票份数在500份以上或有其他严重情形的,处10 000元以上30 000元以下罚款。
	丢失发票或者擅自损毁发票	对丢失发票或者擅自损毁发票的行政处罚	《中华人民共和国发票管理办法》第三十六条第二款	由税务机关责令改正,可以处1万元以下罚款;情节严重的,处1万元以上3万元以下的罚款;有违法所得的予以没收。	1. 机打发票不足60份,定额发票不足300份;处3 000元以下罚款;
					2. 机打发票60份以上200份以下,定额发票300份以上的,处3 000元以上10 000元以下罚款;
					3. 机打发票200份以上的,处10 000元以上30 000元以下罚款。
18	虚开发票非法代开发票	对虚开发票行为:(一)为他人、为自己开具与实际经营业务情况不符的发票;(二)让他	《中华人民共和国发票管理办法》第三十七条第一款	由税务机关没收违法所得;虚开金额在1万元以下的,可以并处5万元以下的罚款;虚开金额超过1万	1. 金额在1万元以下的,处5万元以下的罚款;
					2. 金额超过1万元的,处5万元以上50万元以下的罚款。

（续表）

序号	违法行为	具体处罚行为	处罚依据	处罚标准	税务机关处罚幅度
		人为自己开具与实际经营业务情况不符的发票；（三）介绍他人开具与实际经营业务情况不符的发票的行政处罚		元的，并处5万元以上50万元以下的罚款；构成犯罪的，依法追究刑事责任。	
		对非法代开发票的行政处罚	《中华人民共和国发票管理办法》第三十七条第二款	依照前款规定处罚。	依照前款规定处罚。
19	私自印制、伪造、变造发票，非法制造发票防伪专用品，伪造发票监制章	对私自印制、伪造、变造发票，非法制造发票防伪专用品，伪造发票监制章的行政处罚	《中华人民共和国发票管理办法》第三十八条	由税务机关没收违法所得，没收、销毁作案工具和非法物品，并处1万元以上5万元以下的罚款；情节严重的，并处5万元以上50万元以下的罚款；对印制发票的企业，可以并处吊销发票准印证；构成犯罪的，依法追究刑事责任。前款规定的处罚，《中华人民共和国税收征收管理法》有规定的，依照其规定执行。（第七十一条）	1. 私自印制、伪造、变造发票不足50份的，处1万元以上2万元以下罚款。
					2. 私自印制、伪造、变造发票50份以上200份以下的；非法制造发票防伪专用品，伪造发票监制章的，处2万元以上5万元以下罚款；
					3. 私自印制、伪造、变造发票200份以上，或有其他严重情形的，处5万元以上50万元以下的罚款。
20	转借、转让、介绍他人转让发票、发票监制章和发票防伪专用品；知道或者应当知道是私自印制、伪	对（一）转借、转让、介绍他人转让发票、发票监制章和发票防伪专用品的；（二）知道或	《中华人民共和国发票管理办法》第三十九条	由税务机关处1万元以上5万元以下的罚款；情节严重的，处5万元以上50万元以下的罚款；有违法所得	1. 发票不足100份的，处1万元以上2万元以下罚款；

（续表）

序号	违法行为	具体处罚行为	处罚依据	处罚标准	税务机关处罚幅度
	造、变造、非法取得或者废止的发票而受让、开具、存放、携带、邮寄、运输	者应当知道是私自印制、伪造、变造、非法取得或者废止的发票而受让、开具、存放、携带、邮寄、运输的行政处罚		的予以没收。	2. 发票在 100 份以上 300 份以下的；转借、转让、介绍他人转让发票监制章和发票防伪专用品的，处 2 万元以上 5 万元以下罚款；
					3. 发票在 300 份以上，或有其他严重情形的，处 5 万元以上 50 万元以下的罚款。
21	违反发票管理法规，导致其他单位或者个人未缴、少缴或者骗取税款	对违反发票管理法规，导致其他单位或者个人未缴、少缴或者骗取税款的行政处罚	《中华人民共和国发票管理办法》第四十一条	由税务机关没收非法所得，可以并处未缴、少缴或者骗取的税款 1 倍以下的罚款	1. 税款能追缴入库的，处未缴、少缴或者骗取税款 50% 以下罚款；
					2. 税款不能追缴入库的，处未缴、少缴或者骗取税款 50% 以上 1 倍以下罚款。
22	境内机构或个人发包工程作业或劳务项目，未按规定向主管税务机关报告有关事项	对境内机构或个人发包工程作业或劳务项目，未按规定向主管税务机关报告有关事项的行政处罚	《非居民承包工程作业和提供劳务税收管理暂行办法》（国家税务总局令 2009 年第 19 号）第三十三条	责令限期改正，可以处 2 000 元以下的罚款；情节严重的，处 2 000 元以上 10 000 元以下的罚款	1. 在责令限改期内改正的，个人处 100 元以下，单位处 300 元以下的罚款；
					2. 逾期改正的，个人处 100 元以上 2 000 元以下，单位处 300 元以上 2 000 元以下；
					3. 拒不改正或有其他严重情形的，处 2 000 元以上 10 000 元以下的罚款。
23	扣缴义务人未按规定开具税收票证	对扣缴义务人未按规定开具税收票证的行政处罚	《税收票证管理办法》（国家税务总局令 2013 年第 28 号）第五十四条第二款	可以根据情节轻重，处以一千元以下的罚款。	1. 在责令限改期内改正的，个人处 100 元以下，单位处 300 元以下的罚款；
					2. 逾期改正的，个人处 100 元以上 500 元以下，单位处 300 元以上 500 元以下；
					3. 拒不改正或有其他严重情形的，处 500 元以上 1 000 元以下的罚款。
24	纳税人、扣缴义务人的开户银行或者其他金融机构拒绝接受税务机关依法检查纳税人、扣缴义务人存款账户，或者拒	对金融机构拒绝配合税务机关执行的行政处罚	《中华人民共和国税收征收管理法》第七十三条	纳税人、扣缴义务人的开户银行或者其他金融机构拒绝接受税务机关依法检查纳税人、扣缴义务人存款账户，或者拒	1. 纳税人、扣缴义务人的开户银行或者其他金融机构拒绝接受税务机关依法检查纳税人、扣缴义务人存款账户的，处 10 万元以上 20 万元以下罚款，对直接负责的主管人员和其他直接责任人员处一千元以上二千元以下罚款；

序号	违法行为	具体处罚行为	处罚依据	处罚标准	税务机关处罚幅度
	绝执行税务机关做出的冻结存款或者扣缴税款的决定,或者在接到税务机关的书面通知后帮助纳税人、扣缴义务人转移存款,造成税款流失			绝执行税务机关做出的冻结存款或者扣缴税款的决定,或者在接到税务机关的书面通知后帮助纳税人、扣缴义务人转移存款,造成税款流失的,由税务机关处十万元以上五十万元以下的罚款,对直接负责的主管人员和其他直接责任人员处一千元以上一万元以下的罚款	2. 纳税人、扣缴义务人的开户银行或者其他金融机构拒绝执行税务机关做出的冻结存款或者扣缴税款的决定的,处20万元以上30万元以下罚款,对直接负责的主管人员和其他直接责任人员处二千元以上五千元以下罚款;
					3. 纳税人、扣缴义务人的开户银行或者其他金融机构在接到税务机关的书面通知后帮助纳税人、扣缴义务人转移存款,造成税款流失的,处30万元以上50万元以下罚款,对直接负责的主管人员和其他直接责任人员处五千元以上一万元以下罚款。
25	银行和其他金融机构未依照税收征管法的规定在从事生产、经营的纳税人的账户中登录税务登记证件号码,或者未按规定在税务登记证件中登录从事生产、经营的纳税人的账户账号	对银行和其他金融机构未依照规定登录税务登记证件号码或者未按规定登录账户账号的行政处罚	《中华人民共和国税收征收管理法实施细则》第九十二条	银行和其他金融机构未依照税收征管法的规定在从事生产、经营的纳税人的账户中登录税务登记证件号码,或者未按规定在税务登记证件中登录从事生产、经营的纳税人的账户账号的,由税务机关责令其限期改正,处2 000元以上2万元以下的罚款;情节严重的,处2万元以上5万元以下的罚款	1. 在责令限改期内改正的,处2 000元以上5 000元以下罚款;
					2. 逾期改正的,处5 000元以上2万元以下罚款。
					3. 拒不改正或有其他严重情形的,处2万元以上5万元以下罚款。

（续表）

序号	违法行为	具体处罚行为	处罚依据	处罚标准	税务机关处罚幅度
26	非法印制、转借、倒卖、变造或者伪造完税凭证	对非法印制、转借、倒卖、变造或者伪造完税凭证的行政处罚	《中华人民共和国税收征收管理法实施细则》第九十一条	非法印制、转借、倒卖、变造或者伪造完税凭证的，由税务机关责令改正，处2 000元以上1万元以下的罚款；情节严重的，处1万元以上5万元以下的罚款；构成犯罪，依法追究刑事责任	1. 非法印制、转借、倒卖、变造或者伪造完税凭证不满5份的，处2 000元以上5 000元以下罚款； 2. 非法印制、转借、倒卖、变造或者伪造完税凭证5份以上不满10份的，处5 000元以上1万元以下罚款； 3. 非法印制、转借、倒卖、变造或者伪造完税凭证10份以上的，处1万元以上5万元以下罚款。
27	为纳税人、扣缴义务人非法提供银行账户、发票、证明或者其他方便，导致未缴、少缴税款或者骗取国家出口退税款	对为纳税人、扣缴义务人非法提供银行账户、发票、证明或者其他方便，导致未缴、少缴税款或者骗取国家出口退税款的行政处罚	《中华人民共和国税收征收管理法实施细则》第九十三条	为纳税人、扣缴义务人非法提供银行账户、发票、证明或者其他方便，导致未缴、少缴税款或者骗取国家出口退税款的，税务机关除没收其违法所得外，可以处未缴、少缴税款或者骗取退税款1倍以下的罚款	1. 税款能追缴入库的，处未缴、少缴税款50%以下的罚款； 2. 税款不能追缴入库的，处未缴、少缴税款50%以上1倍以下罚款。
28	车站、码头、机场、邮政企业及其分支机构拒绝税务机关依法检查纳税人有关情况	对拒绝协助检查单位的行政处罚	《中华人民共和国税收征收管理法实施细则》第九十五条	税务机关依照税收征管法第五十四条第（五）项的规定，到车站、码头、机场、邮政企业及其分支机构检查纳税人有关情况时，有关单位拒绝的，由税务机关责令改正，可以处1万元以下的罚款；情节严重的，处1万元以上5万元以下的罚款	1. 在规定期限内改正的，处2千元以下罚款； 2. 逾期改正的，处2千元以上1万元以下罚款； 3. 拒不改正或有其他严重情形的，处1万元以上5万元以下罚款。

（续表）

序号	违法行为	具体处罚行为	处罚依据	处罚标准	税务机关处罚幅度
29	纳税人、纳税担保人采取欺骗、隐瞒等手段提供担保的，或者非法为纳税人、纳税担保人实施虚假纳税担保提供方便	1. 对纳税人、纳税担保人采取欺骗、隐瞒等手段提供担保的行政处罚	《纳税担保试行办法》第三十一条	纳税人、纳税担保人采取欺骗、隐瞒等手段提供担保的，由税务机关处以1000元以下的罚款；属于经营行为的，处以10000元以下的罚款	1. 不是经营行为的：未造成少缴税款的，处500元以下罚款；造成少缴税款的，处500元以上1000元以下罚款；
					2. 是经营行为的：未造成少缴税款，处2000元以下罚款；造成少缴税款，处2000元以上10000元以下罚款。
		2. 对非法为纳税人、纳税担保人实施虚假纳税担保提供方便的行政处罚		非法为纳税人、纳税担保人实施虚假纳税担保提供方便的，由税务机关处以1000元以下的罚款	1. 未造成少缴税款的，处500元以下罚款。
					2. 造成少缴税款的，处500元以上1000元以下罚款。
30	税务代理人违反税收法律、行政法规，造成纳税人未缴或者少缴税款	对税务代理人违法行为造成纳税人未缴或者少缴税款的行政处罚	《中华人民共和国税收征收管理法实施细则》第九十八条	税务代理人违反税收法律、行政法规，造成纳税人未缴或者少缴税款的，除由纳税人缴纳或者补缴应纳税款、滞纳金外，对税务代理人处纳税人未缴或者少缴税款50%以上3倍以下的罚款	1. 税款、滞纳金能追缴入库，处50%以上1倍以下的罚款；
					2. 税款、滞纳金不能追缴入库的，处1倍以上3倍以下的罚款。
31	执业期间买卖委托人股票、债券；以个人名义承接业务或者收费；泄露委托人商业秘密；允许他人以本人名义执业；利用执业之便，谋取不正当利益；在一个会计年度内违反《注册税务师管理暂行办法》规定二次以上	对执业期间买卖委托人股票、债券的；以个人名义承接业务或者收费的；泄露委托人商业秘密的；允许他人以本人名义执业的；利用执业之便，谋取不正当利益的；在一个会计年度内违反《注册税务师管理暂行办法》规定二次以上的行政处罚	《注册税务师管理暂行办法》第四十二条	注册税务师有下列行为之一的，由省税务局予以警告或者处一千元以上五千元以下罚款，责令其限期改正，限期改正期间不得对外行使注册税务师签字权；逾期不改正或者情节严重的，应当向社会公告。公告办法另行规定	1. 未造成危害后果的，警告；
					2. 造成危害后果但在限期内改正的，处1000元以上3000元以下罚款；
					3. 逾期不改正或者情节严重的，处3000元以上5000元以下罚款并向社会公告。

（续表）

序号	违法行为	具体处罚行为	处罚依据	处罚标准	税务机关处罚幅度
32	未按照《注册税务师管理暂行办法》规定承办相关业务；未按照协议规定履行义务而收费；未按照财务会计制度核算，内部管理混乱，利用执业之便，谋取不正当利益；采取夸大宣传、诋毁同行、以低于成本价收费等不正当方式承接业务；允许他人以本所名义承接相关业务	对未按照《注册税务师管理暂行办法》规定承办相关业务的；未按照协议规定履行义务而收费的；未按照财务会计制度核算，内部管理混乱的；利用执业之便，谋取不正当利益的；采取夸大宣传、诋毁同行、以低于成本价收费等不正当方式承接业务的；允许他人以本所名义承接相关业务的行政处罚	《注册税务师管理暂行办法》第四十三条	税务师事务所有下列行为之一的，由省税务局予以警告或者处一千元以上一万元以下罚款，责令其限期改正；逾期不改正或者情节严重的，向社会公告	1. 未造成危害后果的，警告； 2. 造成危害后果但在限期内改正的，处1 000元以上5 000元以下罚款； 3. 逾期不改正或者情节严重的，处5 000元以上10 000元以下罚款并向社会公告。
33	注册税务师和税务师事务所出具虚假涉税文书，但尚未造成委托人未缴或者少缴税款	对注册税务师和税务师事务所出具虚假涉税文书，但尚未造成委托人未缴或者少缴税款的行政处罚	《注册税务师管理暂行办法》第四十四条	注册税务师和税务师事务所出具虚假涉税文书，但尚未造成委托人未缴或者少缴税款的，由省税务局予以警告并处一千元以上三万元以下的罚款，并向社会公告。	1. 情节轻微的，予以警告并处1 000元以上10 000元以下罚款，并向社会公告； 2. 情节严重的，予以警告并处10 000元以上30 000元以下罚款，并向社会公告。

数据篇

第六章　新常态下江苏省所得税研究

一、所得税概述

所得税是以自然人、公司或者法人的法定所得为征税对象的一种税制体系。根据纳税人属性不同，所得税大致可以分为两大类：一类是个人所得税，包括自然人的综合收入、专业收入、权利金收入，以及非居民个人取得的上述收入所得课征的税；另一类是公司所得税，包括对企业的经营利润、资本利得以及非居民企业的上述收入所得课征的税。绝大多数国家同时开征个人所得税和企业所得税。

在新中国成立以后的很长一段时间里，所得税收入在中国税收收入中的比重很小，所得税的作用微乎其微，这种状况直到改革开放，特别是 20 世纪 80 年代中期国有企业"利改税"和工商税制改革以后才得以改变。中国现行税制中的所得税税类税收包括企业所得税和个人所得税两大类。

企业所得税是指对中华人民共和国境内的企业（居民企业及非居民企业）和其他取得收入的组织以其生产经营所得为课税对象所征收的一种所得税。作为企业所得税纳税人，应依照《中华人民共和国企业所得税法》缴纳企业所得税。但个人独资企业及合伙企业除外。在我国的现行税制中，企业所得税是仅次于增值税的第二大税种。

个人所得税是调整征税机关与自然人（居民、非居民）之间在个人所得税的征纳与管理过程中所发生的社会关系的法律规范的总称。

个人所得税的纳税义务人，既包括居民纳税义务人，也包括非居民纳税义务人。居民纳税义务人负有完全纳税的义务，必须就其来源于中国境内、境外的全部所得缴纳个人所得税；而非居民纳税义务人仅就其来源于中国境内的所得，缴纳个人所得税。

所得税的主要特点：

第一，通常以纯所得为征税对象。

第二，通常以经过计算得出的应纳税所得额为计税依据。

第三，纳税人和实际负担人通常是一致的，因而可以直接调节纳税人的收入。特别是在采用累进税率的情况下，所得税在调节个人收入差距方面具有较明显的作用。对企业征收所得税，还可以发挥贯彻国家特定政策，调节经济的杠杆作用。

第四，应纳税税额的计算涉及纳税人的成本、费用的各个方面，有利于加强税务监督，促使纳税人建立、健全财务会计制度和改善经营管理[①]。

根据《中国统计年鉴》(2011—2016)所披露的数据，(见表 5-1)，2010—2015 年间我国所得税一直保持着上涨的态势。从总量上看，所得税收入由 2010 年的 17 680.81 亿元，增

---

① 全国税务师职业资格考试教材编写组.税法二[M].北京:中国税务出版社,2016.1-3.

长到 2015 年的 35 743.51 亿元,累计增量为 18 062.7 亿元。从增长率上看,近几年所得税增幅波动不大,但在新常态的第一年(2014 年),所得税增幅下降得比较明显(增幅同比下降了 3.11 个百分点);随着我国逐步适应经济新常态,在新常态的第二年(2015 年),所得税增速回升,增幅达到 11.63%;从占比上看,所得税占税收收入的比重在逐年上升。尽管在 2014 年所得税增速明显下降,但全国税收收入增速下滑的速度更快,使得新常态以后所得税占比得到较大负的提升。但与发达国家所得税占税收收入的比重相比较,这一比例仍处于较低的水平①。

表 6-1 2010—2015 年中国税收收入、所得税收入 单位:亿元

年份	全国所得税	全国税收收入	所得税增幅	所得税占比
2010	17 680.81	73 210.79	—	24.15%
2011	22 823.75	89 738.39	29.09%	25.43%
2012	25 474.81	100 614.28	11.62%	25.32%
2013	28 958.73	110 530.7	13.68%	26.20%
2014	32 018.8	119 175.31	10.57%	26.87%
2015	35 743.51	124 892.26	11.63%	28.62%

二、江苏省所得税的基本情况

(一) 江苏省个人所得税

江苏省人均 GDP 和居民人均可支配收入一直位居我国前列,因此相比于其他省市,江苏省个人所得税收入规模较大。随着近些年来江苏省居民人均收入的不断增长,江苏省个人所得税也稳步上升,已逐步成为江苏省税收收入新的增长点。

与国家统一的个人税征收政策相一致,江苏省于 1980 年开征个人所得税,此时个人所得税的起征点定为 800 元,2005 年 8 月,又将个税起征点从每月 800 元上调至 1 600 元,同时提出年收入 12 万以上的高收入者实行自行申报纳税。2008 年 3 月,在第二轮个税改革中,再次将个税起征点每月由 1 600 元提高至 2 000 元。2011 年 6 月 30 日,又将个人所得税免征额从 2 000 元提高到 3 500 元,并同时将个人所得税 1 级税率由 5% 下降到 3%②。

江苏省个人所得税的征收与管理执行《中华人民共和国个人所得税法》,个人所得税法列举征税的个人所得共 11 项,分别是工资、薪金所得、个体工商户的生产、经营所得、对企事业单位的承包经营、承租经营所得、劳务报酬所得、稿酬所得、特许权使用费所得、股息红利所得、财产租赁所得、财产转让所得、偶然所得和其他所得。

由于我国 2011 年 9 月上调了工资、薪金所得减除费用标准(工资、薪金所得减除费用标准由 2 000 元上调到 3 500 元),使得江苏省个人所得税在 2012 年出现下滑,但从整体趋势上看,江苏省个人所得税仍保持着稳定的上涨态势。根据《江苏省统计年鉴》(2012—2016)

---

① 全国税收各项数据来自历年《中国税务年鉴》。

② 刘晓辉,吴永立.经济新常态下我国个人所得税改革改革探讨[J].现代商业,2016,12(4):48-50.

的数据分析:第一,2011—2015 年间,江苏省个人所得税呈现出上涨的趋势,从 2011 年的 237.74 亿元增长到 2015 年的 360.89 亿元,累计增加额 123.15 亿元;第二,虽然 2012 年江苏省个人所得税出现小幅度的下降,但 2012 年以后,同比增幅逐年上升,2014 年实现了 15.65% 的增幅,2015 年增幅达到了 17.81%;第三,江苏省个人所得税收入的增长速度要略高于江苏省税收收入的增速,因此江苏省个人所得税占总税收收入的比重在逐步上升,并在 4.7%—5.5% 浮动。以上各项数据分析表明,江苏省居民收入正在稳步增长,个人所得税占税收收入的比重也在缓慢上升,为江苏省税收收入的增长带来了新的增长点。

(二) 江苏省企业所得税

企业所得税作为江苏省的三大主体税种之一,"营改增"之后,更会成为仅次于增值税的第二大税种,在江苏省的税收收入中将会占有更大的比重,对推动江苏省税收收入的稳定增长起着十分重要的作用。同时江苏省综合经济实力在中国一直处于前列,无论是工业规模还是第三产业的发展水平都属于全国领先,再加上江苏省拥有比较完善的税收征管体系,使得江苏省企业所得税收入规模相比于其他省市都更加庞大。

江苏省企业所得税的征收与管理依照 2008 年 1 月 1 日实施的《中华人民共和国企业所得税法》。江苏省企业所得税的征税对象是纳税人取得的所得,包括销售货物所得、提供劳务所得、转让财产所得、股息红利所得、利息所得、租金所得、特许权使用费所得、接受捐赠所得和其他所得。

根据《江苏省统计年鉴》(2012—2016)的数据分析:第一,2011—2015 年间,江苏省企业所得税总体呈现上升趋势,从 2011 年的 731.17 亿元增长到 2015 年的 915.58 亿元,累计增加额 186.41 亿元;第二,近五年来江苏省企业所得税增幅呈逐年上升的趋势,其中 2015 年同比增幅超过了百分之十,达到了 11.76%,五年累计增幅为 23.66%;第三,虽然所得税逐年递增,但江苏省税收收入的增速要快于企业所得税的增速,因此企业所得税占比呈现出下降的趋势。2012—2015 年间,企业所得税收入占全省税收收入的比例在 13.6%—15.6% 之间浮动。

以上分析表明,江苏省企业发展势头良好,企业的良好发展也推动了江苏省企业所得税的增长。

三、新常态下江苏省所得税的实证分析

(一) 新常态下江苏省个人所得税的基本分析

为确保分析数据的权威性以及统计口径的一致性,本章节所取数据均来自《江苏省统计年鉴》(2012—2016)。

1. 江苏省个人所得税的总量分析

(1) 江苏省个人所得税增长率与占比情况分析

2011—2015 年江苏省的个人所得税及税收收入情况见表 6-2。

表 6 - 2　2011—2015 年江苏省个人所得税收入与税收收入总额　　　　单位:亿元

年份	个人所得税	增幅	税收收入	个人所得税占税收收入的比重
2011	237.74	—	4 124.62	5.76%
2012	224.22	−6.03%	4 782.59	4.69%
2013	264.88	18.13%	5 419.45	4.89%
2014	306.33	15.65%	6 006.05	5.10%
2015	360.89	17.81%	6 610.12	5.46%

首先以进入新常态的 2014 年为节点进行分析:第一,从总量上看,2014 年江苏省个人所得税实现收入 306.33 亿元,相比于 2013 年的 264.88 亿元,增加了 41.45 亿元,2011—2014 年间个人所得税累计增加 68.59 亿元;第二,从增长率上看,2014 年江苏省个人所得税增幅为 15.65%,相比于 2013 年 18.13%的增幅,增速下降了 2.48%。但是 2013 年个人所得税增长较快的主要原因是 2012 年同期基数低。受 2011 年 9 月个人所得税费用扣除标准上调影响,2012 年个人所得税出现负增长;第三,从占比上看,2014 年江苏省个人所得税所占比重同比增加了 0.2 个百分点,2012—2014 年间占比累计增加了 0.4 个百分点。

然后选取 2015 年作比较期,进行比较分析。第一,2015 年江苏省个人所得税实现收入 360.89 亿元,同比增长 17.81%,增速同比上升了 2.16 个百分点,增速加快。相比于 2013 年,累计增幅 35.91%,累计增加额为 96.01 亿元;第二,2014 年个人所得税所占比重同比增加了 0.36 个百分点,2013—2015 年间占比累计增加 0.56 个百分点;第三,2012—2015 年间,江苏省个人所得税收入增幅分别为 −6.03%、18.13%、15.65%、17.81%。个人所得税增速在进入新常态的第一年(2014 年)出现下滑,与经济增速从高速换挡至中高速的趋势一致,但是随着江苏省逐步适应经济新常态所带来的变化,2015 年江苏省个人所得税增速又同比回升,实现了从认识新常态到适应新常态的转变。

从整体趋势上看江苏省个人所得税呈现出收入平稳增长但增速略微放缓的态势,不过江苏省个人所得税的增幅比较稳定。

江苏省个人所得税呈现上述情况主要包括两大原因:

首先,江苏省城镇居民可支配收入提高,使得工资薪金所得税增长。2011—2015 年间江苏省城镇居民可支配收入累计增加 10 832 元,累计增幅 41.12%。2015 年江苏省城镇人均可支配收入 37 173 元,比去年同期增长了 8.2%。2014 年人均可支配收入 34 346 元,同比增长了 5.6%[①]。

其次,江苏省经济步入新常态,经济的高速增长逐步转变为中高速增长,明显制约着江苏省个人所得税收入的提高。2011—2015 年间江苏省 GDP 增速分别为 11%、10.1%、9.6%、8.7%、8.5%,近几年的经济增速明显下滑,2015 年江苏省 GDP 增速 8.5%,为近五年来的最低值[②]。受经济新常态的影响,个人所得税收入增速减慢。

(2) 江苏省个人所得税与全国个人所得税的比较分析

---

① 江苏省以及其 13 个省辖市城镇居民可支配收入统计数据均来自历年《江苏统计年鉴》。

② 江苏省以及其 13 个省辖市 GDP 统计数据均来自历年《中国统计年鉴》。

　　首先,从个人所得税增速的角度来看,近几年来江苏省个人所得税增速要高于全国个人所得税的增速。进入新常态的江苏省 2014 年个人所得税增速同比下降了 2.48 个百分点,但全国个人所得税增速却同比上升了 0.7 个百分点,说明经济新常态对江苏省个人所得税的增长有较大影响,而对全国的个人所得税影响相对较小。2015 年增速差距进一步缩小,江苏省个人所得税增速只比全国个人所得税增速高 0.98 个百分点。见图 6 - 1。

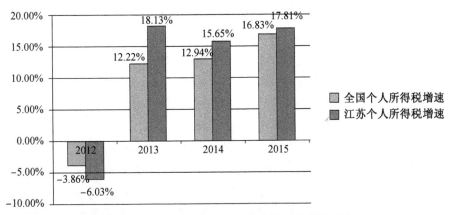

图 6 - 1　2012—2015 年江苏省与全国个人所得税增速

　　其次,从个人所得税占税收收入的比重对比上看,江苏省个人所得税占比一直都低于全国个人所得税占比。2011—2015 年间江苏省个人所得税占比与全国个人所得税占比都经历了先降低后升高的变化趋势,但是在新常态后尤其是在 2015 年全国个人所得税占比的同比增幅要明显高于江苏省个人所得税的增幅。

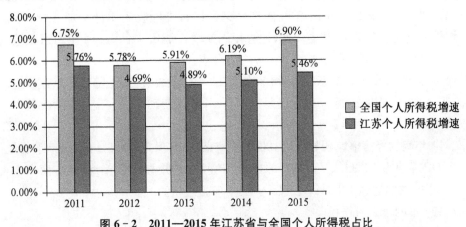

图 6 - 2　2011—2015 年江苏省与全国个人所得税占比

2. 新常态下江苏省个人所得税的地域分析

(1) 南京市的个人所得税

2012—2015 年南京市个人所得税的数据见表 6 - 3:①。

_____

　　① 江苏省 13 个省辖市未公布 2011 年个人所得税数据,如未特别说明,以下各省辖市数据分析均采用 2012—2015 年个人所得税数据。

表 6 - 3　2012—2015 年南京市的税收收入与个人所得税收入　　单位:亿元

年份	个人所得税	税收收入	个人所得税增幅	个人所得税占税收收入的比重
2012	38.7	602.79	—	6.42%
2013	46.28	684.47	19.59%	6.76%
2014	51.29	757.21	10.83%	6.77%
2015	66.67	838.67	29.99%	7.95%

以进入新常态的 2014 年为节点进行分析,会发现:第一,从总量上看,2014 年南京个人所得税实现收入 51.29 亿元,相比于 2013 年的 46.28 亿元,增加了 5.01 亿元,2012—2014 年间个人所得税累计增加 12.59 亿元;第二,从增长率上看,2014 年个人所得税增幅为 10.83%,相比于 2013 年 19.59% 的增幅,增速下降了 8.76 个百分点;第三,从占比上看,个人所得税占比在 2012—2014 年间略有上升,累计增加了 0.35 个百分点。

再选取 2015 年作比较期,进行比较分析可知:第一,2015 年南京个人所得税实现收入 66.67 亿元,同比增长 29.99%,增幅同比上升了 19.16 个百分点,增速显著加快。相比于 2013 年,累计增幅达 40.82%,累计增加额为 20.39 亿元,为南京市税收收入的增长做出了巨大贡献;第二,南京个人所得税所占比重同比增加了 1.18 个百分点,2013—2015 年间占比累计增加 1.17 个百分点。

从整体趋势上看,南京个人所得税收入呈现出稳定上升态势,而且在 2015 年增幅较大,个人所得税占比也呈逐步上升的趋势。究其根源,主要原因有:

首先,南京城镇居民可支配收入提高,使得工资薪金所得税增长,对个人所得税的增长有一定的促进作用。2012—2015 年间南京城镇居民可支配收入累计增加 9 782 元。2015 年南京城镇人均可支配收入 46 104 元,比去年同期增长了 8.3%。2014 年南京城镇人均可支配收入 42 567 元,比 2013 年增长了 8.8 个百分点。

其次,南京经济步入新常态,经济增速在 2014 年明显放缓,但是随着南京逐步适应经济新常态,南京 GDP 又在 2015 年出现回复。南京 GDP 的变动在很大程度上影响着个人所得税的收入变动。2012—2015 年间南京 GDP 增速分别为 12%、11.9%、10.1%、12.9%,2012—2014 年间的经济增速明显下滑,2014 年南京 GDP 增速 10.1%,创四年来的最低值。2015 年 GDP 增速为 12.9%,是近四年来的最高值,经济明显回暖,受此影响,南京个人所得税在 2015 年的增幅达到了 30%,也创下了四年来的最高值。

(2) 无锡市的个人所得税

2012—2015 年无锡市个人所得税的数据见表 6 - 4。

表 6 - 4　2012—2015 年无锡市的税收收入与个人所得税收入　　单位:亿元

年份	个人所得税	税收收入	个人所得税增幅	个人所得税占税收收入的比重
2012	31.6	540.01	—	5.85%
2013	34.44	579.11	8.99%	5.95%
2014	38.44	620.34	11.61%	6.20%
2015	40.9	668.18	6.40%	6.12%

进入新常态的 2014 年,无锡市的个人所得税呈现下述特征:第一,从总量上看,2014 年无锡个人所得税实现收入 38.44 亿元,相比于 2013 年的 34.44 亿元,增加了 4 亿元,2012—2014 年间个人所得税累计增加 6.84 亿元;第二,从增长率上看,2014 年无锡个人所得税增幅为 11.61%,相比于 2013 年 8.99% 的增幅,增速上升 2.62 个百分点;第三,从占比上看,个人所得税占比在 2012—2014 年间累计增加 0.35 个百分点。

2015 年无锡市的个人所得税情况主要包括两个主要方面:第一,2015 年无锡个人所得税实现收入 40.9 亿元,同比增长 6.40%,增速同比下滑了 5.21 个百分点,增速减慢。相比于 2013 年,累计增幅 18.01%,累计增加额为 6.46 亿元;第二,无锡个人所得税 2013—2015 年间占比累计增加 0.27 个百分点。

从整体上趋势上看,无锡个人所得税收入呈上升态势,但是 2015 年增速下降明显,四年间无锡个人所得税收入与税收收入的增速基本保持一致。其主要原因在于:

首先,无锡城镇居民可支配收入提高,在一定程度上促进了个人所得税的增长。2012—2015 年间,无锡城镇居民可支配收入累计增加 10392 元。2015 年无锡城镇居民人均可支配收入 45 132 元,比去年同期增长了 8.1%,增速在全省排名倒数第二。2014 年人均可支配收入 41 727 元,增幅为 8.6%,增速在全省排名倒数第一。

其次,无锡经济步入新常态,经济增速下滑十分明显,无锡市的 GDP 增速在这四年间呈现出非常不稳定的态势。2012—2015 年间无锡 GDP 增速分别为 11.6%、9.3%、1.7%、6.9%,2012—2014 年间的经济增速下滑趋势非常明显,2014 年无锡 GDP 增速仅为 1.7%,相比于 2013 年 GDP 增量仅为 135.13 亿元,创四年来的最低值。2015 年 GDP 增速为 6.9%,经济虽略有回复,但增速仍然很低。

因此受上述两方面因素的影响,无锡个人所得税在 2012—2015 年间的增长十分缓慢,在 2015 年的增幅仅为 6.4%,也是近几年的最低水平,同时无锡个人所得税占税收收入的比重变化也不大。

(3)徐州市的个人所得税

2012—2015 年徐州市个人所得税的数据见表 6-5。

表 6-5　2012—2015 年徐州市的税收收入与个人所得税收入　　单位:亿元

年份	个人所得税	税收收入	个人所得税增幅	个人所得税占税收收入的比重
2012	8.41	284.14	—	2.96%
2013	7.58	341.11	−9.87%	2.22%
2014	9.38	386.43	23.75%	2.43%
2015	10.79	429.13	15.03%	2.51%

进入新常态的 2014 年,徐州市个人所得税从总量上看实现收入 9.38 亿元,相比于 2013 年的 7.58 亿元,增加了 1.8 亿元,2012—2014 年间个人所得税累计增加 0.97 亿元;此外,从增长率上看,2014 年个人所得税同比增幅为 23.75%,相比于 2013 年 −9.87% 的增幅,上升 33.62 个百分点;最后,从占比上看,个人所得税占比在 2012—2014 年间累计下降了 0.53 个百分点。

对 2015 年徐州市的个人所得税情况进行分析,会发现:第一,2015 年徐州个人所得税实现收入 10.79 亿元,同比增长 15.03%,增速同比下降了 8.72 个百分点。相比于 2013 年,累计增幅 38.78%,累计增加额为 3.21 亿元;第二,徐州个人所得税在 2013—2015 年间占比累计上升了 0.29 个百分点。

从整体上趋势上看,徐州个人所得税呈上升态势,虽然在 2013 年出现负增长,但在进入新常态后两年内重新呈现出继续增长的趋势。其主要原因包括:

一是徐州城镇居民可支配收入提高,在一定程度上促进了个人所得税的增长。2012—2015年间徐州城镇居民可支配收入累计增加 4 503 元。2015 年徐州城镇居民可支配收入 26 219 元,比去年同期增长了 8.9%。2014 年城镇居民可支配收入 24 079 元,增幅为9.4%。

二是徐州经济在进入 2012 年后增速就开始下滑。2012—2015 年间徐州 GDP 增速分别为 13.5%、11.2%、11.9%、9.4%,2013 年徐州 GDP 增幅同比下降了 2.3 个百分点,经济下滑趋势明显,这也在一定程度上说明了为什么 2013 年徐州个人所得税会出现较大幅度下滑,而且在 2015 年徐州 GDP 增速仅为 9.4%,首次跌破 10%,同比下滑了 2.5 个百分点。

因此,受上述两方面因素的影响,尤其是徐州 GDP 增幅在 2013 年、2015 年下降明显的影响,徐州个人所得税在进入新常态后的这两年中的增长速度变慢,甚至出现了负增长。而且由于徐州城镇居民可支配收入处于较低水平,所以徐州个人所得税占税收收入的比重也较低。

(4) 常州市的个人所得税

2012—2015 年常州市个人所得税的数据见表 6-6。

表 6-6　2012—2015 年常市的税收收入与个人所得税收入　　　　　单位:亿元

年份	个人所得税	税收收入	个人所得税增幅	个人所得税占税收收入的比重
2012	19.9	303.89	—	6.55%
2013	20.89	327.18	4.97%	6.38%
2014	24.25	348.38	16.08%	6.96%
2015	23.19	373.7	−4.37%	6.21%

首先以进入新常态的 2014 年为节点进行分析。第一,从总量上看,2014 年常州个人所得税实现收入 24.25 亿元,相比于 2013 年的 20.89 亿元,增加了 3.36 亿元,2012—2014 年间个人所得税累计增加 4.35 亿元;第二,从增长速度上看,2014 年常州个人所得税同比增幅为 16.08%,相比于 2013 年 4.97% 的增幅,上升 11.11 个百分点;第三,从占比上看,常州个人所得税占比在 2012—2014 年间累计上升了 0.41 个百分点。

然后选取 2015 年作比较期,进行比较分析。第一,2015 年常州个人所得税实现收入23.19 亿元,同比下降了 4.37%。相比于 2013 年,累计增幅 11.67%,累计增加额为 2.3 亿元;第二,常州个人所得税在 2012—2015 年间占比累计下降了 0.34 个百分点。

从整体上趋势上看,常州个人所得税增幅在 2012—2015 年间波动程度较大,既出现2014 年个人所得税 16.08% 的较高增幅,又发生了 2015 年个人所得税收入同比下滑的现象。常州个人所得税收入呈现上述情况的主要原因是：

第一，常州城镇居民可支配收入提高，有利于个人所得税收入的增长。2012—2015 年间常州城镇居民可支配收入累计增加 9 384 元。2015 年常州城镇居民可支配收入 42 710元，比去年同期增长了 8.2％。2014 年城镇居民可支配收入 39 483 元，同比增幅为 8.8％。

第二，常州经济步入新常态，经济增速在 2015 年下降明显。2012—2015 年间常州 GDP增速分别为 12.2％、9.7％、12.4％、8.9％，2012—2014 年间常州经济增速与个人所得税增幅表现基本一致，2013 年常州 GDP 增幅同比下降 2.5 个百分点，同年常州个人所得税增幅较低，为 4.97％。而在 2014 年，常州 GDP 增速达到 12.4％，为近四年的最高值，同年常州个人所得税增幅也达到 16.08％，同比上升了 11.11 个百分点。相应的，2015 年，常州 GDP增速仅为 8.95％，同年常州个人所得税收入也出现了负增长，增幅为－4.37％，而且常州个人所得税占比也与 GDP 增速表现得比较一致。

（5）苏州市的个人所得税

2012—2015 年苏州市个人所得税的数据见表 2-7。苏州经济十分发达，综合经济实力位居江苏省第一，因此苏州个人所得税收入和税收收入在江苏省也位居前列。再加上苏州税收征管水平以及个人所得税自行申报的比例都较高，虽然苏州 GDP 增速波动比较明显，但苏州个人所得税一直呈现出稳定增长的趋势。

以进入新常态的 2014 年为节点进行分析：第一，从总量上看，2014 年苏州个人所得税实现收入 73.44 亿元，相比于 2013 年的 64.62 亿元，增加了 8.82 亿元，2012—2014 年间个人所得税累计增加 16.8 亿元；第二，从增长率上看，2014 年苏州个人所得税同比增幅为13.65％，相比于 2013 年 14.09％的增幅，降低了 0.44 个百分点；第三，从占比上看，苏州个人所得税占比在 2012—2014 年间累计上升了 0.37 个百分点。

再选取 2015 年作比较期，分析发现：第一，2015 年苏州个人所得税实现收入 93.25 亿元，增幅为 29.7％。相比于 2013 年，累计增幅 43.35％，累计增加额为 28.63 亿元；第二，苏州个人所得税在 2012—2015 年间占比累计上升了 1.59 个百分点。

表 6-7　2012—2015 年苏州市的税收收入与个人所得税收入　　　　　　单位：亿元

年份	个人所得税	税收收入	个人所得税增幅	个人所得税占税收收入的比重
2012	56.64	1 023.88	—	5.53％
2013	64.62	1 138.33	14.09％	5.68％
2014	73.44	1 244.37	13.65％	5.90％
2015	95.25	1 338.61	29.70％	7.12％

从整体上趋势上看，苏州个人所得税收入在 2012—2015 年间上升态势明显，逐年增速都超过了 10％，尤其是 2015 年苏州个人所得税同比增幅达到了 29.70％，个人所得税占税收收入的比重也达到了 7.12％，增长效果十分明显。苏州个人所得税收入呈现上述情况的主要原因有：

首先，苏州城镇居民可支配收入提高，有利于个人所得税收入的增长。2012—2015 年间苏州城镇居民可支配收入累计增加 11 311 元。2015 年苏州城镇居民可支配收入达到

50 390 元,位居江苏省第一,比去年同期增长了 8%。2014 年城镇居民可支配收入 46 677 元,增幅为 8.6%。

其次,苏州经济在 2014 年步入新常态,经济增幅在本年明显放缓,但随着苏州逐步适应经济新常态,经济增速在 2015 年出现回复。2012—2015 年间苏州 GDP 增速分别为 12%、9.8%、5.7%、8%,经济增长放缓的趋势十分明显。2012—2014 年间苏州经济增速与个人所得税增幅表现基本一致,2014 年苏州 GDP 增幅为 5.7%,同比下降了 4 个百分点,同年苏州个人所得税增幅也同比下降。而在 2015 年,苏州 GDP 增速回升达到 8%,增幅同比上升了 2.3 个百分点,同年苏州个人所得税增幅也达到 29.7%。同时苏州个人所得税占比也因苏州税收收入增长趋势的放缓而出现上升。

(6)南通市的个人所得税

2012—2015 年南通市个人所得税的数据见表 6-8。

表 6-8　2012—2015 年南通市的税收收入与个人所得税收入　　　　　　单位:亿元

年份	个人所得税	税收收入	个人所得税增幅	个人所得税占税收收入的比重
2012	19.5	339.51	—	5.74%
2013	28.22	399.89	44.72%	7.06%
2014	41.86	457.34	48.33%	9.15%
2015	45.9	521.08	9.65%	8.81%

进入新常态的 2014 年,从总量上看,南通个人所得税实现收入 41.86 亿元,相比于 2013 年的 28.22 亿元,增加了 13.64 亿元,2012—2014 年间个人所得税累计增加 22.36 亿元;从增长率上看,2014 年南通个人所得税同比增幅高达 48.33%,相比于 2013 年 44.72% 的增幅,升高了 3.61 个百分点;从占比上看,南通个人所得税占比在 2012—2014 年间累计上升了 3.41 个百分点。

2015 年,南通个人所得税实现收入 45.9 亿元,增幅为 9.65%。相比于 2013 年,累计增幅 57.98%,累计增加额为 17.68 亿元。概括而言,南通个人所得税在 2012—2015 年间占比累计上升了 3.07 个百分点。

从整体趋势上看,南通个人所得税收入在 2012—2015 年间上升态势明显,尤其是在 2013—2014 年间,个人所得税累计增幅达 93.05%,增长十分迅猛。其主要原因是:

第一,南通城镇居民可支配收入提高,促进了个人所得税收入的增长。2012—2015 年间南通城镇居民可支配收入累计增加 7 999 元。2015 年南通城镇居民可支配收入 36 291 元,同比增长了 8.7%;2014 年南通城镇居民可支配收入 33374 元,增幅为 8.9%;2013 年南通城镇居民可支配收入增幅为 8.9%。

第二,南通经济发展速度很快,近四年来增速一直保持在 10% 以上,但在进入新常态的 2015 年,南通 GDP 增速仍出现了较大程度的下滑。2012—2015 年间南通 GDP 增速分别为 12.1%、10.9%、12.2%、10.5%,四年间的增速在江苏省都位居前列。

综上所述,2013 年南通个人所得税增速迅猛,达到了 44.72%,一定程度上是因为 2012 年个人所得税收入基数低,但较高的 GDP 增速和城镇居民可支配收入增速,都是其增长迅速的原因。2014 年南通 GDP 增速为 2012—2015 年间的最高值,城镇居民可支配收入增幅也达到了 8.9%,因此在 2014 年,南通个人所得税取得了 48.33% 的增幅。在 2015 年由于经济降速比较明显,个人所得税增幅也较小。

(7) 连云港市的个人所得税

2012—2015 年连云港市个人所得税的数据见表 6-9。

表 6-9　2012—2015 年连云港市的税收收入与个人所得税收入　　　　单位:亿元

年份	个人所得税	税收收入	个人所得税增幅	个人所得税占税收收入的比重
2012	3.7	160.92	—	2.30%
2013	4.25	188.79	14.86%	2.25%
2014	4.9	213.42	15.29%	2.30%
2015	5.5	237.55	12.24%	2.32%

从总量上看,2014 年连云港个人所得税实现收入 4.9 亿元,相比于 2013 年的 4.25 亿元,增加了 0.65 亿元,2012—2014 年间个人所得税累计增加 1.2 亿元;从增长率上看,2014 年连云港个人所得税同比增幅 15.29%,相比于 2013 年 14.86% 的增幅,上升了 0.43 个百分点;从占比上看,连云港的个人所得税占比在 2012—2014 年间基本没有变化,一直保持在 2.3% 左右。

2015 年连云港个人所得税实现收入 5.5 亿元,同比增幅为 12.24%。相比于 2013 年,累计增幅 27.53%,累计增加额为 1.25 亿元。连云港个人所得税在 2012—2015 年间占比变化很小,基本保持在 2.3% 的水平。

从整体趋势上看,连云港个人所得税增幅在 2012—2015 年间比较稳定,个人所得税逐年增加额也基本上稳定在 0.6 亿元左右。连云港个人所得税收入呈现上述情况的主要原因包括:

其一,连云港城镇居民可支配收入提高,促进了连云港个人所得税收入的增长。2012—2015 年间连云港城镇居民可支配收入累计增加 4 912 元。2015 年连云港城镇居民可支配收入 25 728 元,比去年同期增长了 9%;2014 年连云港城镇居民可支配收入 23 592 元,增幅为 9.9%;2013 年城镇居民可支配收入增幅 9.2%。

其二,连云港自 2014 年步入新常态以后,经济增速开始下滑。2012—2015 年间连云港 GDP 增速分别为 13%、12.3%、10.1%、10%,四年间的增速逐年降低,尤其是刚进入新常态的 2014 年,GDP 增幅下降了 2.2 个百分点。

综上所述,结合连云港城镇居民可支配收入和 GDP 的变化情况分析可知,在 2014 年,连云港城镇居民可支配收入增幅达到 9.9%,为四年来的最高值,在较高的城镇居民可支配收入的支撑下,虽然同年连云港 GDP 增速出现比较明显的下滑,但个人所得税仍实现了 15.29% 的增幅,为 2012—2015 年间的最高值;在 2015 年连云港城镇居民可支配收入和 GDP 增幅都出现小幅度下滑的情况下,连云港个人所得税增幅也在本年度同比下降了 3.05 个百分点。

（8）淮安市的个人所得税

2012—2015 年淮安市个人所得税的数据见表 6-10。

表 6-10　2012—2015 年淮安市的税收收入与个人所得税收入　　　单位:亿元

年份	个人所得税	税收收入	个人所得税增幅	个人所得税占税收收入的比重
2012	5.08	180.93	—	2.81%
2013	6.94	221.39	36.61%	3.13%
2014	7.54	251.94	8.65%	2.99%
2015	6.15	284.05	−18.44%	2.17%

首先以进入新常态的 2014 年为节点进行分析:第一,从总量上看,2014 年淮安个人所得税实现收入 7.54 亿元,相比于 2013 年的 6.94 亿元,增加了 0.6 亿元,2012—2014 年间个人所得税累计增加 2.46 亿元;第二,从增长率上看,2014 年个人所得税同比增幅 8.25%,相比于 2013 年 36.61% 的增幅,下降了 28.36 个百分点;第三,从占比上看,2012—2014 年间淮安的个人所得税占比在 3% 附近变动,在 2014 年占比达到 3.13%,为四年间的最高值。

然后选取 2015 年作比较期,进行比较分析。第一,2015 年淮安个人所得税实现收入 6.15 亿元,同比增幅为 −18.44%。在 2013—2015 年间淮安个人所得税增幅逐年递减,在 2015 年个税出现了负增长;第二,淮安个人所得税在 2013—2015 年间占比逐年降低,2015 年个人所得税占比 2.17%,为四年来的最低值。

由于个人所得税工资薪金所得费用扣除标准在 2011 年 9 月上调,导致 2012 年淮安个人所得税收入基数较低,使得 2013 年淮安个人所得税实现较大增幅,如果考虑这个因素,事实上 2012—2015 年间淮安个人所得税收入的增幅十分有限。

从整体趋势上看,淮安个人所得税增幅在逐年下降,并在 2015 年增幅为负值,个人所得税出现负增长。淮安个人所得税收入呈现上述情况的原因分析:

一是淮安城镇居民可支配收入增幅近四年来逐年下降。2015 年淮安城镇居民人均可支配收入 28 105 元,比去年同期增长了 8.9%;2014 年城镇居民可支配收入 25 797 元,增幅为 9.4%;2013 年城镇居民可支配收入增幅 10.7%。

二是淮安经济增速在 2012—2014 年间比较平稳,2014 年后逐步步入新常态,在 2015 年出现较大程度下滑。2012—2015 年间淮安 GDP 增速分别为 13.2%、13.2%、13.9%、10.9%,2015 年 GDP 增幅同比下降 3 个百分点,为近四年来的最低值。

综上所述,结合淮安城镇居民可支配收入和 GDP 的变化情况可知,在 2014 淮安城镇居民可支配收入增幅明显下降,同年淮安个人所得税的增幅也同比明显下降。尤其是在 2015 年 GDP 和城镇居民可支配收入增幅双双下滑的情况下,个人所得税收入同比增幅下降得更加明显,在本年度淮安个人所得税出现了负增长。

（9）盐城市的个人所得税

2012—2015 年盐城市个人所得税的数据见表 6-11。

表 6-11 2012—2015 年盐城市的税收收入与个人所得税收入 单位:亿元

年份	个人所得税	税收收入	个人所得税增幅	个人所得税占税收收入的比重
2012	8.32	251.38	—	3.31%
2013	11.07	302.51	33.05%	3.66%
2014	11.53	341.41	4.16%	3.38%
2015	15.85	384.31	37.47%	4.12%

从总量上看,2014 年盐城个人所得税实现收入 11.53 亿元,相比于 2013 年的 11.07 亿元,增加了 0.46 亿元,2012—2014 年间个人所得税累计增加 3.21 亿元;从增长率上看,2014 年盐城个人所得税同比增幅 4.16%,相比于 2013 年 33.05% 的增幅,下降了 28.89 个百分点;从占比上看,2012—2014 年间盐城的个人所得税占比在 3.5% 左右变动,在 2014 年占比 3.38%,同比下降了 0.28 个百分点。

以 2015 年作比较期,可以发现:第一,2015 年盐城个人所得税实现收入 15.85 亿元,同比增幅高达 37.47%,为近四年的最高值,增幅同比上升了 33.31 个百分点;第二,2015 年盐城个人所得税占比为 4.12%,也是近四年来的最高值。

从整体趋势上看,2012—2015 年间盐城个人所得税收入呈上升态势,增幅波动较大。在 2013 年增速很高,但随后在 2014 年增速下降为 4.16%,2015 年个人所得税增速回升。盐城个人所得税收入呈现上述情况的主要原因是:

其一,盐城城镇居民可支配收入增幅近四年来逐年下降。2015 年盐城城镇居民人均可支配收入 28 200 元,比去年同期增长了 9.1%;2014 年盐城城镇居民可支配收入 25 854 元,增幅为 9.2%;2013 年盐城城镇居民可支配收入增幅 9.9%。

其二,盐城经济在 2014 年步入新常态后降速明显,但是随着盐城逐步适应新常态,其 GDP 增速又迅速回暖。2012—2015 年间盐城 GDP 增速分别为 12.8%、11.6%、10.4%、12.1%。

综上所述,结合盐城城镇居民可支配收入和 GDP 的变化情况可知,在 2014 盐城城镇居民可支配收入和 GDP 增幅分别同比下降 0.7 个和 1.2 个百分点,受此影响,同年盐城个人所得税的增幅也同比明显下降,同比增量仅为 0.46 亿元。由于 2014 年盐城个人所得税收入基数较低,再加上 2015 年盐城 GDP 增幅同比增长了 1.7 个百分点,经济明显好转,因此 2015 年盐城个人所得税收入出现了较大幅度的增长。

(10) 扬州市的个人所得税

2012—2015 年扬州市个人所得税的数据见表 6-12。

表 6-12 2012—2015 年扬州市的税收收入与个人所得税收入 单位:亿元

年份	个人所得税	税收收入	个人所得税增幅	个人所得税占税收收入的比重
2012	6.12	180.61	—	3.39%
2013	12.3	212.75	100.98%	5.78%
2014	10.24	242.22	-16.75%	4.23%
2015	9.21	274.67	-10.06%	3.35%

进入新常态的 2014 年,从总量上看,扬州个人所得税实现收入 10.24 亿元,相比于 2013 年的 12.3 亿元,减少了 2.06 亿元;从增长率上看,2014 年扬州个人所得税同比增长 −16.75%,出现了负增长;从占比上看,2014 年扬州个人所得税占比为 4.23%,同比下降了 1.55 个百分点。

然后选取 2015 年作比较期,进行比较分析会发现:第一,2015 年扬州个人所得税实现收入 9.21 亿元,同比增幅为 −10.06%,扬州个人所得税再次出现了负增长;第二,2013—2015 年扬州个人所得税占比逐年下滑,占比累计下降了 2.43 个百分点。

从整体趋势上看,2012 年扬州个人所得税出现了较大幅度的增长,但随后的 2013—2015 年间扬州个人所得税收入却呈现逐年下降的态势,并于 2014 年、2015 年连续两年出现负增长。扬州个人所得税收入呈现上述情况的主要原因有:

第一,扬州城镇居民可支配收入增幅近四年来逐年下降。2015 年扬州城镇居民可支配收入 32 946 元,比去年同期增长了 8.7%,相比于 2014 年城镇居民可支配收入 9.5% 的增幅,下降了 0.8 个百分点;2013 年扬州城镇居民可支配收入增幅 9.6%。

第二,扬州经济在 2012—2015 年间增速逐年降低,进入新常态后经济降速更加明显。2012—2015 年间扬州 GDP 增速分别为 12.2%、12.0%、11.6%、11.2%。

综上所述,结合扬州城镇居民可支配收入和 GDP 的变化情况可知,在 2014 年扬州 GDP 增幅同比下降了 0.4 个百分点,城镇居民可支配收入增幅同比下降了 0.1 个百分点,受此影响,同年扬州个人所得税出现了负增长。而在 2015 年,扬州经济并没有出现复苏迹象,经济情况反而出现恶化,同年扬州城镇居民可支配收入同比下降 0.8 个百分点,GDP 增速也同比下降了 0.4 个百分点,导致 2015 年扬州个人所得税收入再次出现负增长。同时扬州个人所得税占比也因为个人所得税收入连续两年的下降而下滑,2015 年扬州个人所得税占比仅为 3.35%。

(11) 镇江市的个人所得税

2012—2015 年镇江市个人所得税的数据见表 6-13。

在进入新常态的 2014 年,第一,从总量上看,2014 年镇江个人所得税实现收入 10.35 亿元,相比于 2013 年的 7.15 亿元,增加了 3.2 亿元,2012—2014 年间个人所得税累计增加 3.36 亿元;第二,从增长率上看,2014 年镇江个人所得税同比增长 44.76%,相比于 2013 年 2.29% 的增幅,上升了 42.47 个百分点;第三,从占比上看,2014 年镇江的个人所得税占比 4.52%,同比增长了 1.09 个百分点。

表 6-13 2012—2015 年镇江市的税收收入与个人所得税收入　　　　单位:亿元

年份	个人所得税	税收收入	个人所得税增幅	个人所得税占税收收入的比重
2012	6.99	174.12	—	4.01%
2013	7.15	208.65	2.29%	3.43%
2014	10.35	228.82	44.76%	4.52%
2015	13.9	245.4	34.30%	5.66%

然后选取 2015 年作比较期,进行比较分析:第一,2015 年镇江个人所得税实现收入 13.9 亿元,同比增幅为 34.3%,个人所得税保持着快速增长;第二,2015 年镇江个人所得税占比为 5.66%,是自 2012 年以来的最高值。

从整体趋势上看,2012—2014 年间镇江个人所得税收入呈上升态势,而且在 2014 年、2015 年个人所得税增速较快。镇江个人所得税收入呈现上述情况的主要原因是:

第一,镇江城镇居民可支配收入增幅近三年来逐年下降。2013—2015 年间城镇居民可支配收入增幅分别为 9.8%、9.2%、8.2%,2014 年增幅同比下降了 0.6 个百分点,2015 年增幅同比下降 1 个百分点。

第二,镇江经济逐步进入新常态,GDP 增速在 2015 年开始下降,2012—2015 年间 GDP 增速分别为 12.3%、11%、11.2%、8.1%,而且 2015 年镇江 GDP 增速下滑明显。

综上所述,结合镇江城镇居民可支配收入和 GDP 的变化情况可知,在 2014 年镇江 GDP 增幅同比上升了 0.2 个百分点,受此影响,同年镇江个人所得税的增幅也同比上升。但是在 2015 年由于城镇居民可支配收入同比下降 1 个百分点,GDP 增速同比下降了 3.1 个百分点,导致 2015 年镇江个人所得税增幅同比下降了 10.46 个百分点,但是镇江近两年来个人所得税增幅较大,所以个人所得税占比上升趋势十分明显。

(12)泰州市的个人所得税

2012—2015 年泰州市个人所得税的数据见表 6-14。

表 6-14　2012—2015 年泰州市的税收收入与个人所得税收入　　　　单位:亿元

年份	个人所得税	税收收入	个人所得税增幅	个人所得税占税收收入的比重
2012	7.13	179.73	—	3.97%
2013	7.1	206.55	−0.42%	3.44%
2014	7.82	225.8	10.14%	3.46%
2015	8.52	256.89	8.95%	3.71%

进入新常态的 2014 年,从总量上看,2014 年泰州个人所得税实现收入 7.82 亿元,相比于 2013 年的 7.1 亿元,增加了 0.72 亿元,2012—2014 年间个人所得税累计增加 0.69 亿元;从增长率上看,2014 年泰州个人所得税同比增长 10.14%,相比于 2013 年−0.42% 的增幅,上升了 10.56 个百分点;从占比上看,2014 年泰州的个人所得税占比 3.46%,与上年占比基本一致。

然后选取 2015 年作比较期,进行比较分析。第一,2015 年泰州个人所得税实现收入 9.52 亿元,同比增幅为 21.74%,相比于 2014 年增幅上升了 11.6 个百分点;第二,2015 年泰州个人所得税占比为 3.71%,2013—2015 年间个人所得税占比持续小幅上升。

从整体趋势上看,2012—2015 年间泰州个人所得税增速在逐步加快,占税收收入的比重也在 2013 年后逐年上升。泰州个人所得税收入呈现上述情况的主要原因包括:

其一,2012—2015 年间城镇居民可支配收入增幅分别为 10%、9.6%、9.8%、8.8%,2014 年增幅同比上升了 0.2 个百分点,2015 年增幅同比下降 1 个百分点。

其二,泰州经济逐步进入新常态,GDP 增速在逐年下滑,尤其是 2014 年以后,经济下滑明显,2012—2015年间GDP增速分别为12.1%、11.3%、9.2%、8.8%。

综上所述,结合泰州城镇居民可支配收入和GDP的变化情况可知,泰州经济增速逐渐降低,但仍然保持着不错的势头,2014年由于泰州城镇居民可支配收入增幅同比上升,带动了个人所得税的增长。但是随着城镇居民可支配收入在2015年出现较大程度的下滑,个人所得税同比增幅在2015年也出现了下滑。

(13)宿迁市的个人所得税

2012—2015年宿迁市个人所得税的数据见表6-15。

表6-15 2012—2015年宿迁市的税收收入与个人所得税收入 单位:亿元

年份	个人所得税	税收收入	个人所得税增幅	个人所得税占税收收入的比重
2012	5.13	130.07	—	3.94%
2013	6.52	157.98	27.10%	4.13%
2014	6.67	180.69	2.30%	3.69%
2015	6.64	196.95	−0.45%	3.37%

首先以进入新常态的2014年为节点进行分析。第一,从总量上看,2014年宿迁个人所得税实现收入6.67亿元,相比于2013年的6.52亿元,增加了0.15亿元,2012—2014年间个人所得税累计增加1.54亿元;第二,从增长率上看,2014年宿迁个人所得税同比增长2.3%,相比于2013年27.1%的增幅,下降了24.9个百分点;第三,从占比上看,2014年宿迁的个人所得税占比3.69%,同比下降了0.44个百分点。

然后选取2015年作比较期,进行比较分析。第一,2015年宿迁个人所得税实现收入6.64亿元,同比增幅为−0.45%,相比于2014年增幅下降了2.75个百分点;第二,2015年宿迁个人所得税占比为3.37%,2013—2015年间个人所得税占比持续下降。

从整体趋势上看,宿迁个人所得税收入增长比较缓慢,同时个人所得税占税收收入的比重也在不断降低。宿迁个人所得税收入呈现上述情况的主要原因有:

一是宿迁城镇居民可支配收入增幅近四年来逐年下降。2013—2015年间城镇居民可支配收入增幅分别为10.9%、10.4%、9%,2014年增幅同比下降了0.5个百分点,2015年增幅同比下降1.4个百分点。

二是宿迁经济在2014年进入新常态,经济降速十分明显。2012—2015年间GDP增速分别为12.8%、12.5%、10.8%、10.1%。

综上所述,结合宿迁城镇居民可支配收入和GDP的变化情况可知,宿迁经济增速逐渐降低,在2014年经济增速同比降低了1.7个百分点,同年个人所得税收入增幅也同比下降14.9个百分点。在2015年,宿迁城镇居民可支配收入同比下降了1.4个百分点,GDP增速也同比下降了0.7个百分点,同年宿迁个人所得税也首次出现了负增长。

(二)新常态下江苏省企业所得税的基本分析

1. 江苏省企业所得税的总量分析

(1)江苏省企业所得税增长率与占比情况分析

2011—2015年江苏省的企业所得税及税收收入情况见表6-16。

表 6-16　2011—2015 年江苏省企业所得税收入与税收收入总额　　单位:亿元

年份	个人所得税	增幅	税收收入	个人所得税占税收收入的比重
2011	731.17	——	4 124.62	17.73%
2012	745.88	2.01%	4 782.59	15.60%
2013	763.66	2.38%	5 419.45	14.09%
2014	821.04	7.51%	6 006.05	13.67%
2015	917.58	11.76%	6 610.12	13.88%

首先以 2014 年为节点进行分析。第一,从总量上看,2014 年江苏省企业所得税实现收入 821.04 亿元,相比于 2013 年的 763.66 亿元,增加了 57.38 亿元,2011—2014 年间企业所得税累计增加 89.87 亿元;第二,从增长率上看,2014 年企业所得税增幅为 7.51%,相比于 2013 年 2.38% 的增幅,增速上升了 5.13 个百分点;第三,从占比上看,2014 年企业所得税所占比重为 13.67%,同比下降了 0.42 个百分点。

然后选取 2015 年作比较期,进行比较分析。第一,2015 年企业所得税实现收入 917.58 亿元,同比增长 11.76%,增速同比上升了 4.25 个百分点,增速加快。相比于 2013 年,累计增幅 19.27%,累计增加额为 153.92 亿元;第二,企业所得税所占比重同比增加了 0.21 个百分点,但是 2012—2015 年间企业所得税占比大体上呈现出不断下降的态势;第三,2012—2015年间,江苏省企业所得税增幅分别为 2.01%、2.38%、7.51%、11.76%,税收增速逐年上升。

从整体趋势上看,江苏省企业所得税增幅呈现出逐年上升的态势,企业所得税收入增长也十分稳定,整体波动不大。江苏省企业所得税呈现上述情况的主要原因是:

2012—2015 年间江苏省规模以上工业企业利润总额增幅分别为 2.48%、15.58%、8.09%、6.95%。近四年来江苏省规模以上工业企业利润总额呈现出不断上升态势,而且近几年江苏省第三产业发展势头良好,2012—2015 年间江苏省第三产业产值增幅分别为 10.21%、10.74%、11.28%、13.12%,再加上第三产业产值占江苏省 GDP 的比重很高,所以进入新常态以后,江苏省企业所得税收入仍然保持着较快增长,而且增速也在加快[①]。

(2) 江苏省企业所得税与全国企业所得税的比较分析

首先,如图 6-3 所示,从增长率的对比上看,2015 年之前全国企业所得税增速要明显高于江苏省企业所得税增速。但是从 2012 年到 2014 年全国企业所得税增速一直在下降,尤其是在 2014 年,全国企业所得税增幅同比下降了 4.23 个百分点,江苏省企业所得税增幅同比上升了 5.13 个百分点,说明经济新常态对全国企业所得税增长影响比较大,而对江苏省企业所得税增长的影响较小。在 2015 年江苏省企业所得税增速达到 11.76%,首次超过全国企业所得税的增速,增速同比上升了 4.25 个百分点。

---

① 江苏省以及其 13 个省辖市规模以上企业利润总额和第三产业等数据均来自历年《江苏统计年鉴》。

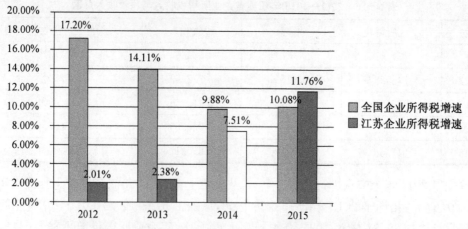

图6-3 2012—2015年江苏省与全国企业所得税增速

　　其次,从企业所得税占税收收入的比重上看,全国企业所得税所占比重一直高于江苏省企业所得税所占比重。全国所得税占比在2011年后不断上升,进入经济新常态后这种趋势仍在持续,五年间占比累计上升了3.03个百分点。而江苏省企业所得税占比却保持着下降的态势,虽然在2015年江苏省企业所得税占比同比上升,但增幅较小,此时全国企业所得税占比与江苏省企业所得税占比已经相差了7.84个百分点。见图6-4。

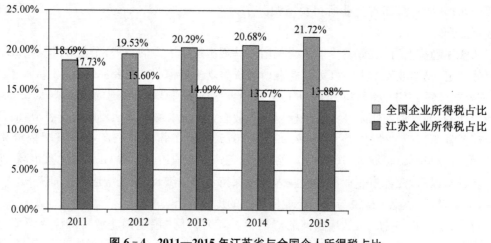

图6-4 2011—2015年江苏省与全国个人所得税占比

2. 新常态下江苏省企业所得税的地域分析

(1)南京市的企业所得税

2012—2015年南京市企业所得税的数据见表6-17①。

---

　　① 江苏省13个省辖市未公布2011年企业所得税数据,如未特别说明,以下各省辖市数据分析均采用2012—2015年企业所得税数据。

表 6-17 2012—2015 年南京市的税收收入与企业所得税收入 单位:亿元

年份	企业所得税	税收收入	企业所得税增幅	企业所得税占税收收入的比重
2012	93.01	602.79	—	15.43%
2013	100.38	684.47	7.92%	14.67%
2014	107.78	757.21	7.37%	14.23%
2015	126.31	838.67	17.19%	15.06%

从总量上看,2014 年南京企业所得税实现收入 107.78 亿元,相比于 2013 年的 100.38 亿元,增加了 7.4 亿元,2012—2014 年间企业所得税累计增加 14.77 亿元;从增长率上看,2014 年企业所得税增幅为 7.37%,相比于 2013 年 7.92% 的增幅,增速下降了 0.55 个百分点;从占比上看,南京企业所得税占比在 2012—2014 年间累计下降了 1.2 个百分点。

2015 年南京企业所得税实现收入 126.31 亿元,同比增长 17.19%,比去年同期增速上升了 9.82 个百分点,增速显著加快。相比于 2013 年,累计增幅达 24.56%,累计增加额为 25.93 亿元,为南京市税收收入的增长做出了巨大贡献。与此同时,企业所得税所占比重同比增加了 0.83 个百分点,2013—2015 年间占比累计增加 0.39 个百分点。

从整体趋势上看,南京企业所得税整体呈现上升态势,而且在 2015 年增速加快,企业所得税占比也在近三年呈逐步上升的趋势。南京企业所得税收入呈现上述情况的主要原因是:虽然南京规模以上工业企业利润总额增速明显下降,2013—2015 年间增速分别为 24.29%、17.05%、-4.78%,但南京第三产业增速近几年来依然保持较高水平,2015 年第三产业增速达到 11.81%,其中房地产业增速近几年非常迅猛,加之第三产业产值占南京 GDP 比重超过 50%,所以第三产业企业所得税增长对南京的企业所得税整体上升起到了重要的推动作用。

(2)无锡市的企业所得税

2012—2015 年无锡市企业所得税的数据见表 6-18。

表 6-18 2012—2015 年无锡市的税收收入与企业所得税收入 单位:亿元

年份	企业所得税	税收收入	企业所得税增幅	企业所得税占税收收入的比重
2012	88.64	540.01	—	16.41%
2013	88.43	579.11	-0.24%	15.27%
2014	91.74	620.34	3.74%	14.79%
2015	98.81	668.18	7.71%	14.79%

依据上表可知,2014 年无锡市的企业所得税呈现如此特征:第一,从总量上看,2014 年无锡企业所得税实现收入 91.74 亿元,相比于 2013 年的 88.43 亿元,增加了 3.31 亿元,2012—2014 年间企业所得税累计增加 3.1 亿元;第二,从增长率上看,2014 年无锡企业所得税增幅为 3.74%,相比于 2013 年 -0.24% 的增幅,增速上升 5.98 个百分点;第三,从占比上看,无锡企业所得税占比 2012—2014 年间累计降低了 1.62 个百分点。

2015 年的情况则变为:第一,2015 无锡年企业所得税实现收入 98.81 亿元,同比增长

7.71％,增速比去年同期增长了3.97个百分点。相比于2013年,累计增幅11.45％,累计增加额为10.38亿元;第二,2015年无锡企业所得税占比与去年基本保持一致。

从整体趋势上看,无锡企业所得税收入基本上呈上升态势,近四年来增速比较缓慢但整体波动不大。无锡企业所得税收入呈现上述情况的主要原因是:无锡经济进入新常态,再加上全球经济不景气,使得外贸依存度很高的无锡经济雪上加霜。无锡规模以上工业企业利润总额在2012—2015年间增幅分别为−15.57％、17.69％、2.51％,增速十分不稳定,再加上无锡第三产业增速也放缓,所以近几年间无锡企业所得税增长比较缓慢。

(3)徐州市的企业所得税

2012—2015年徐州市企业所得税的数据见表6-19。

表6-19　2012—2015年徐州市的税收收入与企业所得税收入　　　单位:亿元

年份	企业所得税	税收收入	企业所得税增幅	企业所得税占税收收入的比重
2012	20.01	284.14	4.00％	7.04％
2013	20.81	341.11	5.67％	6.10％
2014	21.99	386.43	18.96％	5.69％
2015	26.16	429.13	4.00％	6.10％

以2014年为节点进行分析。第一,从总量上看,2014年徐州企业所得税实现收入21.99亿元,相比于2013年的20.81亿元,增加了1.18亿元,2012—2014年间企业所得税累计增加1.98亿元;第二,从增长率上看,2014年企业所得税同比增幅为5.67％,相比于2013年4％的增幅,上升1.67个百分点;第三,从占比上看,企业所得税占比在2012—2014年间累计下降了1.35个百分点。

然后选取2015年作比较期,进行比较分析。第一,2015年徐州企业所得税实现收入26.16亿元,同比增长18.96％,比去年同期增速上升了13.29个百分点。相比于2013年,累计增幅24.63％,累计增加额为5.35亿元;第二,2015年徐州企业所得税占比与2013年相同,为6.1％。

从整体趋势上看,徐州企业所得税呈上升态势,而且增幅有不断增大的趋势,在2015年企业所得税取得18.96％的增幅,为近几年的最高水平。

徐州企业所得税收入呈现上述情况的主要原因是:徐州规模以上工业企业利润总额在2012—2015年间增幅分别为15.16％、5.10％、8.76％,说明2014年进入新常态后工业企业利润总额增幅下滑明显,但徐州第三产业仍保持着不错的发展势头,尤其是2014年以后,第三产业增速明显加快,2014年第三产业增速为19.04％,2015年第三产业增速为12.62％,在两方面因素的共同作用下,徐州企业所得税在2013年、2014年增幅较低,但随着徐州逐步适应新常态,工业企业利润总额增速在2015年又同比上升,徐州企业所得税也在同年取得了较高的增幅。

(4)常州市的企业所得税

2012—2015年常州市企业所得税的数据见表6-20。

表 6-20　2012—2015 年常州市的税收收入与企业所得税收入　　　　单位：亿元

年份	企业所得税	税收收入	企业所得税增幅	企业所得税占税收收入的比重
2012	40.67	303.89	—	13.38%
2013	41.38	327.18	1.75%	12.65%
2014	42.11	348.38	1.76%	12.09%
2015	42.57	373.7	1.09%	11.39%

第一，从总量上看，2014 年常州企业所得税实现收入 42.11 亿元，相比于 2013 年的 41.38 亿元，增加了 0.73 亿元，2012—2014 年间企业所得税累计增加 1.44 亿元；第二，从增长率上看，2014 年企业所得税同比增幅为 1.76%，与 2013 年 1.75% 的增幅基本持平；第三，从占比上看，企业所得税占比在 2012—2014 年间累计下降了 1.29 个百分点。

2015 年常州市的企业所得税实现收入 42.57 亿元，同比上升了 1.09%。相比于 2013 年，累计增幅只有 2.85%；与此同时，企业所得税在 2012—2015 年间占比累计下降了 1.26 个百分点。

从整体趋势上看，常州企业所得税收入在 2012—2015 年间增长十分缓慢，增幅一直维持在 1%—2%，企业所得税增速也低于同期税收收入增速，导致企业所得税占比逐年下降。

常州企业所得税收入呈现上述情况的主要原因在于 2012—2015 年间，常州规模以上工业企业利润总额增长率分别为 15.50%、20.67%、3.84%，第三产业生产总值增幅分别为 13.16%、19.44%、10.84%，可以看出，无论是规模以上工业企业利润总额还是第三产业生产总值，在 2015 年都出现明显下滑，这就使得 2015 年常州企业所得税增幅很低，实现的企业所得税收入绝对量也与去年相差不大。

（5）苏州市的企业所得税

2012—2015 年苏州市企业所得税的数据见表 6-21。首先以 2014 年为节点进行分析。第一，从总量上看，2014 年苏州企业所得税实现收入 219.16 亿元，相比于 2013 年的 200.63 亿元，增加了 18.53 亿元，2012—2014 年间企业所得税累计增加 29.14 亿元；第二，从增长率上看，2014 年企业所得税同比增幅为 9.24%，相比于 2013 年 5.58% 的增幅，上升了 3.66 个百分点；第三，从占比上看，企业所得税占比在 2012—2014 年间累计下降了 0.95 个百分点。

然后选取 2015 年作比较期，进行比较分析。第一，2015 年苏州企业所得税实现收入 250.86 亿元，增幅为 14.46%。相比于 2013 年，累计增幅 23.7%，累计增加额为 50.23 亿元；第二，企业所得税在 2012—2015 年间占比累计上升了 0.18 个百分点。

从整体趋势上看，苏州企业所得税收入在 2012—2015 年间上升态势明显，增速逐年加快，2015 年企业所得税同比增幅达 14.46%，占比达到了 18.74%，增长效果十分明显。

苏州企业所得税收入呈现上述情况的主要原因在于 2012—2015 年间，苏州规模以上工业企业利润总额增幅分别为 4.25%、11.81%、4.72%，增速比较不稳定，但是利润总额仍保持着上升的态势，而且苏州第三产业近几年来一直保持不错的增长势头，2012—2015 年间第三产业增幅分别为 11.6%、11.8%、12.1%，为苏州企业所得税的稳定增长提供了很大的推动作用①。

表 6-21　2012—2015 年苏州市的税收收入与企业所得税收入　　　单位:亿元

年份	企业所得税	税收收入	企业所得税增幅	企业所得税占税收收入的比重
2012	190.02	1 023.88	—	18.56%
2013	200.63	1 138.33	5.58%	17.62%
2014	219.16	1 244.37	9.24%	17.61%
2015	250.86	1 338.61	14.46%	18.74%

(6) 南通市的企业所得税

2012—2015 年南通市企业所得税的数据见表 6-22。

表 6-22　2012—2015 年南通市的税收收入与企业所得税收入　　　单位:亿元

年份	企业所得税	税收收入	企业所得税增幅	企业所得税占税收收入的比重
2012	42.77	339.51	—	12.60%
2013	41.81	399.89	−2.24%	10.46%
2014	44.78	457.34	7.10%	9.79%
2015	58.5	521.08	30.64%	11.23%

首先以 2014 年为节点进行分析。第一,从总量上看,2014 年南通企业所得税实现收入41.86 亿元,相比于 2013 年的 28.22 亿元,增加了 13.64 亿元,2012—2014 年间个人所得税累计增加 22.36 亿元;第二,从增长率上看,2014 年企业所得税同比增幅高达 48.33%,相比于 2013 年 44.72% 的增幅,升高了 3.61 个百分点;第三,从占比上看,南通企业所得税占比在 2012—2014 年间累计上升了 3.41 个百分点。

然后选取 2015 年作比较期,进行比较分析。第一,2015 年南通企业所得税实现收入45.9 亿元,增幅为 9.65%。相比于 2013 年,累计增幅 57.98%,累计增加额为 17.68 亿元;第二,南通企业所得税在 2012—2015 年间占比累计上升了 3.07 个百分点。

从整体趋势上看,南通企业所得税收入在 2012—2015 年间上升态势明显,尤其是在2013 年、2014 年两年间,企业所得税累计增幅达 93.05%,增速十分迅猛。

南通企业所得税收入呈现上述情况的主要原因在于 2012—2015 年间,南通规模以上工业企业利润总额增幅分别为 5.33%、13.20%、8.25%,可以看出进入新常态后增速加快,同时南通第三产业增速一直维持在 10% 以上,这也就使得南通企业所得税近三年增速逐渐提高,尤其是在 2015 年取得了很高的增幅。

(7) 连云港市的企业所得税

2012—2015 年连云港市企业所得税的数据见表 6-23。

---

① 杨亮.新常态下苏州企业发展与企业税收分析[J].地方经济,2015,8(22):28-29.

表 6-23　2012—2015 年连云港市的税收收入与企业所得税收入　　　单位:亿元

年份	企业所得税	税收收入	企业所得税增幅	企业所得税占税收收入的比重
2012	13.09	160.92	—	8.13%
2013	13.64	188.79	4.20%	7.22%
2014	14.25	213.42	4.47%	6.68%
2015	15.62	237.55	9.61%	6.58%

首先以 2014 年为节点进行分析。第一,从总量上看,2014 年连云港企业所得税实现收入 14.25 亿元,相比于 2013 年的 13.64 亿元,增加了 0.61 亿元,2012—2014 年间企业所得税累计增加 1.16 亿元;第二,从增长率上看,2014 年连云港企业所得税同比增幅 4.47%,相比于 2013 年 4.2% 的增幅,上升了 0.27 个百分点;第三,从占比上看,连云港的企业所得税占比在 2012—2014 年间下跌了 1.45 个百分点。

然后选取 2015 年作比较期,进行比较分析。第一,2015 年连云港企业所得税实现收入 15.62 亿元,同比增幅为 9.61%。相比于 2013 年,累计增幅 14.08%,累计增加额为 1.98 亿元;第二,企业所得税在 2012—2015 年间占比累计下降了 1.55 个百分点。

从整体趋势上看,连云港企业所得税收入在 2012—2015 年间增幅有上升的趋势,整体增速比较平稳,2015 年连云港企业所得税实现了 9.61% 的增幅,是二年来的最高值。

连云港企业所得税收入呈现上述情况的主要原因在于 2012—2015 年间,连云港规模以上工业企业利润总额增幅分别为 10.25%、23.60%、16.75%,可以看出近两年的增速较高,同时连云港第三产业近几年增速也很高,2015 年第三产业生产总值增幅为 12.86%,工业企业和第三产业的快速发展使得连云港企业所得税近两年实现了稳定增长。

(8) 淮安市的企业所得税

2012—2015 年淮安市企业所得税的数据见表 6-24。首先以 2014 年为节点进行分析。第一,从总量上看,2014 年淮安企业所得税实现收入 10.89 亿元,相比于 2013 年的 11.98 亿元,减少了 1.09 亿元,淮安企业所得税在 2014 年出现负增长;第二,从增长率上看,2014 年淮安企业所得税同比增幅 -9.1%,相比于 2013 年 5.46% 的增幅,下降了 14.56 个百分点;第三,从占比上看,2012—2014 年间淮安的企业所得税占比下滑了 1.96 个百分点。

然后选取 2015 年作比较期,进行比较分析。第一,2015 年企业所得税实现收入 11.3 亿元,同比增幅为 3.76%。尽管在 2015 年企业所得税出现增长,但增幅仍然很低;第二,淮安企业所得税在 2012—2015 年间占比逐年降低,2015 年个税占比 3.98%,为四年来的最低值。

表 6-24　2012—2015 年淮安市的税收收入与企业所得税收入　　　单位:亿元

年份	企业所得税	税收收入	企业所得税增幅	企业所得税占税收收入的比重
2012	11.36	180.93	—	6.28%
2013	11.98	221.39	5.46%	5.41%
2014	10.89	251.94	-9.10%	4.32%
2015	11.3	284.05	3.76%	3.98%

从整体趋势上看,淮安企业所得税收入呈现出先增长后下降的态势。在 2014 年淮安企业所得税收入出现了大幅度下滑,2015 年虽然止跌为升,但增速仍十分缓慢。

淮安企业所得税收入呈现上述情况的主要原因在于 2012—2015 年间淮安规模以上工业企业利润总额增幅分别为 20.08%、6.5%、13.04%,增速在 2014 年后降低明显。同时淮安第三产业生产总值在 2014 年后也增长缓慢,再加上 2015 年以后对小微企业的所得税优惠范围扩大,这三方面的因素也导致了淮安企业所得税收入停滞不前的困境。

(9) 盐城市的企业所得税

2012—2015 年盐城市企业所得税的数据见表 6-25。

表 6-25　2012—2015 年盐城市的税收收入与企业所得税收入　　　单位:亿元

年份	企业所得税	税收收入	企业所得税增幅	企业所得税占税收收入的比重
2012	21.95	251.38	—	8.73%
2013	25.72	302.51	17.18%	8.50%
2014	27.27	341.41	6.03%	7.99%
2015	25.43	384.31	−6.75%	6.62%

首先以 2014 年为节点进行分析。第一,从总量上看,2014 年盐城企业所得税实现收入 27.27 亿元,相比于 2013 年的 25.72 亿元,增加了 1.55 亿元,2012—2014 年间企业所得税累计增加 5.32 亿元;第二,从增长率上看,2014 年企业所得税同比增幅 6.03%,相比于 2013 年 17.18% 的增幅,下降了 11.15 个百分点;第三,从占比上看,2012—2014 年间盐城的企业所得税占比逐年下降,累计下降了 0.74 个百分点。

然后选取 2015 年作比较期,进行比较分析。第一,2015 年企业所得税实现收入 25.43 亿元,同比增幅−6.75%,企业所得税出现负增长,增幅同比下降了 12.78 个百分点;第二,2015 年盐城企业所得税占比为 6.62%,为近四年来的最低值。

从整体趋势上看,盐城企业所得税收入在 2012—2014 年间呈上升态势,但在 2015 年盐城企业所得税出现负增长,而且盐城企业所得税占比在四年间逐年下降。

盐城企业所得税收入呈现上述情况的主要原因在于 2012—2015 年间盐城规模以上工业企业利润总额增幅分别为 14.83%、22.01%、10.08%,第三产业在 2014 年盐城经济进入新常态后增速也放缓,再加上盐城小微企业众多,2015 年后对小微企业的税收优惠政策也使盐城企业所得税收入在一定程度上放缓,多方面的因素使得在 2012—2015 年间盐城企业所得税收入增幅逐年下滑,并在 2015 年出现负增长,企业所得税占税收收入比重也在逐年下滑。

(10) 扬州市的企业所得税

2012—2015 年扬州市企业所得税的数据见表 6-26。

表 6 - 26　2012—2015 年扬州市的税收收入与企业所得税收入　　　　单位:亿元

年份	企业所得税	税收收入	企业所得税增幅	企业所得税占税收收入的比重
2012	19.71	180.61	—	10.91%
2013	22.05	212.75	11.87%	10.36%
2014	25.3	242.22	14.74%	10.45%
2015	25.01	274.67	-1.15%	9.11%

以 2014 年为节点进行分析。第一,从总量上看,2014 年扬州企业所得税实现收入 25.3 亿元,相比于 2013 年的 22.05 亿元,增加了 3.25 亿元,2012—2014 年间企业所得税累计增加 5.59 亿元;第二,从增长率上看,2014 年企业所得税同比增长 14.76%,相比于 2013 年 11.87% 的增幅,增加了 2.89 个百分点;第三,从占比上看,2012—2014 年间扬州的企业所得税占比一直保持在 10% 以上。

选取 2015 年作比较期,进行比较分析。第一,2015 年扬州企业所得税实现收入 25.01 亿元,同比增幅为 -1.15%,出现了负增长,增幅同比下降了 15.91 个百分点;第二,2015 年扬州企业所得税占比为 9.11%,是自 2012 年以来首次低于 10%。

从整体趋势上看,扬州企业所得税收入在 2012—2014 年间呈上升态势,但是在 2015 年企业所得税收入出现小幅下滑,同年企业所得税收入占比也同比下降了 1.34 个百分点。

扬州企业所得税收入呈现上述情况的主要原因是:2012—2015 年间扬州规模以上工业企业利润总额增幅分别为 8.36%、12.26%、-0.19%,第三产业生产总值在 2012—2015 年间增幅分别为 13.66%、18.81%、11.24%,无论是规模以上工业企业利润总额还是第三产业生产总值的增幅在 2015 年都出现了较大幅度的下滑,尤其是 2015 年扬州规模以上工业企业利润总额出现了负增长,这在很大程度上影响了扬州企业所得税收入的增长,也导致了扬州企业所得税在三年间首次出现负增长,企业所得税占比也首次跌破 10%。

(11) 镇江市的企业所得税

2012—2015 年镇江市企业所得税的数据见表 6 - 27。

表 6 - 27　2012—2015 年镇江市的税收收入与企业所得税收入　　　　单位:亿元

年份	企业所得税	税收收入	企业所得税增幅	企业所得税占税收收入的比重
2012	20.05	174.12	—	11.52%
2013	19.33	208.65	-3.59%	9.26%
2014	21.31	228.82	10.24%	9.31%
2015	22.54	245.4	5.77%	9.19%

以 2014 年为节点进行分析发现:第一,从总量上看,2014 年镇江企业所得税实现收入 21.31 亿元,相比于 2013 年的 19.33 亿元,增加了 1.98 亿元;第二,从增长率上看,2014 年镇江企业所得税同比增长 10.24%,相比于 2013 年 -3.59% 的增幅,上升了 13.83 个百分点;第三,从占比上看,2014 年镇江的企业所得税占比 9.31%,与去年相比变化不大。

然后选取 2015 年作比较期,进行比较分析。第一,2015 年企业所得税实现收入 22.54

亿元,同比增幅为 5.77%;第二,2015 年镇江企业所得税占比为 9.19%,是自 2012 年以来的最低值。

从整体趋势上看,镇江企业所得税增速比较缓慢,四年间累计增加额仅为 2.49 亿元,而且企业所得税占税收收入的比重也是逐年下滑。

镇江企业所得税收入呈现上述情况的主要原因是:2012—2015 年间镇江规模以上工业企业利润总额增幅分别为 10.66%、20.91%、7.77%,第三产业生产总值增幅在 2015 年也出现了较大幅度的下滑,这就很好地解释了为什么镇江企业所得税在 2014 年取得较大增幅,而在 2015 年企业所得税增幅却出现明显下滑。

(12) 泰州市的企业所得税

2012—2015 年泰州市企业所得税的数据见表 6-28。

表 6-28　2012—2015 年泰州市的税收收入与企业所得税收入　　　　单位:亿元

年份	企业所得税	税收收入	企业所得税增幅	企业所得税占税收收入的比重
2012	25.46	179.73	—	14.17%
2013	25.01	206.55	−1.77%	12.11%
2014	24.27	225.8	−2.96%	10.75%
2015	24.92	256.89	2.68%	9.70%

从总量上看,2014 年泰州企业所得税实现收入 24.27 亿元,相比于 2013 年的 25.01 亿元,降低了 0.74 亿元,2012—2014 年间企业所得税累计减少了 1.19 亿元;从增长率上看,2014 年企业所得税同比增长−2.96%,出现了负增长;从占比上看,2014 年泰州的企业所得税占比 10.75%,与上年占比下降了 1.36 个百分点。

2015 年泰州企业所得税实现收入 24.92 亿元,同比增幅为 2.68%,相比于 2014 年增幅同比上升了 5.64 个百分点;与此同时,2015 年泰州企业所得税占比为 9.7%,2013—2015 年间企业所得税占比持续下滑。

从整体趋势上看,泰州企业所得税收入绝对量四年间不升反降,2013 年、2014 年连续两年出现负增长,虽然企业所得税在 2015 年止跌为升,但增速缓慢。

泰州企业所得税收入呈现上述情况的主要原因在于 2012—2015 年间泰州规模以上工业企业利润总额增幅分别为 12.45%、10.72、17.67%,第三产业生产总值近几年来也出现增速放缓的态势,这也就使得 2013 年、2014 年泰州企业所得税在一定程度上出现负增长。

(13) 宿迁市的企业所得税

2012—2015 年宿迁市企业所得税的数据见表 6-29。

表 6-29　2012—2015 年宿迁市的税收收入与企业所得税收入　　　　单位:亿元

年份	企业所得税	税收收入	企业所得税增幅	企业所得税占税收收入的比重
2012	16.02	130.07	—	12.32%
2013	17.18	157.98	7.24%	10.87%
2014	17.66	180.69	2.79%	9.77%
2015	16.79	196.95	−4.93%	8.53%

从总量上看,2014 年宿迁企业所得税实现收入 17.66 亿元,相比于 2013 年的 17.18 亿元,增加了 0.48 亿元,2012—2014 年间企业所得税累计增加 1.64 亿元;从增长率上看,2014 年企业所得税同比增长 2.79%,相比于 2013 年 7.24% 的增幅,下降了 4.45 个百分点;从占比上看,2014 年宿迁的企业所得税占比 9.77%,同比下降了 1.1 个百分点。

2015 年企业所得税实现收入 16.79 亿元,同比增幅为 -4.93%,出现负增长;与此同时,2015 年宿迁企业所得税占比为 8.53%,2012—2015 年间企业所得税占比持续下降。

从整体趋势上看,间宿迁企业所得税增速逐年降低,在 2015 年企业所得税收入出现负增长,同时企业所得税收入占税收总收入的比重也在不断下降。

宿迁企业所得税收入呈现上述情况的主要原因是:2012—2015 年间宿迁规模以上工业企业利润总额增幅分别为 21.93%、9.08%、9%,第三产业生产总值增幅分别为 13.36%、14.55%、11.41%,可以看出从 2014 年开始,规模以上工业企业利润总额增速下滑十分明显,2015 年第三产业生产总值也出现下滑,所以引起 2014 年企业所得税增幅下滑以及 2015 年企业所得税出现负增长的情况。

四、新常态下江苏省所得税的整体分析

(一) 新常态下的江苏省所得税与全国所得税

1. 所得税增长率的视角

依据 2012—2015 年江苏省所得税与全国所得税的数据,可得到图 6-5 中的 2012—2015 年江苏省企业所得税与全国企业所得税增速图。该图清楚地表明:从增长率上看,全国所得税增速一直保持着较高的水平,在进入新常态以后全国所得税增速出现了下滑,但增速一直维持在 10% 以上。而江苏省所得税增速在 2012 年后一直保持增长态势,即使是 2014 年以后,江苏省所得税的增速仍在不断上升。

从增长率的对比来看,2015 年以前全国所得税的增速要高于江苏省所得税增速,尤其是 2012 年,全国所得税增速比江苏省所得税增速高出了 11.5 个百分点[①]。但是 2012 年以后增速差距在不断缩小,2015 年江苏省所得税增速已经超过全国所得税的增速。

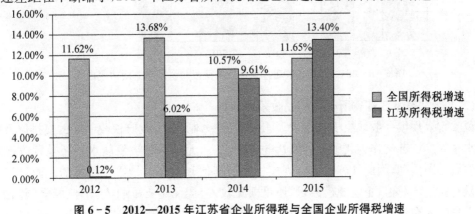

图 6-5　2012—2015 年江苏省企业所得税与全国企业所得税增速

① 财政部税政司税源调查分析处.2015 年上半年税收收入情况分析[J].财经资料,2015,18(12):75-78.

对比发现,经济新常态对江苏省所得税收入的负面影响要小于其对全国所得税的负面影响,经济新常态下江苏省所得税收入的增速仍十分可观。

2. 所得税占税收收入总额比重的视角

图 6-6 说明的是 2012—2015 年江苏省所得税占江苏省税收收入的比重以及全国所得税占全国税收收入比重的对比情况。显然,从占税收收入的比重上看,全国所得税占税收收入的比重在稳步上升,占比从 2011 年 25.43%,增长到 2015 年的 28.62%,上升了 3.19 个百分点。2014 年以后,全国所得税占比上升的趋势更加明显,2015 年全国所得税占比同比增长了 1.75 个百分点。而江苏省所得税占税收收入的比重在 2015 年之前呈现出下滑的态势,占比从 2011 年的 23.49%,下降为 2014 年的 18.77%,降低了 4.72 个百分点。但是这种下滑态势在进入新常态后开始转变,2015 年江苏省所得税占比同比上升,占比同比增长了 0.57 个百分点。

从占税收收入比重的对比上看,江苏省所得税占比一直低于全国所得税占比,而且这种差距近几年也在不断拉大。2012 年全国所得税占比比江苏省所得税占比高出 1.94 个百分点,2015 年全国所得税占比要比江苏省所得税占比高出 9.28 个百分点。

经济新常态下,江苏省所得税占比出现上升趋势,全国所得税占比增长的趋势也更加明显,说明新常态下所得税相比于其他税种,仍能保持着稳定上升的趋势,而这将对新常态下税收收入的稳定增长起到非常大的推动作用。

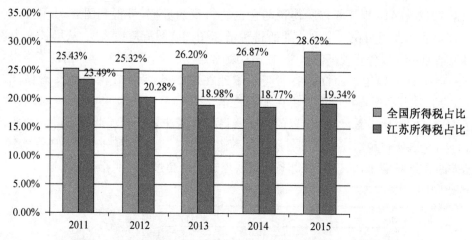

图 6-6　2012—2015 年江苏省企业所得税与全国企业所得税占比

(二)新常态下江苏省所得税的税收规模分析

税收收入规模一般取决于经济发展水平、经济体制改革、政府税收制度的安排以及税收征管水平等。江苏省作为我国最为发达的省份之一,无论是经济发展水平还是税收征管水平都位居全国前列,因此江苏省税收规模相比于其他省市来说是比较庞大的。而且江苏省无论是企业生产总值、企业规模数量,还是国民收入、居民可支配收入,都位居全国前列,因此所得税收入在江苏省税种收入中占有重要的地位与作用。近些年来,我国一直提倡提高直接税占税收收入的比重,直接税税收收入规模的提高将在很大程度上影响我国未来税收制度的发展以及经济体制的改革,而所得税作为直接税极为重要的组成部分,其规模大小在很大程度上决定着直接税的规模大小,而且对所得税规模的分析也会在很大程度上反映出企业的发展状况与前景、居民收入水平,对整个宏观经济都有积极的促进作用①。

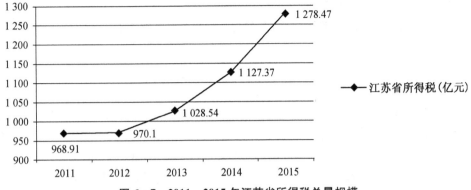

图6-7 2011—2015年江苏省所得税总量规模

如上图所示,江苏省所得税规模自2011年起持续上升,由2011年的968.91亿元增长到2015年的1 278.47亿元,累计增量309.56亿元,累计增幅29.15%,2011—2015年间增速分别为0.12%、6.02%、9.61%、13.40%,增速逐年上升,可以看出,虽然江苏省自2014年进入新常态,经济增速出现下滑,但是所得税收入受其影响并不大。2014年江苏省所得税实现收入1 127.37亿元,同比增加98.83亿元,同比增幅为9.61%,增速同比上升了3.59个百分点;2015年江苏省实现所得税收入1 278.47亿元,同比增加151.1亿元,取得了13.4%增速,增速同比上升了3.79个百分点,是近四年来首次突破10%,这也在一定程度上说明了新常态下江苏省的企业发展和居民收入水平都保持着比较良好的增长态势。

(三)新常态下江苏省所得税的税收结构分析

税收结构是指税收收入总量中各项税收所占比重的结构关系,税收结构的制约因素主要有经济发展水平、政府的经济政策目标和税收征管水平。

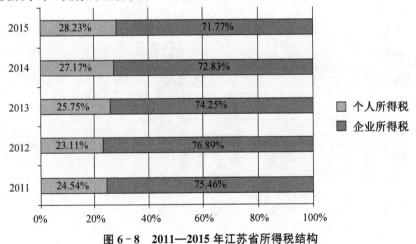

图6-8 2011—2015年江苏省所得税结构

① 何晴,张斌.经济新常态下的税收增长:趋势、结构与影响[J].税务研究,2014,12(358):18-22.

　　江苏省所得税的税收结构是指江苏省企业所得税收入和个人所得税收入占江苏省所得税收入的比重。分析江苏省所得税的税收结构,既有利于江苏省政府机关进一步了解并改善所得税的税收制度,同时明确所得税的实施战略目标,又关系到江苏省税务机构的设置与部署,以及征管手段和征管力度的选择,因此,对江苏省所得税税收结构的分析具有重要的理论意义和实践意义①。

　　由图6-8可知:首先,江苏省个人所得税占比虽然在2012年稍有下降,但是从整体上看,2011—2015年间江苏省个人所得税占比在逐步攀升。2011年个人所得税占比24.54%,2015年个人所得税占比达到28.23%,累计上升了3.69个百分点。进入新常态以后的2014年,个人所得税占比上升趋势就更加稳定,2014年个人所得税占比27.17%,同比上升了1.42个百分点。2015年,个人所得税占比28.23%,同比上升了1.05个百分点。

　　其次,与个人所得税相对应的企业所得税占比在2011年后呈现出逐步下降的趋势。2011—2015年间企业所得税占比累计下降了3.69个百分点。进入新常态以后的2014年和2015年,企业所得税占比仍保持明显的下降趋势,但是企业所得税占比仍然远高于个人所得税占比。

　　新常态前后,企业所得税在所得税中占比优势都十分明显,在2012年企业所得税占比76.89%,个人所得税占比23.11%,企业所得税占比是个人所得税占比的3倍多。但是2012年以后企业所得税占比逐年下降,个人所得税占比逐年攀升,新常态后这种趋势更加稳定。2015年企业所得税占比71.77%,个人所得税占比28.23%,这时候企业所得税占比是个人所得税占比的2倍多。

　　企业所得税和个人所得税占比差距的不断缩小,逐步提升个人所得税在所得税中所占比重,这种趋势不仅有利于所得税结构的优化,还可以为未来所得税的增收找到新的增长点。

(四) 新常态下江苏省所得税发展的动态分析

1. 税收增长率

2012—2015年江苏省所得税的增长情况如图6-9所示。

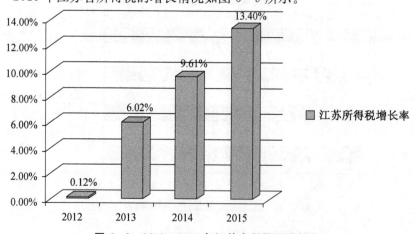

图6-9　2012—2015年江苏省所得税增长率

① 王开田.江苏税收发展研究报告2013[M].南京:南京大学出版社,2014.66-67.

　　根据上图可知,2012—2015 年间江苏省所得税增长率不断上升,说明江苏省所得税增速在不断加快。2013 年所得税增速为 6.02％,增速同比上升了 5.9 个百分点;进入新常态后 2014 年江苏省所得税增长率为 9.61％,增速同比上升了 3.59 个百分点;2015 年江苏省所得税增长率为 13.4％,增速同比上升了 3.79 个百分点。可以看出,进入新常态以后的第一年(2014 年),所得税收入呈现出加速上升的态势,而且所得税增速也在加快,而且随着江苏省逐步适应新常态(2015 年),所得税的收入增速又进一步加快。

　　2. 税收收入弹性

　　税收收入弹性是指税收收入变化与经济发展情况的比率,一般表示为税收增长率与 GDP 增长率之比,反映一国税收体系或税收制度保证政府集中国家资源的能力的一个宏观税收负担指标,其宗旨是对税收与经济关系进行定量研究[①]。

　　对江苏省所得税收入弹性分析有助于江苏省对其区域内的宏观所得税税收负担程度比较分析,了解掌握所得税税负的变化,能从动态上分析研究所得税相对经济变化的量变与运动规律。详见下图 6 - 10。

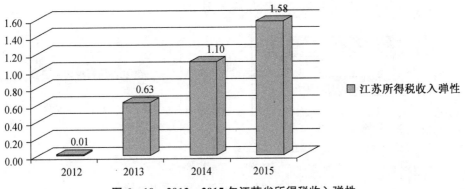

图 6 - 10　2012—2015 年江苏省所得税收入弹性

　　根据上图分析可知,2012 年受个人所得税改革的影响江苏省所得税收入弹性仅为 0.01,2013 年回复到 0.63,新常态后的 2014 年、2015 年所得税收入弹性分别达到了 1.1 和 1.58。可以看出在 2013 年后,所得税收入弹性在快速上升。

　　江苏省所得税收入弹性在 2012 年和 2013 年都小于 1,说明所得税增长缺乏弹性,说明所得税的增长速度慢于 GDP 的增长速度,或者说低于经济增长速度。2014 年和 2015 年江苏省所得税收入弹性都超过了 1,说明所得税增长富有弹性,说明所得税的增长速度快于 GDP 的增长速度,或者说高于经济增长速度。

　　江苏省在经济新常态下,经济增速进入"中高速"阶段后,江苏省产业结构的升级和优化会带来产品附加值和企业利润的提高,而江苏省劳动力成本的逐步上升也会使国民收入分配格局向居民倾斜,这两方面的变化为江苏省所得税的增长提供了良好的基础。

　　所得税收入弹性由很多因素决定,既有总量上的原因,又有结构上的原因;既有内部的原因,也有外部的原因;既有正常因素,也有暂时的非正常因素。随着经济逐步进入新常态,

　　①　赵硕刚. 我国税收"新常态"的特点、问题及对策[J]. 税务研究,2014,12(358):9-13。

江苏省所得税征收将会面临新的挑战和机遇,因此,在这种情况下,江苏省所得税收入弹性出现快速上升的现象,既是一种机遇,同时也是一种挑战。

当然,所得税收入如果长期出现高弹性的增长,的确会对经济的发展产生不利的影响,较高的所得税收入弹性,说明企业和居民的宏观税负率较高,如果长期维持这种宏观税负率较高的情况,将会不利于企业的发展和居民生活水平的提高,其后果很可能造成经济与税收之间的恶性循环。

3. 边际税负

从国家宏观税负的角度理解,边际税负是指国家在一定期间的税收增加总额,与同期实现的国家 GDP 增加总额的百分比,是衡量税收负担的重要方法,同时也是计算税收痛苦指数的重要指标。边际税负反映的是最后一单位税基所承担的税收数额。那么江苏省所得税边际税负,是指一定期间内江苏省所得税的增加额,与同期江苏省 GDP 增加额的百分比。详见图 6-11:

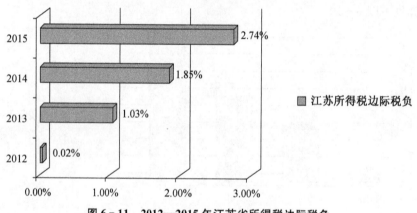

图 6-11　2012—2015 年江苏省所得税边际税负

如上图所示,江苏省所得税边际税负在 2012—2015 年间呈现出逐渐上升的趋势,所得税边际税负表示 GDP 每变化一个单位,所得税变化的单位量。可以看出,2012 年江苏省所得税边际税负为 0.02%,表示江苏省 GDP 每增加 1 元,江苏省所得税就增加 0.000 2 元。在 2015 年江苏省所得税边际税负为 2.74%,表示江苏省 GDP 每增加 1 元,江苏省所得税就增加 0.027 4 元。江苏省所得税边际税负在四年间变化得十分明显,从 0.02% 到 2.74%,增长了大约 137 倍。这在一定层面上说明了江苏省所得税的快速增长,其增长速度超过了GDP 的增长速度,但是所得税边际税负仍然偏低,说明所得税仍然有很大的增长空间。

五、结论与政策建议

经济新常态下,经济增速进入"中高速"阶段后,产业结构的升级和优化会带来产品附加值和企业利润的提高,而劳动力成本的逐步上升也会使国民收入分配格局向居民倾斜,这两方面的变化为所得税的增长提供了良好的基础。同时根据上述的分析数据也印证这种观点,尽管江苏省经济在 2014 年后进入新常态,经济增速出现下滑,但是所得税增速在 2014 年后不降反增,这其中的原因,不单单所得税收入的自然增长,产业结构的优化升级业,企业利润的提高,第三产业的快速发展,以及江苏省居民可支配收入的进一步提高都是其中非常重要的因素。

2012 年,江苏省企业所得税对江苏省税收收入增长贡献率仅为 2.24％,但随后几年贡献率逐年上升,2013—2015 年间,企业所得税对江苏省税收收入增长的贡献率分别为 2.79％、9.78％、15.98％,尤其是 2014 年新常态以后,企业所得税的贡献率逐年较大幅度上升。2012 年个人所得税收入受个税改革的影响,对江苏省税收收入增长的贡献率为 -2.05％,但是 2013 年回复至 6.38％,2014 年升至 7.07％,并在 2015 年贡献率达到了 9.03％。企业所得税和个人所得税合计对江苏省税收收入的贡献率 2013 年仅为 9.17％,2014 年则为 16.85％,2015 年贡献率达到了 25.01％。

通过上述分析,可以对经济新常态下江苏省所得税税收收入的未来增长做出判断,一方面,随着产业结构升级和国民收入分配格局的改善,企业所得税和个人所得税对税收收入的贡献将不断上升。另一方面,"营改增"的全面推进以及增值税全面转型改革会进一步扩大减税规模,而其他促进结构调整的减税措施,如对小微企业、高新技术企业和研发投入的税收优惠以及增值税税率减并等税制改革,累计起来也会形成相当规模的减税,再加上房地产行业的起伏不定,与其相关的财产税波动也很大。在上述两个因素的共同作用下,江苏省所得税所占江苏省税收的比重将会进一步上升,对江苏省税收收入的增长贡献率也会越来越多。而且所得税将会成为新常态下江苏省税收的主要增长点[①]。

江苏省在向"新常态"转换的过程中,由于当前所得税制安排还不能完全与经济结构转型升级的要求相适应,2014 年以来江苏省所得税乃至我国所得税的一些问题也进一步凸显,从而不利于发挥税收在促进需求结构、要素投入结构优化等方面的积极作用。

(一) 新常态下所得税存在的主要问题及对策

1. 新常态下企业所得税存在的问题

(1) 政策方面存在的问题

① 目前企业所得税税收政策就政策本身而言还存在一些问题。首先,有些政策的制定脱离了企业自身的组织结构和业务特点。随着经济新常态的到来,我国为了实现企业的稳定有效的增长,出台了一系列的税收优惠政策。如企业的上市和发行债券以及银行向企业提供大额的贷款,这些政策从理论上而言可行性比较强,但是企业承担的风险太大不具有可操作性。不能从根本上解决许多企业目前所面临的资金匮乏的难题。其次,我国的税收政策稳定性不够。颁布的税收政策比较多,导致了利润率变化无常。政策不具备宏观的调控性,使得企业无法根据政策进行目的性很强的投资。此外,税种设置的不合理性,也给企业带来了比较大的税收压力。

② 现行的纳税体系还存在一些问题。按照《中华人民共和国企业所得税法》的规定,根据企业的销售量大小来界定纳税者的身份。对于中小企业而言,应该属于小规模纳税人。由于中小企业必须向税务机关申请增值税的发票,没有独立使用增值税发票的权利。这种规定造成了中小企业生产成本的偏高,严重影响了产品的价格。此外,小规模企业不能够抵扣进项税额,严重影响了采购者的利益,导致了企业的销售量偏低。

(2) 管理方面存在的问题

---

① 蒋震. 关于经济新常态下税制改革的思考[J]. 税收经济研究,2016,2(96):33-36.

① 企业财务信息的公开性不足,严重影响了所得税的征收。企业所得税的征收,涉及面比较广,主要包括企业生产的各个环节和企业财务的核算。我国目前对企业所得税缺乏有效的监管体系。信息的不对称性,导致了税务监管机构无法正确和充分地掌握企业的纳税能力。许多企业为了牟取更多的利益,存在严重的逃税和偷税现象。

② 税务管理的监控体系不完善,主要表现在税务部门与其他部门的合作交流比较少。企业所得税涉及面比较广,它需要了解企业的生产经营状况,企业的利润,税款缴纳和企业税后利润的分配等。这些信息的来源需要工商部门,房地产管理部门,地税局,审计部门以及银行等机构相互配合。目前而言,这些机构之间的信息共享比较差,造成了数据源的严重匮乏。江苏省纳税评价管理体系的不完善,无法及时地察觉企业存在的问题和管理中的漏洞①。

2. 解决企业所得税问题的政策建议

(1) 降低中小企业的所得税,扩大企业的融资渠道。引导中小企业转型,改变以往的劳动密集型产业。完善民间投资政策与制度,积极发挥民间投资的优势,拉动国内需求。

(2) 加强企业信息的共享,尽可能地实现信息的对称性。税务机关可以根据企业的财务报表,增值税的缴纳,获取企业的经营状况和利润分配情况。此外也可以通过劳动局,工商等部门的交流合作,获取企业更全面的信息。合理地利用和分析企业所提供的数据以及从其他部门获取的数据,实现税务管理的深层次和有效性。

(3) 完善企业所得税的监管体系,有效地杜绝偷税现象,实现国家利润的最大化。要加强对银行、供电公司、海关等第三方信息的利用,确保第三方信息的真实可靠。利用好社会中介,充分发挥监管作用。对于中介机构要进行严格的责任落实制度,对于违法乱纪的行为要进行制裁。通过中介保证了会计核算信息的真实性,可以有效地避免了企业私下转移利润的情况。强化各部门的职责落实情况,加强对企业各个生产环节和企业高新技术的深入研究。由于掌握企业的经营状况,可以根据企业的利润细化考核指标,有利于发挥对企业的监督职能②。

(二) 新常态下个人所得税存在的主要问题及对策

1. 新常态下个人所得税存在的主要问题

(1) 分类个人所得税制度中税收内容出现不公平性

个人所得税所遵循的基本原则之一就是公平性原则。这项原则主要是指纳税人收入要与征税额度相适应,保持一个基本持平的状态,同时还要各个纳税人间的赋税水平均等。我国现行的个人所得税制度是一种分类个人所得税制,即对纳税人的各项收入进行分类,采取"分别征收、各个清缴"的征管方式,收入被分为工薪所得、稿酬所得、劳务所得、财产租赁所得、股息红利所得、财产转让所得等种类。然而,很多高收入群体并不依靠工薪所得,往往能逃脱个税的征管,因此个税在某种程度上演变成"工薪税"。

(2) 个人所得税中的免征税额所采用标准存在一定的不合理和不科学性

免征税额是对征税对象进行的一种免除征税的额度,从标准中扣除一部分,这种手段实

---

① 李倩. 我国企业所得税管理存在的问题与对策分析[J]. 企业技术开发. 2016,5(11):31 - 34.
② 胡君. 浅析新下常态企业所得税存在的问题及对策[J]. 财务与管理. 2015,8(21):19 - 20.

施的目的主要就是帮助低收入人群免于征税缩小贫富差距。但是这种制度中也存在一定不合理和不科学的问题。

① 扣除内容过于单一,没有结合纳税人的实际情况做具体分析和处理。当前我国的个人所得税实行的是收入减去一定固定标准作为主要的计算方法,这种方法中的一项疏漏就是没有考虑到纳税人的子女抚养费用、赡养费、教育费用和医疗费用等一些不可避免的费用开支。所以在现实生活中,这些不小的开支也应该考虑到免征税里面。

② 地区间的收入和物价方面的差异。以江苏省为例,江苏省地域空间和经济发展水平存在一定的不协调,有些地区物价高、收入高,而有些地区的物价较低同时收入也偏低,免征税额也应该考虑到这方面的问题。

(3) 个人所得税的税率一般较高,且级距的范围过小

我国现阶段的工资薪金所得适用七级超额累进税率,边际税率高达45%,但是在高税率一档中几乎没有适用的纳税人员,过高的税率就存在更多的逃税漏税风险,并且给征收工作带来一定的困难。

(4) 在征管方面存在一定的困难,调节收入的管理能力相对较低

我国经济发展的同时,人民的收入也会不断地提高。我国的个人所得税征收采用来源控制,由单位代扣代缴,这种方法只针对工薪阶层,但是其他收入却不能进行有效控制,而且也没有可靠的方法改善现状[1]。

2. 解决江苏省个人所得税的政策建议

(1) 从空间上完善免征额的设定

由于我国各地区差异很大,更应该采取免征额差异化的办法可先对各省区及其城镇和乡村做出划分,根据当地的经济发展情况分别制定免征额。具体免征额的制定可以参照当地的最低生活水平线最终细化到以家庭为单位,考虑每个家庭、每个人的实际费用支出情况,充分发挥费用扣除的公平性。并且使国家对个税的征收更加合理,不会影响居民的基本生活,真正为低收入人群谋实惠,扩大低收入人群的消费水平,为我国的消费需求提供新的增长点。

(2) 从时间上加强个税与物价变动的联系实现税收指数化

在我国要实现税收指数化需要一个漫长的研究论证过程,我国可借鉴国外的先进经验,加强个税与物价的勾稽关系,结合我国的实际情况逐步推进税收指数化。尤其是在通货膨胀时期,应上调免征额,抵消一部分通胀带来的收入效应。另外,调高每个级次的纳税级距,防止因通胀形成的名义收入水平提高而把居民的个税推向更高的纳税档次,增加纳税人的负担,降低实际消费水平。在通胀时期还可通过对低收入人群的直接免税、税收返还、税收补贴来保障其基本生活水平。这些措施对在通胀时期应对物价上涨的压力具有重大意义,有利于保证居民实际的消费能力。

(3) 将过高的税率调低,简化等级,降低一定的边际税率

我国实行分类综合所得税制度后,应该消除税率的过度累进,将过高的税率调低,简化

---

① 窦清红."新常态下的收入分配调节与个人所得税改革学术研讨会"综述[J].税务研究.2016,2(373):127-129.

等级,降低一定的边际税率,下降调制百分之三十,进一步提高征收效率降低成本,而且降低边际税率和减少级次能够提高消费水平。

(4) 加强信息化建设,推动个人所得税综合征收改革

综合征收与分类征收相对应的是指不分收入来源渠道综合计算征收个税的制度,在世界范围内超过80%的国家地区采取了综合税制,可见综合税制应成为我国税改的一大趋势。我国要对税收实现高度的综合征收,对纳税人的信息整合将成为一大难题。因而在全国范围内搭建起信息平台,各省市、自治区再到下属的县、乡、村都应对纳税人的信息做好统计并实现信息共享。搭建个税综合数据库需要各个部门的协调、配合,极力避免各部门之间存在的信息孤岛现象。

从个税改革方向上,我国应结合居民收入特点和税收征收管理实际,充分研究和借鉴其他国家个人所得税制度,积极稳妥地推进个人所得税改革,从分类征收转变为综合征收,加强成员综合、收入综合和基本生活用的综合,由此逐步建立起综合为主、分类为辅,综合与分类相结合的个人所得税制。

同时也要兼顾改革的需要与现实的困境,最优选择是加快实行分类与综合相结合的税制模式。首先,保留了分类制的源泉扣缴的优点。但是,在新的税制模式下,源泉扣缴的依据将不再是各类所得的应纳税款,而是根据预征率预缴税款。其次,在预缴税款的基础上,到了年末,再进行纳税申报,综合调整税款,多退少补。在新的模式下,预征率的确定是一个非常重要的问题,过低将会降低纳税人年底如实申报收入的积极性,过高则会增大税务机关退税的工作量。

第七章 新常态下江苏省商品税研究

一、商品税概述

商品税,是对商品流转额和非商品流转额(提供个人和企业消费的商品和劳务)课征的税种的统称,也称流转税。商品流转额是指在商品生产和经营过程中,由于销售或购进商品而发生的货币金额,即商品销售收入额或购进商品支付的金额。非商品流转额是指非商品生产经营的各种劳务而发生的货币金额,即提供劳务取得的营业服务收入额或取得劳务支付的货币金额。

古今中外,商品税在各国税收中占有十分重要的地位,并且曾经是或正是许多国家的主要税收来源。

同其他税种相比,商品税具有以下几个特点:

1. 商品税收入的稳定性

与所得税相比,商品税的税收收入较为稳定。这是因为,商品税只要是市场交易行为就要课税,而不受或较少受生产经营成本的影响;但所得税只有在市场交易行为发生以后有净收入才能课税,一旦亏损,就不用纳税。因此,从政府角度来看,商品税及时保证财政收入的稳定。这也是为什么许多发展中国家包括中国主体税种为商品税的主要原因。

2. 课税对象的灵活性

商品税的课税对象是商品和非商品的流转额,因此,在计提税制设计时,可以选择所有商品和服务进行征税,也可以选择部分商品和服务进行征税;可以选择商品流通的所有环节进行征税,也可以选择其中某一个或几个环节进行征税;可以选择商品或劳务流转总额进行征税,也可以选择课税对象的增值额进行征税,等等。这种灵活性,有利于国家或政府通过商品税对经济进行有效调剂。

3. 税收征收的隐蔽性

商品税属于间接税。由于税负转嫁的存在,商品税的纳税人经常与负税人分离。因此,其税负的承担者往往并不能直接感受自己是税收的实际缴纳者,而纳税人只不过是整个税收活动的中介者而已。同时,负税人对于税负增减的感受程度,也相对弱于所得税的负税人。增加商品税所受到的反对程度相对较少。

4. 税收负担的累退性

商品税一般具有累退性质,较难体现税收的公平原则。商品税一般按比例税率征收因此负税人的税负随消费的增加而下降。这样,随着个人收入的提高,相应的税负就会下降。因此,商品税征收的结果是穷人用自己较大份额的收入承担了这类税收的负担,而富人只用了其收入的较少份额。从这个意义上说,穷人的税收负担率更高。因而,当社会对公平问题予以较多关注时,必须降低此类税收在税制结构中的地位。

5. 税收征管的相对简便性

商品税主要对有生产经营的企业课征,相对于个人征税而言,由于企业规模比较大,税源集中,征收管理比较方便。商品税的计算相对于所得税来说,较为简单方便。

二、江苏省商品税概述

(一) 江苏省增值税

增值税作为江苏的三大主体税种之一,"营改增"之后,更会成为江苏省最大的税种,在江苏的税收收入中将会占有更大的比重,对推动江苏税收收入的稳定增长起着十分重要的作用。同时江苏综合经济实力在中国一直处于前列,无论是工业规模还是第三产业的发展水平都在全国领先,再加上江苏拥有比较完善的税收征管体系,使得江苏省增值税的收入规模相比于其他省市都更加庞大。

江苏省增值税的征收与管理执行《中华人民共和国增值税暂行条例》。江苏增值税的征税对象包括销售货物,提供加工,修理修配劳务以及进口货物的单位和个人。

根据《江苏省统计年鉴》(2010—2016)的数据分析:第一,2011—2015 年间,江苏增值税总体呈现上升趋势,从 2010 年的 562.6 亿元增长到 2015 年的 1 046.92 亿元,累计增加额 484.32 亿元;第二,虽然增值税逐年递增,但江苏税收收入的增速要快于增值税的增速,因此增值税占比呈现出下降的趋势。2010—2015 年间,增值税收入占全省税收收入的比例在 14.82%—16.98% 浮动。

以上分析表明,江苏省增值税税收征管势头良好,推动了江苏增税的增长。

(二) 江苏省营业税

营业税作为江苏省最大的税种之一,在江苏的税收收入中将会占有更大的比重,对推动江苏税收收入的稳定增长起着十分重要的作用。同时江苏综合经济实力在中国一直处于前列,无论是服务业发展还是其他行业都在全国领先,再加上江苏拥有比较完善的税收征管体系,使得江苏省营业税收入规模相比于其他省市都更加庞大。

江苏省营业税的征收与管理依照《中华人民共和国税收征收管理法》及本条例有关规定执行。江苏营业税的征税对象中华人民共和国境内提供的应税劳务、转让无形资产、销售不动产的单位和个人。

根据《江苏省统计年鉴》(2010—2016)的数据分析:第一,2011—2015 年间,江苏营业税总体呈现上升趋势,从 2010 年的 1 046.92 亿元增长到 2015 年的 2 442.82 亿元,累计增加额 1 395.9 亿元;第二,虽然营业税逐年递增,江苏税收收入的增速要慢于营业税的增速,因此营业税占比呈现出上升的趋势。2010—2015 年间,营业税收入占全省税收收入的比例在 30.91%—36.96% 浮动。

以上分析表明,江苏省增值税税收征管势头良好,推动了江苏增值税的增长。

三、新常态下江苏省商品税的基本情况

(一) 江苏省增值税收入的基本情况

1. 江苏省增值税收入的总体情况

增值税是以商品(含应税劳务和应税服务)在流转过程中产生的增值额作为征税对象而

征收的一种流转税。按照我国增值税法的规定,增值税是对在我国境内销售货物或者提供加工,修理修配劳务,交通运输业,邮政业,电信业,部分现代服务业服务,以及进口货物的企业单位和个人,就其销售货物,提供应税劳务,提供应税服务的增值额和货物进口金额为计税依据而课征的一种流转税。

表 7 - 1　2010—2015 年江苏省增值税收入与税收总收入情况　　　　单位:亿元

年份	江苏省增值税	江苏税收收入	增值税增幅	比例
2010	562.6	3 312.61	—	16.98%
2011	650.8	4 124.62	15.67%	15.78%
2012	708.75	4 782.59	8.90%	14.82%
2013	859.26	5 419.49	21.24%	15.85%
2014	987.64	6 006.65	14.94%	16.44%
2015	1 046.92	6 610.12	6.01%	15.84%
总计	3 875.97	30 256.08	—	—

根据江苏省 2010—2015 年统计年鉴的统计数据,我们可以看出(见表 7 - 1),江苏 2010—2015 年增值税总收入为 3 875.97 亿元,其中 2015 年的增值税额为近五年来最高,达到 1046.92 亿元。占江苏省税收收入比重达到了 15.84%,相比 2014 年下降了 0.6%。

从增长率上看,增值税收入的增幅从整体上呈波动趋势:2011—2012 年增幅下降,增值税增幅在 2012 年只有 8.90%,2013 年增值税增幅迅速提高,相比于 2012 年,2013 年增值税增幅达到了 21.24%,增加了 12.34%,2013—2015 年后增值税增幅出现下降趋势,且下降幅度较大,到 2015 年,增幅更是只有 6.01%,较 2013 年下降了 15.23%。同时 2010—2015 年江苏省增值税收入占江苏省税收总收入的比重稳定保持在 15% 左右,增幅保持稳定,为江苏省的财政提供了保障。

以 2015 年江苏省增值税的收入作比较,2015 年江苏省增值税总收入为 1 046.92 亿元,较 2014 年多征收 59.28 亿元,增幅为 6.01%,同比下降 8.93%;占江苏省税收总收入的 15.84%,同比下降 0.6%。

分行业看,绝大多数行业增值收入实现正增长。2010—2015 年江苏省增值税增长起伏的主要原因:一是规模以上工业总产值逐渐下降,2010—2012 年江苏省规模以上工业总产值增幅不断下降,2011 年和 2012 年增幅分别为 11.93%、11.51%,2012 年规模以上工业总产值小幅上升,相比 2012 年增加 0.15 个百分点,2014 年规模以上工业总产值增幅出现大幅度下降,相比 2013 年下降 5.02 个百分点,2015 年规模以上工业总产值相比 2014 年下降 1.88 个百分点。二是江苏省批发零售业总额呈现起伏的趋势,2010 年到 2013 年江苏省批发零售业销售额增幅不断减小,增幅以此为 18.37%,16.49%,15.67%,10.61%,从数据可以看出增幅在不断减小,2013 年较 2012 年降幅较大,相比同期下降 5.06 个百分点,2014 年江苏省批发零售业增幅明显,达到 16.68%,较 2013 年上升 6.07 个百分点,2015 年批发零售业增幅下降明显,达到 10.29%,较 2014 年下降 6.39 个百分点。三是工业品出厂价格不断减小,出现下降的趋势:2010—2015年间工业品出厂价格有四年是下降的,业品出厂价格下降使得增值税税基减小,2015年相比2010年下降11.18个百分点,工业品出厂价格的减小对江苏省增值税的收入产生一定的影响。

2.新常态下江苏省13个地级市增值税征收情况

(1)南京市

表7-2　2010—2015年南京市增值税收入　　　　　　单位:亿元

年份	增值税收入	增幅	南京市税收收入	占比
2010	71.15	13.94%	518.80	13.71%
2011	82.11	15.40%	635.00	12.93%
2012	91.19	11.06%	731.01	12.47%
2013	126.00	38.17%	831.31	15.16%
2014	152.56	21.08%	903.49	16.89%
2015	159.83	4.76%	1020.03	15.67%
总额	692.83	—	4639.64	—

南京市2010—2015年增值税总收入为682.83亿元,其中2015年的增值税额为近六年来最高,达到159.82亿元,占南京市税收收入比重达到了15.67%,为近六年最高。

从增长率上看,增值税收入的增幅从整体上呈波动趋势:2013年增幅达到38.17%,相比2012年上升了27.11%,为近六年最高,相应占南京市税收比例达到了15.16%,但是到了2014年,增值税增幅突然下降,增长幅度只有21.08%,相比2012年下降了17.09%,同时,但2014年南京市增值税收入占南京市税收比例有所下降,相比2013年上升了1.73%。

从南京市增值税收入占南京市税收收入的占比来看,2010—2012年南京市增值税收入占南京市税收收入的比重在不断下降,但下降幅度较小,2013年到2014年南京市增值税收入占南京市税收收入的比重开始上升,2013年较2012年上升了2.69%,2014年较2013年上升了1.73%。

以2015年南京市增值税的收入作为比较,2015年南京市增值税收入为159.82亿元,占南京市税收总收入的4.76%。同比下降16.32%,相比2014年多征收7.26亿元,同时4.76%的增幅也是自2010年以来最低的年份。虽然各年份南京市增值税收入占南京市税收收入的比重变化趋势不一,但总体上,每年占比都保持在10%以上,说明南京市增值税收入为南京市地方财政的收入提供了一定的保障。

分行业看,绝大多数行业增值税的收入实现正增长。2010—2015年南京市增值税增长起伏的主要原因:一是规模以上工业总产值逐渐下降,2011—2015年南京市规模以上工业总产值增幅不断下降,2011年南京市规模以上工业总产值增幅为20.27%,2012年较上年增幅下降较大,增幅为10.46%,同比下降9.81个百分点,2013年到2015年南京市规模以上工业总产值增幅依次为:9.84%、5.07%、—2.23%,可见南京市规模以上总产值的下降影响了南京市增值税的收入。二是南京市批发零售业总额呈现起伏的趋势,2011—2013年南京市批发零售业销售额增幅不断减小,增幅以此为 31.13％,9.99％,－2.25％,其中 2013 年批发零售业销售额出现了负增长,从数据可以看出增幅在不断减小,2014 年增幅有所上升,同比上年上升 8.3 个百分点。三是商品零售价格指数不断减小;2010—2014 年间商品零售价格指数分别为 103.5、104.2、101.4、101.2、102,除 2014 年商品零售价格指数略有上升外,其余年份都呈下降趋势。商品零售价格指数下降使得增值税税基减小,2014 年相比 2010 年下降 1.5,商品零售价格指数的减小对于南京市增值税收入产生一定的影响。

（2）苏州市

表 7－3　2010—2015 年苏州市增值税收入　　　　　单位:亿元

年份	增值税收入	增幅	苏州市税收收入	占比
2010	160.16	11.45％	900.55	17.78％
2011	181.53	13.34％	929.39	19.53％
2012	208.92	15.09％	1 023.88	20.40％
2013	252.92	21.06％	1 138.33	22.22％
2014	286.21	11.58％	1 244.37	23.00％
2015	306.78	7.18％	1 338.61	22.92％
总额	1 396.52	—	6 575.13	—

苏州市 2010—2015 年增值税总收入为 1 396.52 亿元,其中 2015 年的增值税额为近五年来最高,达到 306.78 亿元,占苏州市税收收入比重达到了 15.67％。

从增长率上看,增值税收入的增幅从整体上呈现先上升后下降的趋势。2010 年到 2013 年增值税增幅不断增加,2013 年增幅达到 21.06％,相比 2012 年上升了 5.97 个百分点,2014 年,增值税增幅突然下降,增长幅度只有 11.58％,相比 2013 年下降了 9.48 个百分点。

从苏州市增值税收入占苏州市税收收入的占比来看,2010 年到 2014 年苏州市增值税收入占苏州市税收收入的比重在不断上升,2014 年占比达到了 23.00％,2014 年苏州市增值税收入占苏州市税收收入的比重下降,但下降幅度较小,2014 年相较 2013 年下降了 0.08 个百分点。

以 2015 年苏州市的增值税收入为参照,2015 年苏州市增值税收入为 306.78 亿元,占苏州市税收总收入的 22.92％。同比下降 0.08 个百分点,相比 2014 年多征收 20.57 亿元,同时 7.18％的增幅也是自 2010 年以来最低的年份。虽然各年份苏州市增值税收入占苏州市税收收入的比重变化趋势不一,但总体上,每年的占比都保持在 10％以上,说明苏州市增值税收入为苏州市地方财政的收入提供了一定的保障。

分行业看,绝大多数行业增值税的收入实现正增长。2010—2015 年苏州市增值税增长起伏的主要原因:一是规模以上工业总产值增长起伏不定,2011 年苏州市规模以上工业总产值增幅为 11.69％,2012 年较上年降幅较大,增幅为 3.48％,同比下降 9.21 个百分点,2013 年苏州市规模以上工业总产值有了小幅度上升,增幅为 5.33％,同比去年增加 1.85 个百分点,2014 年苏州市规模以上工业总产值出现了增长缓慢,降幅同比上年下降了 5.18 个百分点,下降幅度较大。可见苏州市规模以上总产值的下降影响了苏州市增值税的收入。二是苏州市批发零售业总额呈现起伏的趋势,2011 年苏州市批发零售业增幅为 22.38%,2012 年苏州市批发零售业销售额出现了负增长,为一0.49%,2013 年批发零售业销售额增长迅速,增幅达到了 31.21%,2014 年苏州市批发零售业总额又出现了负增长,同比上年下降 39.36 个百分点。三是商品零售价格指数不断增高:2010—2014 年间商品零售价格指数较上年分别增加了 3.1%、4.7%、1.9%、1.2%、1.7%。商品零售价格指数上升使得增值税税基增大,虽然每年的增长比例变化幅度较大,但增值税税基的扩大对于苏州市增值税的收入产生一定正的影响。

(3) 无锡市

无锡市 2010—2015 年增值税总收入为 720.01 亿元,其中 2015 年的增值税额为近六年来最高,达到 152.04 亿元,占无锡市税收收入比重达到了 22.75%。

表 7-4　2010—2015 年无锡市增值税收入　　　　单位:亿元

年份	增值税收入	增幅	无锡市税收收入	占比
2010	92.92	8.47%	440.86	21.08%
2011	102.60	10.42%	513.96	19.96%
2012	107.47	4.75%	540.01	19.90%
2013	123.87	15.26%	579.11	21.39%
2014	141.11	13.92%	620.34	22.74%
2015	152.04	7.75%	668.18	22.75%
总额	720.01	—	3362.46	—

从增长率上看,增值税收入的增幅从整体上呈现波动趋势。2010—2011 年增值税增幅不断增加,2011 年增幅达到 10.42%,相比 2010 年上升了 1.95 个百分点,2012 年,增值税增幅突然下降,增长幅度只有 4.75%,相比 2011 年下降了 5.67 个百分点。2013 年增值税增幅又突然上升,相比 2012 年上升了 10.51 个百分点,达到了 15.26%,2013—2015 年,增值税增幅开始下降,到 2015 年,增幅只有 7.75%,相比同期减少了 6.17 个百分点。

从无锡市增值税收入占无锡市税收收入的占比来看,2010—2012 年无锡市增值税收入占无锡市税收收入的比重在不断下降,但下降幅度较小,2012 年占比达到了 19.90%,2012—2015 年无锡市增值税收入占无锡市税收收入的比重不断上升,2015 年占比达到了 22.75%,相比同期增加了 0.01 个百分点。

与 2015 年无锡市增值税收入相比较,2015 年无锡市增值税收入为 152.04 亿元,占无锡市税收总收入的 22.75%。相比 2014 年多征收 8.93 亿元,同时 7.75% 的增幅也是自 2013 年以来最低的年份。

分行业看,绝大多数行业增值税的收入实现正增长。2010 年到 2015 年无锡市增值税增长起伏的主要原因:一是规模以上工业总产值增幅起伏不定,2011 年无锡市规模以上工业总产值增幅为 12.31%,2012 年无锡市规模以上工业总产值出现了负增长,降幅为 0.83%,同比上年下降了 13.14 个百分点,2012 年较上年有小幅度上升,增幅为 2.97%,同比上升 3.8 个百分点,2014 年无锡市规模以上工业总产值出现了负增长,降幅为 3.03 个百分点,下降幅度较大,同比 2013 年下降了 6 个百分点。可见无锡市规模以上总产值的下降影响了无锡市增值税的收入。二是无锡市批发零售业总额呈现起伏的趋势,2011 年无锡市批发零售业增幅为 16.59%,2012 年无锡市批发零售业销售额出现了负增长,为 1.95%,2013 年批发零售业销售额增长迅速,增幅达到了 28.76%,2014 年无锡市批发零售业总额又出现了负增长,同比上年下降 32.76 个百分点。三是商品零售价格指数不断增高:2010—2014 年商品零售价格指数较上年分别增加了 2.5%、4.1%、1.8%、1.7%、1.5%。商品零售价格指数上升使得增值税税基增大,虽然每年的增长比例在不断减小,但增值税税基的扩大对于无锡市增值税的收入产生一定正的影响。

（4）镇江市

镇江市 2010—2015 年增值税总收入为 164.59 亿元,其中 2015 年的增值税额为近六年来最高,达到 34.45 亿元,占镇江市税收收入比重达到了 14.06%。

表 7-5 2010—2015 年镇江市增值税收入

单位:亿元

年份	增值税收入	增幅	镇江市税收收入	占比
2010	20.84	12.41%	110.87	18.47%
2011	23.76	14.01%	145.82	16.29%
2012	23.35	−1.73%	174.42	13.39%
2013	29.78	27.54%	208.65	14.27%
2014	32.41	8.83%	228.82	14.16%
2015	34.45	6.29%	245.40	14.04%
总额	164.59	—	1 113.98	—

从增长率上看,增值税收入的增幅从整体上呈现波动趋势。2010—2011 年增值税增幅不断增加,2011 年增幅达到 14.01%,相比 2010 年上升了 1.60 个百分点,2012 年增值税增幅突然下降,增长幅度只有 −1.73%,增值税收入出现了负增长。2013 年增值税增幅又突然上升,达到了 27.54%,相比 2012 年上升了 29.27 个百分点,2013 年到 2015 年,增值税增幅开始下降,2014 年,增幅只有 8.83%,相比同期减少了 18.71 个百分点。

从镇江市增值税收入占镇江市税收收入的占比来看,2010—2012 年镇江市增值税收入占镇江市税收收入的比重在不断下降,2012 年占比达到了 13.39%,同比下降 1.9 个百分点。2013—2015 年镇江市增值税收入占镇江市税收收入的比重保持稳定,占比稳定在 14% 左右。

以 2015 镇江市增值税收入作为比较,2015 年镇江市增值税收入为 34.45 亿元,占镇江市税收总收入的 14.04%。相比 2014 年多征收 2.04 亿元,同时 6.29% 的增幅也是自 2010 年以来最低的年份（2012 年除外）。

分行业看,绝大多数行业增值税收入实现正增长。2010—2015 年镇江市增值税增长起伏的主要原因:一是规模以上工业总产值增幅呈现下降趋势,2011 年镇江市规模以上工业总产值增幅为 24.28%,2012 年镇江市规模以上工业总产值增幅为 17.24%,同比上年下降了 7.04 个百分点,2013 年较上年有小幅度上升,增幅为 17.58%,同比上升 0.34 个百分点,2014 年镇江市规模以上工业总产值增幅下降,增幅为 12.62%,同比 2013 年下降了 4.96 个百分点。可见镇江市规模以上总产值增幅的下降影响了镇江市增值税的收入。二是镇江市批发零售业总额呈现起伏的趋势,2011 年镇江市批发零售业增幅为 47.34%,2012 年无锡市批发零售业销售额增幅下降巨大,增幅为 4.30%,同比上年下降 43.04 个百分点,2013 年批发零售业销售额增长迅速,增幅达到了 26.05%,同比上年增长 21.75 个百分点,2014 年批发零售业销售额增幅继续增长,同比上年增长 29.19 个百分点,增幅达到了 55.24%。三是商品零售价格指数不断增高:2010—2014 年商品零售价格指数较上年分别增加了 2.9%、4.1%、2.1%、1.3%、1.2%。商品零售价格指数上升使得增值税税基增大,虽然每年的增长比例在不断减小,但增值税税基的扩大对于镇江市增值税的收入产生一定正的影响。

(5) 常州市

镇江市 2010—2015 年增值税总收入为 338.19 亿元,其中 2015 年的增值税额为近六年来最高,达到 70.8 亿元,占常州市税收收入比重达到了 18.95%。

从增长率上看,增值税收入的增幅从整体上呈现波动趋势。2010—2011 年增值税增幅不断增加,2011 年增幅达到 21.52%,相比 2010 年上升了 14.93 个百分点,2012 年,增值税增幅突然下降,增长幅度只有 6.19%,相比 2011 年下降了 15.39 个百分点。2013 年增值税增幅又突然上升,达到了 17.76%,相比 2012 年上升了 11.57 个百分点,2013—2015 年,增值税增幅开始下降,2014 年,增幅只有 9.62%,相比同期减少了 8.14 个百分点。

表 7-6　2010—2015 年常州市增值税收入　　　　　　单位:亿元

年份	增值税收入	增幅	常州市税收收入	占比
2010	39.96	6.59%	237.74	16.81%
2011	48.56	21.52%	280.83	17.29%
2012	51.57	6.19%	303.89	16.97%
2013	60.73	17.76%	327.18	18.56%
2014	66.57	9.62%	348.38	19.11%
2015	70.8	6.35%	373.70	18.95%
总额	338.19	—	1 818.72	—

从常州市增值税收入占常州市税收收入的占比来看,2010—2011 年常州市增值税收入占常州市税收收入的比重在增加,2011 年占比达到了 17.29%,同比上升 0.48 个百分点,2012 年占比出现小幅下降,降幅较去年同期下降了 0.32 个百分点,达到了 16.97%,2013—2014 年常州市增值税收入占常州市税收收入的比重开始上升,2013 年占比达到 18.56%,较 2012 年上升了 0.59 个百分点,2014 年占比达到了 19.11%。2010—2015 年常州市增值税收入占常州市税收收入的比重保持稳定,占比都保持在 15% 以上。

以 2015 的常州市增值税收入为参照,2015 年常州市增值税收入为 70.8 亿元,占常州市税收总收入的 18.95%。相比 2014 年多征收 4.23 亿元,同时 6.35% 的增幅也是自 2010 年以来最低的年份(2012 年除外)。

分行业看,绝大多数行业增值税的收入实现了正增长。2010 年到 2015 年常州市增值税增长起伏的主要原因:一是规模以上工业总产值增幅呈现波动趋势,2011 年常州市规模以上工业总产值增幅为 11.83％,2012 年常州市规模以上工业总产值增幅为 8.46％,同比上年下降了 3.37 个百分点,2013 年较上年有小幅度上升,增幅为 12.46％,同比上升 3.78 个百分点,2014 年常州市规模以上工业总产值增幅下降,增幅为 9.63％,同比 2013 年下降了 2.61 个百分点。可见常州市规模以上总产值增幅的下降影响了常州市增值税的收入。二是常州市批发零售业总额呈现起伏的趋势,2011 年常州市批发零售业增幅为 16.59％,2012 年常州市批发零售业销售额增幅出现小幅下降,增幅为 14.06％,同比上年下降 2.53 个百分点,2013 年批发零售业销售额继续下降,增幅达到了 12.84％,同比上年下降 1.22 个百分点,2014 年批发零售业销售额增幅开始增长,同比上年增长 0.92 个百分点,增幅达到了 13.76％。三是商品零售价格指数不断增高:2010—2014 年商品零售价格指数较上年分别增加了 2.7％、4.4％、1.7％、1.3％、1.4％。商品零售价格指数上升使得增值税税基增大,虽然每年的增长比例在不断减小,但增值税税基的扩大对于常州市增值税收入产生一定正的影响。

（6）南通市

表 7-7　2010—2015 年南通市增值税收入　　　单位:亿元

年份	增值税收入	增幅	南通市税收收入	占比
2010	39.37	6.66％	120.94	32.55％
2011	45.41	15.34％	285.15	15.92％
2012	44.40	−2.22％	339.49	13.08％
2013	48.09	8.31％	399.91	12.03％
2014	64.48	34.08％	457.36	14.09％
2015	64.19	−0.45％	521.08	12.32％
总额	305.94	—	2 123.93	

南通市 2010—2015 年增值税总收入为 305.94 亿元,其中 2014 年的增值税额为近六年来最高,达到 64.48 亿元,占南通市税收收入比重达到了 14.09％。

从增长率上看,增值税收入的增幅从整体上呈现波动趋势。2010—2011 年增值税增幅不断增加,2011 年增幅达到 15.34％,相比 2010 年上升了 8.68 个百分点。2012 年,增值出现了负增长的情况,相比于 2011 年,降幅为 2.22％,相比 2011 年下降了 17.56 个百分点。2013 年增值税增幅又突然上升,达到了 8.31％,相比 2012 年上升了 10.53 个百分点,2014 年,增值税增幅明显上升,增幅达到了 34.08％,相比同期增长 25.77 个百分点。

从南通市增值税收入占南通市税收收入的占比来看,2010—2013 年南通市增值税收入占南通市税收收入的比重在减小,2010 年占比达到了 32.55％,而 2013 年占比只有 12.03％,相比 2010 年下降了 20.52 个百分点,2014 年南通市增值税收入占南通市税收收入的比重开始上升,2014 年占比达到 14.09％,较 2013 年上升了 2.06 个百分点。2010 年到 2015 年南通市增值税收入占南通市税收收入的比重保持稳定,占比都保持在 12％以上,确保了增值税税款的征收。

以 2015 南通市增值税收入作为比较,2015 年南通市增值税收入为 64.19 亿元,占南通市税收总收入的 12.32%。相比 2014 年少征收 0.29 亿元,这也是自 2013 年以来首次出现负增长的情况。

分行业看,绝大多数行业增值税收入实现正增长。2010 年到 2015 年南通市增值税增长起伏的主要原因:一是规模以上工业总产值增幅呈现波动趋势,2011 年南通市规模以上工业总产值增幅为 17.56%,2012 年南通市规模以上工业总产值增幅为 13.94%,同比上年下降了 3.62 个百分点,2013 年较上年有小幅度下降,增幅为 13.79%,同比下降 0.15 个百分点,2014 年南通市规模以上工业总产值增幅继续下降,增幅为 11.07%,同比 2013 年下降了 2.72 个百分点。可见南通市规模以上总产值增幅的下降影响了南通市增值税的收入。二是南通市批发零售业总额呈现起伏的趋势,2011 年南通市批发零售业增幅为 30.98%,2012 年南通市发零售业销售额增幅出现大幅下降,增幅为 7.4%,同比上年下降 23.58 个百分点,2013 年批发零售业销售额出现大幅上升,增幅达到了 32.74%,同比上年上升 25.34 个百分点,2014 年批发零售业销售额增幅又出现大幅度下降,同比上年下降 27.19 个百分点,增幅达到了 5.55%。三是商品零售价格指数不断增高:2010—2014 年商品零售价格指数较上年增加了 2.4%、4.9%、2.3%、1.8%、1.6%。商品零售价格指数上升使得增值税税基增大,虽然每年的增长比例在不断减小,但增值税税基的扩大对南通市增值税的收入产生一定正的影响。

(7) 泰州市

泰州市 2010—2015 年增值税总收入为 234.77 亿元,其中 2015 年的增值税额为近五年来最高,达到 45.91 亿元,占泰州市税收收入比重达到了 17.87%。

从增长率上看,增值税收入的增幅从整体上呈现波动趋势。2011 年增幅达到 14.67%,2012 年,增值税增幅突然下降,增长幅度只有 7.01%,同比下降了 7.66 个百分点。到 2013 年增值税增幅只有 2.81%,相比 2012 年下降了 4.2 个百分点;2014 年,增值税增幅开始上升,增幅达到了 14.23%,相比同期上升了 11.42 个百分点。

表 7 - 8　2010—2015 年泰州市增值税收入　　　　　　　　　单位:亿元

年份	增值税收入	增幅	泰州市税收收入	占比
2010	31.08	—	131.75	23.59%
2011	35.64	14.67%	164.14	21.71%
2012	38.14	7.01%	188.95	20.18%
2013	39.21	2.81%	206.55	18.98%
2014	44.79	14.23%	230.61	19.42%
2015	45.91	2.50%	256.89	17.87%
总额	234.77	—	1 178.89	—

从泰州市增值税收入占泰州市税收收入的占比来看,2010—2013年泰州市增值税收入占泰州市税收收入的比重在不断下降,2013年占比达到了18.98%,同比下降1.2个百分点。2014年泰州市增值税收入占泰州市税收收入的比重有小幅度上升,相比同期增加了0.44个百分点。

以2015年泰州市增值税的收入作为比较,2015年泰州市增值税收入为45.91亿元,占泰州市税收总收入的17.87%。相比2014年多征收1.12亿元,同时2.50%的增幅也是自2011年以来最低的,泰州市增值税收入占泰州市税收收入的比重为17.87%,同比下降了1.55个百分点。总体来说泰州市增值税收入占泰州市税收收入的比重每年都保持在15%以上,为泰州市保障了财政收入。

分行业看,绝大多数行业增值税的收入实现正增长。2012—2015年泰州市增值税增长起伏的主要原因:一是规模以上工业总产值增幅出现下降趋势,2012年泰州市规模以上工业总产值增幅为22.61%,2013年泰州市规模以上工业总产值增幅为17.81%,同比上年下降了4.8个百分点,2014年较上年工业总产值增幅下降较大,增幅为14.84%,同比下降2.97个百分点,2015年泰州市规模以上工业总产值增幅继续下降,增幅为14.72%,同比2014年下降了0.12个百分点。可见泰州市规模以上总产值增幅的下降影响了泰州市增值税的收入。二是泰州市批发零售业总额呈现起伏的趋势,2012年泰州市批发零售业增幅为14.35%,2013年泰州市批发零售业销售额增幅出现小幅上升,增幅为15.42%,同比上年上升1.07个百分点,2014年批发零售业销售额出现小幅,增幅达到了14.85%,同比上年下降0.57个百分点,2015年批发零售业销售额增幅又出现大幅度下降,同比上年下降3.52个百分点,增幅达到了11.33%。

（8）扬州市

表7-9 2010—2015年泰州市增值税收入

单位:亿元

年份	增值税收入	增幅	扬州市税收收入	占比
2010	23.55	11.77%	121.08	19.45%
2011	26.88	14.14%	155.45	17.29%
2012	28.79	7.11%	180.61	15.94%
2013	35.23	22.37%	212.75	16.54%
2014	39.82	13.03%	242.22	16.44%
2015	42.64	7.08%	274.67	15.52%
总额	196.91	—	1 186.78	—

扬州市2010—2015年增值税总收入为196.91亿元,其中2015年的增值税额为近六年来最高,达到42.64亿元,占扬州市税收收入比重达到了15.52%。

从增长率上看,增值税收入的增幅从整体上呈现波动趋势。2011年增幅达到14.14%,同比增长2.37个百分点,2012年,增值税增幅突然下降,增长幅度只有7.11%,同比下降了7.03个百分点。到2013年增值税增幅又大幅度上升,达到了22.37%,相比2012年上升了15.26个百分点,2014年,增值税增幅开始下降,同比下降9.34个百分点。

从扬州市增值税收入占扬州市税收收入的占比来看,2010—2012 年扬州市增值税收入占扬州市税收收入的比重在不断下降,2012 年占比达到了 15.94%,同比下降 1.35 个百分点。2013 年扬州市增值税收入占扬州市税收收入的比重有小幅度上升,相比同期增加了 0.6 个百分点,2014 年占比又出现小幅度下降,扬州市增值税收入占税收收入的比重为 15.52%,相比同期下降了 1.08 个百分点。

以 2015 年扬州市增值税的收入作为比较,2015 年扬州市增值税收入为 42.64 亿元,占扬州市税收总收入的 15.52%。相比 2014 年多征收 2.82 亿元,同时 7.08% 的增幅也是自 2010 年以来最低的年份,扬州市增值税收入占扬州市税收收入的比重为 15.52%,同比下降了 1.08 个百分点。总体来说,扬州市增值税收入占扬州市税收收入的比重每年都保持在 15% 以上,为扬州市保障了财政收入。

分行业看,绝大多数行业增值税的收入实现正增长。2011—2015 年扬州市增值税增长起伏的主要原因:一是规模以上工业总产值增幅呈现波动趋势。2011 年扬州市规模以上工业总产值增幅为 18.13%,2012 年扬州市规模以上工业总产值增幅为 5.83%,同比上年下降了 14.3 个百分点,增幅下降明显,2013 年较上年有大幅度下降,增幅为 15.76%,同比上年上升 9.93 个百分点,2014 年扬州市规模以上工业总产值增幅出现小幅下降,增幅为 11.27%,同比 2013 年下降了 4.49 个百分点。可见扬州市规模以上总产值增幅的下降影响了扬州市增值税的收入。二是扬州市批发零售业总额呈现起伏的趋势,2011 年扬州市批发零售业增幅为 21.51%,2012 年扬州市发零售业销售额增幅出现小幅上升,增幅为 27.45%,同比上年上升 5.94 个百分点,2013 年批发零售业销售额出现大幅上升,增幅达到了 61.15%,同比上年上升 33.7 个百分点,2014 年批发零售业销售额出现了负增长,同比上年下降 61.3 个百分点,降幅为 0.15%。三是商品零售价格指数不断增高:2010—2014 年间商品零售价格指数较上年增加了 3.4%、5.1%、2.6%、2.2%、2.1%。商品零售价格指数上升使得增值税税基增大,虽然每年的增长比例在不断减小,但增值税税基的扩大对扬州市增值税的收入产生一定正的影响。

(9)淮安市

淮安市 2010—2015 年增值税总收入为 125.1 亿元,其中 2015 年的增值税额为近六年来最高,达到 26.20 亿元,占淮安市税收收入比重达到了 15.52%。

从增长率上看,增值税收入的增幅从整体上呈现波动趋势。2011 年增幅达到 31.76%,同比增长 14.34 个百分点,2012 年,增值税收入呈现负增长的情况,降幅为 5.32%,2013 年增值税增幅又大幅度上升,达到了 16.11%,相比 2012 年上升了 21.43 个百分点,2014 年,增值税增幅出现下降,同比下降 1.82 个百分点。

从淮安市增值税收入占淮安市税收收入的占比来看,2010—2013 年淮安市增值税收入占淮安市税收收入的比重在不断下降,2013 年占比达到了 9.70%,同比下降 0.52 个百分点。2014 年淮安市增值税收入占淮安市税收收入的比重有小幅度上升,相比同期增加了 0.04 个百分点。

表7-10　2010年—2015年淮安市增值税收入　　　　　单位:亿元

年份	增值税收入	增幅	淮安市税收收入	占比
2010	14.83	17.42%	98.51	15.05%
2011	19.54	31.76%	145.68	12.73%
2012	18.50	−5.32%	180.93	10.22%
2013	21.48	16.11%	221.38	9.70%
2014	24.55	14.29%	251.94	9.74%
2015	26.20	6.72%	284.05	9.22%
总额	125.1	—	1 052.49	—

以2015淮安市增值税的收入作为比较,2015年淮安市增值税收入为26.20亿元,相比2014年多征收1.65亿元,同时6.72%的增幅也是自2013年以来最低的年份。2015年淮安市增值税收入占淮安市税收收入的比重为9.22%,同比下降了0.52个百分点。总体来说,淮安市增值税收入的不断增加为淮安市保障了财政收入。

分行业看,绝大多数行业增值税的收入实现正增长。2011—2015年淮安市增值税增长起伏的主要原因:一是规模以上工业总产值增幅呈现波动趋势。2011年淮安市规模以上工业总产值增幅为34.44%,2012年淮安市规模以上工业总产值增幅为8.14%,同比上年下降了26.3个百分点,增幅下降明显,2013年较上年有小幅度上升,增幅为8.51%,同比上年上升0.37个百分点,2014年淮安市规模以上工业总产值增幅出现大幅上升,增幅为21.68%,同比2013年上升了13.17个百分点。可见淮安市规模以上总产值增幅的下降影响了淮安市增值税的收入。二是淮安市批发零售业总额呈现起伏的趋势,2011年淮安市批发零售业增幅为19.49%,2012年淮安市发零售业销售额增幅出现小幅上升,增幅为23.55%,同比上年上升4.06个百分点,2013年批发零售业销售额出现大幅上升,增幅达到了35.89%,同比上年上升12.34个百分点,2014年批发零售业销售额出现了增幅下降,同比上年下降5.04百分点,增幅为30.85%。三是商品零售价格指数不断增高:2010—2014年间商品零售价格指数较上年增加了5.3%、2.6%、2.6%、1.6%、1.8%。商品零售价格指数上升使得增值税税基增大,虽然每年的增长比例在不断减小,但增值税税基的扩大对于淮安市增值税的收入产生一定正的影响。

(10)连云港市

表7-11　2010—2015年连云港市增值税收入　　　　　单位:亿元

年份	增值税收入	增幅	连云港市税收收入	占比
2010	12.34	14.17%	97.36	12.67%
2011	15.53	25.85%	124.14	12.51%
2012	16.59	6.82%	160.92	10.31%
2013	20.37	22.78%	188.79	10.79%
2014	23.54	15.56%	213.42	11.03%
2015	25.18	6.97%	237.55	10.59%
总额	113.55	—	1 022.18	—

连云港市 2010—2015 年增值税总收入为 113.55 亿元,其中 2015 年的增值税额为近六年来最高,达到 25.18 亿元,占连云港市税收收入比重达到了 10.59%。

从增长率上看,增值税收入的增幅从整体上呈现波动趋势。2011 年增幅达到 25.85%,同比增长 11.68 个百分点,2012 年,增值税收入增幅出现大幅度下降,同比下降了 19.03 个百分点,2013 年增值税增幅又大幅度上升,达到了 22.78%,相比 2012 年上升了 13.96 个百分点,2014 年,增值税增幅出现下降,增幅为 15.56%,同比下降 7.22 个百分点。

从连云港市增值税收入占连云港市税收收入的占比来看,2010—2012 年连云港市增值税收入占连云港市税收收入的比重在不断下降,2012 年占比达到了 10.31%,同比下降 2.2 个百分点。2012—2014 年连云港市增值税收入占连云港市税收收入的比重有小幅度上升,2014 年占比为 11.03%,相比同期增加了 0.24 个百分点。

以 2015 年连云港市增值税收入作为比较,2015 年连云港市增值税收入为 25.18 亿元,相比 2014 年多征收 1.64 亿元,同时 6.97% 的增幅也是自 2013 年以来最低的年份。2015 年连云港市增值税收入占连云港市税收收入的比重为 10.59%,同比下降了 0.44 个百分点。总体来说,连云港市增值税收入的不断增加为连云港市保障了财政收入。

分行业看,绝大多数行业增值税收入实现正增长。2011—2015 年连云港市增值税增长起伏的主要原因:一是规模以上工业总产值增幅呈现下降趋势。2011 年连云港市规模以上工业总产值增幅为 35.85%,2012 年连云港市规模以上工业总产值增幅为 29.76%,同比上年下降了 6.09 个百分点,增幅下降明显,2013 年连云港市规模以上工业总产值增幅为 20.15%,同比上年下降 9.61 个百分点,2014 年连云港市规模以上工业总产值增幅小幅下降,增幅为 18.57%,同比 2013 年下降了 1.48 个百分点。可见连云港市规模以上总产值增幅的下降影响了连云港市增值税的收入。二是连云港市批发零售业总额呈现起伏的趋势,2011 年连云港市批发零售业增幅为 24.95%,2012 年连云港市发零售业销售额增幅出现大幅下降,增幅为 13.94%,同比上年下降 11.01 个百分点,2013 年批发零售业销售额增幅小幅上升,增幅达到了 14.88%,同比上年上升 0.94 个百分点,2014 年批发零售业销售额出现了增幅下降,同比上年下降 0.69 百分点,增幅为 14.19%。三是商品零售价格指数不断增高:2010—2014 年间商品零售价格指数较上年增加了 2.6%、4.5%、2.0%、1.5%、1.9%。商品零售价格指数上升使得增值税税基增大,虽然每年的增长比例在不断减小,但增值税税基的扩大对于连云港市增值税的收入产生一定正的影响。

(11) 盐城市

表 7-12　2010—2015 年盐城市增值税收入

単位:亿元

年份	增值税收入	增幅	盐城市税收收入	占比
2010	21.59	36.81%	138.74	15.56%
2011	25.47	11.44%	198.48	12.83%
2012	27.49	7.93%	251.38	10.94%
2013	26.62	−3.16%	303.81	8.76%
2014	29.30	10.06%	342.18	8.56%
2015	37.90	29.35%	384.31	9.86%
总额	168.37	—	1 618.9	—

　　盐城市 2010—2015 年增值税总收入为 168.37 亿元,其中 2015 年的增值税额为近六年来最高,达到 37.9 亿元,占盐城市税收收入比重达到了 9.86%。

　　从增长率上看,增值税收入的增幅从整体上呈现先下降后上升的趋势。2010 年增幅达到 36.81%,2010—2013 年增值税增幅不断下降,到 2013 年,增值税收入出现了负增长,相比 2012 年,增幅下降了 11.09 个百分点。2014 年,增值税增幅出现上升,增幅为 10.06%,同比上升 13.22 个百分点。

　　从盐城市增值税收入占盐城市税收收入的占比来看,2010—2014 年盐城市增值税收入占盐城市税收收入的比重在不断下降,2010 年占比为 15.65%,到 2014 年占比为 8.56%,较 2010 年同比下降 7 个百分点。

　　以 2015 年盐城市增值税的收入作为比较,2015 年盐城市增值税收入为 37.90 亿元,相比 2014 年多征收 8.6 亿元,同时 29.35% 的增幅也是自 2011 年以来最高的年份,说明"营改增"带来了一定的增值税收入。2015 年盐城市增值税收入占盐城市税收收入的比重为 9.86%,同比上升了 1.3 个百分点。总体来说,盐城市增值税收入的不断增加为盐城市保障了财政收入。

　　分行业看,绝大多数行业增值税的收入实现正增长。2010 年到 2015 年盐城市增值税增长起伏的主要原因:一是规模以上工业总产值增幅呈现先增后减的趋势。2011 年盐城市规模以上工业总产值增幅为 10.71%,2012 年盐城市规模以上工业总产值增幅为 27.39%,同比上年上升了 16.68 个百分点,增幅上升明显。由于 2013 年盐城市数据的缺失,本报告在工业产值中并未考虑 2013 年的工业生产总值,2014 年盐城市规模以上工业总产值增幅为 30.31%,同比 2012 年上升 2.92 个百分点,2015 年盐城市规模以上工业总产值增幅大幅下降,增幅为 14.03%,同比 2014 年下降了 16.28 个百分点。可见盐城市规模以上工业总产值增幅的下降影响了盐城市增值税的收入。二是盐城市批发零售业总额增幅呈现起伏的趋势,2011 年盐城市批发零售业增幅为 47.73%,2012 年盐城市发零售业销售额增幅出现大幅下降,增幅为 20.21%,同比上年下降 27.52 个百分点,由于 2013 年盐城市数据的缺失,本书并未对 2013 年数据进行分析,2014 年批发零售业销售额增幅大幅上升,增幅达到了 44.28%,同比上年上升 24.07 个百分点,2015 年批发零售业销售额出现了大幅下降,同比上年下降 32.49 百分点,增幅为 11.79%。三是商品零售价格指数不断增高:2010—2016 年间商品零售价格指数较上年增加了 3.5%、5.0%、2.8%、2.7%、2.3%、1.6%。商品零售价格指数上升使得增值税税基增大,虽然每年的增长比例在不断减小,但增值税税基的扩大对于盐城市增值税的收入产生一定正的影响。

　　(12) 徐州市

表 7 - 13　2010—2015 年徐州市增值税收入　　　　　　　　　　　单位:亿元

年份	增值税收入	增幅	徐州市税收收入	占比
2010	28.68	16.49%	173.90	16.49%
2011	34.17	19.14%	237.12	14.41%
2012	32.81	−3.98%	284.14	11.55%

（续表）

年份	增值税收入	增幅	徐州市税收收入	占比
2013	39.52	20.45%	341.11	11.59%
2014	46.06	16.55%	386.43	11.92%
2015	49.09	6.58%	429.13	11.44%
总额	230.33	—	1 865.69	—

徐州市 2010—2015 年增值税总收入为 230.33 亿元,其中 2015 年的增值税额为近六年来最高,达到 49.09 亿元,占盐城市税收收入比重达到了 11.44%。

从增长率上看,增值税收入的增幅从整体上呈现波动趋势。2010 年增幅为 16.49%,2011 年增值税收入增幅小幅度上升,达到了 19.14%,相比 2010 年上升了 2.65 个百分点,2012 年,增值税收入出现了负增长,相比 2011 年,增幅下降了 23.12 个百分点。2013 年,增值税增幅出现上升,增幅为 20.45%,同比上升 24.43 个百分点,2014 年增值税增幅又出现下降,增幅为 16.55%,同比下降 3.9 个百分点。

从徐州市增值税收入占徐州市税收收入的比重来看,2010—2012 年徐州市增值税收入占盐城市税收收入的比重在不断下降,2010 年占比为 16.49%,到 2012 年占比为 11.55%,较 2010 年同比下降 4.94 个百分点,2013 年徐州市增值税收入占徐州市税收收入的比重有小幅度上升,同比上升 0.33 个百分点。

以 2015 年徐州市增值税的收入作为比较,2015 年徐州市增值税收入为 49.09 亿元,相比 2014 年多征收 3.03 亿元,同时 6.58% 的增幅也是自 2010 年以来最低的年份(2012 年除外)。2015 年徐州市增值税收入占徐州市税收收入的比重为 11.44%,同比上升了 0.48 个百分点。总体来说,徐州市增值税收入的不断增加为徐州市保障了财政收入。

分行业看,绝大多数行业增值税的收入实现正增长。2010—2015 年徐州市增值税增长起伏的主要原因:一是规模以上工业总产值增幅呈现递减的趋势。2011 年盐城市规模以上工业总产值增幅为 35.94%,2012 年徐州市规模以上工业总产值增幅为 27.79%,同比上年下降了 8.15 个百分点,增幅下降较大。2013 年徐州市规模以上工业总产值增幅为 18.47%,同比上年下降了 9.32 个百分点,增幅下降较大,2014 年徐州市规模以上工业总产值增幅为 8.24%,同比 2013 年下降了 10.23 个百分点。可见徐州市规模以上工业总产值增幅的下降影响了盐城市增值税的收入。二是徐州市批发零售业总额增幅呈现起伏的趋势,2011 年徐州市批发零售业增幅为 82.09%,2012 年徐州市发零售业销售额增幅出现大幅下降,增幅为 22.11%,同比上年下降 59.98 个百分点,2013 年盐城市发零售业销售额增幅出现小幅上升,增幅为 31.85%,同比上年上升 9.74 个百分点,2014 年批发零售业销售额增幅大幅下降,增幅达到了 9.51%,同比上年下降 22.34 个百分点。三是商品零售价格指数不断增高:2010—2015 年间商品零售价格指数较上年增加了 2.1%、3.8%、2.4%、1.2%、1.6%、1.9%。商品零售价格指数上升使得增值税税基增大,虽然每年的增长比例在不断减小,但增值税税基的扩大对于徐州市增值税的收入产生一定正的影响。

（13）宿迁市

表 7-14　2010—2015 年宿迁市增值税收入　　　　　　　单位：亿元

年份	增值税收入	增幅	宿迁市税收收入	占比
2010	—	—	69.07	—
2011	—	—	95.28	—
2012	13.50		130.07	10.38%
2013	15.66	16%	157.98	9.91%
2014	—		180.69	—
2015	20.59		196.95	10.45%
总额	49.75		830.04	

由于宿迁市增值税收入（不含上缴中央税的部分）的缺失，这使得对于宿迁市增值税收入的分析显得十分困难。从仅有的数据来看，2012 年、2013 年以及 2015 年宿迁市增值税数据来看，三年宿迁市共征收增值税 49.75 亿元，三年宿迁市税收总收入达到了 485 亿元，而 2012 年、2013 年以及 2015 年每年的增值税收入占宿迁市税收收入的比重都保持在 10% 左右，低于江苏省平均水平（见表 7-14）。分析原因，可能是由于宿迁位于苏北地区，经济发展速度较慢，没有地方产业优势以及地理优势，使得宿迁市的总体税收收入较低。

（二）江苏省营业税收入的基本情况

1. 江苏省营业税税收入的总体情况

营业税是以在我国境内提供应税劳务，转让无形资产（不包括"营改增"中的转让商标权、著作权、专利权、非专利权）或销售不动产所取得的营业额为课税对象而征收的一种商品劳务税。营业税属于传统商品劳务税，实行普遍征收，计税依据一般为营业额全额，税额不受成本、费用高低影响，对于保证财政收入的稳定增长具有十分重要的意义。

根据江苏省统计年鉴 2010—2015 所统计的数据显示（见表 7-15），2010—2015 年江苏省营业税总收入达到了 10 344.08 亿元；在增长率方面，2011—2012 年营业税增幅较大，最高年份 2012 年达到了 31.66%，但是到了 2013 年，营业税增幅大幅度下降，其中原因和"营改增"有着很大的关系。

表 7-15　2010—2015 年江苏省营业税总收入　　　　　　　单位：亿元

年份	营业税收入	增幅	江苏省税收收入	占比
2010	1 023.92	—	3 312.61	30.91%
2011	1 260.6	23.12%	4 124.62	30.56%
2012	1 659.67	31.66%	4 782.59	34.70%
2013	1 872.41	12.82%	5 419.49	34.55%
2014	2 084.66	11.34%	6 006.65	34.71%
2015	2 442.82	17.18%	6 610.12	36.96%
总额	10 344.08	—	30 256.08	—

选取 2015 年作比较期,进行比较分析。2015 年营业税实现收入 2 442.82 亿元,同比增长 17.18%,比去年同期增速上升了 5.84 个百分点,增速加快。相比于 2013 年,累计增幅 30.46%,累计增加额为 570.41 亿元;同时,江苏省营业税收入占江苏省税收收入的比例基本上是逐年增加,到 2015 年,营业税收入占江苏省税收收入的比例为 36.96%,为近六年最高。相比于 2014 年,2015 年营业税占江苏省税收收入的比重增加了 2.25 个百分点。

2. 新常态下江苏省 13 个地级市营业税的征收情况

(1) 南京市

表 7-16　　2010—2015 年南京市营业税收入　　　　单位:亿元

年份	营业税收入	增幅	南京市税收收入	占比
2010	140.53	—	518.80	27.09%
2011	152.64	8.62%	635.00	24.03%
2012	190.3	24.67%	731.01	26.03%
2013	195.82	2.90%	831.31	23.56%
2014	211.51	6.01%	903.49	23.41%
2015	344.59	62.92%	1 020.03	33.78%
总额	1 235.39	—	4 639.64	—

南京市 2010—2015 年营业税总收入为 1 235.39 亿元,其中 2015 年的营业税额为近六年来最高,达到 344.59 亿元;占南京市税收收入比重达到了 33.78%,为近六年最高。

从增长率上看,营业税征收的增幅有着很大的波动:2012 年增幅达到 24.67%,相比 2011 年上升了 16.05 个百分点,相应占南京市税收比例达到了 26.03%,但是到了 2013 年,营业税增幅突然下降,增长幅度只有 2.90%,相比 2012 年下降了 21.77 个百分点。同时,2013 年南京市营业税占南京市税收比例也有所下降,相比 2012 年下降了 2.47 个百分点。2014 年增幅达到了 8.01%,相比 2013 年增长了 5.11 个百分点。2015 年营业税增长幅度大大上升,相比 2014 年增加了 54.91 个百分点。同年营业税收入占南京市税收比例达到 33.78%,同比增加了 1.37 个百分点。

分行业看,2011—2014 年,南京市住宿业成交量逐年减少,其中 2013 年的增幅为 -4.77%,为降幅最大年份,2014 年降幅为 1.88%,住宿业年年呈下降趋势。邮电行业与营业税收入增幅出现相反状况,出现了大起大落的状况:2013 年邮电业增幅达到了 40.91%,2014 年为 7.07%,2012 年为 10.35%。从增幅上看,邮电业在 2013 年达到了顶峰,但是南京市营业税收入在 2013 年的增幅却是历年最低的。

营业税收入增速回落的主要原因是受"营改增"改革影响,交通运输业和部分现代服务业营业税收入大幅下降,导致邮电业与住宿餐饮业营业税额大幅度减小。

（2）苏州市

表 7-17　2010—2015 年苏州市营业税收入　　　　　　单位:亿元

年份	营业税收入	增幅	苏州市税收收入	占比
2010	201.92	—	900.55	22.42%
2011	225.09	11.47%	929.39	24.22%
2012	256.1	13.78%	1 023.88	25.01%
2013	275.33	7.51%	1 138.33	24.19%
2014	285.07	3.54%	1 244.37	22.91%
2015	308.54	8.23%	1 338.61	23.05%
总额	1 552.05	—	6 575.13	—

从增长率上看,营业税征收的增幅从整体上呈下降趋势:2012 年增幅达到 13.78%,相比 2011 年上升了 2.31 个百分点,为近六年最高,相应占苏州市税收比例达到了 25.01%,但是到了 2013 年,营业税增幅突然下降,增长幅度只有 7.51%,相比 2012 年下降了 6.27 个百分点,同时,2013 年苏州市营业税占苏州市税收比例也有所下降,相比 2012 年下降了 0.82 个百分点。2014 年增幅继续下降,达到了 3.54%,相比 2013 年下降了 3.97 个百分点,占苏州市税收的比例也有所下降,达到 22.91%,同比下降 1.28 个百分点。

以 2015 年苏州市营业税的收入作为比较,2015 年苏州市营业税收入为 308.54 亿元,占苏州市总收入的 23.05%。同比增长 0.14 个百分点,相比 2014 年多征收 23.47 亿元,由于受到了"营改增"的影响,使得 2015 年营业税收入的增幅较低,增幅为 8.23%。

分行业看,2010—2014 年,苏州市住宿业成交量呈现波动趋势,其中 2012 达到最大,同比 2011 年增长 8.72%,2013 年便开始出现下降的趋势,降幅为 7.39%,住宿业年年呈波动趋势但趋势缓和。餐饮业营业税的收入从 2010 年开始不断上升,2013 年达到最大值,同比 2012 年增加 6.39%,邮电行业营业税收入与苏州市营业税总收入增幅出现很大的相似:2012 年邮电业增幅达到了 23.18%,为历年最高,但到 2013 年,邮电行业营业税收入增幅便出现了巨大的下滑,增幅为 6.27%,同比下降 16.91%。从增幅上看,邮电业、住宿餐饮业营业税收入与苏州市营业税总收入在 2012 年出现了很大的相似。

营业税收入增速回落的主要原因是受"营改增"改革影响,邮电业和部分现代服务业营业税收入增幅大幅下降,导致邮电业与住宿餐饮业营业税额大幅度减小。

（3）无锡市

无锡市 2010—2015 年营业税总收入为 938.92 亿元,其中 2015 年的营业税额为近六年来最高,达到 210.54 亿元。占无锡市税收收入比重达到了 31.51%,为近六年最高。

从增长率上看,营业税征收的增幅从整体上呈波动趋势:2012 年增幅达到 29.57%,相比 2011 年上升了 17.54 个百分点,为近六年最高,相应占无锡市税收比例达到 29.28%,但是到了 2013 年,营业税增幅突然下降,增长幅度只有 6.72%,相比 2012 年下降了 22.85 个百分点,同时,2013 年无锡市营业税占无锡市税收比例也有所下降,相比 2012 年下降了 0.14 个百分点。2014 年,营业税增幅继续减小,营业税总收入占无锡市总收入比重下降

1.64个百分点,达到27.50%。

表 7-18 2010—2015年无锡市营业税收入   单位:亿元

年份	营业税收入	增幅	无锡市税收收入	占比
2010	108.92	—	440.86	24.71%
2011	122.02	12.03%	513.96	23.74%
2012	158.1	29.57%	540.01	29.28%
2013	168.73	6.72%	579.11	29.14%
2014	170.61	1.11%	620.34	27.50%
2015	210.54	23.40%	668.18	31.51%
总额	938.92	—	3 362.46	—

以2015年无锡市营业税的收入作为比较,2015年无锡市营业税总收入为210.54亿元,占无锡市总收入的31.51%,同比增长4.01个百分点,相比2014年多征收39.93亿元,同时23.40%的增幅也是自2013年以来最多的年份。

分行业看,2010—2015年,无锡市住宿、餐饮行业营业税税收收入不断上升,以2010年为基期,营业税增幅从2011年到2013年增幅不断减小,2013年增幅更是仅为2011年的一半,2014年和2015年呈稳定趋势增长。邮电行业营业税收入2011年和2014年出现了负增长,2011年降幅达到了10.18%,2013年邮政业营业税增幅又到了27.25%,变化较大。2015年邮电业增幅达到了27.43%,为历年最高,这与无锡市2014年和2015年营业税额的增长幅度出现了一致。从整体上看,虽然2011年和2014年邮政业出现了负增长,但总体情况与无锡市营业税税收情况保持一致。

营业税收入增幅波荡起伏的主要原因:受"营改增"改革影响,邮电业和部分现代服务业营业税收入增幅大幅下降。导致邮电业与住宿餐饮业营业税额大幅度减小,再加上交通业营业税收入的提高,虽然邮政业在短期内出现了负增长,但是总体上还是符合无锡市营业税发展情况的。

(4)常州市

表 7-19 2010—2015年常州市营业税收入   单位:亿元

年份	营业税收入	增幅	常州市税收收入	占比
2010	64.97	—	237.74	27.33%
2011	74.11	14.07%	280.83	26.39%
2012	83.81	13.09%	303.89	27.58%
2013	83.74	−0.08%	327.18	25.59%
2014	95.55	14.10%	348.38	27.42%
2015	136.75	43.12%	373.70	36.59%
总额	538.93	—	1 818.72	—

常州市 2010—2015 年营业税总收入为 538.92 亿元,其中 2015 年的营业税额为近六年来最高,达到 136.75 亿元,占常州市税收收入比重达到了 36.59%。

从增长率上看,营业税征收的增幅从整体上呈现先减后增的趋势。2011 年和 2012 年的增幅保持平稳,2012 年相比于 2011 年营业税增幅有小幅度下滑,由于 2013 年营业税收入呈现负增长状况,使得营业税增幅出现较大的波动,2014 年营业税增幅又基本上和 2011 年与 2012 年持平。2010—2014 年常州营业税占常州市税收比例基本一致,除了 2013 年常州市营业税出现负增长,相应在占常州市税收总收入的比重也稍微下降,为近六年最低。

以 2015 年常州市营业税的收入作为比较,2015 年常州市营业税总收入为 136.75 亿元,相比 2014 年多征收 41.2 亿元,相比 2014 年增幅达到了 43.12%,为近六年最高,占常州市税收收入的 36.59%,

分行业看,2010—2015 年,常州市住宿业营业税税收收入不断上升,但是营业税收入增幅不断减小。以 2010 年为基期,住宿业营业税增幅从 2011 年的 27.79% 一直下降到 2015 年的 2.13%,下滑势头明显。餐饮行业营业税收入增幅在 2011 年最高,为 32.56%,2012—2014 年餐饮业营业税增幅平稳,保持在 15% 左右。邮电行业营业税收入在 2011—2014 年出现了波动的趋势,2011 年营业税增幅为 7.65%,2012 年增幅达到 18.39%,上升 10.64 个百分点,2013—2014 年营业税增幅又急剧下降,到 2014 年下降到 0.55%,下降趋势明显。2010—2014 年邮电业营业税虽每年保持递增,但幅度波动较大。虽然邮电业、餐饮业、住宿业营业税收入都有着不同的上升趋势,邮电业在 2013 年下降幅度较大,住宿业与餐饮业虽然幅度略有上升,但上升比例加起来还不到 1%,所以 2013 年营业税总体呈下降趋势。总体情况与常州市营业税税收情况基本保持一致。

(5) 镇江市

镇江市 2010—2015 年营业税总收入为 442.16 亿元,其中 2015 年的营业税额为近六年来最高,达到 100.89 亿元,占镇江市税收收入比重达到了 41.11%。

表 7 - 20　2010—2015 年镇江市营业税收入　　　　　单位:亿元

年份	营业税收入	增幅	镇江市税收收入	占比
2010	35.15	—	110.87	31.70%
2011	44.39	26.17%	145.82	30.44%
2012	59.64	34.35%	174.42	34.19%
2013	84.3	41.35%	208.65	40.40%
2014	97.19	15.29%	228.82	42.47%
2015	100.89	3.81%	245.40	41.11%
总额	422.16		1 113.98	—

从增长率上看,营业税征收的增幅从整体上呈先增后减的趋势。2010—2013 年营业税增幅保持平稳上涨,在 2013 年达到峰值,为 41.35%,2013 年后营业税增幅出现下降趋势,且下降幅度较大,到 2015 年,增幅更是只有 3.81%,较 2014 年下降了 11.48 个百分点。可见"营改增"对于镇江市营业税的影响比较大。从镇江市营业税收入在镇江市税收收入所占

比例来看,2011 年较 2010 年镇江市营业税额占镇江市税收收入的比重稍有下降,同比下降 1.26 个百分点,2011—2014 年镇江市营业税额占镇江市税收收入的比例不断增加,2014 年,镇江市营业税额占镇江市税收收入的比重达到了 42.47%,同比去年增长 2.07 个百分点。

以 2015 年镇江市营业税的收入作为比较,2015 年镇江市营业税总收入为 100.89 亿元,较 2014 年多 3.7 亿元,增幅为了 3.81%,相比 2014 年减少了 11.48 个百分点,占镇江市税收总收入的 41.11%,同比下降 1.36 个百分点。从 2015 年的数据可以看出"营改增"对于镇江市营业税额有着很大的影响。

分行业看,2010—2015 年,镇江市住宿业营业税税收收入不断上升,但是营业税收入增幅却不断减小。以 2010 年为基期,住宿业营业税增幅从 2011 年的 23.71%一直下降到 2015 年的 13.35%,下滑势头明显。餐饮行业营业税收入增幅在 2012 年最高,为 24.73%,2013 年增幅便出现下降,2013 年相比 2012 年下降了 18.61 个百分点。2014 年餐饮业营业税增幅又开始大幅度上升,达到了 15.94%。相比 2013 年上升了 9.82 个百分点。邮电行业营业税收入在 2011—2014 年出现了上升的趋势,从 2011 年的 15.03%上升到 2014 年的 17.86%,虽然上升幅度小,但是趋于平稳。这与镇江市营业税收入的增幅具有很大的相似性。虽然邮电业、餐饮业、住宿业营业税收入都有着不同的增长趋势,但总体上与镇江市营业税收入的趋势趋于吻合。营业税收入增速回落的主要原因是受"营改增"改革影响,交通运输业和部分现代服务业营业税收入大幅下降。总体来说,镇江市邮政业、餐饮业、住宿业营业税收入与镇江市营业税总收入所保持的趋势还是很相近的。

（6）泰州市

表 7 - 21   2010—2015 年泰州市营业税收入   单位:亿元

年份	营业税收入	增幅	泰州市税收收入	占比
2010	33.51	21.47%	131.75	25.43%
2011	42.47	26.74%	164.14	25.87%
2012	55.44	30.54%	188.95	29.34%
2013	69.35	25.09%	206.55	33.58%
2014	81.71	17.82%	230.61	35.43%
2015	101.75	23.98%	256.89	39.61%
总额	383.78	—	1 178.89	—

泰州市 2010—2015 年营业税总收入为 383.78 亿元,其中 2015 年的营业税额为近六年来最高,达到 101.75 亿元。占泰州市税收收入比重达到了 39.61%,为近六年最高。

从增长率上看,营业税征收的增幅从整体上呈波动趋势:2010—2012 年保持平稳上涨,营业税增幅在 2012 年达到峰值,为 30.54%,2012—2014 年后营业税增幅出现下降趋势,且下降幅度较大,到 2014 年,增幅更是只有 17.82%,较 2012 年下降了 12.72 个百分点。2015 年营业税增幅开始回落,较 2014 年上升了 6.16 个百分点。从泰州市营业税收入在泰州市税收收入所占比例来看,2010—2014 年泰州市营业税额占泰州市税收收入的比例趋于平稳且稳定增长。2010 年泰州市营业税额占泰州市税收收入的比例为 25.43％,到 2014 年,增幅达到 35.43％,较 2010 年增加 10 个百分点。

以 2015 年泰州市营业税收入作为比较,2015 年泰州市营业税总收入为 101.75 亿元,较 2014 年多 20.04 亿元,增幅为 23.98％,同比增加 6.16 个百分点;占泰州市总收入的 39.61％,同比增长 4.18 个百分点。

分行业看,2010—2015 年,泰州市住宿业营业税收入不断上升,但是营业税收入增幅呈现先减后增的趋势。以 2010 年为基期,住宿业营业税增幅从 2011 年的 23.34％一直下降到 2015 年的 4.89％,下滑势头明显,2012—2014 年营业税增幅出现上升趋势。餐饮行业营业税收入增幅也呈现波动的趋势,在 2013 年最高,为 22.41％,2014 年增幅出现下降,2014 年相比 2013 年下降了 7.44 个百分点。但每年的营业税收入增幅均保持在 10％以上,确保了餐饮业营业税收入的稳定性。邮电行业营业税收入在 2011—2014 年出现了先上升后下降的趋势,从 2011 年的 5.39％上升到 2012 年的 8.44％,2012 年以后便开始下降,但下降幅度较小,总体而言,邮政业营业税收入趋于平稳。这与泰州市营业税收入的增幅具有很大的相似性。虽然邮电业、餐饮业、住宿业营业税收入都有着不同的上升趋势,但总体上与泰州市营业税收入的趋势趋于吻合。营业税收入增速回落的主要原因:受"营改增"改革影响,交通运输业和部分现代服务业营业税收入大幅下降。总体来说,泰州市邮政业、餐饮业、住宿业营业税收入与泰州市营业税总收入所保持的趋势还是很相近的。

(7) 南通市

表 7-22　2010—2015 年南通市营业税收入　　　　　　　　　　单位:亿元

年份	营业税收入	增幅	南通市税收收入	占比
2010	64.3	—	120.94	53.17％
2011	74.8	16.33％	285.15	26.23％
2012	132.74	77.46％	339.49	39.09％
2013	149.5	12.63％	399.91	37.38％
2014	160.34	7.25％	457.36	35.06％
2015	230.05	43.48％	521.08	44.15％
总额	811.73	—	2 123.93	—

南通市 2010—2015 年营业税总收入为 811.73 亿元,其中 2015 年的营业税额为近六年来最高,达到 230.05 亿元,占南通市税收收入比重达到了 44.15％。

从增长率上看,营业税征收的增幅从整体上呈波动趋势:2011—2012 年营业税增幅猛涨,在 2012 年达到峰值,为 77.46％,2012—2014 年后营业税增幅出现下降趋势,且下降幅度较大,到 2014 年,增幅更是只有 7.25％,较 2012 年下降了 70.21 个百分点。2015 年营业税增幅开始回落,较 2014 年上升了 36.23 个百分点,上升幅度较大。从南通市营业税收入在南通市税收收入所占比例来看,以 2010 年作为基期,2011 年南通市营业税收入在南通市税收收入所占比例大幅下降,降幅达到了 26.94％。2012 年南通市营业税收入在南通市税收收入所占比例开始上升,相比 2011 年,2012 年增幅上升 12.86 个百分点。2012—2014 年南通市营业税收入在南通市税收收入所占比例有所下降,2013 年下降了 1.71 个百分点,2014 年相比 2013 年下降了 2.32 个百分点。以 2015 年南通市营业税收入作为比较,2015年南通市营业税总收入为 230.05 亿元,较 2014 年多 69.69 亿元,增幅为 43.48%,同比增加 36.23 个百分点,占南通市税收收入的比重也达到了 44.15%,同比增长 9.09 个百分点。

分行业看,2010—2015 年,南通市住宿业营业税收入不断上升,住宿业营业税收入增幅呈现先增后减的趋势。以 2010 年为基期,住宿业营业税增幅从 2010 年的 11.81% 上升到2012 年的 36.26%,上升势头明显,2012—2014 年营业税增幅出现下降趋势,相比 2012 年,2013 年住宿业营业税下降 9.85 个百分点。餐饮行业营业税收入增幅也呈现波动的趋势,在 2012 年最高,为 28.71%,2014 年增幅便出现下降,2014 年相比 2013 年下降了 7.44 个百分点。但每年的营业税收入增幅均保持在 10% 以上,确保了餐饮业营业税收入的稳定性。邮电行业营业税收入在 2011—2014 年出现了先上升后下降的趋势,从 2011 年的6.74% 上升到 2012 年的 14.59%,2012 年以后便开始下降,但下降幅度较小,总体而言,邮政业营业税收入趋于平稳。这与南通市营业税收入的增幅具有很大的相似性。虽然邮电业、餐饮业、住宿业营业税收入都有着不同的上升趋势,但总体上与南通市营业税收入趋势趋于吻合。营业税收入增速回落的主要原因是受"营改增"改革影响,交通运输业和部分现代服务业营业税收入大幅下降。总体来说,南通市邮政业、餐饮业、住宿业营业税收入与南通市营业税总收入所保持的趋势还是很相近的。

（8）扬州市

扬州市 2010—2015 年营业税总收入为 195.09 亿元,其中 2015 年的营业税额为近六年来最高,达到 100.96 亿元。占扬州市税收收入比重达到了 36.75%,为近六年最高。

表 7-23　2010—2015 年扬州市营业税收入　　　　　　单位:亿元

年份	营业税收入	增幅	扬州市税收收入	占比
2010	36.61	—	121.08	30.24%
2011	42.90	17.18%	155.45	26.31%
2012	59.64	39.02%	180.61	33.02%
2013	70.28	17.84%	212.75	33.03%
2014	84.7	20.52%	242.22	34.97%
2015	100.96	19.19%	274.67	36.75%
总额	195.09	—	1 186.78	—

从增长率上看,营业税征收的增幅从整体上呈波动趋势:2011—2012 年营业税增幅猛涨,在 2012 年达到峰值,为 39.02%,同比增长 21.84 个百分点,2013 年营业税增幅下降,且下降幅度较大,增幅为 17.84%,较 2012 年下降 21.18 个百分点,2014 年营业税增幅上升,增幅同比去年上升 2.68 个百分点。同时,扬州市营业税收入占扬州市税收收入的比重出现先减后增的趋势,2010 年,扬州市营业税收入占扬州市税收收入的比重为 30.24%,2011 年为 26.31%,同比下降 3.93 个百分点。2012 年,扬州市营业税收入占扬州市税收收入的比重为 33.02%,相比 2011 年上升了 6.71 个百分点,2013 年与 2012 年占比相差不大,2014

年占比相比 2013 年上升了 1.94 个百分点。从整体来看,营业税收入增幅除 2012 年略高以外,其余年份均保持一定的增幅平稳增长。同时,营业税收入占扬州市税收收入的比重也保持一定的增幅平稳增长。

以 2015 年扬州市营业税收入作为比较,2015 年扬州市营业税总收入为 100.96 亿元,较 2014 年多 16.26 亿元,增幅为 19.19%,同时扬州市营业税收入占扬州市税收收入的比重达到了 36.75%,同比增长 1.78 个百分点。

分行业看,2010—2015 年,扬州市住宿业营业税收入不断上升,住宿业营业税收入增幅呈现先增后减的趋势。以 2010 年为基期,住宿业营业税增幅从 2011 年的 14.06% 上升到 2012 年的 21.26%,上升势头明显,2012—2014 年营业税增幅出现下降趋势,相比 2012 年,2013 年住宿业营业税下降 18.43 个百分点,2014 年餐饮业营业税的收入更是出现了负增长。餐饮行业营业税收入增幅业不断减小,从 2011 年的 17.85% 下降到 2014 年的 8.39%。但每年的营业税收入增幅均保持在 10% 以上,确保了餐饮业营业税收入的稳定性。邮电行业营业税收入在 2011—2014 年呈现了不断下降的趋势,从 2011 年的 11.98% 下降到 2014 年的 5.45%。总体而言,邮政业营业税收入趋于平稳。这与扬州市营业税收入的增幅具有很大的相似性。虽然邮电业、餐饮业、住宿业营业税收入都有着不同的上升趋势,但总体上与扬州市营业税收入的趋势趋于吻合。营业税收入增速回落的主要原因:受"营改增"改革影响,交通运输业和部分现代服务业营业税收入大幅下降。总体来说,扬州市邮政业、餐饮业、住宿业营业税收入与扬州市营业税总收入所保持的趋势还是很相近的。

(9)徐州市

徐州市 2010—2015 年营业税总收入为 735.38 亿元,其中 2015 年的营业税额为近六年来最高,达到 199.01 亿元,占徐州市税收收入比重达到了 46.47%。

表 7-24　2010—2015 年徐州市营业税收入

单位:亿元

年份	营业税收入	增幅	徐州市税收收入	占比
2010	56.42	—	173.90	32.44%
2011	83.39	47.8%	237.12	35.17%
2012	106.9	28.19%	284.14	37.62%
2013	134.7	26.01%	341.11	39.49%
2014	155.16	15.19%	386.43	40.15%
2015	199.01	28.26%	429.13	46.47%
总额	735.38	—	1 865.69	—

从增长率上看,营业税收入的增幅从整体上呈现先减后增的趋势。以 2010 年作为基期,营业税增幅从 2011 年的 47.8% 一直下降到 2014 年的 15.19%,降幅明显,相比 2014 年,2015 年营业税收入同比增长 13.07 个百分点。同时,徐州市营业税收入占徐州市税收收入比重在 2010—2015 年一直保持增长状态,从 2010 年的 32.44% 一直上升到 2015 年的 46.47%。

以 2015 年徐州市营业税收入作为比较,2015 年徐州市营业税总收入为 199.01 亿元,较 2014 年多 42.84 亿元,增幅为 28.26％,同时,2015 年徐州市营业税收入占徐州市税收总收入的比重也最大,达到了 46.47％。

分行业看,2010—2014 年,徐州市邮电业营业税收入不断上升,邮电业营业税收入增幅呈现先减后增的趋势,但每年的增长幅度都保持在 10％以上,确保了营业税收入。以 2010 年为基期,2011 年邮电业营业税增幅达到了 15.10％,为近三年最高,2012 年增幅下降了 3.96 个百分点,达到了 11.14％个百分点,2013 年邮电业营业税增幅又有小幅上升,较 2012 年上升了 1.55 个百分点。餐饮业营业税收入增长迅速,从 2010 年开始,增幅每年都保持在 20％以上,2013 年增幅达到了 30.18％,餐饮业营业税收入的提高保障了徐州市营业税收入。住宿业营业税收入在 2010—2013 年也呈现了不断上升的趋势,从 2011 年的 18.11％上升到 2013 年的 59.92％,上升势头明显。总体而言,住宿业营业税收入趋于平稳。这与徐州市营业税收入的增幅具有很大的相似性。虽然邮电业、餐饮业、住宿业营业税收入都有着不同的上升趋势,但总体上与徐州市营业税收入趋势趋于吻合。总体来说,徐州市邮政业、餐饮业、住宿业营业税收入与徐州市营业税总收入所保持的趋势还是很相近的。

（10）盐城市

表 7-25 2010—2015 年盐城市营业税收入

单位:亿元

年份	营业税收入	增幅	盐城市税收收入	占比
2010	41.08	—	138.74	29.61％
2011	62.22	51.46％	198.48	31.35％
2012	91.47	47.01％	251.38	36.38％
2013	117.61	28.58％	303.81	38.71％
2014	146.28	24.37％	342.18	42.75％
2015	190.66	30.33％	384.31	49.61％
总额	649.32	—	1 618.9	—

盐城市 2010—2015 年营业税总收入为 649.32 亿元,其中 2015 年的营业税额为近六年来最高,达到 190.66 亿元,占盐城市税收收入比重达到了 49.61％。

从增长率上看,2010—2014 年营业税收入的增幅呈现不断下降的趋势。以 2010 年作为基期,营业税增幅从 2011 年的 51.46％一直下降到 2014 年的 24.37％,虽然下降幅度较大,但总体上保证了营业税收入。相比 2014 年,2015 年营业税收入同比增长 5.96 个百分点。同时,盐城市营业税收入占盐城市税收收入比重在 2010—2015 年一直保持增长状态,从 2010 年的 29.61％一直上升到 2015 年的 49.61％,增长势头明显。

以 2015 年盐城市营业税的收入作为比较,2015 年盐城市营业税总收入为 190.66 亿元,较 2014 年多 44.38 亿元,增幅为 30.33％,同时,2015 年盐城市营业税收入占盐城市税收总收入的比重也最大,达到了 49.61％,为历年最高。

分行业看,2010—2014 年,盐城市邮电业营业税收入不断上升,邮电业营业税收入增幅呈现先增后减的趋势。以 2010 年为基期,2011 年邮电业营业税出现了负增长,降幅为 0.8％,2011—2013 年邮政业营业税收入不断增长,相比 2011 年,2013 年营业税增幅达到了

85.84%,增长幅度明显。2014年邮电业营业税的收入又出现了负增长,降幅达到了28.04%,可见"营改增"对邮电业营业税收入产生了极大的影响。餐饮业营业税收入增长迅速,从2010年开始,增幅每年都保持在20%以上,2013年增幅达到了46.27%,餐饮业营业税收入的提高保障了盐城市营业税收入。2014年增幅突然下降,较2013年下降了31.1%。住宿业营业税收入在2010—2013年也呈现了先下降后上升的趋势,2011年的增幅达到了30.98%,2013年营业税的收入更是出现了负增长。2014年的营业税收入开始上升,增幅达到了23.08%,上升势头明显,这与盐城市营业税收入的趋势趋于一致。虽然邮电业、餐饮业、住宿业营业税收入都有着不同的上升趋势,但总体上与盐城市营业税收入的趋势趋于吻合。

（11）淮安市

表7-26　2010—2015年淮安市营业税收入　　　　单位:亿元

年份	营业税收入	增幅	淮安市税收收入	占比
2010	33.01	—	98.51	33.51%
2011	52.47	58.95%	145.68	36.02%
2012	70.80	34.93%	180.93	39.13%
2013	84.89	19.91%	221.38	38.34%
2014	101.81	19.93%	251.94	40.41%
2015	133.96	31.57%	284.05	47.16%
总额	476.94		1 052.49	—

淮安市2010—2015年营业税总收入为476.94亿元,其中2015年的营业税额为近六年来最高,达到133.96亿元,占淮安市税收收入比重达到了47.16%。

从增长率上看,2010—2014年营业税收入的增幅呈现出不断下降的趋势。以2010年作为基期,营业税增幅从2011年的58.95%一直下降到2013年的19.91%,2013年和2014年营业税增幅基本一致。相比2014年,2015年营业税收入同比增长11.64个百分点。同时,淮安市营业税收入占淮安市税收收入比重从2010—2012年保持增长状态,2012年,淮安市营业税收入占淮安市税收收入比重达到了39.13%,同比2011年增加了3.11个百分点,2013年淮安市营业税收入占淮安市税收收入比重略有下降,同比2012年下降了0.79个百分点,2014年淮安市营业税收入占淮安市税收收入比重小幅度上升,同比2013年上升2.07个百分点。

以2015年淮安市营业税的收入作为比较,2015年淮安市营业税总收入为133.96亿元,较2014年多32.15亿元,增幅为31.57%。同时,2015年淮安市营业税收入占淮安市税收总收入的比重也最大,达到了47.16%,为历年最高,2015年淮安市营业税收入占淮安市税收收入比重相比2014年增加了6.75个百分点。

分行业看,2010—2014年,邮电业营业税收入增幅呈现先增后减的趋势。以2010年为基期,2011年邮电业营业税出现了负增长,降幅为8.47%。2011—2012年邮政业营业税收入不断增长,相比2011年,2012年营业税增幅达到了7.17%,增长幅度明显。2013年邮电业营业税增幅出现了下降,降幅达到了 2.42%,2014 年增幅下降到 1.21%,可见"营改增"对邮电业营业税收入产生了极大的影响。餐饮业营业税收入增长迅速,从 2010 年开始,增幅每年都保持在 20%以上,2012 年增幅达到了 50.66%,2013 年增幅与 2012 年增幅基本保持一致。2014 年增幅突然下降,较 2013 年下降了 26.63%,但增幅仍然保持在 21.69%。餐饮业营业税收入的提高保障了淮安市营业税收入。住宿业营业税收入增幅在 2010 年到 2013 年也呈现了先下降后上升的趋势,2011 年增幅达到了 18.48%,2013 年营业税收入更是出现了负增长,降幅较 2012 年下降了 4.14%。2014 年营业税收入开始上升,增幅达到了 9.64%,上升势头明显,这与淮安市营业税收入的趋势趋于一致。虽然邮电业、餐饮业、住宿业营业税收入都有着不同的上升趋势,但总体上与淮安市营业税收入的趋势趋于吻合。

（12）宿迁市

表 7-27　2012—2015 年宿迁市营业税收入　　　　　　　　　　单位:亿元

年份	营业税收入	增幅	宿迁市税收收入	占比
2012	47.2	—	130.07	36.29%
2013	66.82	41.56%	157.98	42.30%
2014	76.98	15.21%	180.69	42.60%
2015	84.11	9.26%	196.95	42.71%
总额	275.11	—	665.69	—

宿迁市 2012—2015 年营业税总收入为 275.11 亿元,其中 2015 年的营业税额为近六年来最高,达到 84.11 亿元,占宿迁市税收收入比重达到了 42.71%。

从增长率上看,2012—2015 年营业税收入的增幅呈现出不断下降的趋势。以 2012 年作为基期,营业税增幅从 2013 年的 41.56%一直下降到 2015 年的 9.26%,下降幅度较为明显。相比 2014 年,2015 年营业税收入同比下降 5.95 个百分点。同时,宿迁市营业税收入占宿迁市税收收入比重 2012—2015 年一直保持稳定状态,2013 年,宿迁市营业税收入占宿迁市税收收入比重为 42.30%,同比增长 6.01 个百分点,2014 年占比为 42.60%,2015 年为 42.71%,增长幅度较为缓慢。

以 2015 年宿迁市营业税的收入作为比较,2015 年宿迁市营业税总收入为 84.11 亿元,较 2014 年多 7.13 亿元,增幅为 9.26%,同时,2015 年宿迁市营业税收入占宿迁市税收总收入的比重为 42.71%,相比 2014 年占比上升 0.11 个百分点。

（13）连云港市

连云港市 2010—2015 年营业税总收入为 423.5 亿元,其中 2015 年的营业税额为近六年来最高,达到 109.5 亿元,占连云港市税收收入比重达到 46.09%。

从增长率上看,2010—2014 年营业税收入的增幅呈现先增后减的趋势。以 2010 年作为基期,营业税增幅从 2011 年的 34.43%上升到 2012 年的 61.62%,2012—2014 年营业税增幅急剧下降。2013 年相比 2012 年增幅下降了 38.64%,2014 年相比 2013 年增幅下降了 12.81%。相比 2014 年,2015 年营业税收入同比增长 9.87 个百分点。同时,连云港市营业税收入占连云港市税收收入比重 2010—2015 年一直保持增长状态,从 2010 年的31.73%一直上升到 2015 年的 46.09％。

表 7 - 28　2010—2015 年连云港市营业税收入　　　　　　　　　单位:亿元

年份	营业税收入	增幅	连云港市税收收入	占比
2010	30.99	—	97.36	31.73％
2011	41.66	34.43％	124.14	33.55％
2012	67.33	61.62％	160.92	41.84％
2013	82.8	22.98％	188.79	43.86％
2014	91.22	10.17％	213.42	42.74％
2015	109.5	20.04％	237.55	46.09％
总额	423.5	—	1 022.18	—

以 2015 年连云港市营业税的收入作为比较,2015 年连云港市营业税总收入为 109.5 亿元,较 2014 年多 18.28 亿元,增幅为 20.04％,同时,2015 年连云港市营业税收入占连云港市税收总收入的比重也最大,达到了 46.09％,为历年最高。

分行业看,2010—2014 年,邮电业营业税收入增幅呈现先增后减的趋势。以 2010 年为基期,2011 年邮电业营业税增幅为 9.91％,2012 年较 2011 年增幅上升 5.26％。2013 年邮电业营业税增幅出现了下降,降幅达到了 7.46％,2014 年增幅下降到 3.011％,可见"营改增"对邮电业营业税的收入产生了极大的影响。餐饮业营业税收入增幅不断下降。以 2010 年为基期,从 2011 年开始,餐饮业营业税收入增幅便出现下降趋势,但下降幅度较小,2011 年,餐饮业增幅为 18.70％,到 2014 年,增幅为 15.60％,一定的增幅保证了餐饮业营业税收入。住宿业营业税收入增幅不断下降。以 2010 年为基期,从 2011 年开始,餐饮业营业税收入增幅便出现下降趋势,下降幅度较大,2011 年餐饮业增幅为 39.19％,到 2014 年,增幅为 9.78％,巨大的降幅给连云港市营业税收入带来了一定的影响。虽然邮电业、餐饮业、住宿业营业税收入都有着不同的上升趋势,但总体上与淮安市营业税收入的趋势趋于吻合。

(三) 江苏省"营改增"的基本情况

江苏的"营改增"试点开始于 2012 年 10 月,仅 10 个月后,2013 年 8 月在全国范围推开,用了不到一年的时间完成了从"1＋6"行业模式到"1＋7"行业模式的转换。就在 5 个月后,"营改增"政策再次发生大的变化,财政部国家税务总局出台了《关于将铁路运输和邮政业纳入营业税改征增值税试点的通知》(财税〔2013〕106 号)及 4 个附件,文件规定:自 2014 年 1 月起,邮政业和铁路运输纳入"营改增"试点范围,"营改增"进入到"2＋7"行业模式。"营改增"试点工作已成为我国财税体制改革进程中的重要的突破口,"大税改"所涉及的范围将比分税制改革更为庞大[①]。

1. 2012 年 10 月—2013 年 7 月:1＋6 模式

(1) 试点行业范围

试点行业包括 1 个交通运输业和 6 个现代服务小行业即所谓的"1＋6"模式,1 个交通

---

① 殷琳:我省"营改增"政策效应分析[D].苏州大学,2015.

运输业,包括陆路运输服务、水路运输服务、航空运输服务和管道运输服务;6个现代服务小行业,包括物流辅助服务、有形动产租赁服务、信息技术服务、研发和技术服务、文化创意服务、鉴证咨询服务。

(2) 一般纳税人和小规模纳税人划分

以500万元作为划分标准,纳税人年应税销售额大于500万元,"营改增"后可认定为一般纳税人,按规定缴纳增值税;应税销售额小于或等于500万元,则可认定为小规模纳税人。如果有需要,会计核算健全的小规模纳税人可以申请认定为一般纳税人,前提是能够提供相应的税务资料并向主管税务机关申请进行认定。

(3) 税率结构调整

试点前,我国服务业营业税按全额征税,税率分为3%和5%两档,不增加试点企业税负是本次"营改增"试点的基本原则,也是以此作为前提进行制度设计,所以试点涉及6%、11%和17%三档税率。其中将服务业征收增值税基本税率定位6%,交通运输业增值税税率为11%,有形动产租赁服务增值税税率为17%。

(4) 实施过渡期政策

差额征税政策是我国"营改增"试点前为解决重复征税难题所采用的一项措施,它在缓解了营业税征收过程中的部分矛盾。"营改增"试点初期(未在全国推行),试点政策保留了部分原营业税差额征税的做法,作为过渡性政策,缓解受试点、非试点区域限制形成的税负差异。

对试点纳税人原享受的营业税减免税政策,继续予以增值税免征或调整为即征即退政策;对从事融资租赁、管道运输的试点纳税人,其增值税实际税负超过3%的部分实行增值税即征即退政策。

2. 2013年8月—2013年12月:1+7模式

(1) 试点行业范围

现代服务业中的广播影视服务加入试点范围,"7"就包括了物流辅助服务、有形动产租赁服务、信息技术服务、研发和技术服务、文化创意服务、鉴证咨询服务、广播影视服务。

(2) 适用税率

广播影视服务作为现代服务业中扩大试点的行业,同样适用6%的税率。此次扩围还对以前试点时期颁布的政策法规做了整理,规范了税收政策。

(3) 政策变化要点:

第一,调整了运输费用抵扣比例,由原来的抵扣7%(征收3%)调整为按征收率进行抵扣,代开增值税专用发票同样适用,但铁路运输费用不在调整之列;

第二,抵扣范围扩大,原自用的征收消费税的汽车、摩托车、游艇可以依法进行抵扣;

第三,终止了上一阶段差额征税的过渡期政策,有形动产融资租赁服务除外;

第四,明确了纳税人适用不同税率的规定,零税率和免税同时适用时,零税率优先适用。

值得注意的是"1+7"个行业"营改增"在全国推开,改变了原有的试点、非试点区域政策差异导致的竞争优势,营造了更为公平的竞争环境。

3. 2014 年 1 月起:2+7 模式

(1)试点行业范围

此次扩围,一方面,邮政业加入试点;一方面,铁路运输也加入了"营改增"试点,至此交通运输业已全部纳入"营改增"范围,应税服务范围扩大至邮政业服务、铁路运输服务、收派服务。

(2)适用税率

邮政业税率为 11%;铁路运输服务税率为 11%;快递服务中交通运输部分税率为 11% 税率、收派服务税率为 6%。

(3)政策变化要点

第一,售后回租业务扣除租赁有形动产价款本金。

随着"营改增"试点的不断推进,许多具体矛盾不断凸显,在融资租赁企业中进项税额尤其明显,针对这一问题,自 2014 年 1 月 1 日起,允许其在售后回租业务中对有形动产本金进行扣除。

第二,国际货代实行差额征税政策。

差额征税政策取消后,国际货代行业受到了较大冲击,税负大幅增加,面对这一问题,此次扩围对相关政策进行了调整,明确了国际货代一般纳税人可按规定进行差额征税,应税销售额=全部价款(含价外费用)-国际运输费用。

第三,部分代理服务可以扣除政府性收费后作为销售额。

试点纳税人提供知识产权代理服务、货物运输代理服务和代理报关服务,以其取得的全部价款和价外费用,扣除向委托方收取并代为支付的政府性基金或者行政事业性收费后的余额为销售额。向委托方收取的政府性基金或者行政事业性收费,不得开具增值税专用发票。

(4)总分机构汇总纳税事宜

自 2014 年 1 月 1 日起,属于固定业户的试点纳税人,总分支机构不在同一县(市),但在同一省(自治区、直辖市、计划单列市)范围内的,经省(自治区、直辖市、计划单列市)财政厅(局)和国家税务总局批准,可以由总机构汇总向总机构所在地的主管税务机关申报缴纳增值税[①]。

四、新常态下江苏商品税的实证分析

(一)新常态下江苏商品税的税收规模

1. 江苏省商品税收入的基本情况

一般来说,衡量税收收入规模的指标主要包括绝对规模与相对规模两种,前者是指某一项税收收入的总体数额;后者则是指总量规模的某项税收收入占某一个参照物的比重。可以根据研究分析的需要选择作为分母的参照物是什么,宏观视角下多是选择 GDP,而中观或微观视角则多选某一地区税收收入的总额或是某一类税收收入的总额为参照物。在本报告中,结合税收增长率指标对江苏省商品税收入规模的绝对规模和相对规模进行研究。

---

① 殷琳:我省"营改增"政策效应分析[D].苏州大学,2015.

相关数据如表 7-29 所示。

表 7-29 2006—2015 年江苏省商品税收入　　　　单位:亿元

年份	商品税总额	税收总额	税收增长率	商品税占税收总额的比重
2006	761.24	1 389.13	25.12%	54.80%
2007	987.83	1 894.77	29.76%	52.13%
2008	1 146.94	2 278.71	16.11%	50.33%
2009	1 350.45	2 654.75	17.74%	50.87%
2010	1 586.52	3 312.61	17.48%	47.89%
2011	1 911.4	4 124.62	20.48%	46.34%
2012	2 368.32	4 782.59	23.9%	49.52%
2013	2 731.67	5 419.49	11.34%	50.40%
2014	3 072.2	6 006.05	12.47%	51.15%
2015	3 489.74	6 610.12	13.59%	52.79%

数据来源:《江苏省统计年鉴》(2006—2016),其中税收总收入是地方税的总和,不包括中央税。

近 10 年来,江苏省绝对税收收入规模逐年递增,从 2006 年的 761.24 亿元增长到 2015 年的 3 489.74 亿元,可见江苏省商品税收收入规模总量发展势头良好。2011 年以前,商品税相对收入规模呈下降趋势,2011 年以后,商品税相对收入规模才有了小幅的增长。可见,相对税收收入规模总体增长幅度不大。

2. 江苏省商品税的规模

以表 7-29 为依据,可绘制江苏省税收收入规模的折线图(如图 7-1 所示),从中可以发现:

(1) 商品税税收收入规模增长较快。自 2006 年以来,江苏省商品税税收收入规模逐年增大。2011 年江苏省商品税税收总收入达到 3 489.74 亿元,比上年同期增长 13.59%,同比增收 417.54 亿元,与上年同期增速相比,上升了 1.12 个百分点。

(2) 商品税相对税收收入规模走势呈波动趋势。虽然江苏省的商品税绝对税收收入规模逐年增加,2006—2011 年,商品税相对税收收入规模增长势头逐渐下降,2011—2015 年,商品税相对税收收入规模增长趋势开始上升,增幅有了明显的提高。

(3) 税收收入规模增长率涨跌幅度显著。从图 7-1 可以看出,江苏省的商品税税收收入规模增长率呈现出一种"此起彼伏"的态势。税收收入规模增长率从 2006 年开始上升然后 2008 年下降,2008—2012 年保持稳定的增幅增长,2013 年又出现下跌,且下跌幅度较大,2013—2015 年,商品税税收收入规模增长率开始逐渐上升。总体来说,相比于 2006—2010 年,2011—2015 年商品税税收收入规模增长率较低,增长起伏不定。

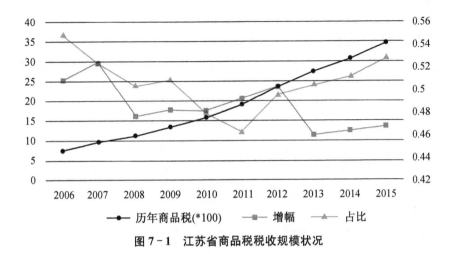

图 7-1　江苏省商品税税收规模状况

（二）新常态下江苏商品税的结构

税收结构是指税收收入总量中各项税收所占比重的结构关系,税收结构的制约因素主要有经济发展水平、政府的经济政策目标和税收征管水平。

江苏商品税的税收结构是指江苏省增值税收入和营业税收入占江苏省商品税收入的比重。分析江苏商品税的税收结构,既有利于江苏省政府机关进一步了解并改善增值税的税收制度,同时明确增值税的实施战略目标,又关系到江苏省税务机构的设置与部署,以及征管手段和征管力度的选择,因此对江苏商品税税收结构的分析具有重要的理论意义和实践意义。

图 7-2　2011—2015 年江苏商品税税收结构

根据上图,由于增值税是中央与地方共享税种,所以江苏省商品税中不包括上缴给中央的增值税。

首先,江苏省增值税占比虽然在 2010—2012 年稍有下降,但是从整体上看,2011—2015 年间江苏省增值税收入占江苏省商品税总额的 35％—40％左右。2011 年增值税占比为 35.46％,2015 年增值税占比达到 29.99％,累计下降了 5.47 个百分点。进入新常态以后的 2014 年,增值税占比稍有下滑,2014 年增值税占比为 32.15％,同比上升了 1.42 个百分点。

2015 年增值税占比 29.99％,同比下降了 1.05 个百分点。

其次,与增值税相对应的营业税占比在 2011 年后呈现出先上升后下降的趋势。进入新常态以后的 2014 年和 2015 年,营业税占比仍保持小幅度的下降趋势,但是仍然远高于增值税占比。

新常态前后,营业税在所得税中占比优势都十分明显,在 2010 年,营业税占比 64.59％,增值税占比 35.41％,营业税占比比增值税占比高 29.18％。2011—2015 年营业税占比略有下降但下降幅度较小,增值税占比略有上升,新常态后这种趋势趋于稳定。2015 年营业税占比 70％,个增值税占比 30％,这时候营业税占比是增长税占比的两倍多。

(三) 新常态下江苏商品税的发展动态

1. 税收增长率

2011—2015 年江苏省商品税的税收增长率如下图所示:

图 7-3　2011—2015 年江苏商品税的增长率

2011—2015 年间江苏商品税增长率呈现波动趋势,说明江苏省商品税增速在不断变化,说明江苏省经济进入新常态,由高速增长转为中高速增长。2012 年商品税增速为 23.91％,增速同比上升了 3.44 个百分点;进入新常态后,2014 年江苏商品税增长率 12.47％,增速同比下降了 2.87 个百分点;2015 年江苏商品税增长率为 13.58％,增速同比上升了 1.11 个百分点。可以看出,进入新常态以后的第一年(2014 年),商品税收入呈现出上升的态势,但是商品税增速在降低,随着江苏逐步适应新常态(2015 年),商品税的收入增速进一步加快。

2. 税收收入弹性

税收收入弹性是指税收收入变化与经济发展情况的比率,一般表示为税收增长率与 GDP 增长率之比,反映一国税收体系或税收制度保证政府集中国家资源的能力的一个宏观税收负担指标,其宗旨是对税收与经济关系进行定量分析的研究。

对江苏省商品税收入弹性分析有助于江苏省对其区域内的宏观所得税税收负担程度比较分析,了解掌握商品税税负的变化,能从动态上分析研究所得税相对经济变化的量变与运动规律。

根据图 7-4 分析可知,江苏商品税收入弹性 2012—2015 年均大于 1,说明江苏省商品税收入富有弹性,江苏省商品税收入的增长速度要快于江苏省 GDP 的增长速度,江苏省在经济新常态下,经济增速进入"中高速"阶段后,2012 年以后,商品税收入弹性逐渐减小,说明虽然江苏省商品税收入要快于江苏省 GDP 的收入,但总体速度在不断减小,这也是和进入新常态后经济增长速度的下降相契合的。

商品税税收弹性有很多因素决定,既有总量上的因素,又有结构上的因素;既有内部的因素,也有外部的因素;既有正常因素,也有暂时的非正常因素。随着经济逐步进入新常态,江苏商品税征收将会面临新的挑战和机遇,因此在这种情况下,江苏商品税收入弹性出现快速上升的现象,既是一种机遇,同时也是一种挑战。

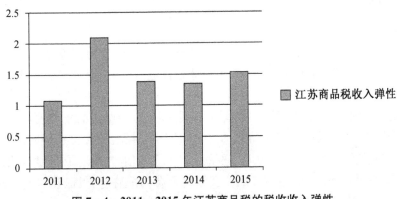

图 7-4　2011—2015 年江苏商品税的税收收入弹性

第八章 新常态下江苏省财产税研究

一、财产税的概述

(一) 财产税基本概念

财产税是指以纳税人拥有或者支配权属于纳税人的财产作为征税对象的税收体系。财产税不是单独的一种税种,而是作为一个税收体系存在,其中包括房产税、契税、车船税等主要税种。

财产税是一个古老的税种,最早的税收形式是属于财产课税的土地税与人头税。进入现代社会,财产税在整个税收收入中的比重有所下降,但各国税收实践证明,财产税仍然是现代税收体系的重要组成部分,作为地方税的主要税种和地方政府取得财政收入的重要手段,在组织财政收入、公平社会财富分配以及优化资源的配置等方面,仍具有其他税种无法取代的作用。据统计,全世界有130多个国家课征各种形式的财产税。

(二) 财产税主要特征

与商品税、所得税等其他税收体系相比,财产税具有以下几个特点:

1. 财产税具有稳定性

财产税主要针对社会财富存量征税,具有稳定性。例如房产税以房屋为征税对象,对房屋产权所有人征税;车船税对车船的所有者和管理者征税;契税则是在房屋、土地等产权发生变动时对承受人征的一种税,财产税主要的征收对象为房屋、土地等不动产,具有难以移动的性质,因此其财产税税源较为固定,可以为地方政府提供稳定的税收收入。

2. 财产税具有区域性

由于财产税多以不动产作为征收对象,所以具有较强的区域性,且遵循受益原则。因为房地产和土地的价格以及其综合的货币体现基本上可以反映区域各方面的发展水平,地方政府对任何区域内的公共产品的改善都可以直接或间接的在不动产上表现出来,居民支付的财产税和其享受到的地方公共产品的改善基本上是对等的[①]。

3. 财产税更具有效率

从整体征税效率上进行分析,财产税有时比所得税更有效率,而且会促进所得税的征收。因为财产税比所得税在工作与不工作之间的选择影响力较小,财产税不是对生产活动而只是对积累资本征收的。而且,财产税的征收也有利于其他税种的管理,为所得税的征收提供信息。与所得税税基不同,财产税税基能确保因逃税或避税的原因而未对所得税税基征收的税,可能通过财产税予以征收。这尤其表现在因财产增值而取得的收益中。在大多数税收制度中,都有因变卖财产而取得增值却未承担税负的情况,财产转让税可以视为是对

---

① 娜敏,刘雁翎.财产税对地方政府的重要意义[J].北方经济,2006(7):48 - 51.

所得税的补充。另外,不动产的不可移动性、税收透明度高,有利于提高地方财政的效率。[①]

(三) 财产税主要功能

根据以上财产税的特点,可以看出其具有以下几个主要功能:

1. 为地方财政提供稳定收入来源

财产税为持续增长的地方公共财政支出提供了较为稳定的收入来源,且避免了地方恶性税收竞争。一方面房产与土地的难以移动使税源较为稳定,即使邻近辖区降低税收,吸引税源,也很难有转移。另一方面,受益原则使税负与公共服务水平相适应,居民处于维护财产角度也易接受现有税负水平。

2. 调节居民收入水平,促进社会公平

随着我国居民收入水平的增加,收入差距也逐渐拉大,导致社会财富分配不公。财产税额与居民收入水平基本呈正比,富人所拥有的财产总量较多,财产税额较大,而穷人拥有财产总量较少,税额较小。所以,财产税在一定程度上可以起到缓解贫富差距的作用。

3. 提高资源配置效率

由于市场调节存在其缺陷,而财产税的存在则可以以税收的形式减少房产和土地等资源的浪费,提高财产的利用效率,从而更进一步地促进整个社会财富资源的优化合理配置。[②]

(四) 我国的财产税现状

根据历年国家统计局披露的各项税收情况公开数据,2011—2015 年我国各地方政府所征收的财产税及其在地方税收总收入中的占比情况如下表 8-1。根据该表可知:自 2011 年以来,我国财产税的绝对规模一直呈现出增长趋势,2015 年财产税总额达到了 6 562.74 亿元,与 2010 年财产税的 3 600.54 亿元相比增长约一倍。同时,财产税的增长率在 2013 年达到最大为 27.16%,与 2012 年增长率相比上涨了约 16%。在进入新常态后的 2014 年全国财产税的增长率有了较大幅度的下降,相较于 2013 年下降了近 19%,2015 年财产税增长率下降至 2.65%。2014 年和 2015 年财产税总量保持着中高速增长,与经济新常态相适应,尽管在 2014 年增长率有所放缓,但近几年财产税在地方税收收入中所占比重均维持在 10% 左右,在地方税收收入中仍占有不小的比重,是地方财政稳定的重要税收来源。

表 8-1　2010—2015 年全国财产税收入及其占地方税收收入比重　　　单位:亿元

	2011 年	2012 年	2013 年	2014 年	2015 年
房产税	1 102.39	1 372.49	1 581.5	1 851.64	2 050.90
契税	2 765.73	2 874.01	3 844.02	4 000.7	3 898.55
车船税	302	393.02	473.96	541.06	613.29
财产税总计	4 170.12	4 639.52	5 899.48	6 393.4	6 562.74

---

① 徐妍. 财产税的若干基本问题探讨[J]. 税务研究,2010(303):57-60.
② 高伟. 我国财产税发展现状及改革方向分析[J]. 山西青年,2015(25):92,147.

年份	2011	2012	2013	2014	2015
财产税增长率	15.82%	11.26%	27.16%	8.37%	2.65%
地方税收收入	41 106.74	47 319.08	53 890.88	59 139.91	—
财产税占比	10.14%	9.80%	10.95%	10.81%	—

数据来源：中华人民共和国国家统计局：http://www.stats.gov.cn/.以下未作特殊说明的全国数据均源于中华人民共和国国家统计局.

2011年2月25日，我国通过了新车船税法，新车船税根据排量将汽车分为七个阶梯，不同阶梯设置了不同的税额标准。新车船税的出台将对我国节能减排和汽车产销结构产生积极的影响，这也是我国最高国家立法机关首次针对地方税种进行立法。同时，我国目前正经历着房地产税制的改革。房地产税制是指包含房产税、契税等一系列与房产相关的税种，随着近几年房地产行业的迅速发展，房地产税制的完善越发必要。2015年8月，调整以后的第十二届全国人大常委会立法规划将房地产税的立法列入其中，这意味着房地产税已经正式进入了全国人大的立法规划。北京大学法学院教授、中国法学会财税法学研究会会长刘剑文表示房地产税制应该兼具调节分配社会收入的功能，促进财产税体系完善的功能，形成地方新的主体税种的功能[1]。因此，随着房地产税制改革的推进与车船税的逐步完善，财产税将会对地方财政收入做出更大贡献，有利于地方政府职能的发挥。

二、江苏省财产税的基本情况

（一）江苏省房产税的规模

1. 江苏省房产税功能及暂行条例介绍

房产税属于房地产保有环节征收的税种，根据现有的《中华人民共和国房产税暂行条例》规定，目前的房产税对涉税房产中个人所有的非营业用房采取免税政策。事实上，在国际上许多国家都在房产保有环节征税，只是其征收的名称以及形式有所差异。大部分国家的房产税包含在财产税或不动产税之内。房产税税基大，征税范围广，容易构成地方政府财政收入稳定而重要的来源。因此，房产税具有以下几个重要的功能：有利于增加地方财政收入，发挥政府职能；有利于缩小收入分配差距，促进社会公平；有利于提高资源配置效率，降低房屋的空置率。

江苏省于1986年10月1日起执行《江苏省房产税暂行条例施行细则》，至今已征收房产税30余年，征税范围为城市、县镇、建制镇以及工矿区，不包含农村。采取从价和从租两种计税方式，即对房屋原值扣除征税和对租金征税的方式，原值的扣除率规定为30%，江苏省仍对个人住房采取免税的政策，个人出租住房减按4%征税。同时结合实际制定了减免税优惠，例如对国家机关、人民团体、军队以及由国家财政部门拨付事业经费的单位，其职工宿舍暂缓征收房产税。对个别纳税人按规定纳税确有困难，需要给予临时性减税或免税照

---

① 赵越，杨波，楼继伟. 义无反顾推进房地产税制改革[EB/OL]. http://finance.people.com.cn/GB/n1/2016/0724/c1004-28580201.html,2016,7,24/2016,10,09.

顾的,由市、县人民政府批准,定期减征或免征房产税。

2. 江苏省及其 13 市房产税税收规模

(1) 江苏省房产税的总体情况

根据江苏省地方税务局披露的数据,2011—2015 年江苏省的房产税收入及其在江苏省地方税收总收入中的占比如表 8-2。根据该表可以看出:第一,2011—2015 年间房产税税收收入总额每年呈明显增长趋势,由 2011 年的 121.39 亿元增加至 2015 年的 248.01 亿元,五年间税收总额增长了 104.31%;第二,各年税收增长率呈现出下降的趋势,特别是在进入新常态后的 2015 年增长率降到了 8%,是近几年最低,与 2014 年相比下降了约 10%;第三,江苏省房产税的增量虽然放缓,但地方税收收入的贡献基本保持稳定,维持在 2%—3% 的水平,2014 年在地方税收收入中所占比重达到近几年最高为 3.81%,2015 年财产税比重虽有所下降,但仍高于 2014 年以前年度的比重。

表 8-2　2011—2015 年江苏省房产税及其在总税收收入中占比　　单位:亿元

年份	房产税收入	房产税增幅	税收收入	房产税占比
2011	121.39	31.79%	4 124.62	2.94%
2012	160.88	32.53%	4 782.59	3.36%
2013	192.84	19.87%	5 419.49	3.56%
2014	228.73	18.61%	6 006.05	3.81%
2015	248.01	8.43%	6 610.12	3.75%

数据来源:江苏省地方税务局;http://www.jsds.gov.cn/.以下未作特殊说明的地方税收数据均源于江苏省地方税务局.

新常态后江苏省房产税总量仍保持增长趋势,但增速明显放缓,在新常态前夕的 2013 年,其增速出现了明显的下滑,与 2012 年相比下降了约 13%。正式提出新常态后的 2014 年和 2015 年房产税与经济增速放缓的国情相适应,税收收入进入中高速增长阶段,房产税增幅出现明显下降。

(2) 江苏省房产税的分市情况

表 8-3 说明了 2012—2015 年江苏省所辖 13 个地级市在各个年份当中的房产税收入情况。

表 8-3　2012—2015 年江苏省 13 市房产税税收收入　　单位:亿元

城市	2012 年	2013 年	2014 年	2015 年
南京	22.85	24.55	24.15	30.99
无锡	21.84	24.81	29.20	31.10
徐州	6.75	10.07	11.34	10.70
常州	11.41	13.46	15.75	12.26
苏州	48.04	55.65	60.86	70.78

（续表）

城市	2012 年	2013 年	2014 年	2015 年
南通	10.62	12.34	13.93	15.61
连云港	4.61	6.27	7.45	14.52
淮安	7.85	11.86	19.87	11.16
盐城	8.37	11.91	17.46	14.72
扬州	5.88	6.65	7.79	9.47
镇江	4.80	6.13	7.18	7.74
泰州	4.73	5.44	6.22	7.10
宿迁	3.13	3.70	7.53	11.87

从表中可以看出,新常态后的 2014 年除南京房产税略有下降,其他城市房产税总量均有所上升,除淮安、盐城、常州和泰州等少数几个城市以外,2015 年江苏省大多数城市的房产税收入呈现出增长趋势。

3. 江苏省和浙江省房产税收入占全国房产税收入的比较分析

作为地缘位置紧邻、经济发展水平相当的苏浙两省,其在许多指标方面的横向对比具有重要的分析意义,本报告的相关主题也是如此。具体来说,2011—2015 年江苏省与浙江省各自的房产税收入在当年全国房产税总收入的比重如下图所示:

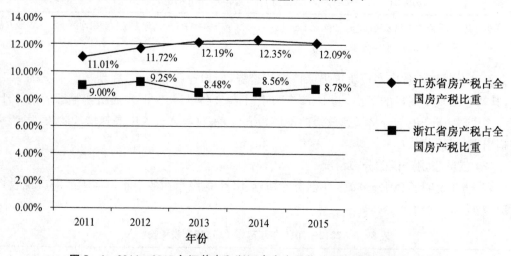

图 8 - 1 2011—2015 年江苏省和浙江省房产税收入占全国房产税收入比重

概括来说,总体上江苏省房产税在全国房产税中所占比重相对较大,尽管 2015 年占比出现了小幅度下降,但其总体仍呈现上升的趋势,2011 年其在全国房产税中占比约11.01%,到 2014 年比重上升至 12.35%,与江苏省发展水平相近的浙江省房产税收入占全国房产税收入的比重近几年来一直小于江苏省所占比重,且进入新常态后,2014 年两者占比差距拉大,江苏省房产税占比增加,浙江省房产税占比降低,2015 年两者差距有一定的缩小,但也能看出江苏省房产税的总量在全国范围内处于领先水平,这与江苏省近几年经济快速发展有着直接联系,2015 年江苏省 GDP 增长率比全国 GDP 增长率高出约 1.4％,经济发展速度高于全国水平直接影响到了其房产税收入在全国房产税收入中占比的提升。

（二）契税

1. 江苏省契税特征及其暂行条例介绍

契税自东晋时期出现距今已有 1600 多年的历史,它是在土地、房屋权属转移时向其承受者征收的一种财产税。契税作为地方税种,是地方财政收入重要的固定支柱,从契税占地方税收的比重和占地方财政收入的比重来看,总体也是呈现出上升趋势,显示出发展的巨大潜力。随着近几年我国经济社会的快速发展,国有土地出让、转让规模以及房地产交易规模不断扩大,带动了契税收入的高速增长,使契税在我国地方税体系中的作用愈加重要。[①]

首先,契税筹集收入具有征税范围的广泛特征,契税的纳税人包括了企业单位、事业单位、国家机关、军事单位、社会团体及其组织,个体经营者,城乡居民个人,外国人及其他个人,没有所有制、行业、地区部门的限制,只要有土地、房屋权属转移行为的发生,均构成契税的纳税人。其次,其具有取得收入的及时性。现行契税条例规定,契税纳税义务成立时间是在签订土地、房屋权属转移合同或者取得土地、房屋权属转移实质性凭证的当天,纳税期限规定在办理土地使用权证、房屋产权证之前。条例中对纳税人的纳税期限的时间限制,很大程度上避免了纳税人拖欠或迟缴契税,也保证了契税收入不会因纳税人生产经营或其他情况的变化而发生变化,有利于国家财政的正常组织收入。最后,契税筹集收入还具有税基增长的稳定性。近年来我国的房地产业的快速发展,使得契税的收入规模也随之逐年大幅度递增。在相当长的一段时间内,房地产业的健康发展,为契税的增长提供了坚实的基础。因此,为地方政府筹集财政收入是契税职能的第一要义。

契税是地方财政收入的重要来源,已成为地方财政的某种生命线。契税也是调节收入分配的杠杆,理论上,现代税收的职能主要是筹集收入、调节分配和稳定经济。税收的基本功能是为政府取得收入。实际来看,税收为政府取得收入的过程,也是税收改变国民财富分配格局,并由此影响整个经济的运行的过程。在现实社会中,房地产拥有量的差异以及投机性购房行为的大量存在,既是社会财富分配不均的表现,也是社会财富分配不均的主要原因。契税还是优化资源配置的工具,契税税制的设置不仅能够调节房地产企业的利润水平,还会直接影响房地产的市场需求,契税是房地产税收中唯一从需求方向进行调节的税种。当房地产市场结构不合理、价格背离房地产的实际生产情况,出现虚高或低迷时,通过调整契税税率水平和减免政策,可以在一定程度上影响房地产的发展规模和结构。[②]

1997 年,国家公布《中华人民共和国契税暂行条例》,在保障产权所有人合法权益,调节房地产市场,增加财政收入等方面发挥着积极作用。江苏省于 1998 年出台实施细则,2014 年出台新《江苏省实施〈中华人民共和国契税暂行条例〉办法》,其中规定在本省行政区域内转移土地、房屋权属,承受的单位和个人为契税的纳税人,基本税率定为 3％,并结合江苏省实际情况明确了减免税范围,特别是对城镇职工按照规定第一次购买经县级以上地方人民政府批准出售的公有住房,且面积在国家规定的标准以内的,免征契税。新办法于 2014 年

---

① 苏文宁,胡勤忠,殷守明.完善契税征收管理的建议[J].税务研究,2015(368):74－77.

② 吴笑晗.契税在我国财产税体系改革中的作用及改革前瞻[J].财政研究,2013(10):51－53.

1月1日开始执行。

2. 江苏省契税收入的总体情况

2011—2015年江苏省契税收入及其在总税收收入中占比情况如下表：

表8-4　2011—2015年江苏省契税收入及其在总税收收入中占比　　　　单位:亿元

年份	契税收入	契税增幅	税收收入	契税占比
2011	318.23	—	4 124.62	7.72%
2012	331.15	4.06%	4 782.59	6.92%
2013	383.75	15.88%	5 419.49	7.08%
2014	401.69	4.68%	6 006.05	6.69%
2015	370.11	−7.86%	6 610.12	5.60%①

根据江苏省地方税务局所披露的上述数据可以看出:第一,2011—2015年契税收入呈现出现增长后减少的趋势,2014年契税收入达到最大,为401.69亿,相比于2011年增长了100亿的收入,但2015年契税收入出现了明显减少。第二,江苏省契税的增长率也呈现出先上升后下降的趋势,与总量不同的是,其增长率在2013年达到最大值,相较于2012年增长了11.82%,随后几年的增长率逐年降低,至2015年已出现了负增长。第三,受到契税税收规模缩小的影响,对江苏省整体税收的贡献率也有所下降,尽管契税本身出现了负增长,但其在江苏省总税收收入中仍占有5.6%的比重,仍是地方财政收入的主要税种之一。

新常态下,契税税收规模出现了明显的下降,2014年江苏省契税总量仍保持增长,但增幅明显放缓,2015年契税收入总量出现了近几年来的首次下降,这与经济增速放缓现状相适应。

3. 江苏省和浙江省契税收入占全国契税收入比较

2011—2015年江苏省与浙江省各自的契税收入在当年全国契税总收入中的比重如下图所示:

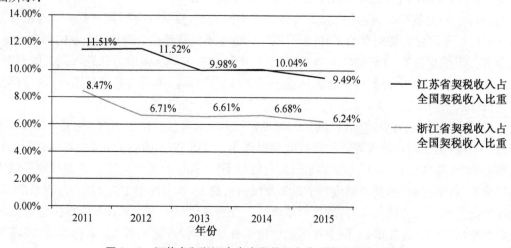

图8-2　江苏省和浙江省房产税收入占全国房产税收入比重

---

①　江苏省地方税务局:http://www.jsds.gov.cn/.

江苏省契税收入在全国契税收入中占比一直较为稳定,基本维持在 10% 左右的水平上,2013 年占比略有下降,但下降幅度不大,约为 9.98%,进入新常态后的 2014 年契税收入占比仍保持在 10% 左右的水平,浙江省与江苏省相比契税收入在全国契税收入中占比相对较小,约少 3%,2015 年江苏省和浙江省的契税收入占全国的比重均有一定幅度的下降。总体而言,新常态下,江苏省契税的税收规模在全国契税总收入中占比虽有所下降,但总体基本较为固定,占比较大,高于全国其他大部分省市,这与江苏省近年来商品房交易额的提高有着一定的关系。

(三) 车船税

1. 江苏省车船税功能及其暂行条例介绍

现行车船税以在境内《车船税税目税额表》规定的车辆、船舶为征税范围,具体包括两类:一类是依法应当在车船登记管理部门登记的机动车辆和船舶,一类是依法不需要在车船登记管理部门登记的在单位内部场所行驶或者作业的机动车辆和船舶。从理论上分析,一个较为科学和完善的车辆税收体系,是按照用户取得、保有、使用三个阶段分别设置车辆的各种税收。目前,我国在车辆购置环节征收的是车辆购置税,在保有环节征收的是车船税,从税收分类角度分析,车船属于法人和自然人拥有的财产,因此,车船税属于财产税类。在经济发展的过程中,随着汽车普及率的提高,中国社会车船的保有量和使用量急遽增加,来自车船税的税额进入快速增长阶段,为地方政府提供较充裕的税收收入,缓解地方财力不足。购置和使用的车辆与船舶越多,车船税收入规模越大,车船税的重要性越发凸显。

车船税的征收对国家、对个人、对企业都有着一定的作用,主要表现在以下几个方面:第一,能为地方政府筹集更多的财政资金。征收车船税,能够把车船人手上零散的、部分资金,统一集中起来,能扩大地方财源,在一定程度上增加了财政收入。第二,对车船的管理和合理配置有利。伴随着经济的飞速发展,车船的数量猛增,车船的拥有者也激增,经过征收车船税,则应需缴纳的车船税收收入就越多,这使得纳税人,对自己所拥有的车船,进行有效的核算与管理,从而优化了资源配置,为合理地使用车船奠定了基础。第三,在一定程度上调节了财富差异。在国外其他地区,车船税归属为对不动产进行的征税,除了能适度地增加地方的财政收入之外,还有一个重要的效能,就是能有效地调节个人财产或者财富(比如游艇或轿车等),一定程度上缓解了财富分配不公的情况。在我国,伴随着经济的飞速增长,那些先富起来的人,所拥有的游艇、私家车以及其他的车船等,将会愈来愈多,这将对我国所征收的车船税再分配作用有了很重要的启发。[①]

2012 年,我国正式出台车船税法,标志车船税法上升至法律高度,同时废止了 2006 年国务院颁布的车船税暂行条例。江苏省于 2014 年印发新《江苏省实施〈中华人民共和国车船税法〉办法》,办法中规定车船税法所附的《车船税税目税额表》中的车辆、船舶的所有人或者管理人为车船税的纳税人,并根据《车船税税目税额表》规定税率纳税。车船税纳税义务发生时间为取得车船所有权或者管理权的当月,具体应当以购买车船的发票或者其他证明文件所载日期的当月为准。这就保证了车船税入库的及时性。

---

① 王一棠.新车船税法对汽车行业的影响[D].吉林大学,2012.

2. 江苏省车船税的总体情况

根据表8-5可以看出,第一,2011—2015年车船税的总量呈增加趋势,2015年车船税收入达到最高为41.74亿元,2015年车船税收入约为2011年车船税收入的2倍,五年间车船税增长了20.57亿元。第二,江苏省车船税增幅逐年放缓,2012年增长率最高为35.56%,以后每年都有所下降,2015年车船税增幅仅为13.09%,与2012年相比增幅下降了22.47%。第三,车船税对地方税收收入的贡献有所增加,但增加幅度不大,车船税在地方税收收入中比重始终没有超过1%,相对房产税和契税而言占比较低。但随着汽车行业的发展,车船税对地方税收的贡献也会随之增加,是地方税收收入中固定增长的税源之一。

表8-5 2011—2015年江苏省车船税收入及其在总税收收入中占比 单位:亿元

年份	车船税收入	车船税增幅	税收收入	车船税占比
2011	20.17	—	4 124.62	0.49%
2012	27.34	35.56%	4 782.59	0.57%
2013	32.25	17.96%	5 419.49	0.60%
2014	36.91	14.46%	6 006.05	0.61%
2015	41.74	13.09%	6 610.12	0.63%

江苏省车船税在全国车船税总收入中占比相对较低,维持在6.8%左右,与契税和房产税在全国总量中占比10%左右相比,车船税占比则相对较低,可能与近几年江苏省节能减排政策的推行有着一定的联系。

三、新常态下江苏省财产税的实证分析

(一)新常态下江苏省财产税的总量分析

1. 新常态下江苏省财产税的税收规模分析

税收与经济对比分析,对准确判断税收收入形势、及时发现税源管理中存在的问题、提高税收征管的质量和效率、推进税收科学化精细化管理具有十分重要的意义。

税收收入规模一般取决于各地经济发展水平以及税收征管力度等。由于财产税中的房产税和契税都与房地产行业有着密切的关系,且车船税在财产税种占比较小,因此,财产税的税收规模受房地产行业的影响较大。近几年来房地产市场迅速发展,最为明显的特征就是房价的一路走高,这给税收带来的直接影响就是与房地产行业相关的税种收入的增加,房产税和契税是其中典型代表,从而带动了财产税税收规模的扩大,由于财产税是江苏省地方收入的主要来源之一,对于财产税税收规模的分析关系到地方政府能否有充足的财政收入保障其职能的发挥。

地方税收入规模应与地方政府职能的大小相适应,地方政府事权的范围直接决定基财政支出范围,根据财权和事权相结合的原则,合理确定地方税收入规模。地方税收入规模还应与地方经济的发展水平相适应。一般来说,地方税收入规模的大小取决于整个国家税收规模的大小,而一国的税收规模则又取决于该国的经济发展水平。同样,一个地区的经济发展水平决定着该地方税收入规模。

本书拟从绝对和相对两个角度对财产税收入的税收规模进行分析,绝对角度的税收规模就是指税收总量的增减变动,相对角度是从财产税占 GDP 的比重的角度来分析,即宏观税负水平,能够体现出一个地区宏观税负的提高或降低,也直接关系到国民经济的运行。通常有三个不同口径的宏观税收负担衡量指标:一是税收收入占 GDP(GNP)的比重,称为小口径的宏观税收负担。二是财政收入占 GDP(GNP)的比重,称为中口径的宏观税收负担。三是政府收入占 GDP(GNP)的比重,称为大口径的宏观税收负担。在本书中仅分析财产税相关的小口径宏观税负情况,小口径的宏观税负情况更能反映纳税人的实际税负情况。

(1)绝对税收规模

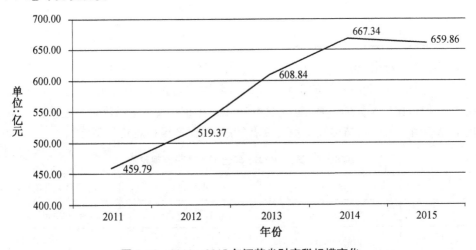

图 8-3　2011—2015 年江苏省财产税规模变化

上图可以看出,江苏省财产税自 2011 年起总量持续增加,由 2011 年的 459.79 亿元上升至 2014 年的 667.34 亿元,上升了 45.14%,2012 年和 2013 年均保持在 10% 以上的增长速率。

步入新常态后的 2014 年,财产税的增长速率有所放缓,虽有所下降至 9.61%,但仍维持中高速增长,2015 年新常态特征显著,财产税近五年首次出现了负增长,总量较 2014 年略有下降,下降了 1.12%,但相对于 2011 年财产税总量仍增长了 43.51%。

财产税税收规模的逐年扩大为近几年来地方政府履行其职责提供了较为充足的税源。近几年江苏省政府公共财政预算支出的总量一直持续增长,2011 年公共财政预算支出为 6 221.72 亿元,2015 年为 9 687.58 亿元,五年中公共财政预算支出增长了约 3 000 多亿,2015 年相比于 2011 年增加 55.71%,具体来看,城乡社区事务部分五年增长 89.1%,其次为医疗卫生增长 85.59%。根据统计局公布数据,新常态下,教育和城乡社区事务上的支出明显增加,这些都与居民生活密切相关。地方政府职能的发挥对于完善基础设施建设,保障居民生活水平具有重要的意义。

(2)相对税收规模

税收负担又称为"税收痛苦指数",一直以来都是关乎国计民生的敏感问题,税收负担合理与否,对适应新常态、确保政府满足公共需要的财力、促进经济可持续发展、保证政治稳定等诸多问题都有着重要意义,本书通过与全国财产税宏观税负水平的对比来衡量江苏省财产税的宏观税负情况。

表 8-6   2011—2015 年江苏省财产税宏观税负   单位:亿元

年份	财产税	GDP 总量	财产税收入占 GDP 比重
2011	459.79	49 110	0.94%
2012	519.37	54 058	0.96%
2013	608.84	59 753	1.02%
2014	667.34	65 088	1.03%
2015	659.86	70 116.4	0.94%

从上表中可以看出,2011—2014 年财产税占 GDP 的比重逐年上升,新常态下,2014 年财产税税收收入占江苏省 GDP 的 1.03%,2015 年财产税占 GDP 比重出现了明显下降,与 2011 年财产税占比持平。但总体财产税约占 GDP 比重在 1‰左右浮动。财产税税收负担水平的下降表明江苏省在结构性减税方面有所成效,财产税税收负担下降。

表 8-7   2011—2015 年全国财产税宏观税负   单位:亿元

年份	财产税	GDP 总量	财产税占 GDP 比重
2011	4 170.12	484 123.5	0.86%
2012	4 639.52	534 123	0.87%
2013	5 899.48	588 018.8	1.00%
2014	6 393.4	635 910.2	1.01%[1]
2015	6 562.74	676 708	0.97%

从上表中可以看出,全国的财产税宏观税负水平在 2014 年以前一直呈现出上升的趋势,至 2014 年财产税占 GDP 的比重为 1.01%,相比于 2011 年的 0.86%上涨了 0.15%,而 2015 年全国财产税宏观税负水平出现了明显的下降。总体而言,江苏省财产税的宏观税负水平趋势与全国趋势基本一致,但明显可以看出,江苏省财产税税收负担水平要高于全国财产税税收负担的平均水平。

从图 8-4 中可以看出,江苏省财产税占 GDP 的比重与全国财产税占 GDP 比重之间的差距在逐渐缩小,从 2011 年两者之间相差 0.08%到 2015 年两者之间相差-0.03%,表明江苏省财产税税负水平逐渐与全国水平趋于一致,且在 2015 年低于全国税负水平。这与江苏省结构性减税有效推进具有很大的关系。

---

①   文章结稿前尚未公布 2016 年全国统计年鉴。

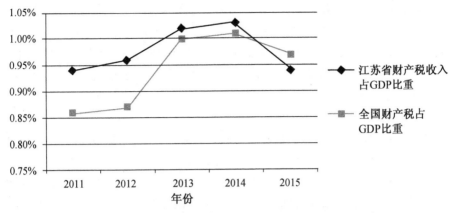

图 8-4　2011—2015 年全国财产税占 GDP 比重与江苏省财产税占 GDP 比重

2. 新常态下江苏省财产税的税收结构分析

财产税的税收结构是指财产税中房产税、契税和车船税收入占财产税的比重,分析财产税的税收结构关系到财产税制度建设的总体设计或构造和财产税税收体系的完善,例如税收总体负担水平的选择,主体税的确定和辅助税的配套等。另外,其还关系到财产税调节功能作用发挥的系统化、合理化、科学化,关系到税收整体职能能否得到充分发挥。税收结构还关系到税务机构的设置、征管力量的安排、征管方法的选择。可见,税收结构或税收模式问题是税收理论和实践中的重要问题。

表 8-8　2011—2015 年江苏省财产税的结构占比

	2011 年	2012 年	2013 年	2014 年	2015 年
房产税占比	26.40%	30.98%	31.67%	34.28%	37.58%
契税占比	69.21%	63.76%	63.03%	60.19%	56.09%
车船税占比	4.39%	5.26%	5.30%	5.53%	6.33%
财产税合计	459.79	519.37	608.84	667.34	659.86

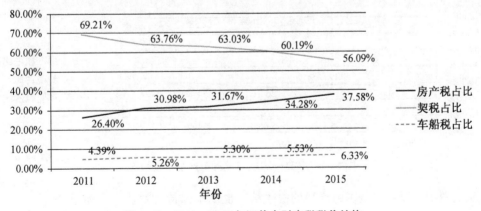

图 8-5　2011—2015 年江苏省财产税税收结构

从折线图中可以明显看出，江苏省新常态下财产税税收结构的变化。首先，房产税的比重明显上升。从 2011 年在财产税中占比仅 26.4%，到 2015 年占比 37.58%，上升了约 10%，对财产税贡献率大幅度提升。在新常态前，房产税在财产税中的占比增长速度有所放缓，但 2014 年和 2015 年，适应新常态，房产税占比连续两年有了较大幅度的增长，随着我国房产税改革的推进，可以预计未来几年房产税在财产税中所占比重还是会持续增加。其次，与房产税有明显对比的就是契税在财产税中占比的持续下降，从 2011 年在财产税中占 69.21% 到 2015 年占比 56.09%，契税对财产税的贡献率下降了约 13%，特别是在进入新常态后的 2014 年和 2015 年契税贡献率出现了较大幅度的下降。2011 年契税在财产税中的占有率约为房产税的 3 倍，相差约 45%，而 2015 年两者差距仅约为 20%，差距逐渐缩小。最后，车船税在财产税中所占比比重虽然较小，但其在财产税中占比仍然呈现出增加的趋势。从 2011 年的 4.39% 到 2015 年的 6.33%，增长了约 2%，车船税的占比同样在 2012 年和 2013 年保持了相对稳定，在 2014 年和 2015 年出现了明显的增长。

新常态以前，契税在财产税中优势十分明显，其在财产税种所占比例约为房产税和车船税两税合计在财产税中所占比重的 2 倍，新常态后，契税与房产税之间的差距逐渐缩小，逐步提升房产税在财产税中的地位，这种发展趋势不仅有利于财产税税收结构的优化，而且也有利于保障地方财政收入的持续稳定增长。

契税和房产税与房地产行业相关性较大，但区别在于契税是从房产需求的角度向购房者征税，而房产税则是向经营性房屋所有者自用或出租征税，两者从供给和需求两个不同的角度对房地产行业发挥了一定的调控作用。为了适应新常态，推动供给侧改革，江苏省在财产税税收结构上出现了明显的变化态势，需求方契税的比重下降，而供给方房产税的比重上升，随着我国房产税改革的推荐，这种趋势有很大延续的可能，这就需要地方税务局完善征管机制，加大征管力度，在新常态下既要保证契税收入的稳定，又要扩大对房产税的稽查与监管。车船税在新常态下的比重也出现了一定程度的增加，随着经济发展，车辆在家庭中的普及率提升，车船税总量增加，其在财产税中的比重也随着提升，虽然车船税在财产税中所占比重较小，但其仍是地方财产税中稳定的税收收入，同样应得到重视，逐步完善征收管理办法。

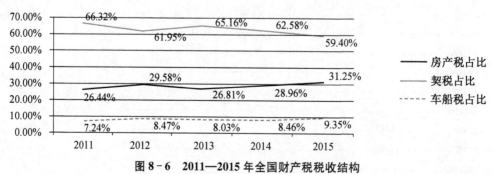

图 8-6　2011—2015 年全国财产税税收结构

从上图中可以看出全国财产税的税收结构也基本保持契税比重有所下降，房产税和车船税比重上升的趋势，仅在 2013 年房产税占比下降，契税占比上升，其他年份江苏省财产税税收结构的变化趋势与全国财产税税收结构的变化趋势基本保持一致。这表明江苏省财产税税收规模的变化符合国家的整体政策导向。逐步提升房产税的比重,加快房地产税制的改革,随着上海和重庆两地对个人住宅征收房产税试点工作的推行与完善,房产税改革在不久也将推行至全国,届时,江苏省房产税在财产税总量中占比将还会有较大幅度的提升,可以预测未来江苏省财产税税收收入总规模将逐步扩大,弥补"营改增"后地方主体税种的缺失,财政收入下降的形势。财产税的税收结构也会随着房产税改革的推行日趋完善,从而成为地方税收收入的主要支柱。

3. 新常态下江苏省财产税的发展动态分析

(1) 税收增长率

财产税增长率表示一定时期财产税总额相比于上一年增加的百分比,反映了一定时期财产税总量的变化情况,增长率较高表明当年财产税总量相比于去年有了大幅度增加,出现负增长则表明当年财产税与去年相比总量出现了下滑。税收的增长率还能在一定程度上反映出与该税种相关行业的经济发展情况。

表 8 - 9　2011—2015 年江苏省财产税税收增长率　　　　　　单位:亿元

年份	财产税	财产税增长率
2011	459.79	—
2012	519.37	12.96%
2013	608.84	17.23%
2014	667.34	9.61%
2015	659.86	−1.12%

从上表中可以看出,自 2013 年起江苏省税收增长率持续下滑,结束了两位数的增长态势,江苏省财产税增长率在 2013 年达到最高为 17.23%。进入新常态后,2014 年与 2015 年税收增长率出现了明显下降,2014 年增幅下降了 7.62%,特别是在 2015 年出现了负增长,与 2013 年财产税增长率最高点相比约下降了 18%,与 2014 年增幅相比也下降了 10.73%。

表 8 - 10　2011—2015 年全国财产税税收增长率　　　　　　单位:亿元

年份	全国财产税	全国财产税增长率
2011	4 170.12	15.82%
2012	4 639.52	11.26%
2013	5 899.48	27.16%
2014	6 393.4	8.37%
2015	6 562.74	2.65%

全国财产税的增长率也在 2013 年达到了最大,为 27.16%,2014 年和 2015 年均出现了明显下降,相比于 2013 年下降 18.79%。江苏省财产税增长率除了在 2013 年与全国财产税增长率相差较大以外,其他年份基本与全国增幅保持一致,相差不大。这表明受到整体经济形势的影响,财产税的税收增长率进入到新常态时期,从高速增长转变到中高速增长时期,不仅江苏省财产税增速下滑,全国财产税增长率也出现了下滑的态势,如何适应税收增

速下滑的新常态已经成为日前探讨的主要问题。

（2）税收增长弹性

税收增长弹性是税收增长率与国民收入增长率之比,反映一国税收体系或税收制度保证政府集中国家资源能力的一个宏观税收负担指标,当弹性小于1时称为缺乏弹性,表明税收收入的增长速度慢于区域经济的增长速度;当弹性等于1时称为单一弹性,表明税收收入与经济同步增长;当弹性大于1时称为富有弹性,表明税收收入增长快于经济增长。下面通过将江苏省财产税税收增长弹性与全国财产税税收增长弹性相比较,来分析江苏省财产税增长速度与经济增长速度的相关情况。

表8-11　2011—2015年江苏省财产税税收增长弹性　　　　　　单位:亿元

年份	GDP	GDP增幅	财产税增幅	财产税增长弹性
2011	49 110	—	—	—
2012	54 058	10.10%	12.96%	1.283 1
2013	59 753	9.60%	17.23%	1.794 4
2014	65 088	8.70%	9.61%	1.104 5
2015	70 116.4	8.50%	−1.12%	−1.319

2012年开始江苏省GDP增幅开始出现了下滑,这标志着江苏省经济开始进入"经济增长速度换挡期、结构调整阵痛期、前期刺激政策消化期"等三期叠加的新常态。新常态下,2015年江苏省GDP增幅降至8.5%,财产税增幅自2014年开始下降,2015年出现近几年来首个负增长,根据我国统计年鉴公布的数据,2014年我国财政收入也出现了23年来首个个位数增长,当年增长8.6%。2014年江苏省GDP总量增长1.09倍,增幅却下降0.9%。税收增长弹性在2013年达到最大值,约为1.79,在2015年税收增长弹性变为负数约为−1.32。

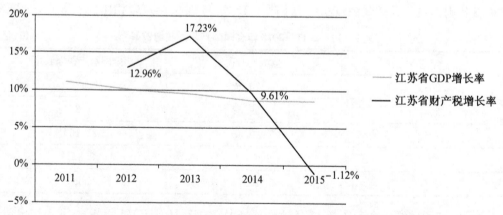

图8-7　2011—2015年江苏省GDP增长率与税收增长率变化情况

从上图中可以看出在2014年以前财产税增长率都是超过了GDP增长率,但2015年首次出现财产税增长率低于GDP增长率。江苏省财产税的税收弹性在2014年以前均大于1,也就是其税收增长速度快于江苏省经济发展速度,但2015年由于财产税收入的负增长导致税收弹性出现负数,也就是随着经济发展,财产税收入出现了反向变动,这与新常态时期经济结构转型有着密切的关系。

结合税收规模中宏观税负水平来看,宏观税负水平的提升在一定程度上对税收弹性的变动有所影响,同时,税收弹性也对宏观税负水平的变化有一定的反作用,两者是相互依存的关系。在 2013 年,江苏省税收增长弹性达到近五年的最大值,达到约 1.8,也就是其财产书增长速率在当年远高于 GDP 增长率,这导致了财产税的宏观税负水平在 2013 年超过 1%,与上一年相比有了较大的提升,2015 年由于税收弹性出现负数,财产增速低于 GDP 增长率,使 2015 年财产税的宏观税负有了较大的下降。

表 8 - 12　2011—2015 年全国财产税税收增长弹性　　　　单位:%

年份	全国 GDP 增长率	全国财产税增长率	财产税增长弹性
2011	9.50	15.82	1.665 3
2012	7.70	11.26	1.462 3
2013	7.70	27.16	3.527 3
2014	7.30	8.37	1.146 6
2015	6.90	2.65	0.384 1

从全国财产税增长弹性来看,财产税的增长率在 2014 年以前一直高于 GDP 的增长率,2013 年财产税增长率是全国 GDP 增长率的 3 倍左右,但 2015 年出现了财产税增长率低于 GDP 增长率的情况,表明进入新常态后全国财产税的增长速度低于经济发展速度,江苏省财产税税收增长弹性小于全国财产税税收增长弹性,表明江苏省财产税对经济发展的反应程度低于全国水平。

(3) 税收增长边际系数

税收增长的边际系数表示一定时期税收的增加总额与同期 GDP 增加总额之比,也是衡量税负水平的主要方法之一,江苏省财产税税负水平表示一定时期江苏省财产税增加额与同期 GDP 增加额之比。也表示,一定时期 GDP 每增加 1 元所带动的财产税增加额。

表 8 - 13　2011—2015 年江苏省财产税税收增长边际系数　　　　单位:亿元

年份	GDP 增加额	财产税增加额	财产税边际系数
2011	7 685	—	—
2012	4 948	59.584 2	1.2%
2013	5 695	89.466 1	1.6%
2014	5 335	58.503 1	1.1%
2015	5 028.4	−7.479 2	−0.15%

从上表中可以看出,进入新常态后江苏省财产税边际税负有所下降,2014 年下降 0.5%,2015 年下降 1.25%,表示在 2015 年江苏省 GDP 每增加 1 元,财产税收入会下降 0.001 5,在近五年中首次出现财产税收入与 GDP 呈反向变动,这也在一定程度上反映出江苏省进入新常态后的税收增长新趋势。同时,也表明了江苏省在适应新常态减税方面有一

定成效。

表 8 - 14　2011—2015 年全国财产税税收增长边际系数　　　　　单位:亿元

年份	全国财产税增加额	全国 GDP 增加额	税收边际系数
2011	569.58	75 220.5	0.76%
2012	469.4	49 999.5	0.94%
2013	1 259.96	53 895.8	2.34%
2014	493.92	47 891.4	1.03%
2015	169.34	40 797.8	0.42%

　　从上表中看出 2013 年全国财产税边际税负出现了明显的上涨达到 2.34%,这表明 2013 年 GDP 每增加 1 元,财产税收入增加 0.0234 元,除 2013 年以外的其他年份,江苏省财产税的税收边际系数均高于全国水平,这与江苏省财产税的宏观税负水平基本一致。分析其主要原因仍是受 2013 年房价迅速上升,房地产行业快速发展的影响,直接导致了全国财产税水平的大幅度提高,从数据上来看,可以明显看出 2013 年江苏省财产税虽然也受到房地产市场的影响,税负水平有所提高,但其控制相对较好,整体税负水平低于全国。

　　进入新常态后,受房价大跌影响,2014 年和 2015 年税负水平有了明显的下降,江苏省在调控房价等方面做得较好,税负水平下降较大,新常态下,一方面要继续加大对房价的调控,降低财产税的税负水平,另一方面也要加强监管,防止税源的流失,保证整体地方税收收入的增加,从而保证政府职能的发挥。

　　综合对于上述对于财产税的动态分析可以看出,新常态下,受到经济结构转型,增速放缓的影响,江苏省财产税增长率有所下降,首次出现负增长,这也导致了 2015 年财产税增长速度与 GDP 增速的反向变动,出现负弹性系数和负边际系数的情况,但江苏省财产税金额总量仍在财政收入中占有不小的比例,仍是江苏省地方税收收入中一个重要的体系。

(二) 新常态下江苏省财产税的分税种分析

1. 新常态下江苏省房产税的基本分析

　　2008 年国际金融危机爆发后,为了减少外需大幅下滑导致的经济快速下行的风险,我国实行了以"四万亿"基础设施投资为主要措施的扩张性财政政策和货币政策。货币供应量的高速增长进一步推高了房地产的价格。随着我国对基础设施建设的增加,进一步促进了我国房地产行业的迅速发展,对第三产业增长的贡献率大幅度提高,这也促进了房地产行业相应的税收收入的大幅度增加,但在我国步入新常态后,房地产行业的发展迎来拐点,未来房地产税收对收入的贡献也将会有一定程度的下降[①],下面本书从房地产开发投资额和居民消费价格指数中的住房租金价格两方面分别对江苏省新常态下的房产税税收收入变化趋势进行分析。

　　(1) 立足房地产开发投资额的视角

　　房地产开发投资指房地产开发公司、商品房建设公司及其他房地产开发法人单位和附

---

① 何晴,张斌. 经济新常态下的税收增长:趋势,结构和影响[J]. 税务研究,2014(358):18 - 22.

属于其他法人单位实际从事房地产开发或经营的活动单位统一开发的包括统代建、拆迁还建的住宅、厂房、仓库、饭店、宾馆、度假村、写字楼、办公楼等房屋建筑物和配套的服务设施、土地开发工程(如道路、给水、排水、供电、供热、通讯、平整场地等基础设施工程)的投资；房地产开发投资额在一定程度上反映了一段时期房地产行业的发展情况，从而有助于分析其对税收的贡献程度。

① 江苏省房地产开发投资额增长率与房产税总额增长率

表 8 - 15　2011—2015 年江苏省房地产开发投资额　　　　单位：亿元

年份	房地产开发投资额	增长率
2011	5 573.83	—
2012	6 209.16	11.40%
2013	7 241.45	16.63%
2014	8 240.23	13.79%
2015	8 153.68	−1.05%

根据表 8 - 15 可知：2011—2014 年房地产开发投资额都是增长趋势，总房地产开发投资额在 2014 年达到最大值 8 240.23 亿元，而在 2015 年出现了负增长，但下降总额不大，仍保持在 8 000 亿元以上，高于 2013 年以前的房地产开发投资额。其增长率在 2013 年以前逐年增加，2013 年达到了 16.63%，而进入新常态 2014 年后，增长率有所下降，至 2015 年仅为 −1.05%，与 2014 年相比，房地产开发投资额增长率下降了约 15%，这与 2015 年房产税税收增幅的明显下降相一致。

从房地产开发投资额增长率与房产税增长率的折线图来看(图 8 - 8)两者趋势基本一致。仅在 2012 年，进入新常态前夕产生了较大差距，房地产开发投资额增长率与房产税增长率相差约 20%，这与 2012 年我国宏观经济走势相关，外部欧债危机不断反复，全球经济增长明显放缓；内部近年来国内生产要素成本持续上涨，使传统制造业和出口面临重压，加上主动调控房地产市场，多方因素合力之下，房地产投资额下降较多，由于房地产投资额与房产税之间存在一定的滞后性，所以房产税在 2013 年也出现了较大幅度的下降。

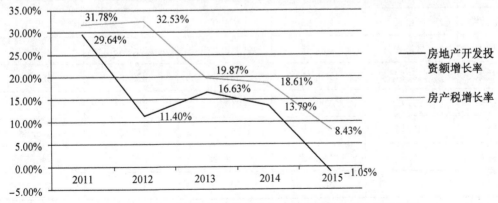

图 8 - 8　2011—2015 年房地产开发投资额增长率与房产税增长率

进入新常态后,两者趋势基本一致,均呈现出下降的态势。这主要是由于随着中国经济发展由两位数增长进入个位数增长的减速换挡期,经济发展进入提质增效新阶段,经济发展进入新常态也必然影响房地产业发展步入新常态。主要表现为无论是房地产开发商拿地还是住房需求者购房都相对成熟和理性,尤其是房地产长效机制建设将大大增加房地产持有环节税收,有效遏制房地产投机需求。另外,政府加大保障房建设和棚户区的改造等措施,从遏制投资、投机需求和扩大供给双向发力,都在一定程度上使房产投资回落,从而影响房产税收入减少。江苏省近五年来房地产开发投资仅在2015年出现了负增长,一定程度上影响当年房产税收入增长率同比去年下降10.18%,但由于江苏省地税局在2015年制定了《江苏省房地产交易税收管理办法》,加强房地产交易信息共享,完善税源的管理,且进入新常态后房地产行业的回暖,在一定程度上保障了房产税税源,使得房产税收入虽然增幅下降,但总量仍呈现出上涨趋势。

②江苏省地级市的房地产开发投资额与房产税收入

表8-16为2011—2015年各个年份中江苏省13个地级市的房地产开发投资额,以之为基础便可推算出苏中、苏南、苏北房地产开发投资额的总体情况,并将其与房产税之间的关系作细致的地域性分析。根据我国现行的行政区划规定,江苏省的苏南区域包括南京、苏州、无锡、常州、镇江五市;苏中区域包括南通、扬州和泰州三市;苏北区域则包括剩余的徐州、淮安、盐城、连云港、宿迁五市。

表8-16 2011—2015年江苏省地级市的房地产开发投资额 单位:亿元

城市	2011年	2012年	2013年	2014年	2015年
南京	871.43	971.96	1 037.71	1 125.49	1 429.02
无锡	877.78	974.37	1 128.91	1 252.22	991.66
徐州	255.12	310.07	380.47	468.88	470.22
常州	567.53	597.01	681.39	681.53	508.04
苏州	1 199.13	1 263.36	1 414.01	1 764.44	1 864.95
南通	379.96	481.74	596.52	678.92	690.94
连云港	164.65	162.23	174.07	189.28	205.42
淮安	286.49	280.55	312.22	357.66	283.69
盐城	214.37	273.41	327.31	379.64	367.68
扬州	197.71	235.84	315.91	360.44	378.18
镇江	141.47	205.48	296.31	319.05	355.78
泰州	228.25	234.48	271.16	285.54	245.57
宿迁	189.93	218.64	305.46	377.14	362.53

数据来源:wind资讯

概括而言,可以清楚地发现:

第一,苏南地区的房地产开发投资额及其房产税收入

依据《2011—2015 年江苏省地级市的房地产开发投资额》表,可计算得到 2011—2015年苏南地区房地产开发投资额及其房产税收入情况表,见表 8 - 17。苏南房地产开发投资额近几年一直呈现出上升趋势,2015 年房地产开发投资额达到 5 149.45 亿元,在 2013 年增速达到最高 13.61%,2014 年增幅有所下降。

进入新常态后的 2015 年,受房地产行业经济结构转型的影响,房地产开发投资额增速明显放缓,同比于去年增速下降 12.69%,仅增长 0.13%。苏南房产税保持持续增长,2015年为 152.87 亿元,也在 2013 年增幅达到最大为 14.37%,2014 年有所放缓,但 2015 年增幅保持了相对稳定。这与各市针对房产税的政策有关,常州 2015 年地税局工作计划中表明引入国土房管部门数据,加强房土两税税源排查,消灭税收死角。南京地税局 2015 年积极参与省级财产行为税专项调研,加强房土两税风险管理等,各市地方税务局在房产税上税源征管的加强很大程度上保证了房产税收入的入库情况。苏南五市房产税税收收入在江苏省整体税收收入占比较大基本达到了 50% 以上,2015 年则达到了 61.64%,因此苏南房产税收入保持稳定很大程度上保证了江苏省房产税总税收收入。

表 8 - 17　苏南地区房地产开发投资额及房产税收入① 　　　　　　单位:亿元

年份	房地产开发投资额	房地产开发投资额增长率	房产税收入	房产税收入增长率
2011	3 657.34	—	—	—
2012	4 012.19	9.70%	108.94	—
2013	4 558.33	13.61%	124.60	14.37%
2014	5 142.73	12.82%	137.14	10.06%
2015	5 149.45	0.13%	152.87	11.47%

第二,苏中地区的房地产开发投资额及其房产税收入

依据《2011—2015 年江苏省地级市的房地产开发投资额》表,可计算得到 2011—2015年苏南地区房地产开发投资额及其房产税收入情况表,见下表 8 - 18:

表 8 - 18　苏中地区房地产开发投资额及房产税收入 　　　　　　单位:亿元

年份	房地产开发投资额	房地产开发投资额增长率	房产税收入	房产税收入增长率
2011	805.92	—	—	—
2012	952.07	18.13%	21.23	—
2013	1 183.58	24.32%	24.43	15.07%
2014	1 324.90	11.94%	27.94	14.37%
2015	1 314.68	−0.77%	32.17	15.15%

---

①　江苏省各地未公布 2011 年房产税数据,本文中苏南、苏中、苏北房产税收入仅采用 2012—2015 年数据。

苏中地区房地产开发投资额与苏南地区基本一致,2013 年其增幅达到最大为 24.32%,新常态下,2014 年房地产开发投资额总量达到最大为 1 324.9 亿元,虽然在 2015 年出现了小幅度的下降,但总体与去年基本持平。2015 年苏中地区房产税总量达到最大为 32.17 亿元,2011 年到 2014 年房产税总量都保持上升趋势,虽然 2015 年房地产开发投资额出现了负增长,但其房产税增幅基本保持稳定,没有受到较大影响。这与南通市统一存量房交易税收征管办法,在全省率先创建存量房交易计税价格与市场价格动态调整机制以及泰州以大集中系统为依托,建立分行业各税种综合联动管理机制和数据共享平台都有一定关系,加强对税源的监管在很大程度上保证了房产税税收收入的稳定。

第三,苏北地区的房地产开发投资额及其房产税收入

依据《2011—2015 年江苏省地级市的房地产开发投资额》表,可计算得到 2011—2015 年苏南地区房地产开发投资额及房产税收入情况表,见下表 8-19:

表 8-19　苏北地区房地产开发投资额及房产税收入　　　　　　　单位:亿元

年份	房地产开发投资额	房地产开发投资额增长率	房产税收入	房产税收入增长率
2011	1 110.56	—	—	—
2012	1 244.91	12.10%	29.49	—
2013	1 499.54	20.45%	42.49	44.08%
2014	1 772.60	18.21%	62.00	45.92%
2015	1 689.55	−4.69%	55.56	−10.38%

苏北地区房地产开发投资额与苏南苏中基本一致,新常态下,2014 年和 2015 年增幅有所下降,2015 年出现了负增长,同比 2014 年下降 22.9%。苏北地区 2014 年房产税收入达到最大约 62 亿元,增幅也是近几年最大值为 45.92%,但 2015 年房产税受房地产开发投资额下降影响较大,同比 2014 年下降约 56%,出现负增长。经济发展进入新常态后,房地产市场的不景气,使得房地产开发商在 2015 年的投资更为谨慎与理智,在一定程度上导致了房地产开发投资额的下降,从而带动房产税的下降。由此可见步入新常态后,苏北经济发展趋缓,经济结构转型,房地产开发投资规模的缩小都使得房产税对地方税收收入贡献的下降,因此需要地方政府制定计划完善房产税税源管理,加强征管,推动房产税改革,保证税收收入。

(2) 立足住房租金价格的视角

居民消费价格中的住房租金价格也与房产税有着密切的联系,根据现行房产税政策,个人出租自有住房同样需要缴纳房产税,虽然给予一定优惠减按 4% 征收,但仍在房产税中占有较大份额,根据江苏省统计局公布的统计年鉴中关于价格指数的介绍,其是反映一定时期内城乡居民所购买的生活消费品价格和服务项目价格变动趋势和程度的相对数。所以住房租金价格就反映了一定时期内居民租房价格变动趋势和程度的相对数。利用居民住房价格指数,在一定程度上可以反映租金价格变动趋势。

表 8-20　　2011—2015 年江苏省居民价格指数中住房租金价格　　单位:上年＝100

年份	居民价格指数中住房租金价格	增长率
2011	103.9	—
2012	103.6	3.6%
2013	103.3	3.3%
2014	102.8	2.8%
2015	101.9	1.9%

数据来源:江苏省统计局:http://www.jssb.gov.cn/

根据上表中的数据可以看出,居民价格指数中住房租金价格自 2011 年以来涨幅一直呈现出下降趋势。2013 年相较于 2012 年居民消费价格指数中的住房租金价格涨幅下降约 0.3%,进入新常态后,住房租金价格仍保持下降,且下降幅度较大,到了 2015 年相较于 2014 年下降了约 0.9%,这在一定程度上导致了当年房产税的增长率大幅度下降。虽然住房租金涨幅下降,但相较于上一年租金仍保持上涨,所以房产税整体仍是保持上涨态势。

综上所述,房产开发投资额与居民价格指数中的住房租金价格的变化与房产税变化总体态势基本保持一致,但各地区受到两方面的共同作用以及税收监管力度的不同可能会有所差别。例如,苏南和苏中地区的房产税收入相对较为稳定,而苏北地区的房产税收入变化幅度则相对较大。各地区之间的房产税变化幅度的差别主要与其具体经济情况相关,例如,各地区房地产行业的经济发展程度与房价的变动等都会对房产税收入的变化产生一定影响,在此就不作过多分析。

2. 新常态下江苏省契税的基本分析

契税是房地产税制体系中一个重要税种,是在不动产产权转移时对承受方征收的一种税,其征税范围包括房屋的转让与赠予,出售土地使用权等,因此契税税收收入的变化也与近几年来房地产行业的发展紧密相关,随着 2013 年房价的迅速走高,国民已经将房产作为致富途径,纷纷盼望手中房屋价值翻倍,以出售挣差价,同时房地产商更花心思从中套利,为了调控房价政府颁布了"限贷""限贷""限卖"等调控措施,并取得了一定成效,2014 年房地产事业回归理性,地方契税收入出现下降迹象。由于在购买新房时,买者需要交纳契税,因此,契税也是国民考虑是否购买新房的因素之一。由于成交价格和契税税率是影响契税的重要因素,而房屋销售面积和平均房价又是决定成交价格的因素,因此,本书拟从苏南、苏中、苏北三个区域中选取有代表性的城市分析房地产价格指数的变动与契税的关系,从而分析江苏省契税收入在新常态下的变化情况,并将江苏省的 13 个地级市划分为三个区域分析商品房销售面积与契税变化之间的关系。

(1)基于房地产价格指数的视角

房地产价格指数是反映房地产价格变动趋势和变动程度的相对数,其通过百分数的形式来反映房价在不同时期的变化幅度。房地产价格指数的变动能够很好地反映当年房价相较于上一年的变化程度。

表 8 - 21　2011—2015 年新建住宅与二手住宅房地产价格指数　　单位:上年＝100

住宅类型	城市	2011 年	2012 年	2013 年	2014 年	2015 年
新建住宅	南京	101.3	98.5	108.6	104.2	100.2
	无锡	102.3	99.2	103.4	100.6	96.4
	徐州	103.6	99	106.4	102.6	96.7
	扬州	104.2	99.3	103.9	102.4	95.2
二手住宅	南京	99.8	96.8	105.4	103.4	100.9
	无锡	104.1	100.1	101.9	99.8	96.9
	徐州	99.6	97.7	102.2	99.3	96.3
	扬州	103	96.9	100.8	100.9	97.9

根据上表,可以看出,新建住宅均在 2012 年平均房价出现了负增长,其中南京下降 1.5%,而到了 2013 年,除扬州以外的其他三个城市都出现了近几年来房价的最大增幅,南京涨幅最大,上涨 8.6%。

新常态下,2014 年,房价得到了一定程度的抑制,无锡房价基本与去年持平,保持稳定,徐州和扬州有小幅度的上涨,南京房价涨幅仍相对较大。2015 年,房价得到较好控制,南京与去年基本持平,其他三市房价均出现了下降。二手住宅房价与新建住房房价变化趋势基本一致,在 2013 年房价出现大幅度增长,而步入新常态后,二手住房房价也呈现出明显下降趋势。几市对比可以明显看出南京房价波动较大,从而对当地的契税影响也较大。

表 8 - 22　2012—2015 年南京、无锡、徐州、扬州四市契税收入　　单位:亿元

年份	南京	无锡	徐州	扬州
2012	30.06	26.12	25.19	18.78
2013	38.37	29.03	33.07	18.59
2014	46.35	31.76	31.91	14.59
2015	52.47	24.61	27.48	16.53

根据上表可以看出,南京市契税收入近几年均保持增长态势,并在 2013 年涨幅达到最大,达到 27.64%,随后两年增长率虽有所下降,但总体契税收入仍逐年上涨,这与 2013 年南京房价迅速增长,2014 年有所下降,2015 年得到一定控制的走向基本保持一致。无锡契税同样在 2013 年涨幅达到最大,为 11.14%,随后持续下降,至 2015 年出现了负增长,下降幅度较大为 22.5%,无锡房价在 2015 年的下降比例也较大,下降 3.6%。徐州契税情况与无锡情况相似,在 2015 年的契税收入大幅度下降,下降 13.87%。扬州的契税收入到 2014年一直持续下降,并在 2014 年契税收入最少为 14.59 亿元,但在 2015 年略有回升。

新常态下,南京契税收入保持稳定增长,无锡、徐州和扬州三市的契税收入受房价下降的影响,都出现了不同程度的减少。其中,徐州契税收入减少幅度最大,相较于新常态以前减少约 5.5 亿元,由于南京房价没有出现较大幅度下降,因此其契税收入仍保持在稳定增长。

南京和无锡作为苏南的代表,扬州为苏中的代表,徐州为苏北的代表,通过比较可以明显地看出四市的房地产价格指数与契税基本呈现出正相关关系,随着房价的上升,契税收入也随之增加。

表 8 - 23　2011—2015 年江苏省契税收入及其增幅　　　　　　单位:亿元

年份	契税收入	契税增幅
2011	318.23	−2.00%
2012	331.15	4.06%
2013	383.75	15.88%
2014	401.69	4.68%
2015	370.11	−7.86%

根据之前对江苏省四个典型城市的分析,得出房价与契税收入之间的关系,由于 2013 年房价的大幅度上涨,江苏省整体契税增幅也达到了近五年最大值 15.88%,总收入增加约 50 亿。新常态下,2014 年和 2015 年受到房价控制和经济结构转型的影响,契税收入增长明显放缓,甚至出现了负增长。2014 年契税总量达到最大为 401.69 亿元,此时其总量相比于 2011 年增长了约 100 亿元,但 2015 年契税收入降至 370.11 亿元。2014 年房价的迅速下降与商品房供不应求和个人房贷利率的下降相关,由于 2013 年房价的迅速上涨,房地产商加大房产供应,最终导致其供不应求。房价大幅度下降会导致我国经济的不稳定运行,而我国主动放缓经济增速换取调结构、稳增长、提质量,步入新常态,与房价的下降相适应,虽然导致税收规模的缩小,契税等相关房地产税收的减少,但在一定程度上促进了经济的平稳运行,有利于经济的持续发展。

(2) 基于商品房销售面积的视角

商品房销售面积同样是影响房屋成交价格的重要因素,也是影响契税的重要因素。商品房销售面积的增加在一定程度上可以反映房屋交易数量的增加,也反映出房地产市场的发展情况,通过比较房屋销售面积并综合考虑当年的房价因素,可基本了解到其与契税之间的关系。

表 8 - 24　2011—2015 年江苏省商品房销售面积及其增长率　　单位:万平方米、%

年份	商品房销售面积	商品房销售面积增长率
2011	7 976.45	−15.91%
2012	9 021.52	13.10%
2013	11 454.77	26.97%
2014	9 846.83	−14.04%
2015	11 414.05	15.92%

2013 年受到房地产市场发展态势良好的影响,商品房销售面积有了较大幅度的增加,达到近几年增长率最大,为 26.97%,2014 年房地产市场整体经济下滑,商品房销售面积也有较大程度的回落,但 2015 年随着房价的下降,商品房销售面积有所增加。2011—2014 年

商品房销售面积与契税收入基本保持一致,2015年虽然商品房销售面积有所增长,但仍受房价下降的影响较大,且新常态后总体经济增速放缓,契税收入出现了负增长。从苏南、苏中、苏北三个区域的商品房销售面积来看:

① 苏南地区的商品房销售面积及契税收入

依据《2011—2015年江苏省商品房销售面积及其增长率》表,可计算得到2011—2015年苏南地区房地产开发投资额及其房产税收入情况表,见下表8-25:

表8-25　苏南商品房销售面积及契税收入　　　　　　　单位:万平方米、亿元

年份	商品房销售面积	商品房销售面积增长率	契税收入	契税增长率
2011	3 630.96	—	—	—
2012	4 520.44	24.50%	163.89	—
2013	5 474.69	21.11%	180.48	10.12%
2014	4 953.54	−9.52%	201.00	11.37%
2015	6 045.92	22.05%	169.79	−15.53%

新常态下,苏南的商品房销售面积在2014年受楼市不景气的影响出现了负增长,其他年份其商品房销售面积均有所提升,特别是2015年,在经历2014年楼市的萧条后,商品房销售面积的大幅度增加在一定程度上反映了房地产市场的回暖。

苏南地区在2014年契税收入达到最大201亿元,比2013年增长11.37%,虽然2014年商品房销售面积下降,但苏南地区整体房价保持基本稳定,南京地区还出现了一定的增长,所以综合两个因素的影响,2014年苏南地区契税收入出现了增长。但在2015年契税收入又出现了明显的下降,同比下降15.53%。这与2015年房价调控初现成效相关,苏南大部分地区房价都在一定程度上有所下降,南京房价也保持与上一年持平,所以2015年苏南契税收入有所下滑,总体来看,苏南地区受房价波动影响较大,而受商品房销售面积的影响较小。

② 苏中地区的商品房销售面积及契税收入

依据《2011—2015年江苏省商品房销售面积及其增长率》表,可计算得到2011—2015年苏中地区房地产开发投资额及其房产税收入情况表,见下表8-26:

表8-26　苏中商品房销售面积及契税收入　　　　　　　单位:万平方米、亿元

年份	商品房销售面积	商品房销售面积增长率	契税收入	契税增长率
2011	1 698.18	—	—	—
2012	1 641.08	−3.36%	56.51	—
2013	2 226.15	35.65%	69.57	23.11%
2014	1 994.45	−10.41%	65.50	−5.85%
2015	2 104.62	5.52%	67.59	3.20%

新常态下,苏中商品房销售面积在2014年受楼市大跌的影响严重,商品房销售面积出现了较大幅度的下降,下降约10.41%,2015年商品房销售面积虽有所回升,但涨幅不是特

别明显,这与房地产行业近几年的变化情况相一致。苏中地区契税收入同样在2014年有所下降,下降约5.85%,2015年有所上升,上涨幅度也不大。苏中地区的契税收入与商品房销售面积呈现出一致的特征,2014年出现负增长,2015年有所回升。这就表明在苏中地区,商品房销售面积对契税收入产生了较大的影响,呈现出正相关关系。

③ 苏南地区的商品房销售面积及契税收入

依据《2011—2015年江苏省商品房销售面积及其增长率》表,可计算得到2011—2015年苏北地区房地产开发投资额及其房产税收入情况表,见下表8-27:

表8-27　苏北商品房销售面积及契税收入　　　　　　　　　　单位:万平方米、亿元

年份	商品房销售面积	商品房销售面积增长率	契税收入	契税增长率
2011	2 647.31	—	—	—
2012	2 860.00	8.03%	112.43	—
2013	3 753.93	31.26%	133.67	18.89%
2014	2 898.84	−22.78%	135.20	1.14%
2015	3 263.50	12.58%	119.52	−11.60%

新常态下,苏北地区在2014年商品房销售面积增长率急剧下降,出现负增长,且减少幅度较大,相较于2013年下降了22.78%,到了2015年有一定程度的回升,但仍没能回到2013年商品房销售额最大值的程度。苏北地区契税收入2014年增幅出现明显下降,但契税收入总量仍维持增加,2015年契税收入总量有较大幅度的下降,下降约11.6%。

2014年虽然商品房销售面积出现了较大幅度的下降,但部分城市房价仍有小幅度的上涨,受两个因素同时作用的影响,2014年契税收入虽然没有下降,但增幅明显降低。2015年商品房销售面积出现了小幅度回升,但受到房地产行业调控使得房价下降的影响,总体契税收入出现了负增长,下降幅度较大。不难看出,苏北地区的契税收入受到两种因素的同时作用而发生总量与增幅的增长变动。

总而言之,由于契税是对房产土地的承受方所征收的一种税,消费者的购房行为对契税影响较大,而房价是影响消费者购房心理的一个最主要因素之一,从以上分析也可以看出房屋价格指数的变化与契税的变化情况基本趋于一致,但各地区具体还会受到商品房销售面积、征收监管力度等多重因素的影响,所以各地具体情况有所差异。

3. 新常态下江苏省车船税的基本分析

2010年国家税务总局网站公布消息,我国车船税新政策将车船税定义为财产税性质的税种,分为7个梯度按照排量进行征税。2011年2月23日,全国人大常委会再度审议车船税法草案,仍然规定乘用车按照排气量划分7个档次进行征税。只是较草案降低了排气量在2.0升及以下乘用车的税额,提高了大排气量的乘用车税额。车船税改革过程中不仅将车船税征作财产税,而且还顺理成章地为车船税戴了顶推动节能减排的"桂冠"。2015年5月7日起,对节约能源车船减半征收车船税,对使用新能源车船免征车船税。这就明确了国家对车船税征收目的从调节社会财富分配扩大至推动节能减排。

我国进入由高速增长期过渡到中高速增长期的经济新常态后,要想提升经济增长质量,

使经济健康、持续,就要寻找新的经济增长点,而大力促进节能减排、发展循环经济不但是我国实现经济可持续发展的必由之路,而且是确保今后我国经济持续、健康发展的新亮点。新能源的开发以及节能减排将是我国未来经济的一大亮点。首先是能够扩大节能产品市场消费。如大力发展新能源汽车,包括混合动力汽车、电动汽车等,既能够使能源多样化,又能够减少碳、氮氧化物的排放。因此我国于2015年出台的车船税免征政策就是为适应新常态而作出的调整。

车船税收入的增长,一方面得益于车船数量的增长,近几年,随着我国经济的快速增长,人均收入水平逐步提高和国家促进汽车产业政策的出台,我国汽车产业步入良性循环增长阶段,为车船税收入的增长提供了丰富的税源。另一方面也与地方税务局的征收管理办法有直接关系,江苏省在全国率先实现了车辆缴纳车船税全部由保险机构代收代缴,船舶缴纳车船税全部由海事部门代征。江苏省地税局有关负责人表示,建立车船税征管部门协作机制是贯彻落实车船税法及其实施条例的重要举措,也是利用部门协作优势加强征管,堵漏增收,切实抓好当前组织收入工作的有效手段。下面本书拟江苏省民用汽车和私人汽车拥有量的方面来分析汽车拥有量的增加对江苏省车船税收入的影响。

表 8-28　2011—2015 年江苏省民用汽车和私人汽车拥有量　　　　单位:万辆

年份	民用汽车拥有量	民用汽车拥有量增长率	私人汽车拥有量	私人汽车拥有量增长率
2011	675.18	—	528.86	—
2012	802.20	18.81%	646.69	22.28%
2013	944.35	17.72%	780.43	20.68%
2014	1 095.45	16.00%	927.48	18.84%
2015	1 247.86	13.91%	1 076.90	16.11%

根据图 8-9 可以看出,"十二五"期间,民用汽车拥有量和私人汽车拥有量的增幅都呈现出下降的趋势,这与车船税近几年增幅的下降相一致,但总量仍保持增加。2015 年民用汽车拥有量和私人汽车拥有量基本为 2011 年汽车拥有量的两倍,2011 年江苏省车船税收入为 20.17 亿元,到了 2015 年为 41.74 亿元,约为 2011 年税收收入的 2 倍。但民用汽车拥

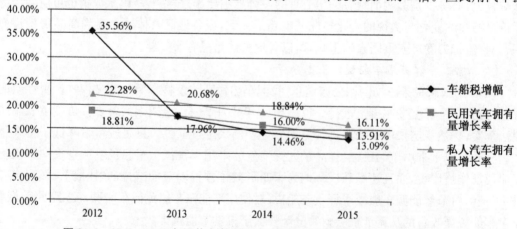

图 8-9　2012—2015 年江苏省车船税、民用汽车拥有量和私人汽车拥有量增幅

有量 2015 年增长率相较于 2011 年下降约 4.9％,私人汽车拥有量下降约 6.17％,车船税下降约 22.47％。

新常态下,民用汽车和私人汽车拥有量都保持增长态势,但其增长率持续下降。汽车拥有量增长率的下降在一定程度上与汽车行业步入"新常态"密不、苏南可分,中国汽车工业协会常务副会长兼秘书长董扬在 2015 中国汽车论坛上表示新常态下,中国汽车产业已经由高速增长阶段,直接进入了中高速增长阶段。虽然中国汽车人均保有量还明显低于世界平均水平,但由于环境和交通压力,使得许多大城市实行限购限行政策。同时,除了汽车之外,中国拥有大量摩托车、电动自行车作为补充,所以,中国汽车市场增长的新常态,就是增速由 20％以上直接降为 5％—10％。① 另一方面,中国汽车产业发展的新常态应该是科学发展、协同发展,再不能不管排放水平、节能水平,单纯追求数量,这与中国鼓励节能减排的政策相适应,在一定程度上也使汽车保有量增长率下降。

表 8 - 29　2011—2015 年江苏省民用汽车拥有量　　　　　单位:万辆

年份	苏南	增长率	苏中	增长率	苏北	增长率
2011	419.22	20.56％	112.96	24.34％	153.95	22.45％
2012	492.55	17.49％	137.01	21.29％	181.23	17.72％
2013	575.92	16.93％	166.2	21.31％	209.85	15.79％
2014	666.55	15.74％	195.51	17.64％	239.48	14.12％
2015	749.69	12.47％	225.85	15.52％	269.84	12.68％

苏南民用汽车拥有量自 2011 年起不断增加,2015 年达到了 749.69 万辆,相较于 2011 年的 419.22 万辆大约增长了一倍,但增幅持续下降,从 2011 年的 20.56％下降至 2015 年的 12.47％,五年间增长率下降约 8％,这与江苏省整体民用汽车拥有量变化基本保持一致;苏中 2011 年汽车拥有量为 112.96 万辆,2015 年约为 225.85 万辆,也增长了一倍,但增幅同苏南地区一致处于持续下降;苏北民用汽车拥有量 2011 年为 153.95 万辆,2015 年为 269.84 万辆,也有较大的增长。江苏省三个地区民用汽车拥有量变化基本保持一致,因此导致了总体车船税的变化趋势。②

新常态下,苏南、苏中、苏北民用汽车拥有量总量增加,增长率下降,这与新常态以前趋势基本一致,因此,车船税应继续发挥其节能减排的作用,鼓励新能源汽车购买,虽然这会导致汽车保有量增速的下降,从而引起车船税增长率的下滑,但这种增速的下降可以有利于环境的保护与经济可持续增长,对未来经济长期发展有着深远的影响,因此,应着眼于长远考虑,发挥车船税节能减排的作用。

四、结论与政策建议

我国经济已经步入中高速发展的新常态,为了适应新常态,应逐步完善财税体制改革,

---

①　陈志炳.详解中国汽车行业十大新常态[EB/OL]http://www.cnautonews.com/cyc/pcv_sc/201504/t20150427_401495.htm,2015,4,27/2016,10,09.

②　各市地方税务局未公布车船税具体数额,无法对其进行统计。

增强税制结构的协调性,新常态下税收发展具有以下几个特点:第一,税收增长速度由两位数变为一位数,由超高速增长转变为中高速平稳增长,从江苏省财产税的情况来看,由 2012 年的 12.96% 的增长率转变到 2015 年财产税的负增长,是税收增长进入新常态的明显表现。第二,宏观税负将趋于稳定,这不仅是政策的决定,现实中宏观税负也是趋于稳定的状态。近几年来江苏省财产税的宏观税负水平维持在 1% 左右的状态,2015 年虽有所下降,但下降幅度不大,同时,2015 年江苏省财产税税收边际系数出现了负数,也体现了其宏观税负趋于稳定的特征。第三,税收政策将趋于积极,主要特点就是其减税趋势,从结构性减税到大范围减税,契税对家庭唯一普通住宅减免力度加大,车船税对使用新能源的车船免征车船税,都使得江苏省财产税税收增长率有所下滑,并在 2015 年财产税总量有了一定的下降,这些也适应了新常态下减税的趋势。根据前文的系统分析,本书认为:

(一)应加快房地产税立法进程,推动现行房地产税改革

1. 有利于国家对房地产产业的宏观调控

从房产税和契税综合角度来看,由于其都归属于房地产税之中,因此,应积极配合国家加快房地产税法的立法进程,将房地产税制上升到法律高度,通过法律形式来保障我国房地产税制改革、规范房地产税收制度对进一步完善和优化房地产税收法律体系,实现国家对房地产产业的宏观调控等具有重要的现实意义。2016 年 3 月 11 日,全国人大常委会预算工作委员会副主任刘修文在十二届全国人大四次会议记者会上回应了现阶段房地产税的立法与改革情况。他介绍,房地产税法由预算工作委员会和财政部牵头研究。调整后的人大常委会立法规划已经将房地产税法列入了第一类的立法项目。全国人大常委会今年的立法工作计划,将房地产税法列入为预备项目。2015 年,房地产市场持续低迷,去库存压力很大,一些地方陆续取消了诸如限购、限贷等措施。按照十八届三中会议精神,以市场调控和税收法定来替代行政调控,是促进房地产健康稳定发展的重要手段。从刘修文的回答中,可以看到在房地产税立法方面,加快税改步伐的态度是相当明确的,但由于房地产作为国家支柱产业,需要考量的环节和方面还有很多,因此在操作上还是较为审慎,需要适时推进。

房地产税法改革或将更多地指向提高个人住房的保有环节税负,对房地产建设以及交易环节相关税费负担则可能会有所降低。如果房地产税法侧重于保有环节的征税,对遏制以往房地产市场的过度投机行为可能发挥相当重要的作用。因为其将抬高持有成本,拉低收益预期,从而让过去那种“一窝蜂”杀进楼市的炒房者多些思量。江苏省应积极配合国家房地产税的立法工作的推进与执行,以实现地方财产税收入的可持续增长。

2. 有利于保证地方政府的财政收入

由于房产税和契税也同属于地方财政范围,所以继续推动现行房地产税改革需有利于地方风险防控,保证地方政府的财政收入。本质上而言,新常态就是经济运行下行压力在较长周期内存在。由于经济新常态的存在,财政运行必然也会呈现新常态,即财政收支平衡难度进一步加大,受地方政府债务的叠加影响,地方财政运行风险程度进一步加大。具体来说,有利于风险防控,必须满足收支平衡要求和地方政府债务管控要求。满足收支平衡要求,实际上就是保障地方政府获得可持续的收入。随着“营改增”的完成,作为地方财政的主体税种的营业税不再存在,地方财政可持续收入面临较大挑战。除了在体制上需要中央进行必要的转移支付安排外,客观上还需要地方开辟新的税源来弥补财力缺口。因税源广泛且便于地方征管,开征房地产税有利于地方政府获得可持续收入,继而有利于实现财政收支的平衡需要。满足地方政府债务管控需求,就是要合理引导社会公众的固定资产投资保值预期,合理发挥房地产业在国民经济发展中的重要驱动作用,坚决避免房地产税的顺周期调节作用,通过出台时机、税率设置、课税对象等方面的审慎设计,合理调节各级政府在土地出让、房产开发、交易等环节的收入,实现地方政府债务在合理区间内整体可控①。同时,政府获得可持续收入也有利于地方政府职能的发挥,受"营改增"的影响,地方政府税收收入下降,急需寻找新的地方税收主体税种,由于近年来房地产行业的迅速发展,房地产税在江苏省地方税收收入的比重不断提高,成了近几年江苏省地方财政稳定的税收来源,继续推行房地产税改革也保障了地方政府职能的发挥。

(二)应发挥车船税节能减排的政策导向

新常态下要求生产从环境破坏向绿色生态转变。我国生态环境具有明显的脆弱性,巨大的人口总量,不断增强的活动强度和提高生活质量的要求,与生态环境的承载能力构成了尖锐的矛盾。当前,我国生态环境总体功能在下降,抵御各种自然灾害的能力在减弱。现实发展与生态环境间的矛盾,要求我们必须牢固树立新的发展观,充分利用各种科技手段,积极发展循环经济,使经济发展与生态环境建设相协调,使经济增长从环境破坏型转向绿色生态型增长。2011 年出台的新车船税法起到了在政策上引导的导向作用,使排量和实际缴纳税额挂钩,进一步影响消费者心理,从而起到引导消费的作用。车船税是财产税的一种,直接作用于消费者,影响消费者的消费心理,制造厂又需要迎合消费者的心理来制作新产品,所以车船税会在一定程度上影响汽车工业的发展。消费者所购买新能源车而节省的用车成本,使更多的消费者乐于选择新能源车;而更重要的方面是,对广大的汽车生产以及销售企业来说,这是一个我国针对汽车产业新能源汽车扶持的一个信号,以此来引导我国汽车产业的发展方向。在这样的大背景下,要继续充分发挥车船税的作用,通过对车船税的征收在一定程度上控制民用汽车的自有量,引导汽车合理消费,促进汽车产业结构调整,促进节能减排政策的推行。

(三)应加强财产税税收监管力度,完善监管体系

新常态下,江苏省地方税务局还应继续加强对财产税的税收监管力度,以保证在整体经济增速放缓,税收增长进入中高速增长的态势下,保障地方财产税收入。地方税务的税收征管办法与税源监控能力与财产税税收规模、税负情况等有着密切关系,税收征管的加强可以在很大程度上防止税源的流失,使相应的税收政策充分发挥其作用,税收政策的制定与落实需要强有力的税收监管来保证,特别是财产税是对于财产保有环节征税,若监管力度缺乏,就会导致税收征收缺失,增加了投机炒房的机会,丧失了房地产税征收的有效性。

1. **建立健全房地产信息登记系统**

首先,应建立房地产信息登记系统,加强不动产和个人住房信息统一登记制度建设,保证房产税的税收收入。自《不动产登记暂行条例》正式实施后,健全了财产登记制度,增加了房产税的监管范围,但对税率的核定仍存在困难。因此,应在较为完善的房地产信息数据库的基础上建立健全的房地产信息登记系统,这样既能够保障政府的财政收入,又可以规范信

---

① 李志勇. 新常态下房地产税分类改革研究[J]. 经济研究参考,2015(51):30-33.

息的使用,保证房地产税的完整征收。江苏省地税局应进一步完善 2015 年制定《江苏省房地产交易税收管理办法》,加强登记制平台的建设。

2. 组建契税征管信息网

对于契税的征收,应在全国范围内建设由土地、房屋、契税管理部门共同组建的契税征管信息网,加快信息网络建设,加快全国房地产信息网上登记,定期发布各地房地产价格指数,这些均为契税征管提供坚实的基础。建立科学合理的房屋计税价格信息平台,同房管局、物价局在调查、测算的基础上联合公布各住宅小区二手房市场平均交易价格,以此作为计税价格核定的基本依据,按照一定的浮动幅度和楼层系数核定某小区的最低计税价格。①

3. 完善车船税代收代缴与信息共享机制

江苏省在全国率先实现了车辆缴纳车船税全部由保险机构代收代缴,船舶缴纳车船税全部由海事部门代征,但按照目前较高的汽车普及率,这种代收代缴方式仍较为单一,会影响政府部门征收车船税的办公效率,同时也对异地牌照车辆纳税造成诸多不便。因此政府部门可以整合资源,增加征收方式和代缴渠道。例如通过增加银行转账、自动柜员机以及网络缴纳的方式。同时应规范代收代缴的流程、保险公司申报的内容以及税务机关和保险机构各自负担的责任。还应建立完善的车船税征收信息共享机制,在全国范围内实现信息的联网查询,减少税制漏洞,规避偷税漏税的行为发生。对于异地牌照的车辆,在信息共享的前提下,可以根据车主自身偏好选择车辆登记地或者车辆使用地进行税款的缴纳。②

———————————

① 苏文宁,胡勤忠,殷守明.完善契税征收管理的建议[J].税务研究,2015(368):74-77.
② 王一棠.新车船税法对汽车产业的影响[D].吉林大学,2012.

第九章　新常态下江苏省资源税研究

一、资源税的概述

(一) 资源税的概念

资源税是对使用或支配自然资源的纳税人作为征税对象的税收体系。资源税的概念有广义和狭义之分,此处选取资源税的广义含义,它不是单独的一个税种,而是作为一个税收体系而存在,包括资源税、土地增值税、城镇土地使用税以及耕地占用税四个税种。我国现行的资源税是在 1994 年税制改革时修订施行的,以调节资源级差收入为政策目标,资源税制度在成立的这十几年来经历了不断调整和完善,为的是更好地与经济发展情况相协调。

征收资源税在我国的税赋历史上可以上溯到周朝时期的"山泽之赋",也就是对伐木、采矿、狩猎、煮盐、捕鱼等进行的课税。战国时期,秦国对盐的生产、运销征收"盐课"。明朝实行对铜、铝、银、朱砂等矿产品征收称为"坑治之课"的矿税。国民党政府统治时期,也曾对盐、铁课税。新中国成立以来,资源税也经历了从无到有的过程。

我国资源税制度的发展总共经历了五个阶段:无偿开采阶段、有偿开采的萌芽阶段、第一代资源税制度、"税费并存"制度的确立和第二代资源税制度。我国在 2016 年 7 月 1 日正式进行了资源税改革,现在已经处于资源税第六阶段。

(二) 资源税的相关法律条例

1984 年 9 月 18 日,国务院颁布了《中华人民共和国资源税条例(草案)》,规定了从当年的 10 月 1 日起开始征收资源税。1993 年 12 月 25 日,国务院重新修订颁布了《中华人民共和国资源税暂行条例》,从 1994 年 1 月 1 日起施行,对资源税进行了重大改革。2000 年以后,根据资源税运行中的实际情况,国家对资源税部分应税产品的税额、征收管理等方面又相继进行了局部调整,这些改变说明了我国政府对资源税的地位和作用认识不断深化,运用资源税改变过度开采资源现状的意图也越来越明显。

1994 年分税财政管理体制将资源税主要作为地方税,江苏省依据全国资源税相关的条例也推出和制定了江苏省资源税事实细则,使得资源税的征收管理方法能够符合江苏省的发展。2014 年的新常态经济也对资源税产生了一些影响。

(三) 资源税的主要特点

与商品税、所得税等其他税收体系相比,资源税具有自身的一些特点。

1. 对部分自然资源征税,具有针对性

微观的资源税针对部分矿产资源和盐类资源进行征税;土地增值税是对转让国有土地使用权、地上的建筑物及其附着物并取得收入的单位和个人进行征税;城镇土地使用税是按规定税额对拥有土地使用权的单位和个人征收的一种资源税;耕地占用税是国家对占用耕地建设房屋或者从事其他非农业建设的单位和个人按照规定税额一次性征收的一种税。

2. 具有区域性

矿产资源和盐类资源具有鲜明的区域性,而资源税将矿产资源和盐类资源作为征收对象,所以资源税也具备了区域性的特征。

3. 具有受益税性质

资源税不是人人都需要缴纳的,遵循谁受益谁缴税原则,只对利用或占用了资源税课税税目里的单位和个人征收。

4. 兼具资源所有权和政治权利

国家不仅拥有政治权利,还同时拥有自然资源的所有权。资源税从本质上说,是国家凭借政治权利和对自然资源所有权的双重权利对开采者征收的一种税,所以同时具有这两种特征。①

(四) 资源税的基本功能

1. 保护自然资源,防止自然资源被无偿与廉价使用

我国资源税实行选择性并列举征收的方法,在不断的摸索和改革中,资源税的征收范围在不断扩大和完善,征收办法变得越来越科学和行之有效,使价格更好地反映资源的稀缺性、反映市场上资源产品的供求关系和反映附加在资源产品上的所有成本。这有利于进一步贯彻落实国家加强资源的宏观调控的措施,使自然资源被更好的保护。

2. 增加地方财政收入

资源税主要是由各省市地税局征收,它为持续增长的地方公共财政支出提供较为稳定的收入来源,减轻地方财政压力。我国资源主要分布在中西部地区,并且中西部地区的经济比东部地区的经济落后很多。因此,中西部地区应该抓住自身拥有的优势,合理开采资源,发展地区经济,提高人民生活水平。

3. 保护环境

近两年来,习近平总书记提出了"金山银山不如绿水青山"的口号,突出强调了保护环境的重要性,资源税的重要性不言而喻。尤其是一些过度开采资源,使得资源被过度消耗的地区更遭受生态破坏和大气污染的痛苦。在这些地区,更加凸显了资源税保护环境的作用。②理论上而言,资源税税收政策是调节经济的重要工具和杠杆,能够通过一定的传导机制影响微观经济主体的行为,合理的资源税税负可以使资源产品的价格体现资源的稀缺性,进而能够遏制资源的过度开采,促进资源的有效利用。

人类经济与社会发展仍严重依赖于不可再生的化石能源,而随着不可再生资源的日益稀缺以及环境的不断恶化,资源税日益成为保护自然资源与生态环境、实现代际公平的重要举措。

(五) 我国 2011—2015 年资源税的整体情况

表 9 - 1 详细列出了 2011 年以来我国资源税的基本情况:

---

① 杨树琪. 我国资源税定位与税收制度的匹配性研究[J]. 云南财经大学学报,2012(5):88.
② 先福军. 对强化资源税职能作用的思考[J]. 税务研究,2014(2):42.

表 9 - 1　全国 2011—2015 年资源税税收收入情况　　　　单位：亿元

	2011 年	2012 年	2013 年	2014 年	2015 年
资源税	595.87	904.37	960.31	1 039.38	997.07
土地增值税	2 062.61	2 719.06	3 293.91	3 914.68	2 142.04
城镇土地使用税	1 222.26	1 541.72	1 718.77	1 992.62	3 832.18
耕地占用税	1 075.46	1 620.71	1 808.23	2 059.05	2 097.21
资源税总计	4 956.2	6 785.86	7 781.22	9 005.73	9 068.50
资源税增长率	38.11%	36.92%	14.67%	15.74%	0.70%
地方税收收入	41 106.74	47 319.08	53 890.88	59 139.91	62 661.93
地方税收增长率	25.70%	15.11%	13.89%	9.74%	5.96%
资源税总额占比	12.06%	14.34%	14.44%	15.23%	14.47%

根据表 9 - 1 的数据可知，资源税总额一直呈现出增长趋势，并且资源税占全国地方税收收入的比重在 2014 年之前逐年增加，但是在 2015 年有所下降。具体来看，资源税增长率在 2013 年大幅度下降，降了约 23%，因为 2012 年国家房地产经济形势下行，住宅建设量和成交量大幅度减少，使得土地增值税、城镇土地使用税和耕地占用税税收总量增长幅度减小；并且 2011 年进行了资源税改革，在 2012 年时资源税改革政策基本落实，使得 2013 年微观资源税增长量较 2012 年大幅度减少。2014 年下半年进入新常态经济之后，资源税税收收入增长速度明显放缓，具体表现为 2015 年的资源税增长率比 2014 年下降了 15.04%，由两位数的资源税增长率降为零点几的增长率。

资源税在税收收入中占有不小的比重，并且"营改增"之后，营业税退出了历史舞台，资源税在地方财政中的作用日益凸显。

二、江苏省资源税的基本情况

（一）江苏省资源税的总量情况

表 9 - 2　江苏省 2011—2015 年资源税收入情况　　　　单位：亿元

	2011 年	2012 年	2013 年	2014 年	2015 年
资源税	12.48	21.93	23.39	25.33	26.48
土地增值税	256.97	317.17	405.79	444.89	437.01
城镇土地使用税	125.73	149.25	163.44	176.06	180.06
耕地占用税	54.33	57.96	42.91	34.74	31.76
资源税总计	449.51	546.31	635.54	681.02	675.32
资源税增长率	—	21.54%	16.33%	7.16%	-0.84%
税收收入	4 124.62	4 782.59	5 419.49	6 006.05	6 610.12
资源税总额占比	10.90%[①]	11.42%	11.73%	11.34%	10.22%

---

① 国家统计局：http://www.stats.gov.cn/

根据表9-2可知,资源税总额基本呈现增长趋势,但是资源税增长率却在逐年下降,在2015年甚至出现了负值。因为2014年下半年我国进入新常态经济的初期阶段,江苏省也积极响应国家号召,进行了经济结构调整,并且放缓经济增长速度,由高速增长转为中高速增长。虽然2015年的资源税总量相比2014年有些许减少,但是仍超过670亿元。

(二)江苏省资源税的分税种情况

1. 资源税

(1)资源税的基本情况

资源税是以部分自然资源为课税对象,对在我国境内开采应税矿产品及生产盐的单位和个人,就其应税产品销售额或者销售数量和自用数量为计税依据征收的一种税。资源税主要是为了调节资源级差收入并体现国有资源有偿使用而征收的一种税,我国资源税的立法原则是普遍征收和级差调节。

资源税作为环境税收组成的一部分,征收资源税,能够将开采、使用和利用资源的外部成本内部化,因此提高了资源的利用效率,从而减少了资源的浪费,实现了节能减排的目标,达到了保护环境、节约自然资源的目的。

(2)江苏省2012—2015年资源税收入的分析

表9-3　江苏省2011—2015年资源税收入情况　　　　单位:亿元

年份	资源税收入	资源税增长率	税收收入总额	资源税占比
2011	12.48	24.06%	4 124.62	0.30%
2012	21.93	75.76%	4 782.59	0.46%
2013	23.39	6.66%	5 419.49	0.43%
2014	25.33	8.26%	6 006.05	0.42%
2015	26.48①	4.56%	6610.12	0.40%

从上述江苏省近五年资源税收入的统计情况可以发现如下规律:第一,从2011年起,江苏省每年资源税收入呈现上升趋势,2015年的资源税收入为2011年的两倍多;第二,税收增长率呈现先大幅度下降然后缓慢上升再下降的态势。从2012年起,各年资源税收收入增长率分别为75.76%、6.66%、8.26%、4.56%;第三,2012年资源税收入的变化最为明显,无论是税收总量还是增长率方面,都有很大幅度的提高。根本原因在于2011年开展的资源税改革,2011年11月1日起全国统一实行《资源税暂行条例》。石油、天然气进行了资源税改革,从量计征改为了从价计征,江苏省的资源税的收入因此得以在2012年大幅度上升。②

根据表9-3可作下图:

---

① 国家统计局:http://www.stats.gov.cn/
② 王开田.江苏税收发展研究报告(2013)[M].南京:南京大学出版社,2014:107.

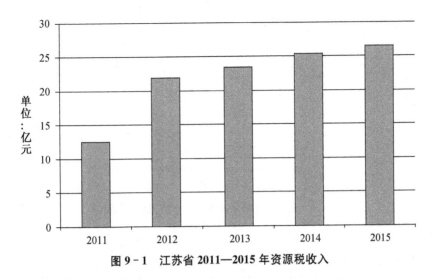

图 9 - 1　江苏省 2011—2015 年资源税收入

从上图可以看出江苏省资源税在 2011—2015 年资源税总量一直呈现增长趋势,资源税总量在步入 2012 年之后都处于 20 亿元之上,并且增长速度在进入新常态经济后放缓。

（3）江苏省资源税与全国资源税的比较分析

江苏省资源税与全国资源税的基本情况为：

表 9 - 4　全国和江苏省的资源税收入及增长率　　　　　　　　单位:亿元

年份	全国资源税收入	全国资源税收入增长率	江苏省资源税收入	江苏省资源税增长率
2011	595.87	42.70%	12.48	24.06%
2012	904.37	51.77%	21.93	75.76%
2013	960.31	6.19%	23.39	6.66%
2014	1 039.38	8.23%	25.33	8.26%

根据表 9 - 4 可知,全国资源税收入远远超过江苏省资源税收入,约为江苏省资源税收入的 50 倍,说明江苏省的矿产资源和盐类资源并不是很丰富。中西部地区的矿产资源和盐类资源非常丰富,储存量和未开采量都非常巨大,所以江苏省资源税收入连全国资源税收入的零头都不到。

再从全国和江苏省的资源税增长率折线图可以看出,两者的变化趋势基本一致,尤其是进入新常态经济以后,两条折线基本重合。2012 年,全国资源税增长率和江苏省资源税增长率均达到最高点,并且江苏省的资源税增长率要高于全国资源税增长率 24%。因为 2011年对石油和天然气进行了资源税改革,使得江苏省的资源税增长率在 2012 年超过了全国的资源税增长率。2013 年处于新常态前期阶段,资源开发和利用结构在慢慢发生改变,全国资源税增长率和江苏省资源税增长率都出现了"断崖式"下跌,全国资源税增长率减少了46%左右,江苏省资源税增长率减少了约 70%。2014 年进入新常态阶段之后,全国资源税增长率和江苏省资源税增长率都出现了回升现象,并且增幅大体相同,说明江苏省资源税较好地适应了新常态经济的发展情况。

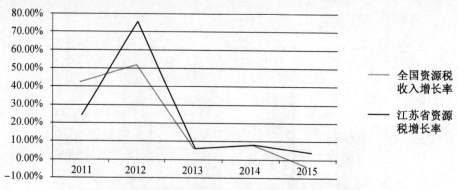

图 9-2　全国资源税增长率和江苏省资源税增长率

2. 土地增值税

（1）土地增值税简介

土地增值税是对转让国有土地使用权、地上建筑物及其附着物并取得收入的单位和个人，以转让所取得的收入减掉法定扣除项目金额后的增值额为计税依据向国家缴纳的一种税赋，不包括以继承、赠予方式无偿转让房地产的行为。

我国从 1994 年起开始征收土地增值税，开征土地增值税，一方面是我国进一步改革和完善税制的需要，另一方面也是增强国家对房地产的开发和房地产的调控力度的需要。征收土地增值税增强了政府对房地产开发和交易市场的调控，有利于抑制炒买炒卖土地获取暴利的行为，也增加了国家财政收入。

（2）江苏省 2011—2015 年土地增值税收入的基本情况

江苏省 2011—2015 年土地增值税收入基本情况如下表：

表 9-5　江苏省 2011—2015 年土地增值税收入　　　　　　　　　单位：亿元

年份	土地增值税收入	土地增值税增幅	税收收入	土地增值税占比
2011	256.97	50.84%	4 124.62	6.23%
2012	317.17	23.43%	4 782.59	6.63%
2013	405.79	27.94%	5 419.49	7.49%
2014	444.89	9.64%	6 006.05	7.41%
2015	437.01①	−1.77%	6 610.12	6.61%

根据表 9-5 可知：第一，从 2011 年起，江苏省每年税收收入的绝对额都呈现上升趋势，2015 年的税收收入为 2011 年的 1.6 倍；第二，进入新常态阶段以后，江苏省的土地增值税收入呈现了明显且急速的下降趋势，其增速由 2012 年和 2013 年的 20 多个百分点骤降为 11 个百分点下，2015 年甚至是负增长；第三，2014 年是土地增值税变化最为明显的一年，税收增加量较少并且增长率下降明显，这与我国经济于 2014 年开始明确进入新常态阶段的经济发展形势极度切合。仔细探究其原因，是因为 2014 年和 2015 年房地产行业的整体不景

---

① 国家统计局：http://www.stats.gov.cn/

气也使得江苏省土地增值税的下降形势雪上加霜。

以表9－5为基础,便可得到相应的江苏省土地增值税规模的柱形图:

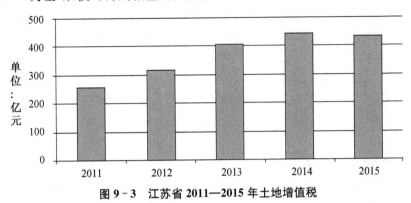

图9－3　江苏省2011—2015年土地增值税

从图9－3可以看出:2011—2014年中,江苏省土地增值税总量呈现增长趋势,并且增长速度在进入新常态经济后放缓,在2015年首次出现了土地增值税总量下降的现象。

(3)江苏省土地增值税与全国土地增值税的比较分析

江苏省土地增值税与全国土地增值税的基本情况为:

表9－6　全国和江苏省土地增值税收入及增长率　　　　　　　　单位:亿元

年份	全国土地增值税收入	全国土地增值税增长率	江苏省土地增值税收入	江苏省土地增值税增长率
2011	2 062.61	61.36%	256.97	50.84%
2012	2 719.06	31.83%	317.17	23.43%
2013	3 293.91	21.14%	405.79	27.94%
2014	3 914.68	18.85%	444.89	9.64%

根据表9－6可知,全国土地增值税收入约为江苏土地增值收入的8倍,并且两者的总量都在逐年增加。土地增值税与房地产紧密联系,由数据可以看出,江苏省的房地产行情与全国的房地产行情相类似,受全国房地产走势的影响。

以表9－6中的数据为基础,可得到全国和江苏省的土地增值税增长率的折线图:

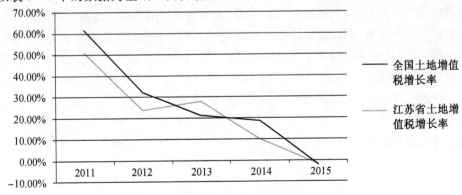

图9－4　全国和江苏省的土地增值税增长率

从全国和江苏省的土地增值税增长率折线图可以看出,两者的变化趋势基本一致,只有在 2013 年两者的变化趋势相反。2011—2012 年,两条折现基本呈现平行状态,但是在 2013 年,当全国土地增值税增长率减少时江苏省土地增值税增长率增加,因为 2012 年受欧美外债危机的影响,全国宏观经济形势下行,但是江苏省采取有力措施,努力减少全国经济下行对江苏省经济带来的影响。进入新常态经济后,全国土地增值税增长率稍有减少,但是江苏省资源税增长率大幅度减少,减少了约 18%。因为江苏省经济进入新常态必然导致房地产行业进入新常态,厂商投资和消费者购房都倾向于相对成熟和理性,使得房地产热下降,住房成交量下跌,使得江苏省土地增值税增长率出现了大幅度的减少。

3. 城镇土地使用税

(1) 城镇土地使用税简介

城镇土地使用税是以国有土地或者集体土地为征税对象,对拥有土地使用权的单位和个人征收的一种税。在城市、县城、建制镇、工矿区范围内使用土地的单位和个人,为城镇土地使用税的纳税人。城镇土地使用税采用有幅度的差别税率,按大、中、小城市和县城、建制镇、工矿区分别规定每平方米土地使用税年应纳税额。

征收城镇土地使用税有利于促进土地的合理使用,调节土地级差收入,也有利于筹集地方财政资金。

(2) 江苏省 2012—2015 年的城镇土地使用税收入

城镇土地使用税收入的基本情况见表 9-7:

表 9-7　江苏省 2011—2015 年城镇土地使用税收入　　　　　　单位:亿元

年份	城镇土地使用税收入	城镇土地使用税增长率	税收收入	城镇土地使用税占比
2011	125.73	—	4 124.62	3.05%
2012	149.25	18.71%	4 782.59	3.12%
2013	163.44	9.51%	5 419.49	3.02%
2014	176.06	7.72%	6 006.05	0.58%
2015	180.06	2.27%	6 610.12	2.72%

上表说明:第一,从 2011 年起,江苏省城镇土地使用税的绝对额都呈现缓慢上升趋势,每年的增幅不大,即使是经济已经进入新常态,这一趋势依然未变。这从一个侧面反映出经济的新常态是一个过程,而非是起始于某一个时点。第二,各年税收增长率呈现下降态势,下降幅度较大,尤其是进入新常态后,突出反映在 2015 年的增速骤降五个多百分点,从而呈现出与经济形势相呼应的税收"新常态"。第三,2013 年是城镇土地使用税的税收增长率变化最为明显的一年,城镇土地使用税增幅仅仅是 2012 年增幅的一半。究其原因,这与 2012 年我国宏观经济走势有关,外部"欧债危机"不断反复,全球经济增长普遍放缓。第四,随着经济格局进入新常态后,2014 年与 2015 年两年中的增速急剧下降,凸显出税收新格局显著的变化。

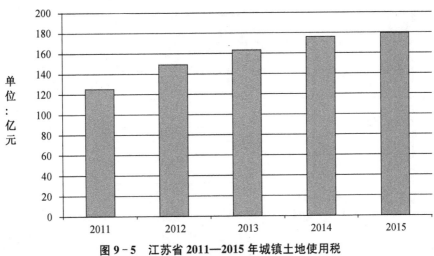

图 9 - 5 江苏省 2011—2015 年城镇土地使用税

从上图可以看出 2012—2015 年中,江苏省城镇土地使用税总量呈现增长趋势,并且增长速度在进入新常态经济后放缓,但是江苏省土地增值税总量仍处于上升趋势。

(3)江苏省城镇土地使用税与全国城镇土地使用税的比较分析

江苏省城镇土地使用税与全国城镇土地使用税的基本情况为表 9 - 8。据其可知,全国城镇土地使用税约为江苏省城镇土地使用税的 10 倍,并且由 2011 年的 9.7 倍增长为 2014 年的 11.32 倍。江苏省城镇土地使用税收入远远落后于全国城镇土地使用税收入,并且在进入新常态经济后,两者之间的差距在加大。

与此同时,根据图 9 - 6 中的折线图可以看出,代表江苏省城镇土地使用税增长率的红色折线将代表全国城镇土地使用税增长率的蓝色折线包含起来,2012—2013 年两者的增长率变化情况一致,但是在进入新常态的 2014 年,两者的增长率变化情况相反。2015 年,伴随着中国房地产市场出现一二线城市交易情况火爆、三四线城市去库存疲软的市场动态,无论是全国还是江苏省的城镇土地使用税在各城市之间均呈现出结构性的特征。

表 9 - 8 全国和江苏省城镇土地使用税收入及增长率 单位:亿元、%

年份	全国城镇土地使用税收入	全国城镇土地使用税增长率	江苏省城镇土地使用税收入	江苏省城镇土地使用税增长率
2011	1 222.26	21.74%	125.73	—
2012	1 541.72	26.14%	149.25	18.71%
2013	1 718.77	11.48%	163.44	9.51%
2014	1 992.62	15.93%	176.06	7.72%

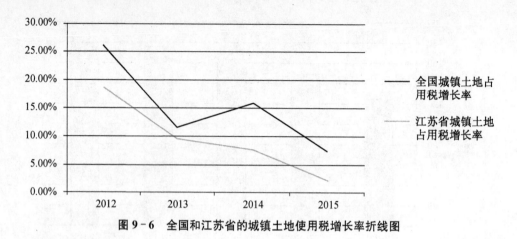

图 9-6　全国和江苏省的城镇土地使用税增长率折线图

4. 耕地占用税

(1) 耕地占用税简介

耕地占用税是对占用耕地建房或从事其他非农业建设的单位和个人,就其实际占用的耕地面积征收的一种税,它属于对特地土地资源占用课税。耕地占用税是农地转用环节中的唯一税种,是国家对占用耕地建房或者从事其他非农业建设的单位和个人,依据实际占用耕地面积、按照规定税额一次性征收的地方税种,具有征税对象特定性、课征税额一次性、税率确定地域性、税款使用专项性等特点。

通过开征耕地占用税,使那些占用耕地建房以及从事其他非农业建设的单位和个人承担必要的经济责任,有利于政府运用税收经济杠杆调节他们的经济利益,引导他们节约、合理地使用耕地资源。这对于保护国土资源,促进农业可持续发展,以及强化耕地管理,保护农民的切身利益等,都具有十分重要的意义。

(2) 江苏省 2011—2015 年的耕地占用税收入

江苏省 2011—2015 年耕地占用税的基本情况为:

表 9-9　江苏省 2011—2015 年耕地占用税收入　　　　　　　　单位:亿元

年份	耕地占用税收入	耕地占用税增长率	税收收入	耕地占用税占比
2011	54.33	−7.88%	4 124.62	1.32%
2012	57.96	6.68%	4 782.59	1.21%
2013	42.91	−25.97%	5 419.49	0.79%
2014	34.74	−19.04%	6 006.05	0.58%
2015	31.76	−8.57%	6 610.12	0.48%

根据表 9-9 可知:第一,从 2011 年起,江苏耕地占用税收入基本呈现下降趋势,只有 2012 年略微上升;第二,只有 2012 年的税收增长率为正值,2013 年、2014 年和 2015 年的税收增长率均为负值。从 2012 年起,各年耕地占用税税收收入增长率分别为 6.68%、−25.97%%、−19.04%、−8.57%;第三,2013 年是耕地占用税的税收增长率变化最为明显的一年,耕地占用税增幅大幅度下降,增值率变成了负值,因为房地产行业闲置的住宅较

多,导致开发商减缓甚至停止了新住房的建设。

2014 年和 2015 年耕地占用税总量在减少,由 2013 年的 42.91 亿元减少为 2014 年的 34.74 亿元和 2015 年的 31.76 亿元,主要是因为 2014 年下半年我国进入了新常态经济时期,经济结构转型升级,经济发展速度由高速增长转为中高速增长。耕地占用税税收增速回落换挡,平稳增长成为新常态,这与宏观经济从高速换挡到中高速的经济新常态基本一致。

根据江苏省 2011—2015 年耕地占用税的柱状图(见图 9-7):

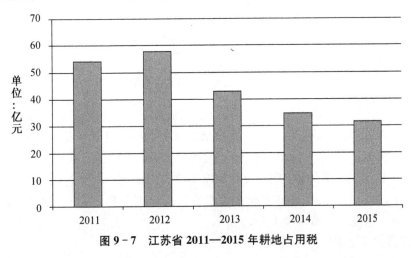

图 9-7　江苏省 2011—2015 年耕地占用税

从上图可以看出自 2012 年之后,江苏省耕地占用税总量呈现下降趋势,下降速度在进入新常态经济后放缓,这在某种程度是因为江苏省在"十二五"期间要求节约利用土地,不允许随意开发和使用。

(3) 江苏省耕地占用税与全国耕地占用税的比较分析

江苏省耕地占用税与全国耕地占用税的基本情况为:

表 9-10　全国和江苏省耕地占用税收入及增长率　　　　单位:亿元、%

年份	全国耕地占用税收入	全国耕地占用税增长率	江苏省耕地占用税收入	江苏省耕地占用税增长率
2011	1 075.46	21.02%	54.33	−7.88%
2012	1 620.71	50.70%	57.96	6.68%
2013	1 808.23	11.57%	42.91	−25.97%
2014	2 059.05	13.87%	34.74	−19.04%

根据表 9-10 可知,全国耕地占用税收入总量在逐年增加,但是江苏省耕地占用税收入总量却在逐年减少,两者的差距在逐渐加大。2011 年全国征地占用税收入为江苏省耕地占用税的 19.79 倍,但是到进入新常态的 2014 年时,全国征地占用税收入为江苏省耕地占用税的 59.27 倍,三年时间翻了不到两番。

以表 9-10 为基础,可得到江苏省耕地占用税与全国耕地占用税的折线图:

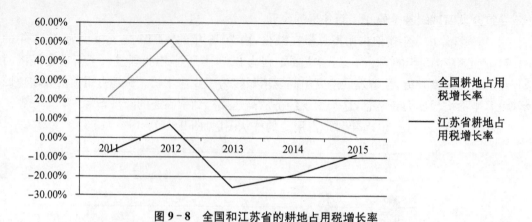

图9-8 全国和江苏省的耕地占用税增长率

从图9-8可以看出,2011—2014年中,两条曲线的变化趋势几乎一致,吻合度很高。在2012年,代表全国和江苏省的耕地占用税增长率的折线都达到了最高点;在2013年,全国和江苏省的耕地占用税增长率都发生了大幅度下降,达到各自曲线的最低点,因为在2012年明确提出了要求节约集约用地、严格控制建设用地规模,导致全国和江苏省的耕地占用面积减少,耕地占用税增长率因此大幅度下降。2013年处于新常态经济前期阶段,所以两者的耕地占用税增长率缓慢上升。

(三)江苏省资源税的分地区情况

1. 江苏省13市资源税的整体情况

进入新常态以后,江苏省各省辖市资源税的整体情况如表9-11。从表中的数据可知,进入新常态阶段以后,江苏省内各个地级市的资源税总额有升有降,差异明显。基于数据的可得性,在相关地级市有所披露其资源税征收数据的城市中,进入新常态经济阶段后江苏省地级市的增长态势几乎是呈现出"冰火两重天"的景象。其中:南京市、无锡市和苏州市在2015年征收的资源税增幅均在24个百分点之上,即使是涨幅偏小的连云港市,增幅也超过了百分之十;而在出现了负增长情况的常州市、苏州市和盐城市中,降幅显著,苏州市甚至骤降72.1个百分点,降幅最少的盐城市也是超过了百分之三十多的下降幅度。结合江苏省分为苏南、苏中和苏北三大块区域的地域性特征,表9-11说明短期来看,江苏省的经济形势同全国一样进入新常态阶段后,其资源税的分布并未呈现出与传统苏南、苏中、苏北三大区域经济发展水平相辉映的格局,反而是呈现出了仅以城市为单位的碎片化增降特征。

表9-11 江苏省13市2014—2015年资源税收入情况　　　　单位:亿元

城市	2014年	2015年	2015年增长率
南京	0.70	0.89	26.35%
无锡	0.27	0.34	24.67%
徐州	10.36	12.86	24.15%
常州	1.16	0.67	－42.42%
苏州	0.02	0.01	－72.10%

（续表）

城市	2014 年	2015 年	2015 年增长率
南通	—	0.14	—
连云港	6.20	6.94	11.92%
淮安	1.89	—	—
盐城	0.27	0.19	−30.09%
扬州	0.34	—	—
镇江	—	0.27	—
泰州	—	0.57	—
宿迁	—	0.57	—

2. 江苏省 13 市的土地增值税

土地增值税是资源税类的一个重要组成部分，尤其是在中国以房地产行业为长期产业政策导向的情况之下，基于土地供应与房地产市场的极度相关性，作为土地使用权获取过程中所必然缴纳的一个税种，土地增值税便成为江苏省乃至我国资源税收研究与分析中的一个重中之重。

总体而言，2012—2015 年江苏省 13 市土地增值税收入的基本情况见表 9－12。以之为依据，可计算出 2013—2015 年江苏省 13 市土地增值税增长率，见表 9－13。根据上述两个表格中的数据可知：进入新常态经济之前，江苏省所辖 13 个地级市的土地增值税收入均呈现上升趋势，具体来看淮安市的涨幅最为明显，2013 年的土地增值税增长率为 70.08%。2014 年进入新常态经济之后，江苏有 8 个城市在 2015 年的土地增值税增长率均为负值，并且苏南五市均在列。这是因为 2014 年房地产市场回冷，转让房地产的增值额大幅度减少，使得土地增值税减少，因此土地增值税增长率出现了负值；但是部分苏中和苏北城市居民对住宅有刚性需求，在房价下跌时选择购入房地产，因此出现了土地增值税增长率为正值的情况。

表 9－12　2012—2015 年江苏省 13 市的土地增值税收入　　　　　单位：亿元

城市	2012 年	2013 年	2014 年	2015 年
南京	45.39	63.70	66.51	63.10
无锡	24.61	25.73	28.24	17.50
徐州	33.63	39.79	49.03	48.73
常州	21.37	23.44	18.54	15.27
苏州	60.48	78.70	88.87	84.93
南通	18.26	25.07	39.53	36.37
连云港	11.42	15.68	14.12	17.03
淮安	19.45	33.08	33.41	38.74

（续表）

城市	2012 年	2013 年	2014 年	2015 年
盐城	30.79	34.83	30.20	29.48
扬州	14.49	17.22	27.95	36.09
镇江	15.81	20.91	17.45	14.89
泰州	11.00	15.13	13.96	14.49
宿迁	10.36	12.00	17.03	20.34

表 9 - 13　2013—2015 年江苏省 13 市土地增值税增长率　　　单位：%

城市	2013 年	2014 年	2015 年	城市	2013 年	2014 年	2015 年
南京	40.34	4.41	−5.13	淮安	70.08	1.00	15.95
无锡	4.55	9.76	−38.04	盐城	13.12	−13.29	−2.39
徐州	18.32	23.22	−0.61	扬州	18.84	62.31	29.12
常州	9.69	−20.90	−17.66	镇江	32.26	−16.55	−14.67
苏州	30.13	12.92	−4.44	泰州	37.55	−7.73	3.83
南通	37.29	57.68	−8.00	宿迁	15.83	41.92	19.42
连云港	37.30	−9.95	20.62				

3. 江苏省 13 市的城镇土地使用税

与土地增值税的原因相一致，城镇土地使用税也是对我国资源税类进行分析的一个不可或缺的内容。进入常态阶段之后，江苏省所辖的 13 个地级市的城镇土地使用税征收情况如下表：

表 9 - 14　2014—2015 年江苏省 13 市的城镇土地使用税收入　　　单位：亿元

城市	2014 年	2015 年	2015 年增幅	城市	2014 年	2015 年	2015 年增幅
南京	12.79	16.79	31.28%	淮安	7.87	—	—
无锡	21.88	20.45	−6.56%	盐城	11.32	10.43	−7.84%
徐州	14.01	15.47	10.42%	镇江	7.86	6.09	−22.54%
常州	17.52	16.10	−8.06%	泰州	—	8.00	—
苏州	34.77	36.03	3.62%	宿迁	—	5.21	—
南通	—	19.30	—	扬州	—	—	—
连云港	10.68	11.44	7.14%				

根据上表中已有数据可知，进入新常态阶段后的两年中，相较于 2014 年的城镇土地使用税征收情况，2015 年江苏省 13 个地级市的城镇土地使用税增长率有正有负。具体来看，南京市的城镇土地使用税的增长最明显，为 31.28%，而镇江市的城镇土地使用税的降幅最大，为−22.54%。

4. 江苏省 13 市的耕地占用税

2012—2015 年,江苏省 13 市耕地占用税收入的基本情况见表 9-15。以此为依据,可计算出 2013—2015 年江苏省 13 市土地增值税增长率,见表 9-16。

表 9-15　2012—2015 年江苏省 13 市的耕地占用税收入　　　　单位:亿元

城市	2012 年	2013 年	2014 年	2015 年
南京	3.68	1.72	2.84	3.41
无锡	6.91	5.66	4.67	3.17
徐州	2.05	1.64	2.48	1.23
常州	4.55	5.49	2.55	2.38
苏州	8.75	6.39	5.01	4.98
南通	4.26	4.71	4.10	4.35
连云港	0.21	0.18	0.21	0.08
淮安	2.88	1.21	0.84	0.77
盐城	4.89	3.57	2.14	2.90
扬州	4.32	4.02	2.10	2.40
镇江	4.72	2.70	3.65	2.19
泰州	4.20	4.23	3.38	3.17
宿迁	6.53	1.39	0.77	0.73

表 9-16　2013—2015 年江苏省 13 市耕地占用税增长率　　　　单位:%

城市	2013 年	2014 年	2015 年	城市	2013 年	2014 年	2015 年
南京	-53.26	65.12	20.12	淮安	-57.99	-30.58	-8.33
无锡	-18.09	-17.49	-32.12	盐城	-26.99	-40.06	35.53
徐州	-20.00	51.22	-50.60	扬州	-6.94	-47.76	14.29
常州	20.66	-53.55	-6.71	镇江	-42.80	35.19	-39.97
苏州	-26.97	-21.60	-0.51	泰州	0.71	-20.09	-6.32
南通	10.56	-12.95	6.21	宿迁	-78.71	-44.60	-4.97
连云港	-14.29	16.67	-60.33				

根据上表中的数据可知:进入新常态阶段以后,江苏省 13 市的耕地占用税的增长率大部分为负值,这与江苏省的"十二五"的土地政策有关,当时要求节约集约利用土地,禁止土地资源被随意开发与浪费。进入新常态经济之后,响应合理利用资源的政策,部分城市的耕地占用税增长率在 2015 年有所上升,如南通市、淮安市、盐城市、扬州市、泰州市、宿迁市等,但是显然,这种回升呈现出显著的地域性特征,主要集中在苏北区域。

三、江苏省资源税的实证分析

基于进入新常态的 2014 年是"十二五"的中期之年,因此本书以"十二五"时期的基本情况为语境,依据江苏省地税局和各市地税局在不同年份中不同的政策目标,围绕江苏省在2014 年下半年进入了新常态经济时期,经济速度放缓,经济结构进行转型升级的时代背景,对江苏省在新常态下的资源税各税种与主要相关行业或产业进行实证分析。

(一) 新常态下江苏省资源税的总体分析

1. 新常态下的江苏省资源与采矿业的相关性研究

资源税是以部分矿产品和盐为课税对象所征收的税种,由江苏省地税局和 13 个地级市的地方税务局进行征收。采矿业是指以大自然为劳动对象,通过开采和采伐等手段来获取自然资源的工业部门,主要包括煤炭工业、盐业和其他采矿业。显然,在资源税的结构中,采矿业部门上交的税收收入占了资源税税收收入的很大一部分。资源税从 2011 年改革之后实行了比例税率,因此采矿业收入乘以资源税比例税率构成资源税税收收入的一部分。

从江苏省地税局的采矿业收入的增长率与资源税增长率的角度来看,2010 年以来,江苏省地税局所披露的采矿业收入情况为:

表 9 - 17　2010—2014 年江苏省采矿业的资源税收入　　　单位:亿元

年份	采矿业收入	增长率
2010	16.00	—
2011	21.00	31.25%
2012	31.00	47.62%
2013	30.00	−3.23%
2014	30.00	0%

注:基于现有官方披露的数据截止至 2014 年,故本书中的采矿业收入没有更新到 2015年;从研究时限的考虑,增加了 2010 年的数据。

根据 2011—2014 年江苏省采矿业收入的数据显示,2011—2012 年采矿业收入呈现增长趋势,在 2012 年达到最大值 31.00 亿元,但是在 2013 年出现了负增长,但下降总额不大,仍保持在 30 亿元以上,高于 2011 年以前的采矿业收入。并且最明显的是,2014 年的采矿业收入没有发生变化,和 2013 年相同,为 30.00 亿元。其增长率在 2011 年和 2012 年呈现高位增长趋势,分别为 31.25% 和 47.62%。但是在 2013 年突然下降,并且突然变成了负值3.23%,与 2012 年的采矿业增长率相比,下降了 50% 左右,这与 2012 年资源税增长率明显下降的趋势相一致。2014 年的采矿业增长率则为 0。

从江苏省采矿业收入增幅与资源税收入增幅的折线图来看两者的趋势基本一致,尤其是 2012—2014 年的增幅,两者基本同步,图中的两条折现基本平行。但是在 2012 年,采矿业收入增幅明显,资源税增幅没有采矿业收入增幅那么明显,但是两者数据都达到了峰值,因为 2011 年资源税进行了改革,采矿业收入大幅度增加,所以资源税收入也有了较大幅度的增长。

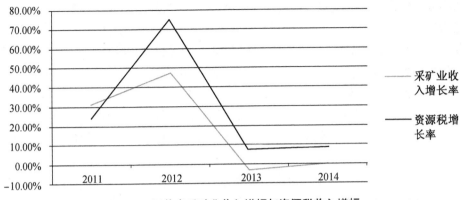

图 9-9 江苏省采矿业收入增幅与资源税收入增幅

从图中明显可以看到,2013 年资源税增幅与采矿业收入增幅数据均到达谷底,并且是从 2012 年的峰值陡降的。降幅明显,数据进行了"大跳水",资源税收入下降了约 50%,采矿业收入下降了约 70%。这种明显的数据变动与 2012 年国家的宏观经济形势有关,欧美债务危机影响了全球的经济,经济增长速度放缓,经济总量减少,经济增长动力不足,中国经济在 2012 年也呈现了一定的下滑走势,江苏省也不例外。

2014 年两者的数据都出现了些许的上升,并且两者的折线几乎是平行状态。虽然我国是在 2014 年下半年进入新常态经济时代,但是这也是一个很缓慢的过程,其实在 2013 年已经处于新常态经济前期了,所以出现了 2014 年资源税收入和采矿业收入的增长现象。

2. 新常态下江苏省资源税的区域性分析

依据传统的区域性分层,江苏省被分为苏南、苏中、苏北三大区域。以前述的江苏省 13 市的相关数据划分为基础,便可对苏南、苏中、苏北三大区域的资源税情况进行细化的分析。依照现有的划分,苏南包括苏州、无锡、常州、镇江、南京五市及其所辖的县(市);苏中包括南通、扬州、泰州三市及其所辖的县(市);苏北则包括徐州、淮安、盐城、连云港、宿迁五市及其所辖的县(市)。

资源税是个小税种,镇江市地税局和淮安市地税局没有公布相关数据,并且这两个城市资源税的规模也相对较小,因此在进行苏南、苏北在新常态下资源税情况的分析时,略去这两个没有数据的城市(淮安和镇江)。

表 9-18 苏南四市和苏北四市的资源税及增长率　　　　　　单位:亿元

	2014 年	2015 年	增长率
苏南	2.15	1.91	−11.16%
苏北	16.83	19.99	18.78%

显然,苏北的资源税总量远远超过苏南,进入新常态经济以后,苏南地区资源税增长总额下降,资源税增长率变为负值,因为苏南地区响应新常态经济资源结构的政策,减少了部分地区资源的开发利用;但是苏北地区资源税总额不减反增,并且资源税增长率较大,为18.78%。因为苏北地区资源丰富,尤其是徐州市有丰富的煤炭、制碱用灰岩铁、石膏、水泥用灰岩等矿产品,并且 2014 年徐州市转让了好几处矿区。具体来看,南京市和徐州市分别

是苏南和苏北地区的资源税收入主要来源城市,并且徐州的资源税收入在 2014 年、2015 年里都是两位数,徐州市资源税总量是苏南四市资源税总量的五倍左右。

苏中三市官方相关部门对资源税的数据披露不全,但是根据以上苏南和苏北资源税总量及增长率的分析,可以对苏中的资源税的变化情况做出一个大体的推测。加之苏中三市的矿产资源只占了江苏省矿产资源总量的 2%,剩下的 98% 的矿产资源分布在苏南和苏北地区,因此苏中的资源税总量相对苏南和苏北资源税而言较小,尤其是进入新常态经济后,由于经济转型升级导致对资源的开采更为慎重,所以苏中的资源税总量应该呈现微弱下降的趋势。

(二)新常态下江苏省土地增值税的具体分析

1. 土地增值税与国有土地使用权出让金

土地增值税是对转让国有土地使用权、地上建筑物及其附着物并取得收入的单位和个人进行征税的,因此土地增值税的税收收入主要来自于国有土地使用权出让金的收入。国有土地使用权出让金是指政府以出让等方式配置国有土地使用权取得的全部土地价款,在出让国有土地使用权时则要对国有土地使用权出让金征收土地增值税,国有土地出让金隶属于地方政府性基金收入,并且土地增值税在资源税税收收入中占很大比例。

从国有土地使用权出让金总额的增长率变化与土地增值税税收收入总量增长率变化的角度来分析有助于理解二者的相关性。

表 9 - 19　2012—2015 年江苏省国有土地使用权出让金及增长率　　　单位:亿元

年份	国有土地使用权出让金	增长率
2012	3 071.28	—
2013	4 369.58	42.27%
2014	4 687.40	7.27%
2015	4 031.90	−13.98%

根据表中数据可知,2013—2015 年国有土地出让金增长率都是下降趋势,国有土地出让金在 2014 年达到最大值 4 687.40 亿元,而在 2015 年出现了负增长,但是下降总额不大,仍然保持在 4 000 亿元以上,高于 2012 年的国有土地使用权出让金。国有土地使用权出让金增长率在 2013 年达到了 42.27%,但是在进入新常态的 2014 年后,国有土地使用权出让

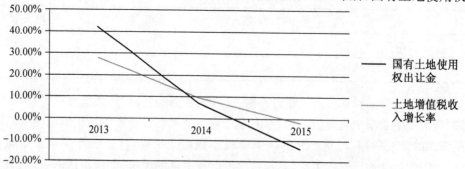

图 9 - 10　江苏省国有土地使用权增长率和土地增值税增长率

金突然下降为 7.27%,降幅约为 35%。进入 2015 年后,国有土地使用权出让金增长率进一步下降,并且首次出现了负值,相比 2014 年的增长率,国有土地使用权出让金下降了约 20%,这与土地增值税增长率的下降趋势一致。

从上图可以看出两者的趋势基本一致,在 2013—2015 年间两者都呈现大幅度下降趋势。从图中可以明显看出,2014 年是一个转折年,在 2014 年之前国有土地使用权出让金增长率高于土地增值税增长率约 15%,但是在 2014 年之后国有土地使用权出让金增长率低于土地增值税增长率约 12%。进入新常态经济前夕,即 2013 年,国有土地使用权出让金增长率和土地增值税增长率都发生了大幅度的减少,因为 2013 年中国整体经济仍处于 2008 年以来的下滑周期中,并且国有土地交易市场趋冷。

大部分国有土地使用权是出让给房地产开发商的,房地产开发商取得国有土地使用权是住宅建设的基础,因此国有土地使用权出让金的减少与房地产行业的衰退有关。可以从房地产开发投资额增长率的变动来说明国有土地使用权出让金增长率的变动,从而说明土地增值税税收收入增长率的变动原因。

表 9-20　2011—2015 年江苏省房地产开发投资额及其增长率　　　　单位:亿元

年份	江苏房地产开发投资额	增长率
2011	5 573.83	—
2012	6 209.16	11.40%
2013	7 241.45	16.63%
2014	8 240.23	13.79%
2015	8 153.68	−1.05%

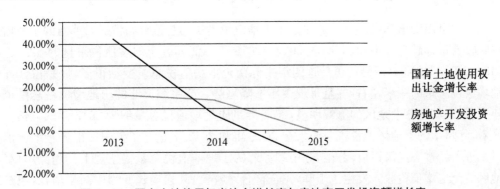

图 9-11　国有土地使用权出让金增长率与房地产开发投资额增长率

从折线图可以明显地看出,两者的变化趋势基本一致,尤其是 2014 年与 2015 年的增长率变化情况。房地产开发投资额在 2013—2015 年均处于下降阶段,因为"四万亿"计划的原因,2012 年之后全国房地产经济回冷,房屋购买量和成交量都大幅度减少,房地产开发商必然减少投资,从而减少对国有土地的需求,所以国有土地使用权出让金减少。

2. 新常态下江苏省 13 市土地增值税的区域分析

以苏南、苏中、苏北为单位,依托全文中所述的基础数据,可得到江苏省 2012—2015 年的土地增值税情况,见表 9-21。

表 9 - 21　苏南、苏中、苏北地区的土地增值税及增幅　　　　单位:亿元、%

地域	2012 年	2013 年		2014 年		2015 年	
	总额	总额	增幅	总额	增幅	总额	增幅
苏南	167.66	212.48	26.73	219.61	3.36	195.69	−10.89
苏中	43.75	57.42	31.25	81.44	41.83	86.95	6.77
苏北	105.65	135.38	28.14	143.79	6.21	154.32	7.32

以上表为依据,便可对 2012 年以来包括新常态阶段的江苏省苏南、苏中和苏北三大区域的土地增值税情况进行实证分析。

(1) 土地增值税的总量分析

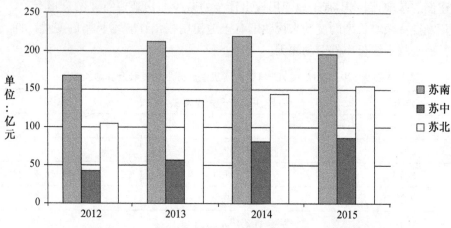

图 9 - 12　2012—2015 年苏南、苏中、苏北的土地增值税

从上图可以看出苏南、苏中、苏北的土地增值税增长的总量分布情况。苏南的土地增值税税收收入远远超过苏中和苏北,在 2012—2015 年占江苏省土地增值税总量的 52.88%、52.43%、49.37%和 44.78%,虽然这四年中苏南土地增值税总量变动很多,但是占江苏省土地增值税总量的一半左右,并且呈现逐年下降趋势。苏中和苏北的土地增值税总量也在逐年上涨,尤其是苏中地区的涨幅明显,2015 年的土地增值税总量约为 2012 年的双倍。具体来看,苏州市的土地增值税税收收入在 2012 年和 2013 年超过了苏中三市的土地增值税总量。进入新常态经济以后,苏南、苏中和苏北的土地增值税总量仍呈现上升趋势,只有苏南地区的土地增值税收入发生了下降,完全符合"经济由高速增长变为中高速增长,但是经济总量仍是上涨的"新常态经济特征。

(2) 土地增值税的增长率

从图 9 - 13 可以看出,2013 年苏南、苏中和苏北的土地增值税增长率并没有很大的区别;2014 年苏南和苏北的土地增值税增长率均发生了大幅度的减少,苏中却在 2014 年出现了增长,苏中地区的土地增值税增长率与苏南和苏北的土地增值税增长率变动方向完全相反,因为苏南和苏北受 2013 年宏观经济形势影响明显,但是苏中三市的地税局采取了针对性的措施,使得苏中 2014 年的土地增值税不减反增。但是苏中三市没有经受住长期的经济下行压力,在 2015 年出现了大幅度减少,苏南五市的土地增值税增长率则是再次下降,降为

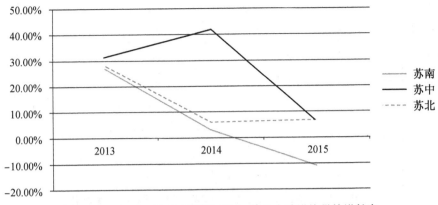

图 9-13　2013—2015 年苏南、苏中、苏北土地增值税的增长率

负值。苏北五市一反常态,在 2015 年出现了增长,因为此时苏北五市已经进入了新常态经济的前期阶段,实现了经济由高速增长转变为中高速增长。

(三) 新常态下江苏省城镇土地使用税的具体分析

1. 城镇土地使用税与城镇村建设用地

城镇土地使用税是对占用城镇土地的单位和个人征收的一种税,在城市、县城、建制镇、工矿区范围内使用土地的单位和个人均是城镇土地使用税的纳税人。城镇村建设用地是指对城市、城镇、农村进行建设的土地。而城镇化建设已经写入党的十八大报告中,新型城镇化是本届政府力推的重点改革,在城镇化背景下,农村建设用地在城镇村建设用地中所占比例极小,所以城镇村建设用地数据与城镇建设用地数据相近,因此城镇村建设用地是城镇土地使用税税收收入的重要组成部分。

从城镇村建设用地的增长率变化与城镇土地使用税税收收入总量增长率变化的角度来看,2011—2014 年江苏省城镇村建设用地及其增长率情况见表 9-22。

表 9-22　2011—2014 年江苏省城镇村建设用地及其增长率　　　　　单位:公顷

年份	城镇村建设用地	增长率
2011	22 500.83	10.84%
2012	21 019.06	-6.59%
2013	21 228.91	1.00%
2014	15 351.86	-27.68%

根据表中数据可知,2011—2014 年城镇村建设用地增长率基本呈现下降趋势,只在2013 年有小额增长。2011—2013 年的城镇村建设用地的面积都在 20 000 公顷以上,但是2014 年的面积下降到 15 000 公顷左右,降幅明显,是这四年中的城镇村建设用地面积的最小值。因为 2013 年已经处于新常态经济的前期阶段,新常态经济要求合理利用土地,推进城镇化建设,所以出现 2014 年城镇村建设用地面积大幅度减少的情况。

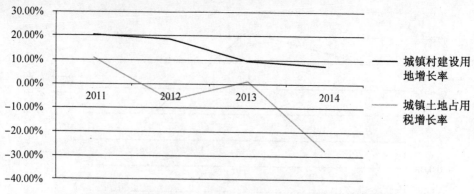

图 9‐14　城镇土地使用税增长率与城镇村建设用地增长率

从上图可以看出两者在 2011—2012 年趋势基本一致。2013 年城镇村建设用地增长率由 2012 年的负值变为正值 1%,2012 年国家提倡加快城镇化建设,因此城镇村建设用地面积增加;但是城镇土地使用税增长率仍处于下降阶段,因为城镇土地使用税的使用分级幅度税额,不同级别征收不同的税,2012 年国家着重将农村人口往县城、建制镇和小城市迁移,所以出现了城镇村建设用地面积增长率增加但是城镇土地使用税增长率减少的现象。2014 年,城镇土地使用税增长率仍呈现下降趋势,城镇村建设用地增长率大幅度减少,这与进入新常态经济有关,由前期的高速增长变为中高速增长。

2. 新常态下江苏省 13 市土地增值税的区域分析

城镇土地使用税是个小税种,因为数据不全,和资源税的分析方法类似,选取具有代表性的城市来进行分析。苏北选取徐州、连云港和盐城作为代表,苏南则是五个市。

表 9‐23　苏南五市和苏北四市的城镇土地使用税及增长率　　　单位:亿元

区域	2014 年	2015 年	增长率
苏南	94.82	95.46	0.67%
苏北	36.01	37.34	3.69%

根据表中数据可知,苏南的城镇土地使用税总量远超苏北,约为苏北总量的三倍。从两者均为正的增长率可用看出,进入新常态经济之后,苏南苏北地区的城镇土地使用税总量都是增加的。这与政府在新常态初期提出的"城镇化建设"政策有关,城镇化建设是为了减少农村人口,增加城镇人口,改变农村靠地吃饭的模式,从而增加社会总量的消费。苏北经济远远落后于苏南,所以在城镇化建设中苏北的建设力度比苏南大,因此苏北的城镇土地使用税增长率要高于苏南的城镇土地使用税增长率。具体来看,苏州的城镇土地使用税收入大体与苏北三市相等。

虽然苏中三市的城镇土地使用税的数据不全,但是根据以上苏南和苏北城镇土地使用税总量及增长率的分析可以对苏中的城镇土地使用税的变化情况做出一个大体的推测。苏中三市的经济发展水平介于苏南和苏北之间,在新常态经济"城镇化建设"背景下,苏中城镇土地使用税总量和增长率也应该介于苏南和苏北之间。

（四）新常态下江苏省耕地占用税的具体分析

1. 耕地占用税与农业土地开发资金

耕地占用税是对实际占用的土地面积征收的一种税,农业土地开发资金是专用来对农业土地进行开发的资金,在对农业土地进行开发的时候要征收耕地占用税,因此农业土地开发资金是耕地占用税的重要组成部分。

从农业土地开发资金的增长率变化与耕地占用税的增长率变化的角度来看,2013—2014 年农业土地开发资金增长率呈现上升趋势,但是 2015 年出现了负增长。农业土地开发资金在 2014 年达到最大值 22.27 亿元,但是在 2015 年迅速下降,为"十二五"期间的最小值 13.76 亿元,农业土地开发资金降幅约为 61%。因为 2014 年下半年江苏省进入新常态经济,经济增速放缓,减少土地财政的作用,土地市场不景气。

表 9 - 24　2012—2015 年江苏省农业土地开发资金及增长率　　　　单位:亿元

年份	农业土地开发资金	增长率
2012	17.36	—
2013	18.15	4.55%
2014	22.27	22.70%
2015	13.76	−38.21%

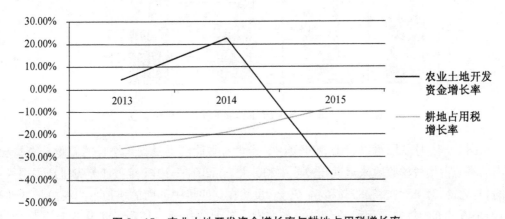

图 9 - 15　农业土地开发资金增长率与耕地占用税增长率

从图 9 - 15 可以看出,两者的趋势在 2015 年之前基本一致,但是在 2015 年两者变化方向相反:农业土地开发资金增长率下降了约为 61%,耕地占用税增长率上升了约为 11%。从图中可以明显看出,2014 年是一个转折年,在 2014 年之前,农业土地开发资金增长率远远高于耕地占用税增长率,分别为 30% 和 40% 左右;但是在 2014 年之后,农业土地开发资金增长率低于耕地占用税增长率约 40%。进入新常态经济后,耕地占用税增长率呈现增长趋势,尽管仍为负值;农业土地开发资金增长率发生了大幅度的变化,因为 2014 年江苏省委政府出台了《关于全面推进节约集约用地的建议》,并且省国土资源厅分别制定了江苏省节约集约用地"双提升"行动计划"空间优化"、"五量调节"、"综合整治"三个战略实施方案,文件和实施方案的出台使得耕地开发面积大幅度减少,所以农业土地开发资金大幅度减少。

2. 新常态下江苏省13市耕地占用税的地域分析

以前述的数据为基础,可得到2012—2015年江苏省苏南、苏中、苏北区域的耕地占用税情况:

表9-25　苏南、苏中、苏北地区的耕地占用税及增幅　　　　　　　单位:亿元

地域	2012年	2013年		2014年		2015年	
	总额	总额	增幅	总额	增幅	总额	增幅
苏南	28.61	21.96	−23.24%	18.72	−14.75%	16.13	−13.84%
苏中	12.78	12.96	1.41%	9.58	−26.08%	9.92	3.55%
苏北	16.56	7.99	−51.75%	6.44	−19.40%	5.71	−11.34%

(1) 耕地占用税的总量分析

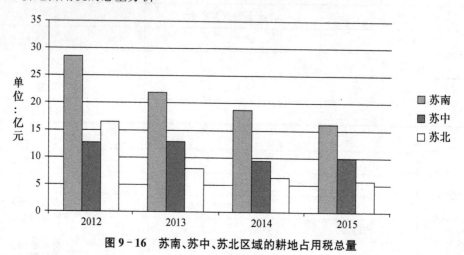

图9-16　苏南、苏中、苏北区域的耕地占用税总量

从图9-16柱状图可以看出苏南、苏中、苏北的耕地占用税收入增长的总量分布情况。苏南的耕地占用税税收收入远远超过苏中和苏北,在2012—2015年占江苏省耕地占用税总量的49.37%、51.18%、53.89%和50.79%,虽然在这四年中苏南的耕地占用税总量变动很大,但是占江苏省耕地占用税总量的一半左右。苏北的耕地占用税总量在逐年下降,2012年的耕地占用税总量约为2015年的双倍。苏中四市的耕地占用税总量变动不是很明显。可以看出,随着时间的迁移,苏南与苏中、苏北的差距在逐渐缩小。进入新常态经济以后,苏南和苏北的耕地占用税均有所下降,只有苏中小额增长。主要是因为进入新常态经济后,要求节约利用土地资源,提高土地资源的利用效率,优化土地利用结构,努力实现结构性转型。

(2) 耕地占用税的增长率分析

从折线图中看出,苏南与苏北的耕地占用税增长率变化趋势近似一致,苏中地区则呈现"V"形。2013年苏南和苏北的耕地占用税增长率都出现了不同幅度的增长,苏北地区增幅明显约为25%;但是苏中地区却呈现下降趋势,降幅约为25%。苏南、苏中与苏北地区的耕地占用税增长率与土地增值税增长率情况类似,苏中地区的增长情况与苏南和苏北地区完全相反,因为苏南和苏北地区耕地面积较多,苏中地区耕地面积较少,所以在2012年的宏观

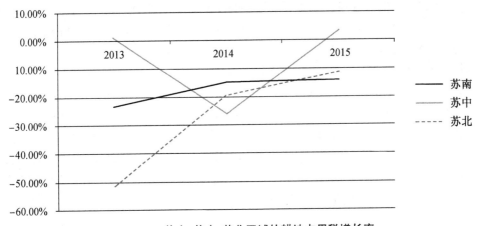

图 9 – 17　苏南、苏中、苏北区域的耕地占用税增长率

经济情况下,出现了上述情况。2013 年,进入了新常态经济前期阶段,所以苏南、苏中和苏北地区的耕地占用税增长率都出现了增长,苏中四市的耕地占用税增长率最为明显,增幅约为 30％,此时在新常态经济影响下,耕地开发速度减缓,开发方式更为创新和有效率。

四、新常态下江苏省资源税的发展趋势

(一) 新常态下江苏资源税的税收规模

税收规模,是指一个国家一段时间内(一般指一个税收年度)确定的税收收入总量及其占国内生产总值的比重。量的大小由政府依据对经济增长总量、政府支出规模以及社会公共需求的预测情况确定。在现实经济生活中,税收规模这一理论上可以确定的量很难全部实现。因此,各国一般使用"实际税收水平"表述现实经济生活中实现的税收规模。"实际税收水平"是指在一段时间(通常是一个纳税年度)实现的税收总额占国内生产总值中的比重(T/GDP)。[①] 在这里研究的是江苏省的资源税,所以江苏省资源税的税收规模则是资源税的税收收入占江苏省 GDP 的比重。

税收收入规模可以从绝对规模和相对规模两个不同角度度量,为便于江苏省资源税在不同年份之间的比较分析,这里选用相对规模作为度量指标。

表 9 – 26　江苏省资源税占江苏省 GDP 的比重　　　　　　　　单位:亿元

年份	2011	2012	2013	2014	2015
资源税合计	449.51	546.31	635.54	681.02	675.32
GDP 数值	49 110	54 058	59 753	65 088	70 116.4
资源税占 GDP 比重	0.92％	1.01％	1.06％	1.05％	0.96％

这里所说的资源税则是宏观层面的资源税类,包括了微观层面的资源税、土地增值税、城镇土地使用税和耕地占用税。微观层面的资源税主要是与矿产品和盐有关,具体包括原

① 戴子钧.税收规模与经济增长关系实证分析及政策研究[J].财政研究,2003(3):50.

油、天然气、煤炭、其他非金属矿原矿、黑色金属矿原矿、有色金属矿原矿、盐,土地增值税是与土地使用权和房地产买卖有关,城镇土地使用税是与国有土地和集体土地的使用有关,耕地占用税是与耕地的占用有关。

以江苏省资源税占江苏省 GDP 的比重为基础,可得到图 9-18。从图中可以看出,江苏省资源税税收规模图像近似于一个"倒 U 型",资源税税收规模在 2013 年达到顶峰,为 1.06%,而在 2011 年和 2015 年分别为 0.92% 和 0.96%,在 2012 年和 2014 年分别为 1.01% 和 1.05%。从这五年的数据可以看出,资源税税收规模虽然每年数据不是完全一样,但是均在 1% 上下浮动,并且这五个数值的平均数也正好为 1%。以上分析均说明,江苏资源税税收收入占江苏省 GDP 的数值为 1%,这是一个很小的占比,但是资源税税收规模再小也为江苏省 GDP 做出了贡献。

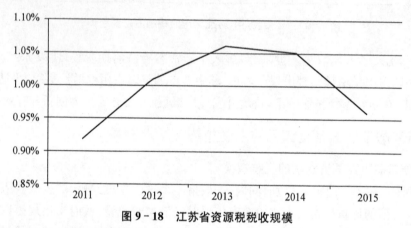

图 9-18　江苏省资源税税收规模

(二) 新常态下资源税的税收结构

资源税的税收结构是指资源税中资源税、土地增值税、城镇土地使用税和耕地占用税的税收收入分别在资源税总额的比重,分析资源税的税收结构关系到资源税的改革方向。对资源税的税收结构进行分析,能够清晰地看出各个子税种在资源税中这五年的变化情况以及变化趋势,并且对未来资源税体系的完善和发展有着不可忽视的作用和影响。

对资源税的税收结构进行分析,是从资源税的组成部分切入分析,从微观角度看待资源税每年的发展和变化情况,能够给资源税的增加或者减少一个更为细致的说明和体现。因此对税收结构的分析不仅仅是对过去资源税税收收入的一个总结分析,更是对资源税税收收入的未来发展有着重要的指导作用和预测作用。

表 9-27　江苏省资源税分税占比

各税占比	2011 年	2012 年	2013 年	2014 年	2015 年
资源税占比	2.78%	4.01%	3.68%	3.72%	3.92%
土地增值税占比	57.17%	58.06%	63.85%	65.33%	64.71%
城镇土地使用税占比	27.97%	27.32%	25.72%	25.85%	26.66%
耕地占用税占比	12.09%	10.61%	6.75%	5.10%	4.70%

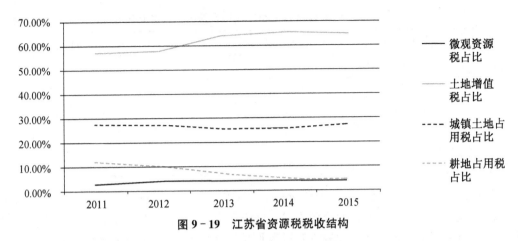

图 9-19　江苏省资源税税收结构

上图将 2011—2015 年江苏省资源税税收结构的趋势走向明显地表现出来。由折线图看出,这四条分别代表四个不同税种的彩色线在这五年中变动幅度没有很大,处于一个很平稳的状态。橙色曲线代表的是土地增值税占比,这条线处于最高处并且以绝对优势领先其他三个税种。由曲线上的数据可以看出,土地增值税一直都是资源税税收收入的主体收入,占到资源税税收收入的一半以上,在最高期时则达到了资源税税收收入的三分之二左右。灰色曲线代表的是城镇土地使用税占比,一眼看过去更像是一条比较平缓的直线,在这五年期间,一直都是在 25%—28% 期间变动,说明城镇土地使用税在这五年期间并没有发生很大的变动,也可以进一步得出五年间城镇土地使用量以及用途并没有发生很大的改变。

黄色曲线代表的是耕地占用税占比,从图中可以看出,该曲线在五年期间呈现一种持续下降的态势,尤其是在 2012—2013 年这个阶段。由黄色曲线下降趋势可以看出,在这五年期间,由于耕地占用量的减少导致耕地占用税税收收入的减少。而对应于黄色曲线的则是代表微观资源税占比的蓝色曲线,在黄色曲线下降的同时,蓝色曲线在以一个相近的速度在上升。由蓝色曲线上升趋势可以看出,在这五年期间,由于江苏地区的矿产品和盐的开采量的上升导致微观资源税税收收入的增加。

由图中四条平滑的曲线可以知道,在这五年期间,资源税税收结构并没有发生巨大的变动,也可以从侧面说明资源税税收收入并没有发生巨大的变动。

（三）新常态下江苏省资源税的发展动态分析

1. 税收增长率

资源税总量的税收增长率是指当年的资源税税收收入与上年资源税税收收入的差和上年资源税税收收入的一个百分比数值,用公式表示为：

$$资源税的税收增长率 = \frac{当年资源税税收收入 - 上年资源税税收收入}{上年资源税税收收入}$$

表 9 - 28　江苏省 2011—2015 年的资源税及其增长率　　　　　　单位:亿元

年份	资源税合计	税收增长率	GDP 数值	GDP 增长率
2011	449.51	—	49 110	—
2012	546.31	21.54%	54 058	10.10%
2013	635.54	16.33%	59 753	9.60%
2014	681.02	7.16%	65 088	8.70%
2015	675.32	−0.84%	70 116.4	8.50%

　　从表中可知,2011 年江苏省的资源税总量为 449.51 亿元,2012 年江苏省的资源税总量为 546.31 亿元,2012 年江苏省的资源税税收增长率为 21.54%;2013 年江苏省的资源税总量为 635.54 亿元,2013 年江苏省的资源税税收增长率为 16.33%;2014 年江苏省的资源税总量为 681.02 亿元,2014 年江苏省的资源税税收增长率为 7.16%;2015 年江苏省的资源税总量为 675.32 亿元,2015 年江苏省的资源税税收增长率为−0.84%。

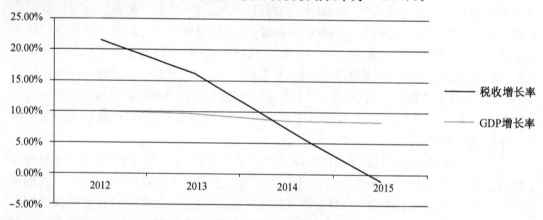

图 9 - 20　2012—2015 年江苏省资源税增长率

　　由折线图可以看出江苏省资源税的税收增长率呈现逐年下降的趋势,并且降幅巨大,由 2012 年的 21.54% 下降到 2015 年的−0.84%,但是资源税税收收入的总量在缓慢上升,只有 2015 年稍有下降。

　　图中蓝色曲线代表的是税收增长率,红色曲线代表的是 GDP 增长率,不难看出 GDP 增长率一直在缓慢下降,并且税收增长率的变动较 GDP 增长率变动趋于一致。影响资源税的税收增长率的因素有很多,主要受到价格水平和国内外局势的影响等,但是 GDP 的增长率是税收增长率的决定因素,只有全省的 GDP 总量上升后,税收收入总量才会上升,从而带动资源税税收收入增加。

表 9 - 29　全国 2011—2014 年的资源税合计和税收增长率　　　　　　单位:亿元

年份	全国资源税	全国资源税增长率
2011	1 367.69	38.11%
2012	1 829.66	36.92%

（续表）

年份	全国资源税	全国资源税增长率
2013	7 781.22	14.67%
2014	9 005.73	15.74%
2015	9 068.50	0.70%

从表格可以看出,全国的资源税增长率在 2011—2015 年基本呈现下降趋势,只有在 2014 年出现少许增长。2013 年全国资源税增长率大幅度下降,因为 2012 年受欧美外债危机的影响,中国经济也发生了一定程度的下滑;2015 年全国资源税增长率大幅度下降,因为 2014 年下半年进入新常态经济,经济增长速度整体放缓,由高速增长转为中高速增长。

结合江苏省资源税增长率和全国资源税增长率的数据可以看出,两者之间的变化趋势近似相同,但是 2013 年江苏省资源税增值率降幅明显比全国资源税增值率降幅温和。并且,2014 年的全国资源税增值率稍有上升,但是 2014 年的江苏省资源税增值率相比 2013 年仍有较大的降幅,甚至在 2014 年第一次出现了负值。主要是因为 2014 年国家的大部分城市地价水平持续上涨,全国固体矿产出让权同比增长 30.1%,出让价款同比增长 5.4%;但是 2014 年江苏省资源开采总量并不是很多,所以 2014 年的资源税增长率江苏省和全国的变化幅度和变化方向不同。

2. 税收增长弹性

资源税税收增长弹性是税收增长率与经济增长率的比值,经济增长率可用 GDP 增长率表示,税收增长弹性是一个反映一国税收体系或税收制度保证政府集中国家资源的能力的一个宏观税收负担指标,当弹性小于 1 时称为缺乏弹性,表明税收收入的增长速度慢于区域经济的增长速度;当弹性等于 1 时称为单一弹性,表明税收收入与经济同步增长;当弹性大于 1 时称为富有弹性,表明税收收入增长快于经济增长。江苏省的税收增长弹性可以用公式表示为

$$资源税税收增长弹性 = \frac{江苏省资源税税收增长率}{GDP\ 增长率}$$

表 9 - 30　28 江苏省 2011—2015 年税收增长弹性　　　　　单位:亿元

年份	税收增长率	GDP 数值	GDP 增长率	税收增长弹性
2011	—	49 110	11.00%	—
2012	21.54%	54 058	10.10%	2.13
2013	16.33%	59 753	9.60%	1.70
2014	7.16%	65 088	8.70%	0.82
2015	−0.84%	70 116.4	8.50%	−0.10

从表格中可以看出,2012—2015 年中江苏省税收弹性呈现下降趋势,四年中税收弹性减少了 2.23。江苏省资源税的税收弹性在 2013 年之前都是大于 1 的数值,说明了资源税的税收收入增长速度快于江苏省 GDP 增长速度。2015 年,资源税税收收入的负增长导致

资源税税收弹性为负值,主要是因为随着经济发展,资源税税收收入出现了反向变动,即为负增长,这与新常态时期经济结构转型有着密切的关系。

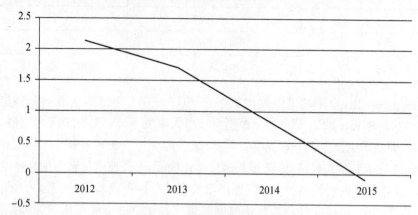

图 9 – 21　江苏省资源税税收弹性

由折线图可以看出江苏省资源税税收弹性呈现逐年下降的趋势,并且降幅巨大,由2012 年的 2.13 降为 2015 年的-0.10。资源税的税收增长率在逐年下降,GDP 增长率也在逐年下降,但是 GDP 增长率的降幅要远小于资源税的税收增长率的降幅,所以导致资源税税收弹性也在逐年下降。

表 9 – 31　全国 2011—2014 年的资源税增长弹性

年份	全国资源税增长率	全国 GDP 增长率	资源税增长弹性
2011	38.11%	9.50%	4.01
2012	36.92%	7.70%	4.79
2013	14.67%	7.70%	1.91
2014	15.74%	7.30%	2.16

2011 年全国资源税增长弹性为 4.01,2012 年全国资源税是增长弹性上升为 4.79,2013年全国资源税增长弹性大幅度下降,降为 1.91,2014 年全国资源税增长弹性缓慢上升为2.16。从表格中的数据可以看出,2011 年和 2012 年的全国资源税增长率是 GDP 增长率的四倍多,但是 2013 年和 2014 年的全国资源税增长率降为 GDP 增长率的两倍左右。2013年全国资源税增长弹性是一个转折点,但是江苏省 2013 年的资源税增长弹性并没有受到很大的影响。江苏省资源税税收增长弹性远小于全国资源税税收增长弹性,说明江苏省资源税对经济发展的反应程度低于全国水平。

主要是因为资源税在我国是一种中央地方共享税,石油和天然气企业的资源税由国家征收,其余资源税的收益归地方财政征收。近几年矿产资源价格高涨,中央资源性垄断企业获得了极大的高额利润。但是,由于资源税额很低,致使地方政府的相应收益并没有得到很大幅度的提高,尽管财政部、国家税务局,提高了相应的矿产资源税税额,但是变化幅度较小。江苏省政府也属于地方政府的一部分,因此,便出现了全国资源税增长弹性数值远大于江苏省资源税税收增长弹性数值的情况。

3. 税收增长边际系数

资源税的税收增长边际系数表示资源税的税收增长量与 GDP 的增长量的比值,也是衡量税负水平的主要方法之一,江苏省的税收增长边际系数用公式表示即为:

$$资源税税收增长边际系数 = \frac{江苏省资源税的税收增长量}{GDP 的增长量}$$

表 9-32　2011—2015 年江苏省资源税增长边际系数　　　　　　　　　　　单位:亿元

年份	资源税	资源税增量	GDP 数值	GDP 增量	资源税增长边际系数
2011	449.51	—	49 110	—	—
2012	546.31	96.8	54 058	4 948	1.96%
2013	635.54	89.23	59 753	5 695	1.57%
2014	681.02	45.48	65 088	5 335	0.85%
2015	675.32	−5.7	70 116.4	5 028.4	−0.11%

从表格中可以看出,2012 年江苏省资源税税收增长边际系数为 1.96%,是"十二五"中的最大值;2013 年和 2014 年江苏省资源税税收增长边际系数进一步下降,下降为 1.57% 和 0.85%;2015 年江苏省资源税税收增长边际系数下降为负值 −0.11%。

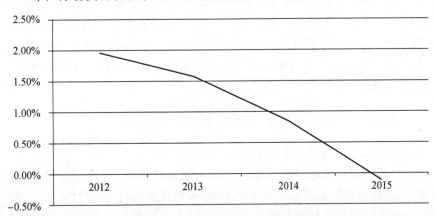

图 9-22　江苏省资源税增长边际系数

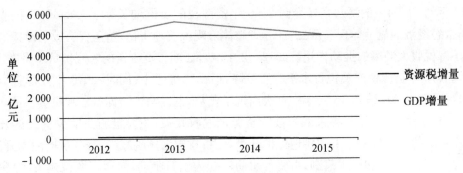

图 9-23　江苏省资源税增量和 GDP 增量

从折线图 9 - 22 可以看出,江苏省资源税税收边际系数呈现逐年下降的趋势,并且降幅巨大,由 2012 年的 1.96% 降为 2015 年的 −0.11%。从折线图 9 - 23 可以看出,资源税税收增长量在逐年下降,GDP 增长量呈现先升后降的趋势,虽然分母上的 GDP 增长量的变化趋势并不是每一年都相同,但是分子上的资源税税收增长量在逐年下降,并且资源税税收增长量远小于 GDP 增长量,所以导致资源税的税收边际系数也在逐年下降。

表 9 - 33　全国 2011—2014 年的资源税税收边际系数 单位:亿元

年份	全国资源税增加额	全国 GDP 增加额	税收边际系数
2011	1 367.69	75 220.5	1.82%
2012	1 829.66	49 999.5	3.66%
2013	995.36	53 895.8	1.85%
2014	1 224.51	47 891.4	2.56%

2011 年全国资源税税收边际系数为 1.82%,2012 年全国资源税税收边际系数大幅度上涨为 3.66%,2013 年全国资源税税收边际系数回落为 1.85%,2014 年的全国资源税税收边际系数上升为 2.56%。

从江苏省资源税税收边际系数和全国资源税税收边际系数数据来看,两者的变化趋势并不是一致的。江苏省资源税税收边际系数一直呈现下降趋势,但是全国资源税边际系数有增有减,曲线形状呈现"倒 W 形"。江苏省只有在 2011 年资源税边际系数略大于全国资源税边际系数,其余年份都远小于全国资源税边际系数。因为江苏人多地少,资源总量相对短缺,环境容量有限。

五、新常态下江苏省资源税可持续发展的相关建议

(一) 江苏省资源税税收发展的特点

我国现在已经处于新常态经济发展的中期阶段,在新常态经济的大背景下,江苏省要积极适应新常态,逐步完善资源税体制改革,增强资源税税制结构的稳定性。

新常态经济下江苏省的税收发展有以下几个特点:第一,江苏省税收总量的增长速度由两位数下降为个位数,由超高速增长转变为中高速平稳增长。从江苏省资源税的情况来看,由 2012 年的 21.54% 的增长率转变到 2015 年资源税的负值增长率 −0.84%,是税收增长进入新常态经济的显著体现。第二,江苏省整体宏观税负趋于稳定,不仅有政府政策的指导作用,还有税收大环境的推动作用。2012—2015 年,江苏省资源税的宏观税负水平在 1% 上下波动,2015 年资源税宏观税负水平有所下降,但是降幅微小;同时,2015 年江苏省资源税税收边际系数在 2012—2015 四年中首次出现了负数,也说明了江苏省宏观税负在进入新常态经济后趋于稳定。第三,将采取积极的资源税税收政策,主要措施是减少资源的开发利用、提高资源的利用效率。采取耕地保护政策,使得耕地占用税减少;减少矿产品的开发,提高矿产品的利用程度和应用范围,由要素驱动转变为创新驱动,使得资源税减少;对房地产进行调控,抑制房地产无节制的扩大,使得土地增值税和城镇土地使用税减少。以上这些措施都使得江苏省资源税税收增长率下降,并且 2015 年江苏省资源税总量有所减少,这些都

是江苏省适应新常态经济节约利用资源的举措。

（二）中央与地方政府的立法权关系

《国务院关于实行分税制财政体制的决定》明确规定中央税、共享税以及地方税的立法权都要集中在中央，但是 1994 年分税制改革之后，中央有前提地、适当地给地方下放了一些税收立法权，使地方可以实事求是地根据自己特有的税源开征新的税种，促进地方经济的发展。因此江苏省有权通过确定税收规模、选择税制结构、设置具体的税制要素等手段实现税收的职能，掌握地方税收的征收管理权。

（三）对新常态经济下促进江苏省资源税的建议

习近平总书记在江苏视察时，殷切希望江苏积极适应经济发展新常态，在推动经济发展等五个方面迈上新台阶，因此江苏省也要抓住机遇，紧跟大流，在经济发展新常态下实现可持续发展，从而使江苏省努力告别传统高能耗、高污染的发展模式。根据本书对江苏省资源税的分析以及新常态经济下资源税的特点提出以下几点建议。

1. 进行资源税改革，完善资源税课税体系

新常态经济下要求经济结构进行调整，增长速度由高速增长转变为中高速增长，因此进行资源税的改革也是大势所趋，使得资源税税收体制更好地适应江苏省社会和经济的发展。

资源税改革是进一步深化财税体制改革的重要内容，是构建生态环境税制的关键一环。2016 年"营改增"之后，属于地方收入的营业税退出了历史舞台，资源税改革的推进有利于完善江苏省地方税体系，有助于增强江苏省财政的税收能力。

这里所说的资源税是微观资源税。江苏省的资源较为丰富，与现行资源税收类似的收费项目有矿产资源补偿费等，数量繁多但是征收效果不显著，因为资源税课税对象不明确且不完整。新常态经济条件下，为了更好地保护和合理利用资源，使得资源税成为一个更为合理的税种，迫切要求江苏省政府完善资源税课税体系。

（1）扩大资源税的征收范围

江苏省资源税税收收入占总的资源税税收总量的 3% 左右，占比太小，说明资源税的征收范围窄、征收总量少。这样的资源税征收效果不明显，不但不能有效遏制对矿产资源和盐类资源的过度开采，而且也会造成资源后续产品不合理的比价，更加刺激了单位和个人对非税的矿产资源和盐类资源的掠夺性开采。一般来说，资源税征收的矿产资源和盐类资源都是不可再生的，总量固定，所以经过开采利用后，总量必然会减少。

由于矿产资源和盐类资源自身的特殊性，在扩大资源税的征收范围时，一般先将总量丰富的资源列入征税范围，这样不仅可以增加财政收入，又可以保护和促使资源的及时、合理开发和有效利用。

（2）合理确定资源税的单位税额

资源税的单位税额的合理选择是完善资源税课税体系的难点和重点，要考虑新常态的经济条件下多种因素的影响，更要兼顾效率和公平原则。因为税收的增长具有传导效应，资源税税负的提高会影响江苏省经济的各个部门，并且煤炭资源在江苏省能源消费中所占的比重较大，煤炭税收的增加导致煤炭价格的增加会对江苏省的经济有所冲击。

因此，资源税税负的提高幅度要控制在江苏省宏观经济和居民的承受能力之内，江苏省财政厅、江苏省地税局在全面了解全省资源税税源情况的基础上，选取了重点的企业进行了

数据调查分析,按照改革前后税费平移的原则,确定了江苏省资源税改革税率和换算比(折算率)。

(3)鼓励全社会使用可再生资源

江苏省政府可以制定全面系统的"税收激励计划",针对利用可再生资源和综合利用自然资源生产的企业实施减税或者部分免税的政策,不但可以保持原有企业的积极性,而且能够吸引新的企业加入。对利用不可再生资源或者稀缺可再生资源的企业加大资源税的征收力度。

2. 完善土地增值税制度

(1)降低土地增值税的税率

土地增值税的征收是为了调节房地产行业的暴利出台的,那个时候土地批租制度存在缺陷。新常态经济下,江苏省土地批租制度虽然比起以前有所改进,但是仍然不完善,房地产市场没有发展成熟,在这种情况下,土地增值税采用较高的税率似乎仍在情理之中,但是过高的土地增值税名义税率不一定有助于增强土地增值税的调节作用,因为高税率会给土地增值税纳税人造成沉重的心理负担,从而增加征收阻力。

新常态经济下,江苏省可以通过调查和测算的方式,相机调整土地增值税的税率。可以仍然保持四级超率累进税率模式,各档税率之间的"级距"不发生改变,适当降低最高的边际税率,剩下的三档税率相应下调,这样便可以缩小土地增值税名义税率与实际税率的差距,从而降低土地增值税的税收负担,减少征收的阻力。

(2)调整土地增值税预征率

土地增值税与房地产行业紧密相关,进入新常态经济以后,江苏省房地产出现了一些新的变化,房地产开发项目增值率在时间维度、区域维度中都出现了一定的变化。江苏省应该调整现行土地增值税预征率,以便更好地发挥土地增值税预征的作用和效果。

3. 解决城镇土地使用税存在的主要问题

新常态经济下要求江苏省进行"城镇化建设",随着江苏省工业化和城乡一体化建设步伐的加快,在城镇土地使用过程中出现了新情况和新问题,而现行的城镇土地使用税政策难以适应新的要求。在新常态经济背景下,亟须加以改进和统一。

当前城镇土地使用税存在的主要问题有:征税范围的划分范围不清晰、纳税人的确定不清晰和实际占用土地面积不明确等。针对存在的这些问题,提出以下几点建议。

(1)扩大城镇土地使用税的征税范围

新常态经济下江苏省城乡一体化进程步伐不断加快,出现了农村撤乡并镇、乡镇更名等新情况、新问题。为了促进土地的节约使用,强化江苏省对建设用地的税收征管,应该扩大城镇土地使用税的征税范围。征税范围应该由原来的城市、县城、建制镇、工矿区扩大到江苏省境内所有土地的单位和个人,并且根据不同地区、不同地段的土地,设置不同类别和不同等级,确定城镇土地占有税额的幅度标准,调节土地级差,从而体现公平税负、合理负担的原则。

(2)进一步明确纳税义务人

当前新常态经济下,在农村集体土地不改变其所有权和使用权性质的前提下,江苏省普遍存在自行转让或出租集体土地使用权的情况,以及城乡接合部以经营地产为主要收入来源的"地主"的出现,应该根据不同情况确定城镇土地使用税的纳税义务人。

可以按照以下的方式确定纳税义务人:对农村集体经济组织通过自行转让、以租代征或者出租等方式,将农用地和还没有被利用的土地转让、出租后用于建设用地,以及受让或者承租人将取得的农用地经过平整、建设厂房后又进行转让的,但是却没有依法办理土地使用权流转手续的,由最终实际使用集体土地的单位和个人按照规定缴纳城镇土地使用税。对农村集体经济组织以及受让或者承租人将农用地经过平整、建设厂房后直接用于对外出租的,均由出租的单位和个人按照规定缴纳城镇土地使用税。

（3）合理确定纳税人实际占用的土地面积

新常态经济下,要从严掌握和确定纳税人实际占用的土地面积的情况。如果纳税人持有政府部门核发的土地使用权证书,但是实际占用面积大于土地使用权证书核定面积的,以实际占用面积为准;如果实际占用面积小于土地使用权核定面积的,以证书核定的面积为准;如果因为城镇规划、厂区外道路建设以及公共绿化需要占用纳税人土地使用权证书核定占地面积的,凭县级以及县级以上人民政府出具的证明,可以扣除厂外道路、公共绿地占用的面积作为纳税实际使用面积。对纳税人尚未取得土地使用权证书的,以转让或受让合同核定的土地面积或者纳税人实际取得的土地占用面积为准。

（4）明确纳税义务发生的时间

新常态经济下,要针对当前土地使用过程中存在的未批先用和先批后用的实际情况,建议增加"对纳税人由于政府拆迁等原因,不能按时取得土地的,可以凭借出让或者转让方与受让方签订的延期交付土地的补充协议,从重新约定交付土地的时间次月起缴纳城镇土地使用税"。另外,房地产开发企业取得土地使用权缴纳土地使用税的起始时间应该和其他单位和个人规定的纳税义务发生时间相同。对已经销售的商品房不再征收城镇土地使用税的停征时间确定问题,应该统一明确为从开具销售发票并结转销售收入的次月起不再征收城镇土地使用税。

（5）明确纳税人跨地区使用土地的纳税地点

新常态经济条件下,建议对纳税人跨地区使用土地的应该区分不同情况确定纳税地点,也就是对纳税人总机构与分支机构不在一个地方的,应该由纳税人分别向土地所在地税务机关缴纳城镇土地使用税;对纳税人在同一地段而不在同一市（县、镇）的跨地区使用土地的,如果纳税人依法办理了土地征用或者受让手续,并且取得土地使用权证书的,由纳税人向其机构所在地税务机关缴纳城镇土地使用税;如果纳税人没有依法办理土地征用或者受让手续的,由纳税人向其土地所在地税务机关缴纳城镇土地使用税,防止争抢税源情况的发生。[1]

4. 充分发挥耕地占用税的功能

耕地占用税是用来调节征收土地的部分收益的,涉及了政府、开发商、农民之间的收益再分配,进而实现国家公共利益及开发商个人利益的均衡,它的功能定位为提高土地资源配置效率和体现收益分配的社会公平性。但是历年来,江苏省耕地占用税并没有充分发挥它的作用,并且定位也不清晰。江苏省现在已经到了中高速发展的新常态经济时期,应该抓住

① 许建国. 城镇土地使用税征收中存在的问题及其改进设想[J].税务研究,2009(4):81-82.

机遇,加大对耕地占用税的利用和认识,充分发挥耕地占用税的功能。

(1) 起到保护耕地、遏制土地不合理利用的作用

通过征税增加耕地占用成本,使农地转用的差额利润控制在与其他行业相当的范围内,避免决策主体在单纯经济利益驱使下盲目占用耕地,争取在新常态经济下,降低地方政府对"土地财政"的依赖,促进耕地保护,实现耕地占用税的设立初衷。

(2) 耕地外部效应内部化

耕地属于公共物品,不仅具有粮食生产的功能,也发挥着巨大的社会保障和生态保育作用,但是目前的耕地占用成本远低于其真实价值,耕地保护外部效益太过明显,占用耕地超额利润较大,耕地保护积极性较低。新常态经济也要求进行税制改革,因此通过税收手段合理调节相关主体间的利益关系,逐渐加深对耕地价值的全面认识从而长期促进提高土地资源配置效率,使得耕地占用税也为维护社会公平做出一份贡献。

(3) 发挥组织财政收入,为农业发展筹集资金的作用

通过征收耕地占用税缓解农业资金投入不足的问题,税款用于地方的农业建设项目,如开垦荒地、改良现有耕地、土地复垦和农业综合开发等,使得在新常态经济下实现国家农业发展总体战略,为增强农业后劲创造条件。

(4) 发挥监督占地行为,完善耕地保护制度体系的作用

纳税体制是纳税人必须遵守的法律准绳,监督并约束占地单位或者个人的经济行为,使之遵守"珍惜、合理利用每一寸土地"的政策要求。耕地占用税是土地财政调节制度的重要组成部分,新常态经济下,规范和完善耕地占用税是实现土地管理从以行政管理保护耕地为主向法制化管理为主转变的重要基础性工作。[①]

5. 处理好城镇土地使用税与耕地占用税的关系

新增建设用地一部分用来作为城镇土地使用,剩下的则作为耕地使用。但是进入新常态经济后,提倡保护土地,提高土地利用率,因此新增建设用地在慢慢减少,更要处理好城镇土地与耕地数量的分配问题。城镇土地大部分用来建设房屋和城镇绿化,耕地则是用来种植粮食之类,两者都要发展,江苏省地税局要处理好两者之间的关系,不能顾此失彼。

(四) 全面提高税收管理的法治化水平

首先应正确处理税收计划与依法治税的关系。从长远看,江苏省各级税务机关应逐步克服"税收任务第一"的思想,真正解决"有税不收"和"无税硬收"的问题,逐步将税收收入工作全面纳入法治规范的轨道。江苏省各级政府在执行税收计划过程中,要切实处理好与依法治税的关系,解决好它们之间的矛盾。依法治税是根本,是一切税收工作的出发点、立足点和归宿,税收计划的制定及执行必须建立在依法治税的前提下,不应违背税法精神,不应超越法律界限。在此基础上,各级税务部门应切实搞好内部的两权"监督",切实加大税收执法力度,规范税收执法行为,不断改善税收服务质量,从而为促进经济的良性增长和市场经济的健康发展创造公平、法治、高效的税收环境。

---

① 赵婕,金晓斌.耕地占用税设置的功能定位与调控机制分析[J].国土资源科技管理,2011(28):103-104.

第十章　新常态下江苏省行为税研究

一、行为税的概述

(一) 行为税的基本概念与主要内容

行为税是国家为了对某些特定行为进行限制或开辟某些财源而课征的一类税收。如针对一些奢侈性的社会消费行为,征收娱乐税、宴席税;针对牲畜交易和屠宰等行为,征收交易税、屠宰税;针对财产和商事凭证贴花行为,征收印花税;针对有经营收入的单位或个人,征收城市建设维护税;针对单位或个人在境内购置规定车辆的行为,征收车辆购置税。

(二) 行为税的基本特征

目前对于行为税的分类还没有明确的规定,主要就是因为行为税是一项变动的税种,它紧跟时代的步伐尤其是政策的动向,行为税经过了设立、取消、合并、分出、变更等历程,而且以后会一直进行下去。因此,行为税就很难作为一个统一的、标准的、不变的税种。根据以上概述,行为税的主要特点有:

1. 政策性强,调解范围明确

如上所述,行为税随着时代的变化而变化,尤其容易被政策所"左右"由此可见,行为税的政策性是很强的。另外,行为税作为一个集合概念的税种,必然包括一定的子税种。虽然纵向看来,行为税种的子税种都不确定,但从每个时代即横向角度而言,它却是固定的,而且必须明确有多少税种以及具体是什么税种以及应该如何征收。所以,它的调整范围是明确的。

2. 时间性

行为税的不确定性决定了国家总是必须根据经济形势的变化而相应提出适时的行为税种类,体现了其时间性的特征。

3. 层次性

从行为税调整的区域或立法层次看,行为税有的由中央政府直接掌管,有的由地方政府控管,这就使行为税客观形成层次性。如证券交易税即属于国家税,而其他的一些行为税(像屠宰税和筵席税)则属于地方税。

4. 征税对象的专有性

一般税种的征收对象为流转额、财产所有,而行为税的征税对象为行为。这是其他税种的征税对象多不具有的。

(三) 行为税的基本功能

1. 宏观调控功能

如证券交易税。证券交易税属于中央税,其功能表现为:第一,证券交易税制的改革应有助于推动企业融资与体制改革。第二,证券交易税制的改革应有助于减轻证券市场的非正常波动,尤其是抑制证券市场的过度投机行为。第三,证券交易税制的改革应有助于推动我国证券业整体素质的提高。第四,证券交易税制的改革应有助于我国证券市场的发展。但是,证券交易税制对我国证券市场的调控功能并不明显,制度建设也明显滞后。

2. 中观调控功能

城市维护建设税、印花税、车辆购置税和土地增值税属于中观调控。比如,城市维护建设税对于中西部开发投资时,可以通过减征和免征的措施,使中西部可以提高生产效率和竞争力,有利于科技人才、管理人才、经营人才的流动。

3. 微观调控功能

屠宰税、筵席税属于微观调控功能,微观调控一般直接作用于行为个体。尽管屠宰税、筵席税已下放地方税后不再实施,但屠宰税和筵席税的实施却直接影响行为人的具体行为,以至于能有效地调节行为人的行为,进而影响当地经济发展。但我们也应看到,并不是行为税的调控都具有正效应,还应注重其负效应。[①]

二、江苏省行为税的基本情况

(一) 印花税

1. 江苏省印花税发展现状

印花税是对经济活动和经济交往中设立、领受具有法律效力的凭证的行为所征收的一种税。因采用在应税凭证上粘贴印花税票作为完税的标志而得名。1988 年 8 月 6 日中华人民共和国国务院 11 号令发布《中华人民共和国印花税暂行条例》,规定重新在全国统一开征印花税。直至 2011 年 1 月 8 日根据《国务院关于废止和修改部分行政法规的决定》,将《印花税暂行条例》第 14 条中的《税收征收管理暂行条例》修改为《税收征收管理法》。《印花税暂行条例》所附的“印花税税目税率表”中所列举的 13 类税目,税率都在万分之零点三至千分之一之间(绝大多数在万分之三到万分之五之间)。由此来看,相较于其他税种,印花税总体上保留了较强的稳定性,其税率也稳定在较低水平。

江苏省印花税从征收以来,就保持了较强的稳定性,这有利于江苏省政府财政收入的组织,另外也保持了一定的灵活性,能够根据时代及政策的需要灵活变动,更好地服务经济新常态。

表 10 - 1   2011—2015 江苏省印花税收入情况   单位:亿元

年份	2011	2012	2013	2014	2015
印花税收入	62.64	66.77	75.37	81.97	85.27
总税收收入	4 124.62	4 782.59	5 419.49	6 006.05	6 610.12
印花税收入涨幅	7.34%	6.59%	12.88%	8.76%	4.03%
印花税占总税收收入的比重	1.52%	1.40%	1.39%	1.36%	1.29%

数据来源:江苏省 2014 年统计年鉴。

---

① 李小鹏,行为税法解析[N].山西煤炭管理干部学院学报,2007.1,128 - 129.

从上表 10-1 可以看出,江苏省的印花税收入虽然每年都会有所增长,但增长幅度在逐年的降低。尤其是 2015 年进入新常态以来,涨幅下降的速度增快,从 2013 年增长 12.88% 到 2014 年增长 8.76% 再到 2015 年增长幅度只有 4.03%。在 2013 年印花税收入增长幅度达到十二五期间最高,2013 年,江苏省房地产开发投资 7 241.45 亿,同比增长了 16.63%。与此同时,土地成交的火爆带来成交款增幅暴涨,导致了 2013 年江苏省印花税收入大幅度增加。而在经济新常态的背景下,税收收入增长也进入新常态,进入中高速增长时代。印花税收入增长速度在 2014 年、2015 年开始下跌,在印花税征收实践中呈现出的这种涨幅下降的特征与现行税收新常态相符合。另外印花税收入占总税收收入的比重一般维持在 1.3%—1.5% 左右,从表中也可看出印花税占税收收入的比重在逐年的下降,但是下降的速度不明显,还是维持在一般水平。

2. 江苏省印花税的现状分析

以图表的形式来予以反映,2011—2015 年江苏省的印花税和国家印花税的总体情况可见表 10-2,以及图 10-1、图 10-2。以之为基础,可以发现:从表 10-2 中可以看出国家印花税收入涨幅在 2013 年达到 26.25%,这得益于房地产市场的火爆,2015 年进入新常态以来,印花税收入增长幅度有所下降。

表 10-2　2011—2015 年国家印花税收入情况　　　　　　　　单位:亿元

	2011 年	2012 年	2013 年	2014 年	2015 年
国家印花税收入	1 042.22	985.64	1 244.36	1 540	3 441.44
国家税收收入	89 738.39	100 614.28	110 530.7	119 175.31	124 922.2
国家印花税涨幅	0.18%	−5.43%	26.25%	23.76%	123.47%
印花税占国家税收收入的比重	1.16%	0.98%	1.13%	1.29%	2.75%

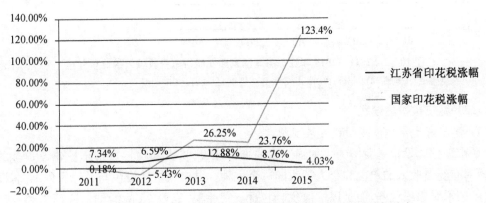

图 10-1　2011—2015 年江苏省印花税涨幅与国家印花税涨幅分布

从图 10-1 中可以看出,2011—2015 年间,江苏省印花税收入的涨幅趋势与国家印花税收入基本是保持趋同的。但是江苏省在 2015 年保持的增速是与新常态下的 7%—8% 的增长速度相符合的,而全国印花税收入在 2015 年虽然有所下降,但是仍然保持着 23.76% 的高增长,相比较而言,江苏省的变动幅度相对平缓。笔者认为,受"四万亿"基础设施投资的影响,货币供应量高速增长,房地产开发投资额也在逐年的上升,房地产价格进一步被推高。

其中,北京、上海、深圳等主要城市的房价一路走高,为全国印花税的高速增长提供了很大的可能,而江苏省的房价上升的幅度是低于北京、上海等城市的,所以在印花税的增长幅度上会相对平缓。

根据图10-2,可以看出总体上江苏省印花税的收入在全省的税收收入中占的比重是在逐步下降的,而全国的印花税收入在国家税收收入中占的比重却是呈现上升的趋势,这种差异的呈现就与新常态下国家经济结构的变化有着很大的关系。经济新常态下,经济结构变化带来的国家税收结构的总体性变化就是第二产业税收比重下降,第三产业比重上升;资源性行业和传统制造业税收比重下降,现代制造业和现代服务业税收比重上升;房地产业相关税收增长下降。江苏省印花税收入占比重下降符合新常态下房地产业相关税收增长下降的规律。而全国的印花税收入在2013年之后增长幅度持续走高,并且保持着超高速增长的势头,在2015年经济进入新常态以来,印花税的增长幅度甚至达到了123.47%,主要原因是全国证券交易印花税超高额度的增长。2014年全国的证券交易印花税年度决算数是666.87亿元,而到2015年达到了2552.78亿元,是2014年年度决算数的382.8%,增长幅度达到了282.80%。相较之下,江苏省的证券交易印花税在经历了2015年上半年的下跌之后增长幅度下降将近30%,所以在图表上可以看出江苏省的印花税与国家印花税的涨幅差距还是相对较大的。

图10-2 2011—2015年江苏省与国家印花税占总税收收入的比重分布

数据来源:江苏省2014年统计年鉴、国家税务总局2011—2014年度数据

(二) 城市维护建设税

1. 江苏省城市建设维护税发展现状

城市维护建设税是我国为了加强城市的维护建设,扩大和稳定城市维护建设资金的来源,而对有经营收入的单位和个人征收的一个税种。城市维护建设税与其他税种不同,没有独立的征税对象或税基,而是以增值税、消费税、营业税"三税"实际缴纳的税额之和为计税依据,随"三税"同时附征,本质上属于一种附加税。城市维护建设税是1984年工商税制全面改革中设置的一个新税种。1985年2月8日,国务院发布《中华人民共和国城市维护建设税暂行条例》,从1985年度起施行。1994年税制改革时,保留了该税种,做了一些调整,并准备适时进一步扩大征收范围和改变计征办法。

江苏省于1985年1月1日起执行《江苏省城市维护建设税暂行条例实施细则》,城市维护建设税的征税范围包括城市、县城、建制镇以及税法规定征税的其他地区。城市、县城、建制镇的范围应根据行政区划作为划分标准,不得随意扩大或缩小各行政区域的管辖范围。一般来说,城镇规模越大,所需要的建设与维护资金越多。与此相适应,城市维护建设税规定,纳税人所在地为城市市区的,税率为7%;纳税人所在地为县城、建制镇的,税率为5%;纳税人所在地不在城市市区、县城或建制镇的,税率为1%。这种根据城镇规模不同。差别设置税率的办法,较好地照顾了城市建设的不同需要。

江苏省城市建设维护税自从征收以来,很好地发挥了城市建设税的中央调控职能,对于加强城市的维护建设,扩大和稳定城市维护建设资金的来源等方面发挥了极大的作用。

表 10-3　2011—2015 江苏省城建税收入情况　　　　　　　　单位:亿元

	2011 年	2012 年	2013 年	2014 年	2015 年
城建税收入	270.82	309.93	339.53	376.15	421.46
总税收收入	4 124.62	4 782.59	5 419.49	6 006.05	6 610.12
城建税占总税收收入的比重	6.57%	6.48%	6.26%	6.26%	6.38%
城建税涨幅	64.32%	14.44%	9.55%	10.79%	12.04%

数据来源:历年江苏省统计年鉴

根据江苏省地方税务局的数据可以看出:第一,2011—2015 年间城市维护建设税税收收入每年呈明显增长趋势,由 2011 年的 270.82 亿元增加至 2015 年的 421.46 亿元,五年间增长了 55.62%;第二,总体来说,各年的税收增长率都是呈现明显的上升趋势,但是在 2013 年有一个明显的降低;第三,城市建设维护税税收收入占总收入比重比较稳定,一般都维持在 6.5%左右。

2. 江苏省城市维护建设税现状分析

以图表的形式来反映,2011—2015 年江苏省的城市维护建设税基本情况为:

表 10-4　2011—2015 年国家城建税收入情况　　　　　　　　单位:亿元

项目	2011 年	2012 年	2013 年	2014 年	2015 年
国家城建税收入	1 887.11	2 779.29	3 125.63	3 419.9	3 886.32
国家税收收入	73 210.79	89 738.39	100 614.28	110 530.7	124 922.2
国家城建税涨幅	47.28%	12.46%	9.41%	6.57%	13.64%
城建税占全国税收收入的比重	2.58%	3.10%	3.11%	3.09%	3.11%

结合表 10-4 与图 10-3,可以看出国家城市建设维护税在"十二五"期间的总体的增长速度是下降的。与江苏省变化趋势相同的是,在 2012 年城市建设维护税的增长幅度均经历了一次大幅度的下降。进入新常态后,江苏省城建税的增长幅度开始有所上升。

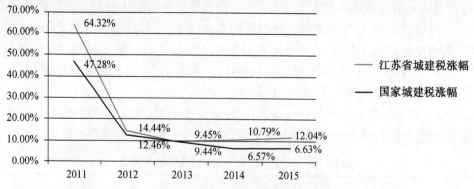

图 10-3 2011—2015 年江苏省城建税涨幅与国家城建税涨幅分布

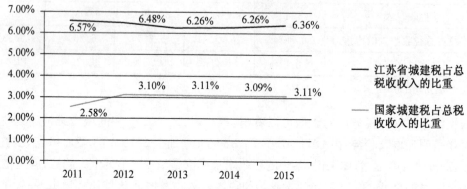

图 10-4 2011—2015 年江苏省与国家城市建设维护税占总税收收入的比重

在图 10-4 中我们可以看出国家城市建设维护税与江苏省的城市建设维护税变化趋势都不明显,江苏省城市建设维护税占总税收收入的比重与国家城市建设维护税在总税收收入中的比重都相对稳定,这与两者在这一期间里面几近趋同的涨幅变化趋势是有关系的。另外我们也可以看出江苏省城市建设维护税在总税收收入中的比重与国家城市建设维护说在总税收收入中的比重相比,江苏省的城市建设维护所占的比重是高于国家城市维护建设税在总税收收入中的比重的。

(三) 车辆购置税

1. 江苏省车辆购置税发展现状

车辆购置税是由车辆购置附加费演变而来。车辆购置附加费是 1985 年经国务院批准,在全国范围内普遍强制征收的专项用于国家公路建设的政府性基金,是国家交通基础设施的重要资金来源。随着时间的推移,车辆购置附加费暴露出一些问题,如个别地区存在巧立名目,搭车收费及乱罚款等现象,社会负面影响较大。1998 年,国务院为规范政府行为,深化财税体制改革,理顺税费关系,决定对一些交通规费进行费改税改革。经过两年多周密细致的酝酿,国务院于 2000 年 10 月 22 日颁布了《中华人民共和国车辆购置税暂行条例》(国务院令第 294 号),于 2001 年 1 月 1 日起开征车辆购置税,取代了原来征收的车辆购置附加费。至此,由交通管理部门征收 15 年的车辆购置附加费被国税部门的车辆购置税所取代,期间经历了从"费"(2001 年前车辆购置附加费)到"税"(2001 年后车辆购置税)、从车辆生产厂和海关征收到交通部门代征(1985—2004年期间)到最后的国税部门直接征收(2005年以后)的过程。附加费改为车购税后,车辆购置税便成为我国税制体系中新设立的税种,也是我国"费改税"改革的突破口,对整个"费改税"改革产生了重要而深远的影响。

现行车辆购置税法的基本规范,是从2001年1月1日起实施的《中华人民共和国车辆购置税暂行条例》。车辆购置税除具有税收的共同特点外,还有其自身独立的特点:征收范围单一,作为财产税的车辆购置税,是以购置的特定车辆为课税对象,而不是对所有的财产或消费财产征税,范围窄,是一种特种财产税。征收环节单一,车辆购置税实行一次课征制,它不是在生产、经营和消费的每一环节实行道道征收,而只是在退出流通进入消费领域的特定环节征收。税率单一,车辆购置税只确定一个统一比例税率征收,税率具有不随课税对象数额变动的特点,计征简便、负担稳定,有利于依法治税。征收方法单一,车辆购置税根据纳税人购置应税车辆的计税价格实行从价计征,以价格为计税标准,课税与价值直接发生关系,价值高者多征税,价值低者少征税。征税具有特定目的,车辆购置税具有专门用途,由中央财政根据国家交通建设投资计划,统筹安排。这种特定目的的税收,可以保证国家财政支出的需要,既有利于统筹合理地安排资金,又有利于保证特定事业和建设支出的需要。价外征收,税负不发生转嫁,车辆购置税的计税依据中不包含车辆购置税税额,车辆购置税税额是附加在价格之外的,且纳税人即为负税人,税负不发生转嫁。

江苏省车辆购置税自征收以来,作为一种特定目的的税收,有效地组织了财政收入,也保证了特定事业和建设支出的需要,江苏省车辆购置税的有效运行也为江苏省税收收入在新常态背景下的组织提供了良好的条件。

根据江苏省地方税务局的数据可以看出:第一,2011—2014年车辆购置税收入呈现出明显的增长趋势,2014年车辆购置税收入达到248.16亿,相比于2011年增长了70亿的收入。第二,江苏省车辆购置税的增长率也是逐年增加。从数据中可以看出2011—2014年间,车辆购置税总的税收收入在江苏省税收收入中占的比重还是相对稳定的,增长率的波动起伏不大,维持在一个稳定的收入水平。

表 10 - 5　2011—2014 年江苏省车辆购置税收入情况　　　　　单位:亿元

	2011 年	2012 年	2013 年	2014 年
车辆购置税收入	177.7	188.42	212.03	248.16
总税收收入	4 124.62	4 782.59	5 419.49	6 006.05
车辆购置税占总税收收入的比重	4.31%	3.94%	3.91%	4.13%
车辆购置税涨幅	—	6.03%	12.53%	17.04%

2. 江苏省车辆购置税现状分析

以图表的形式来予以反映,2011—2015年江苏省的车辆购置税基本情况为:

表 10 - 6　2011—2015 年家车辆购置税收入情况　　　　单位:亿元

	2011 年	2012 年	2013 年	2014 年	2015 年
国家车购税收入	2 044.89	2 228.91	2 596.34	2 885.11	2 792.56
国家总税收收入	89 738.39	100 614.28	110 530.7	119 175.31	124 922.2
国家车购税涨幅	14.07%	9.00%	16.48%	11.12%	−3.21%
国家车购税占总税收收入的比重	2.28%	2.22%	2.35%	2.42%	2.24%

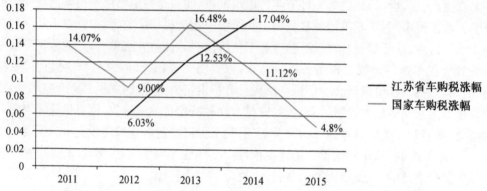

图 10 - 5　2011—2015 年苏省车辆购置税涨幅与国家车辆购置涨幅分布

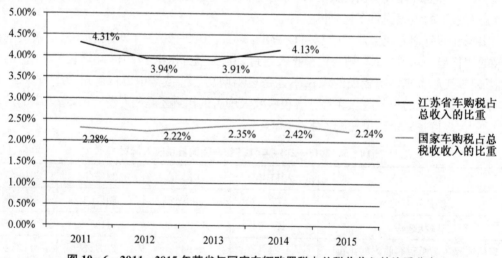

图 10 - 6　2011—2015 年苏省与国家车辆购置税占总税收收入的比重分布

数据来源:江苏 2014 年统计年鉴,国家税务局 2014 年国家年度数据

　　根据以上图表可以看出,江苏省车辆购置税的增长幅度一直呈现的是稳定的上升趋势,与江苏省车辆购置税的增长幅度的趋势相反的是,国家车辆购置税增长幅度的变化趋势很不稳定,经历大幅度的增速下跌之后又经历大幅度的增速上涨。但另一方面,江苏省以及国家的车辆购置税在总税收收入中所占的比重变化趋势都不明显,在总税收收入中的比重是相对稳定的。但是也可以看出国家车辆购置税在总税收收入中的比重是低于江苏省车辆购置税在总税收收入中的比重的。

综合以上数据可以看出,江苏省的行为税收入在江苏省总的税收收入中所占的比重是高于全国的行为税在国家总的税收收入中的比重的。这从侧面说明了江苏省对于行为税的重视,行为税是江苏省的重要税种之一。目前我们都秉持着一种"经济税收观",一是经济发展新常态会给税收发展带来的影响与制约,这里强调的是经济对税收"有影响",二是税收发展要服务于国家经济发展的新常态,这里强调的是税收对经济"可作为"。所以结合以上数据,可以看出经济新常态大环境下经济发展的一系列特征都对行为税税收工作的开展以及行为税税收现代化的建设有着很大的影响;在税收的实践过程中,江苏省的行为税对更好地做好税收收入这块蛋糕发挥了很大的作用。在新常态下,行为税的政策性特征带来的有关行为税的各种调整,也使得行为税在新常态下更好地服务经济的发展。

三、新常态下江苏省行为税的实证分析

(一) 新常态下的江苏省印花税

1. 新常态下江苏省印花税征收实践中出现的问题

从江苏省的税收实践上来看,实际上随着时代发展,印花税已经逐渐失去其原有地位,不再是一种高效税源。就近五年江苏省的印花税收入来看,印花税在实际运行中存在诸多问题。第一,印花税占财政收入的比重低,比如从2011—2015年在江苏税收总收入中只是占到了1.3%—1.5%左右,与增值税等税种相比在税收实践中容易被忽视,另外营改增的全面推行,增值税征税范围扩大,增值税的普遍开征已经逐渐取代印花税的财政收入功能。第二,当前印花税在世界范围内不再是普遍征收的税种,其重要原因是它的征收被认为违反税收公平原则,对经济反而产生负面效应。第三,目前各国印花税的结构都较为复杂,加上与房地产等联系在一起的财产估值使得印花税的征税成本上升。第四,印花税扮演的另一角色是弥补税收漏洞,但随着"十二五"规划的完成,我国税制体系得到初步完善,印花税的这一功能效果必然下降。而且从纳税人视角来看,印花税的实际操作时间成本高而税额低,总体来说对整个社会是成本大于收益。

我国印花税法律体系包括两个组成部分:普通印花税与证券交易印花税。以《印花税暂行条例》为主的印花税体系功能比较单一,主要是聚财作用且该作用比较弱。相较之下,证券交易印花税却因对证券市场的调节作用而备受重视。证券交易印花税出现之初,最主要的法律依据实际上是国家税务总局和当时的国家发改委制定的《股份制试点企业有关税收问题的暂行规定》(国税发〔1992〕137 号)。这一规定为证券交易印花税的征收提供了规章依据,自此之后证券交易印花税以调整税率和纳税主体等核心税收要素的形式成为证券市场最重要的税种。具体调整内容如下[①]:

表 10-7　历次证券交易印花税调整时间及主要内容

立法部门	立法时间	法律名称	征税对象	税率
国家税务总局、国家发改委	1992.6.12	《股份制试点企业有关税收问题的暂行规定》(国税发〔1992〕137 号)	交易双方	3‰

---

① 林烺,印花税体系的改革:两种印花税存废之辩[N].税务与经济,2016,3,2.

（续表）

立法部门	立法时间	法律名称	征税对象	税率
国务院	1997.5.12	《关于调整证券（股票）交易印花税税率的通知》（国发明电〔1997〕3 号）	交易双方	5‰
国务院	1998.6.12	《关于调整证券（股票）交易印花税税率的通知》（国发明电〔1998〕5 号）	交易双方	4‰
国家税务总局	1999.6.1	《关于调整 B 种股票交易印花税率的通知》（国发明电〔1999〕1 号）	B 股交易双方	3‰
财政部	2001.11.15	《关于调整证券（股票）交易印花税率的通知》（财税明电〔2001〕1 号）	交易双方	2‰
财政部	2005.1.23	《关于调整证券（股票）交易印花税率的通知》（财税〔2005〕11 号）	交易双方	1‰
财政部	2007.5.30	《关于调整证券（股票）交易印花税率的通知》（财税〔2007〕84 号）	交易双方	3‰
财政部	2008.4.24	《关于调整证券（股票）交易印花税率的通知》	交易双方	1‰
财政部、国家税务总局	2008.9.18	《关于调整证券（股票）交易印花税率的通知》	单边交税	1‰
财政部、国家税务总局	2014.5.27	《关于在全国中小企业股份转让系统转让股票有关证券（股票）交易印花税政策的通知》（财税〔20014〕47 号）	出让方	1‰
上海市政府	1991.10.10	无	交易双方	3‰

由表 10-7 可知，实际征收 20 多年以来，证券交易印花税在税率和纳税主体等核心税收要素方面居然历经了多次调整（且不论证券交易印花税在中央、地方分配中的调整），其调整频率在我国的各种税种中应该是最高的；同时，核心税收要素的调整部门既有地方政府，又有国务院及其财税主管部门。这种状况，一方面证明证券交易印花税在我国税收体系中具有不稳定性，另一方面也体现其在调控中的重要地位。

可以从江苏省印花税的实践来分析印花税在新常态下的发展趋势：

① 证券交易印花税其作为政府调控证券市场的手段确实得到了较大重视。其原因主要有：第一，其对证券交易确有一定的短期调控作用。尽管这种短期调控功能被有些学者认为反而增加了证券市场的不稳定，但目前证券市场税制中印花税仍然处于重要地位，其调节功能暂时不能被取代。目前的金融市场不成熟导致政府对其监管确有必要，而相较于直接的行政监管手段，通过税收调控则更为温和。并且随着税收法定原则在我国的推行以及证券交易税在我国税收体制改革中的完善，印花税作为监管手段对促进金融市场的稳定和安全具有一定意义。第二，证券交易印花税是目前证券市场税制的核心所在。虽然目前证券市场也有其他一些零星税种，但多数都是零散规定，并没有形成系统完整的税收体系。例如在金融税收体系相对成熟的国家中占据十分重要地位的资本利得税在我国一直处于空白状

态。第三,证券交易印花税因为交易次数的频繁能够带来可观的财政收入。比如 2014 年我国印花税的税收收入总额为 1 244.36 亿元,其中证券交易印花税 469.65 亿元,占整个印花税的比重为 37.7%,占整个税收收入的 0.42%。单看江苏省近几年的证券交易印花税收入情况,由于 2015 年上半年出现了股票交易"井喷"的现象,2015 年江苏省的证券交易印花税总收入额同比增长近 6 倍,而 2016 年上半年上证综指和深圳综指在 2015 年下半年大幅下跌的情况下继续走低,导致证券交易印花税收入同比下降超过 30%。

② 进入新常态以来,2011—2015 年期间江苏省的印花税收入一直保持着一定比例的增长,并在 2013 年达到了最大的增长幅度。近几年来房地产市场迅速发展,最为明显的特征就是房屋交易量增加,这给税收带来的直接影响就是与房地产行业相关的税种收入的增加,比如印花税,从而带动了印花税的增长。2015 年房地产开发投资额达到 5 149.45 亿元,在 2013 年增速达到最高 13.61%,2014 年增幅有所下降,2015 年进入新常态后,房地产行业经济结构转型的影响,房地产开发投资额增速明显放缓,同比于去年增速下降 12.69%,仅增长 0.13%。从下表的印花税与房地产投资额的增长幅度的折线图可以看出,印花税与房地产投资额的增长趋势基本是保持一致的。仅在 2015 年,经济发展进入新常态之后,两者增长趋势的走向发生了一些变化,由于新常态以来我国经济发展走向变化,外部危机不断反复,全球经济增长明显放缓;内部近年来国内生产要素成本持续上涨,使传统制造业和出口面临重压,国内经济增速放缓,加上主动调控房地产市场,多方因素合力之下,房地产投资额下降较多,出现了负增长,但是由于人们的信息不完全,还有信息的滞后性,房屋交易量并没有得到很好的抑制,所以印花税的收入还是呈现出了增长的现象。

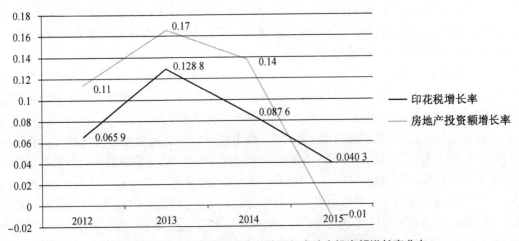

图 10 - 7　2012—2015 年江苏省印花税与房地产投资额增长率分布

表 10 - 8　江苏省各地市 2015 年度印花税收入情况　　　　　　单位:亿元

城市	2015 年收入	同比增长
南京	12.48	7.68%
无锡	10.56	−1.96%
徐州	4.57	5.54%

（续表）

城市	2015 年收入	同比增长
常州	5.95	−0.17%
连云港	2.71	12.45%
盐城	4.85	−3.58%
镇江	3.28	2.50%

根据上表可以看出江苏省各地市印花书的征收还是存在着较大差距的,首先,各市的收入差距很大,例如苏南(苏州、无锡、常州、镇江、南京五市所辖的县(市))与苏北(徐州、淮安、盐城、连云港、宿迁五市所辖的县(市))各市之间的差别,从表格中可以看到所属苏南的各市的印花税总收入占到了全部印花税收入的 60.83%,而苏北各市的印花税总收入只占到了江苏省全部印花税收入的 17.74%,产生这种差距的原因是各市之间的发展程度不同,这是组织税收收入差距过大的主要原因,另外,各市之间的税收管理水平不同,税收管理层次较低的话会很大程度地增加税收成本,就减少了税收的收入。从以上的数据可以看出,苏北地区的税收征管水平是低于苏南地区的,而且江苏省内的税收征管水平之间差距还是比较大的。

（二）新常态下的江苏省城市建设维护税

根据城市建设需要,开征城建税,通过筹集大量的城市建设资金,体现"专款专用"、"受益与负担相适应"的原则,促进城市发展和城镇化建设。尤其是 2010 年 12 月 1 日开始对外资企业征收城建税以后,促使该税的规模日益扩大,2015 年江苏城建税收入为 421.46 亿元,为城市公共设施服务提供了重要的资金支持。例如,随着城市环境问题的日益恶化,现在大量的城建资金被用于改善城市大气和水环境质量,城建税对环境保护做出了重要贡献。城建税开征以后,纳税人受益和负担共存,纳税人自身城建设施的受益与城建资金的负担相对应。但在实际实践过程中,纳税人自身的受益与负担是脱节的,这增加了他们对城建税征收的不解,甚至觉得城建税不公平、不合理。《中华人民共和国城市维护建设税暂行条例》规定:开征城市维护建设税后,任何地区和部门,都不得再向纳税人摊派资金或物资。遇到摊派情况,纳税人有权拒绝执行。可是在真正征收城建税的时候,很多纳税人只知道自己缴纳税额的一个终值,却不清楚具体每一部分是什么税,最终承担了多少次税。城建税、教育费附加、文化事业建设税等各种附加税让企业有苛税猛于虎的感觉,例如,公共汽车设站要另加一定的费用,新建项目还要缴纳市政设施配套费,等等,这些都和《中华人民共和国城市维护建设税暂行条例》的明文规定相矛盾,分工越细,缴纳的税款越多,利润却越低,都是由于重复计税这种合法不合理的情况存在。①

《中华人民共和国城市维护建设税暂行条例》从 1985 年施行,1994 年分税制改革保留至今,明确城建税随三税同步申报缴纳,但一直由地税负责征收,除经历了内外资企业政策统一的较大政策调整外,至今并没有发生大的变革,主要就是因为它是增值税、消费税和营业税的附加税收,"三税"缴了多少,按地区级差税率,就可以计算出城建税,并一并缴纳。但

---

① 吴非,葛慧侠,乔梦虎,城建税欲"改弦更张"其未来何去何从[N].财政与税务,2013(12),110.

由于分税制后,三税由原来的一个征收主体,变为由两个独立的征收主体分别负责征管,国税主要负责增值税和消费税的征收管理、地税主要负责营业税的征收管理,而城建税则明确由地税负责征管。这一变革带来了新的问题,即地税在征收缴纳增值税、消费税单位的城建税时,往往不能及时独立征收入库,而需要在采集纳税人的增值税、消费税实缴金额后,才能准确计算该纳税人应缴城建税金额,才能判断是否存在少缴行为。同时地税部门还要了解到该纳税人相关的增值税和消费税减免政策以及免、抵、退税时间、金额等情况,使本来简单的城建税管理变得复杂化。

2012年开始,国家先后在多地进行交通运输业和部分现代服务业营业税改征增值税试点,2013年8月进一步在全国范围内推行"营改增"工作。2015年李克强总理提出要在5月1日之前实现建筑业、金融业、房地产业以及生活服务业全面的营改增,按照新一轮财税改革配套方案,国家要在"十二五"规划期间全面完成"营改增"工作目标,到2015年底,"营业税"字眼将在中国消失,流转税将由"增值税"和"消费税"分而治之时代接替。目前,国、地税之间虽建立起信息共享机制,但仍存在时间差,能否完全实现城建税同增值税(消费税)同步缴纳,还依赖纳税人的自觉纳税意识和对城建税政策规定的掌握程度。而地税掌握增值税、消费税实缴数的时间往往要向后推迟一个月。同时,缴纳城建税的纳税人几乎覆盖了所有纳税人,也就是说,地税要面对所有纳税人,在国税缴纳增值税后,跟着要开展城建税的进一步管理,这种分而治之的管理模式,既显工作重复,又增加了纳税人不必要的负担,是时候需要进行调整了。①

表 10-9　2012—2015 年江苏省各市的城建税收入情况　　　　单位:亿元

	2012 年	2013 年	2014 年	2015 年
南京	53.70	57.11	63.30	71.60
苏州	70.71	76.37	82.79	92.42
徐州	21.72	24.31	27.38	31.53
宿迁	6.70	7.50	8.84	9.56
南通	20.55	22.87	25.43	27.80
扬州	11.52	14.19	16.43	18.29

表 10-10　2012—2015 年苏南、苏中、苏北地区的城建税收入　　　　单位:亿元

	2012 年	2013 年	2014 年	2015 年
苏南	196.73	211.13	231.35	252.38
苏中	45.39	51.44	58.00	63.60
苏北	63.82	72.78	81.93	93.76

①　周子明,"营改增"后调整城建税征收主体的必要性分析[N].财经管理,2014.9(26),93.

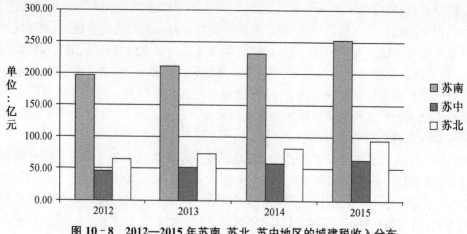

图 10 - 8　2012—2015 年苏南、苏北、苏中地区的城建税收入分布

从上图中可以看出新常态以来,苏南、苏中、苏北地区城建税的收入分布,2015 年,苏南地区的城建税总收入达到了 252.38 亿元,占到了江苏省城建税总量的 61.60%,而苏北地区的城建税总收入是 93.76 亿元,占江苏省城建税总收入的 22.88%,城建税这一单项税收苏南地区实现的总收入就是苏北地区的 269.18%。具体来看,苏州市 2015 年的城建税总收入达到了 92.42 亿元,接近苏北整个地区总的税收量。

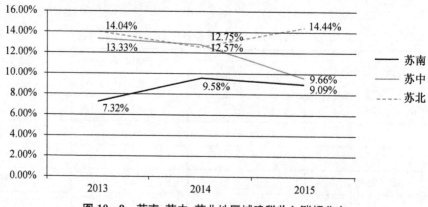

图 10 - 9　苏南、苏中、苏北地区城建税收入涨幅分布

从上图中可以看出苏南、苏中、苏北三个地区城建税的收入涨幅趋势基本是保持一致的,并且在进入新常态以来,各地区的增长率都保持着相对的稳定。另外,我们还可以看出苏北与苏中地区的税收的增长率一直领先于苏南地区,在 2014 年各个地区的涨幅都达到相对最大时,苏北地区的增长率为 12.57%,而苏南地区的增长率为 9.58%,苏北地区税收增长率较高的主要因素就是经济水平的提高,说明江苏省在尽力减小各地区之间发展的差距,从而带动江苏省的整体发展与进步。

(三)新常态下的江苏车辆购置税

毫无疑问,作为在车辆购置环节征收的一笔行为税,车辆购置税与汽车拥有的数量必然紧密相关。2012—2015 年江苏省民用汽车拥有量和私人汽车拥有量为:

表 10-11　江苏省民用汽车拥有量和私人汽车拥有量　　　　单位:万辆

年份	民用汽车(量)	民用增长率	私人汽车(量)	私人增长率
2012	802.20	18.81%	646.69	22.28%
2013	944.35	17.72%	780.43	20.68%
2014	1 095.45	16.00%	927.48	18.84%
2015	1 247.86	13.91%	1 076.90	16.11%

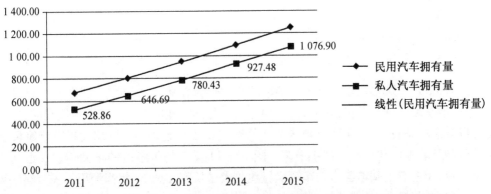

图 10-10　2011—2015 年江苏省车船税、民用汽车拥有量和私人汽车拥有量增幅

自 2005 年 1 月 1 日车辆购置税正式由交通部门代征改为国税部门直接征收以来,各地的车辆购置税税收呈爆发式增长。以江苏省为例,2006—2008 年,车辆购置税分别入库 567 331 万元、688 381 万元、708 707 万元,同比增长 21.34%,到了 2011—2014 年,车辆购置税分别入库 177.7 亿元、188.42 亿元、212.03 亿元、248.16 亿元,同比增长 4.31%、3.94%、3.91%、4.13%,2015 年前三个季度的车辆购置税也有 188.37 亿元入库。

经过将近十年的发展,江苏省车辆购置税的税收收入已经增长了将近 337% 左右,车辆购置税的快速增长,受益于一个地区经济的繁荣、居民购买力的增强,推动了消费水平的提高,同时政府为促进汽车产业的发展,出台了一系列的税收优惠政策,极大地刺激了汽车消费。

上述图表表明“十二五”期间江苏省汽车消费的趋势一直是呈直线上升的,汽车的消费数量已经充分说明了在这一时间段内车辆购置税收入增长的主要原因。与 2006—2008 年期间的增长幅度相比较,“十二五”期间的涨幅还是相对较小的,主要原因可能是新常态下,经济增长速度下降,增长趋势趋于平缓,这就决定了车辆购置税的增长速度也将趋于平缓。车辆购置税经过了十年的发展,相关政策的自动稳定器的职能也已经开始显现,税收收入现对稳定。

表 10-12　南京、常州、宿迁近几年车辆购置税收入　　　　单位:亿元

城市	2011 年	2012 年	2013 年	2014 年	2015 年
南京	27.50	29.60	35.70	49.40	40.50
常州	16.07	16.25	17.33	19.30	
宿迁	4.73	5.17	6.58	6.93	7.29

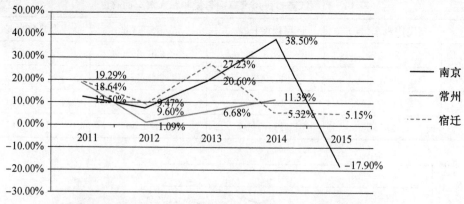

图 10－11　2011—2015 年南京、常州、宿迁车辆购置税增长率分布

　　首先,图 10－11 说明这三个代表城市的车辆购置税收入在"十二五"期间一直是上升的,三市的增长趋势基本是保持一致的。但是苏南与苏北地区的收入差距依旧很明显,在图表中可以看到的是在 2014 年南京地区的车辆购置税是宿迁地区的 712.84％,严重反映了苏南地区与苏北地区地区间发展不平衡。图 10－11 反映的是各市的车辆购置税近几年的增长幅度,从图中看出基本各市的车辆购置税收入增长率在 2012 年都经历了一个幅度较大的下降,例如常州市 2011 年的车辆购置税的增长率为 18.64％,到 2012 年车辆购置税的增长率只有 1.09％,宿迁市 2011 年的车辆购置税增长率为 19.29％,到 2012 年车辆购置税的增长率只有 9.47％,究其原因主要是 2012 年政府对车辆购置税政策进行了微调,取消了在税务局办理的二手车过户费用,这也就意味着,以后二手车办理过户手续的时候,不需要再缴纳额外的税费,也不需要面对烦琐的手续。大大减轻了车主的负担,同时也削减了车辆购置税的收入,所以各市在 2012 年的收入增长率低于往年。这也是我国经济开始进入新常态之后经济下行在车辆购置税上的体现。为了刺激汽车需求,以消费带动经济,国家出台了对小型汽车消费的各种优惠政策,汽车市场恢复火热,导致车辆购置税的增长率开始回升。2013—2015 年在车辆购置税优惠政策的鼓励下,汽车市场的高速发展,在图表上的反映就是 2014 年南京车辆购置税的增长率达到了 38.5％,有一点值得注意的是,在 2015 年南京市的车辆购置税的总收入为 40.50 亿元,同比下降了 17.9％,随着汽车占有量的增长而带来的环境污染和能源枯竭的问题也将困扰着整个社会。目前的车辆购置税以汽车价格为税基,节能环保的车纳税反而比普通汽车高,使得许多人对节能环保车望而却步。由于现行的汽车消费税制,有不少是抑制消费的,这不符合国家扩大内需的政策。为适应市场形势的发展和政府调控的需要,购置税的改革将无法避免。

　　同时受国家四万亿的投资拉动,国家重点工程相继在江苏省内开工建设,工程类用车需求激增,也是车辆购置税快速增长的另一个主要原因。但是,在车辆购置税快速增长的背后,仍然存在制度设计、部门协调和系统设置等方面的缺陷,损害了税收政策执行纪律的严肃性,导致了税款的隐性流失,降低了税收征收效率,制约车辆购置税征管的科学化、精细化步伐。首先是制度设计,购销双方利益趋同导致计税价格失真,当前制约车辆购置税征管的瓶颈首先是征税依据不清。按照《车辆购置税暂行条例》规定,车辆购置税的计税依据确定,一般分为两种情况:一是按应税车辆全部价款确定;二是按核定计税价格确定。购买车辆的纳税人,适应于第一种情形,即"按应税车辆全部价款确定",这也是导致计税依据不清的最主要形式。另外,在实际操作过程中,车购税最低计税价格信息不对称——信息向上采集和向下发布工作滞后,新车型的价格不能及时采集发布,老车型的价格变动又不能及时更正,导致在征收过程中容易出现偏差。更重要的是,现在车辆购销双方,往往会把发票价格改为略高于最低价格,致使税务机关只能眼睁睁地看着车辆购置税的流失。经统计,江苏省2014 年有近 1/3 的车辆是按最低计税或核定计税价格征收,其余的部分车辆也仅仅是略高于最低计税价格。主要有两个因素,一方面是车辆价格正常下跌,导致计税依据的下降,另一方面就是上述人为操作,导致了税源的流失。

四、新常态下江苏省行为税的综合分析

(一) 新常态下江苏省行为税的税收规模分析

税收收入规模一般取决于各地经济发展水平、税收征管力度以及民众的自觉纳税的意识。由于行为税是针对人的某些特定的行为而征收的一种税种,因此行为税的税收规模很大程度上会受到人们消费行为的影响。当前,中国经济进入了以"中高速、优结构、新动力、多挑战"为主要特征的新常态,在优结构方面,首先是需求结构,消费需求逐步成为需求主体,以消费需求带动经济的发展,消费得到刺激与消费行为相关的税收也会有相应的变化;其次就是城乡区域结构,城乡区域差距将逐步缩小,城乡以及区域间的发展差距缩小,落后地区居民的购买力增加,消费需求增加;收入分配结构上,居民收入占比升,将更多分享经济发展成果,而居民收入增加会直接影响消费需求的增加。以上这些都会直接影响到与消费行为有关税种的收入,比如城市建设维护税与车辆购置税,城市建设维护税与车辆购置税作为行为税的典型代表,从而带动了行为税整体税收收入规模的扩大。在经济发展的同时,政府为了更好地执行政府职能,对财政收入的需求也会相应发生变化,而行为税的收入规模扩大正好与政府的收入需求相适应,行为税的收入规模扩大也是时代的要求。

图 10 - 12　2011—2015 年苏省行为税收入总量分布图

根据上图可以看出,新常态下江苏省行为税自 2011 年起总量持续增加,由 2011 年的511.16 亿元上升至 2014 年的 706.28 亿元,上升了 38.17%,2012—2014 年均保持在 10%以上的增长速率,2015 年步入新常态后,行为税的增长速率均保持中高速的增长。

图 10-13 2011—2015 年为税在江苏省总的税收收入中的比重趋势图

从上图中可以看出 2011 年行为税收入在江苏省总的税收收入中占到了 12.39%，2012 年降到了 11.82%，2013 年持续下降到 11.57%，2014 年有小幅度上升，上升至 11.76%。所以从以上两个图中可以看出新常态以来，直接税的比重由于经济结构的变化有所上升，体现在行为税的税收实践上，就是江苏省行为税在经历了连续两年的比重下降之后，在新常态来临之际开始出现比重上升的趋势。

（二）新常态下江苏行为税的税收结构分析

分析行为税的结构就是要分析印花税、城市建设维护税以及车辆购置税收入占行为税的比重，行为税的税收结构的分析关系到行为税制度建设的总体设计或构造、关系到行为税调节功能作用的发挥以及税务机构的设置、征管力量的安排，征管方法的选择。

表 10-13　2011—2015 年江苏省行为税各税种所占比重　　　单位：%

	2011 年	2012 年	2013 年	2014 年	2015 年
城建税	52.98	54.84	54.16	53.26	421.46
印花税	12.25	11.82	12.02	11.61	85.27
车购税	34.76	33.34	33.82	35.14	278.34
行为税合计	511.16	565.12	626.93	706.28	784.73

图 10-14　2011—2015 年苏省行为税税收结构图

从折线图中可以明显看出,江苏省 2011—2015 年行为税税收结构的变化。首先,这几年之间城市建设维护税、印花税以及车辆购置税收入的变动幅度都不大,具体可以看到城市建设维护税收入在 2012 年所占的比重达到最大 54.84%,2012 年以后,进入新常态以来,城市建设维护税收入在行为税收入中所占的比重一直是在下降的过程中,但是下降幅度不明显;车辆购置税在 2012 年经历了"十二五"期间在行为税中最低的比重,2012 年以后,车辆购置税收入在行为税收入中的比重开始上升,并在 2014 年达到了最高 35.14%。另外,还可以从图中看出来的是城市建设维护税在行为税中与印花税还有车辆购置税相比占据了一个比较重要的位置,城市建设维护税的收入从 2011 年占江苏省整个行为税收的 52.98% 到 2014 年占据整个行为税收入的 53.26%,虽然中间有小幅度的下降,但是城市建设维护税收入在行为税收入中的比重一直是高于 50% 的,由此可见城市建设维护税的征收对保证行为税收入的重要性。因此在安排征管力量时,这三税之中可能会优先安排城市建设维护税。虽然印花税与车辆购置税在行为税中的地位不及城市建设维护税,但是我们也不能因此否定它们的重要性,依照我国税法征收的任一税种都是对我国经济生活有着重要隐形的因素。

众所周知,我国经济目前是处于"新常态"阶段,我国经济的"新常态"不仅表现为经济增长进入 7.5% 左右的"中高速"阶段,而且由于要素禀赋的根本性转变,产业结构、需求结构和国民收入分配结构都会发生深刻的变化,而经济结构调整尤其是产业结构变动导致的税基变化会对税收增长的结构产生深远影响。

从产业结构看,2012 年,江苏省工业对 GDP 的贡献由 2011 年的 52.2% 下滑至 51.8%,第三产业对 GDP 的贡献由 2011 年的 41.8% 下滑至 39.7%,而建筑业对 GDP 的贡献则由 2011 年的 5.81% 攀升为 5.89%。按当年价格计算的房地产业对 GDP 增长的贡献,2011 年仅为 1.9%,而 2012 年则升至 4.95%,房地产业对第三产业增长的贡献则由 3.96% 提高至 9.15%。这说明大规模基础设施建设和货币供应量扩张导致的房地产行业的快速增长是 2012 年拉动经济增长的主要动力。2012 年之后,工业对 GDP 的贡献率继续在下降,2013 年下降到 51.3%,2014 年持续下降到 46.0%,而第三产业对 GDP 的贡献却在持续的上升,2013 年上升至 42.6%。2014 年上升至 47.9%,房地产业对当年 GDP 增长的贡献率分别是 5.54%、5.6%,对第三产业增长的贡献率分别是 8.57%、7.52%。由此可以看出 2012 年以来产业结构的剧烈变化说明 2008 年以来产业结构的剧烈变化说明金融危机后依靠大规模刺激政策带来的经济增长主要靠建筑业、房地产业拉动的现象,在进入新常态后已经发生了转变,第二产业税收比重下降,第三产业比重上升;资源性行业和传统制造业税收比重下降,现代制造业和现代服务业税收比重上升;建筑业与房地产行业的发展迎来拐点,未来房地产相关税收对税收增长的贡献将大幅下滑,比如印花税;同时由于"营改增"在全面推行,目前建筑业与房地产业已经归入增值税的纳税范围,及增值税全面转型改革会进一步扩大减税规模,而其他促进结构调整的减税措施,如对小微企业、高新技术企业和研发投入的税收优惠以及增值税税率减并等税制改革,累计起来也会形成相当规模的减税,"营改增"的初衷就是要减轻企业税收负担,避免重复征收。[①] 因此城市建设维护税的计税依据发生了变化,城市建设维护税收入可能会在原有基础上有一定的减少。

---

① 何晴,张斌.经济新常态下的税收增长:趋势、结构与影响[N].税务研究,2014.12,20.

从需求结构看,随着内需的扩大和进出口的均衡发展,进出口税收的波动将逐步缩小,其对税收增长贡献会稳定在一个较低水平,因此与消费行为相关的税收收入在未来应该会保持在一个相对较低的水平。

从税收结构上看,经济结构的优化升级首先决定了税收结构的变动,直接税的比重开始有所上升。2014年以来,我国税收分地区和行业的收入结构呈现出"四降三升"的格局:中、西部地区税收比重下降,东部地区税收比重上升;江苏省处于华东地区,在"四降三升"的格局中处于优势地位,在全国的税收收入比重上升必然是因为地区的税收收入增加,这会带动省内税收的增长。行为税属于直接税,在税收结构变动的当前,决定了行为税的比重在未来将会有所升高。税收结构的变化既反映出我国经济结构调整给各地区、各行业组织税收收入带来的压力,也能反映出我国经济结构转型取得的积极成果,新的税收增长点正在形成。

从税收增长动力来看,上面提到经济结构的转型带来了新的税收增长点。根据税收结构上呈现出的"四降三升"的格局,汽车、电子通信类产品的消费需求较快增长,另外网购、电子商务等新型的经营模式出现的良好势头有力推动了服务业增值税以及汽车相关行业的消费税、企业所得税和车辆购置税等税种的增长。纵观全局,江苏省的经济进一步由工业主导向服务主导转型。未来一段时间内,无论是从增长速度还是对GDP的贡献,江苏省的第三产业将会超过第二产业,与此相对应的就是第三产业的税收收入也将持续健康地增长,成为增加税收收入的中坚力量。

(三)新常态下江苏行为税的发展动态分析

1. 税收增长率

2008年以来,受大规模刺激政策的影响,江苏税收收入的增长也有了较大幅度的波动。2008年税收增长率为20.26%,2009年降至16.50%,2010年、2011年则高达24.78%和24.51%,进入新常态以后,江苏省税收收入增长率在2012年、2013年分别下降为15.95%和13.32%,2014年为10.82%,2012年以后江苏省税收收入的增长率与2009—2011年相比,税收收入的增长率下降了将近10个百分点。从图10-15中可以看出行为税收入在2012年—2014年间都处于上升的趋势,2012年增长率为10.56%,2013年为10.94%,2014年达到最高12.66%,到了2015年下降至11.11%。

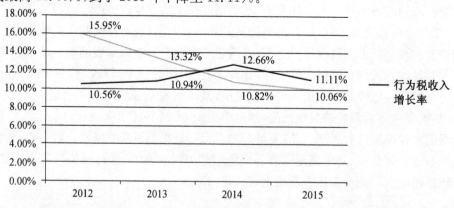

图10-15　2012—2015年江苏省行为税收入增长率与税收收入增长率分布

从上图可以看出,新常态以来江苏省税收收入的增长率一直处于下降的趋势,并且增长率与进入新常态之前相比下降了很多,2014 年的税收增长率与 2012 年相比下降了 5 个百分点,这是眼下的"新常态"赋予税收在新时代的特征,即税收的中高速增长。而与此相反的是行为税税收收入的增长率却在 2015 年以前都保持着上升的趋势。

2. 税收增长弹性

对税收发展动态分析的另一个方面就是税收增长弹性的分析,税收增长弹性是税收收入增长率与国民收入增长率之间的比率,反映一国税收体系或税收制度保证政府集中国家资源的能力的一个宏观税收负担指标。税收增长弹性是指描述税收收入相对于国民收入的弹性的指标,也称为税收 GDP 弹性,即在现行的税率和税法下,税收收入(T)变动的百分比对国民收入(Y)变动的百分比的比值。用公式表示:$Et=(\Delta T/T)/(\Delta Y/Y)$。税收弹性与税收增长与 GDP 增长之间关系:(1) 税收弹性＞1,表明税收富有弹性,税收增长速度快于 GDP 的增长速度,或者说高于经济增长速度。(2) 税收弹性＝1,表明税收为单位弹性,税收增长速度与 GDP 增长速度同步,或者说与经济发展同步。(3) 税收弹性＜1,表明税收的增长速度慢于 GDP 的增长速度,或者说低于经济增长速度。从宏观经济角度看,税收增长的决定性因素(在税率一定的情况下)有以下三方面:(1) 作为税基的国内生产总值总量的扩张;(2) 税收弹性的增强;(3) 总体税收比率的上升。经济是税收的源泉,税收归根到底来自 GDP,所有税收都是 GDP 初次分配和再分配的结果。如果把 GDP 比作一个大蛋糕,蛋糕越大,意味着政府从中所切除的税收蛋糕就越大。所以说 GDP 总量扩张是影响税收增长的主导因素。在财政政策、税率保持不变的现行状态下,税收弹性与总体税收比率是相互依存的关系。换言之,税收弹性的增强与税收比率的上升可以说是同一种因素的两个方面,从某种程度上说,前者决定了后者,是影响税收增长的核心因素。如果税收弹性增强,意味着税收增长速度快于 GDP 的增长速度,相应税收占 GDP 的比重就会上升;如果税收弹性不变或有所下降,意味着税收增长速度同步或慢于 GDP 增长速度,相应地税收占 GDP 的比重就会保持不变,或下降。

表 10-14　2012—2015 年江苏省税收增长弹性与行为税增长弹性

	2012 年	2013 年	2014 年	2015 年
税收收入	4 782.59	5 419.49	6 006.05	6 610.12
税收收入增长率	15.95%	13.32%	10.82%	10.06%
行为税税收收入	565.12	626.93	706.28	784.73
行为税收入增长率	10.56%	10.94%	12.66%	11.11%
国民收入	54 058.22	59 753.37	65 088.32	70 116.38
国民收入增长率	10.08%	10.54%	8.93%	7.72%
税收增长弹性	1.58	1.26	1.21	1.30
行为税收入增长弹性	1.05	1.04	1.42	1.44

从上表可以看出,2012—2015 年无论是江苏省的税收总收入的增长弹性还是行为税的税收增长弹性均是大于 1 的,这说明行为税的增长速度以及税收的增长是速度都是高于江

苏省经济发展速度的。根据税收增长弹性的计算公式,可以看出国民收入的增长率与税收收入的增长率是影响税收增长弹性的决定因素,并且可以看出在税收增长率不变的情况下,国民收入增长率的变化趋势与税收增长弹性成反向变化,即国民收入增长率下降,税收增长弹性变大;在国民收入增长率不变的情况下,税收增长弹性与税收增长率变化趋势是正向变化的,即税收增长率上升,税收增长弹性会变大。首先分析国内生产总值总量的扩张,从图表中可以看出,2012—2015 年以来,江苏省的国民生产总值的总量是处于扩张的过程中的,国民生产总值的增长率分别为 10.08%、10.54%、8.93%、7.72%,虽然国民收入是保持着扩张的趋势,但是进入新常态以来,江苏省国民收入增长率明显下降,到 2015 年国民收入的增长率仅为 7.72%。与此同时,无论是税收收入还是行为税收入的增长率都大于国民生产总值的增长率,因此税收增长弹性一直是大于 1 的。

3. 税收增长边际系数

税收发展动态的最后一个方面是税收增长边际系数,从国家宏观税负的角度理解,边际税负指的是国家在一定期间的税收增加总额,与同期实现的国家 GDP 增加总额的百分比。边际税负反映的是最后一单位税基所承担的税收数额,不同于平均税负,平均税负反映的是每单位的税基所承担的税收负担。边际税负是计算税收痛苦指数的重要指标。税收增长边际系数也是反映宏观税负的一个衡量标准。税收增长边际系数反映的是一个地区在一段时间内的税负水平,边际系数越小的说明这个地区在一段特定的时间内的税负水平越低,边际系数越高说明这个地区在这段时间内的税负水平是较高的。

表 10-15　2012—2015 年江苏省税收增长边际系数与行为税增长边际系数

	2012 年	2013 年	2014 年	2015 年
税收收入	4 782.59	5 419.49	6 006.05	6 610.12
行为税税收收入	565.12	626.93	706.28	784.73
国民收入	54 058.22	59 753.37	65 088.32	70 116.38
税收增长边际系数	0.13	0.11	0.11	0.12
行为税增长边际系数	0.01	0.01	0.01	0.02

从上表中可以看出江苏省的税收收入水平是较低的,从税收增长边际系数的数据上就可以看出,江苏省在 2012—2015 年的税收增长边际系数一直在 0.11—0.13 之间徘徊,税收增长边际系数是较低的,根据以上分析得出江苏省的税负水平还是比较低的。从行为税的数据中可以看出,行为税税收增长边际系数在近几年是维持在 0.01—0.02 的,行为税税收增长的低边际系数说明行为税的税负水平还是很低的。江苏省总体上的税负水平都是偏低的。

五、结论与政策建议

(一) 行为税税收服务经济新常态的基本要求

在"中国特色社会主义税收"发展的探索中要坚持在不同阶段上把握税收面临的新任务与新挑战,今天对于税收在新常态下可持续发展的理解也不例外,简言之,就是"一以贯之,推陈出新；立足今天，展望未来"。在新时期中，要继续认识中国特色税收发展的基本要求与普遍规律，要探寻中国特色税收发展的现代化道路，要在"适应新常态、迈向现代化"的进程中，调整那些对应于经济发展"旧常态"的税收运作方式，改革那些不适应国家治理体系与能力现代化的税收治理模式，通过构建适应税收新常态的新平台，使税收能为国家经济社会发展持续做出新贡献。当经济发展进入新常态后，税收也已进入了新的常态化发展时期。必须把握经济发展新常态对税收发展的影响，研究税收职能作用的新发挥，持续推进并最终实现税收现代化目标。

行为税服务经济发展新常态要求是行为税要在稳固的政府财政目标中服务经济新常态、在成熟的税制体系中服务经济新常态、在规范的税法体系中服务经济新常态、在便捷的纳服征管体系中服务经济新常态。

1. 稳固的政府财政目标中服务经济新常态

政府财政税收与经济之间的关系主要就是要处理好"看不见的手"与"看得见的手"——市场与政府之间的关系。党的十八届三中全会提出"使市场在资源配置中起决定作用和更好的发挥政府作用"，在中国经济的发展工程中，政府的作用是不可缺少的，正因为如此，更需要把握好财税政策作用于市场的"度"，财税政策既不要越位，也不能缺位。

江苏省现行的宏观调控模式很大程度上具有一定的政府政策主导性。在目前的经济新常态的背景下，江苏省财政收入增长速度下滑已经成为江苏省组织财政收入的新常态，而在政策主导型调结构模式下，"调结构"、"保就业，稳增长"、"防风险"、"促民生"、"大创新，大创业"等各项政策对财政支出的需求显著提升，财政支出需求与财政收入增速之间的不平衡导致了江苏省财政目前面临的困境。市场主导资源配置一方面能够减少政府对经济的干预，可以减少部分政府开支；另一方面可以充分利用市场上的各种要素，促进资源最优配置，还能利用市场资源充分释放企业活力，激发企业潜能，为发展不好的企业创造机会，同时发展良好的企业可以为国家税收创造更大的贡献。因此破解中国财政现状的最有效途径是让市场在资源配置中发挥主导作用。

2. 在成熟的税制体系中服务经济新常态

新常态下，我国税收制度面临的大环境发生了重大的变化，现行税制体系存在的问题也一一显现出来。比如，税制设计理念陈旧，在财税实践中，长期以"任务至上""唯税收任务马首是瞻"这样的主观思维为导向；税制结构不合理，间接税比例过高；调节功能偏弱等，这些问题的出现，导致现行税制无法在经济发展新常态时期发挥积极的促进作用。

成熟的税制体系的构建，首先是需要正确的税制设计理念，并且能够随着时代的发展不断地更新，尤其是对行为税来说，不能一成不变，墨守成规，这样才能在经济发展出现新的特征时积极应对；其次，需要合理的税制结构。行为税税制的设计应充分体现"初次分配要兼顾效率与公平，再分配要更加注重公平"的价值理念，而以间接税为主导的税制结构，累退性较强，会加重中低收入者的税收负担，不利于扩大消费和维护社会公平。所以在新常态下，税制改革的重点应是逐步提高直接税，例如行为税的比重，减轻中低收入者的税收负担，更好地发挥税收调节收入分配的作用。

但是在任何一个时代背景下，税收的作用都不是万能的，税收的职能作用是有限的，而且我们不能单纯地依靠某一个税种发挥作用。所以在进行行为税税制改革的总体设计时，要把握好改革的力度,把握好税收的收入、调控和调节功能的结合点,不能让税收过度地扭曲市场经济行为,应该使税收保持在合理区间之内,贯彻"定力把握、区间调控"的宏观调控新模式。

3. 在规范的税法体系中服务经济新常态

作为税收现代建设的基本目标之一,税法体系的完备与规范是为了保障税款的征收,有了税收,才能为经济发展提供必要的保障。经济新常态阶段,行为税税收收入增速变缓,但组织行为税收入仍然是税务机关的主要职责,这就更需要在原有的基础上保证税收应收尽收,在这一过程中,完备的税法体系可以为税款的征收提供有效的保障。

现代税法体系的基本目标就是切实落实税收法定原则,大力完善税收征管法律保障,保证所有税种都能有相应的法律保护,并且能够跟上经济社会发展的步伐,使行为税覆盖层面超出经济领域,扩展到社会生活的各个方面,贯彻税收立法权和依法征税等原则。另外,完备的税法体系还应该确保在宪法的修订中,切实考虑到纳税人的基本权利,使得纳税人能依据宪法,通过合理的法律程序,对政府的财税行为进行约束和监督。

4. 在便捷的纳服征管体系中服务经济新常态

"新常态"不仅体现在经济上,也体现在观念上。经过长期的发展,"官管民"的思想已经被"官服务民"的思想所代替,在时代的呼唤下,国家税务总局提出"服务科学发展、构建和谐税收"的重要理念,着力于构建优质便携的纳服征管体系。

构建行为税中优质便捷的纳服征管体系,首先要确保构建科学严密的征管体系,确保税务机关依法履行税收征管职责、纳税人依法履行纳税义务,明确征纳双方的主体地位,规范税收执法,提升税收征管质量和水平,减少和避免税收流失。其次,税务机关应该致力于实现办税场所标准化、服务队伍专业化、服务内容规范化、服务平台集成化、服务形式多元化、服务流程简洁化,确保将纳税服务工作推向更高的发展阶段。

新常态下,人们的主人公意识越来越明显,纳税服务理念的提出能够缓和纳税人与税务机关之间的关系,构建一个良好的税收环境,让税收健康可持续发展,这才能为行为税的征收创造一个良好的内部环境。

(二) 行为税税收服务经济新常态的路径选择

为了应对经济新常态对税收的影响,也为了到 2020 年实现税收现代化的基本目标,江苏省税务总局制定了一系列服务经济发展的税收计划,这成为当前和今后我国税收工作的重点,税收现代化建设进入攻坚阶段,行为税的改革与发展必须要服务经济发展的新常态。但是任何事物的发展都是渐进的,不能一蹴而就,税收现代化建设也是如此,它需要分时期、分步骤,根据制定的计划有序推进、逐步实现,这有助于税收工作适应不同阶段经济的发展的不同特征。在经济发展新常态的时代背景下,税收要从宏观政策、税收制度和税收征管等方面服务经济速度变化、结构变化、动力转换以及消费需求、投资需求等趋势性变化。所以行为税要从组织税收收入、鼓励企业创新、刺激消费需求、刺激投资、加强税收征管等方面保持可持续发展。

1. 组织税收收入

经济增长速度变化带来的税收收入的新常态,各级政府、税务机关都要直面现行经济下行的压力,组织收入的水平与经济增长速度相适应;更应该坚持和落实税收法定原则,杜绝向预算收入征收部门或是单位下达收入指标等现象，让财政服从税收可能。同时要加快行为税基本法的制定，让税收征税权利在法律和制度的框架内运行，由税法决定政府应该征多少税，如何征税，纳税人纳多少税，怎样纳税。经济结构变化带来的税收结构新常态，第三产业税收收入上升，就要通过此次"营改增"的全面推行，统一第二与第三产业的税收制度，消除重复征税因素的存在，使各个产业能够在统一公平的税制环境下发展，让第三产业的发展在新常态下能够有一个坚定的保障基础，从而保证与第三产业相关的税收收入。

2. 鼓励企业创新

经济新常态下，经济发展动力由要素驱动向创新驱动，而创新发展的重中之重是要支持企业技术创新，推动社会第三产业的发展，支持各小微企业的发展。在这一转变的过程中，通过税收调节经济的发展已成为一种不可避免的趋势，调节的主要手段就是税收优惠政策，行为税的税收优惠可以从国家的一些相关政策中得到体现。比如，国家税务总局《关于小微企业免征增值税和营业税有关问题的公告》（国税公告第57号）明确，增值税小规模纳税人（包含个体工商户、其他个人、企业和非企业性单位），月销售额或营业额不超过3万元（含3万元）的，可以享受免征增值税优惠政策；兼有增值税应税项目和营业税应税项目的纳税人，既属于增值税纳税人，又属于营业税纳税人，为支持小微企业发展，国家税务总局《关于小微企业免征增值税和营业税有关问题的公告》（国税公告第57号）明确，纳税人分别核算增值税应税项目销售额和营业税应税项目营业额，分别享受月销售额不超过3万元（按季纳税9万元）免征增值税和月营业额不超过3万元（按季纳税9万元）免征营业税的优惠政策。以上优惠政策的实行，在一定程度上减少了行为税的计税依据，减轻了企业的税收负担。小微企业的良好发展趋势可以为江苏省的经济新常态的发展与推进打造稳定的根基，促进经济可持续健康发展。

3. 刺激消费需求

经济新常态背景下，消费需求的变动会给税收带来新变化，这就要求行为税相关政策要与其他会影响消费需求的税收的相关政策相互配合进行，这有利于行为税的可持续发展。首先是配合个人所得税的改革，个人所得税是从收入源头影响个人收入和个人消费的经济杠杆，对于个人所得税的调整要在扣除项目中考虑家庭成员的意外支出、首套房购买支出，在税率的设计方面也要兼顾考虑发展的问题。另外，个人所得税调整严格遵循税收公平原则，对于经济收入水平相同的人征收相同的税，对于支付能力或是经济水平不同的人征收不同的税，个人所得税的这些改革的政策在一定程度上影响了行为税；其次配合是消费税的改革，消费税征收范围的调整既要做加法也要做减法。减法主要就是聚焦日常消费品，而加法就是集中在高能耗、高污染的产品上，消费税的改革直接影响了居民的消费行为，从而影响到与居民消费行为有很大关联的行为税；最后要积极推行社会保险税的开征。社会保险是社会经济发展的稳定器，在目前多项改革不到位的情况下，居民对于养老、医疗、就业、教育等方面的支出预期较高，因此会牺牲即期消费以保预期消费。所以开征社会保险税，加快与居民生活息息相关的改革项目的实施与落实，减少民众对于未来的预期消费，就可以增加即期消费。最重要的是，在扩大内需的同时，不仅要增加产品的供给，更要注重供给产品的质量，即注意供给侧结构的改革，增加消费者对国内产品的消费信心，这才能有效地增加国内消费。消费需求是人类经济活动的目的，也是经济发展的内生动力，也是行为税收入的保证。

4. 刺激投资需求

投资作为三大需求侧之一，在经济新常态的背景下，对经济的拉动作用在一定程度上有所减弱，这就需要政府调整税收政策，刺激投资增加。首先是增值税，从"营改增"全面推行以来，建筑业、金融保险业、不动产销售等全部纳入增值税征收范围，企业购买房屋、土地等不动产的进项税额可以抵扣，以房屋建筑为载体的附属设备和配套设施也可以进行进项抵扣，这在一定程度上减轻了企业的税收负担，进而鼓励了企业特别是民间资本的投资热情，目前已经进入了构建全面消费型增值税的时期。投资的增加，创造出企业最需要的"市场订单"，减轻企业寻求市场订单的压力，让企业有足够供其发展的经营活动，这才能保持企业发展的良好状态，从而保证行为税的收入，保证行为税的可持续发展。

5. 加强税收征管

这是保证税收收入的重要环节。以上政策的推行归结到一点就是税收征管方式的创新使用，必须确保各项政策落到实处，不能将政策停留在下发的文件上。新常态下，行为税税收征管方式也必须体现出新常态。首先，在税收执法管理中，税务机关及其工作人员要科学执法、规范执法、公平执法。科学执法要求执法人员依法开展税务登记、税务管理、税务稽查等系列税收执法行为，坚持有法必依的原则；规范执法要求执法人员坚持法定程序行使职权；公平执法要求执法人员坚持法律面前人人平等的原则，不能徇私舞弊或是包庇一切有违法律的行为。其次，要建立高效清廉的组织体系，打造一支更适应发展新要求的干部队伍，税收队伍管理工作也要从"条框式控管"向引导式成长转变，坚持"用人所长"。最后，是要加紧征管模式转变，轻管理，重服务，并且在服务大局上谋求创新，将税收工作置于经济发展的大局中思考和谋划，在改革的道路上顺势而为，主动作为。科学严密的征管体系是组织行为税收入的稳定器和安全网，各种政策的推行就是为了保证行为税收入的组织，这样才能保证新常态下各种经济决策的推行，从而稳定行为税收入，保证行为税可持续发展。

征管篇

第十一章　新常态下江苏省税收
征管工作与反避税问题

　　国家主席习近平于 2014 年 5 月考查河南时对中国经济发展做出了已进入"新常态"阶段的论断之后,江苏省税务部门无论是在国内税收还是在国际税收方面的税收征管,都面临了一系列新的环境与制度变化。一方面,2015 年 12 月底,中共中央办公厅、国务院办公厅印发了《深化国税、地税征管体制改革方案》,中国新一轮税收征管体制改革正式启动,拉开税收征管体制改革的大幕。另一方面,2014 年 11 月,作为中国最高领导人,习近平在澳大利亚布里斯班举行的二十国集团领导人第九次峰会上做出了"加强全球税收合作,打击国际逃避税,帮助发展中国家和低收入国家提高税收征管能力"的表态,明确向世界宣告中国将会积极加入到国际协同反避税的联合行动之中。江苏省作为开放型的经济发达省份,跨国公司众多,拥有外资企业 5 万多家,跨国关联交易的重点企业 2000 多家,跨国交易额达 3 万多亿元,缴纳企业所得税占全省国税企业所得税的 1/4,缴纳增值税占全省比重的 1/6。跨国税基的巨大体量及其在全省经济税收中占有的重要地位,决定了江苏省的国际税收工作必须搞好。[①]

　　面对"新常态"下的新背景、新环境、新要求,江苏省国税部门与江苏省地税部分均按照国家的统一部署开展了大量的税收征管改革与完善工作。本章旨在对这些税收征管工作进行一个系统的介绍,并在此基础上,从税收透明度与纳税人开展重点避税业务的角度,选取会计事务所避税业务以及避税信息披露制度两个视角,对江苏省如何进一步加强国内、国际税收的征管工作质量提出一点建议。

一、新常态下江苏省税务部门的税收征管工作

　　2014 年以后,中国经济进入新常态,江苏省国税部门与江苏省地税部门按照各自的职责分工,立足本部门的实际情况分别有所侧重地开展了相应的税收征收管理工作。

(一) 江苏省国税部门的税收征管工作

　　2014 年至今,江苏省国家税务局在历年中有所侧重地开展了各项税收征管工作,成效显著。

　　1. 2014 年江苏国税的税收征管工作

　　2015 年 4 月 16 日,在江苏省政府召开的税收宣传月新闻发布会上,江苏省国税局负责人对本部门在 2014 年的税收征管工作进行了系统的介绍与披露。早在 2014 年初,江苏省国家税务局便制定了《江苏省国家税务局关于全面深化税收管理改革的工作方案》,其目标

---

　　① 高宏丽、韩霖. 较量为了国家利益——BEPS 时代的中国应对之江苏国税样本[J]. 中国税务,2015,(3),16 页.

是推进税收治理体系和税收治理能力现代化,以努力在 2018 年前率先基本实现税收管理现代化。经过一年多的努力,江苏省国税局的这一改革取得了较大进展,初步建立起了以"前台办理、后台支撑、风险指引、分类应对、过程控制"为特征的现代税收管理新格局。具体内容包括:

第一,权力行使"列清单",简政放权更彻底。根据国务院关于转变职能、简政放权的要求,江苏省国税局出台了《税收职责清单》,率先对公权力进行正面清单管理。清单严格遵循"法无授权不可为、法定职责必须为"的准则,从三个方面重点突破。一是"减"去不该管的。清单将省以下的国税机关自行制定的监管事项全部取消,共清理了 329 个税收管理事项,取消了 157 个实地调查事项和 46 个审批事项,把 49 个保留的审批事项通过授权调整到办税服务前台,实现来之即办。二是"归还"依法由纳税人自主承担的。清单正本清源,正列举了依法应当由纳税人依法自主承担的税收义务,不再由税务机关"代替包办",充分体现了还"权"还"责"于纳税人的现代税收管理理念。三是从事前"转"向事后。在前台做"减法"的同时,后台做好"加法"。通过转变管理职责,将部分事前的调查、审批事项调整为后续风险管理事项,强化事中事后监管,从而实现了税收管理的重心从传统的事前管理向事前优化服务、事中事后加强监管转变,纳税服务、风险管理实现历史性转型。多元化服务、权力的"瘦身"赢得了纳税人更好的遵从,税务机关取消申报前由税收管理员上门催报催缴制度后,江苏国税纳税人准期申报率仍始终保持在 98% 以上的高位,而这是完全由纳税人自主完成的、真正意义上的自主自觉纳税申报。

第二,规范服务"一把尺",税收服务更高效。按照创建服务型政府的本质要求,江苏省国税局始终把为纳税人提供更便捷、更优质的服务放在首位,着力推进总局号召的"便民办税春风行动",确保《全国税务机关纳税服务规范》得到严格落实。制定了《纳税服务任务管理办法》,将分散在多部门和多层级的调查核查、审核审批等职能全部整合前移到办税服务前台,实现了全省纳税服务机构设置、纳税服务职责、纳税服务任务管理、纳税服务业务流程和纳税服务标准的"五统一"。全省 94 个纳税服务机构以同样的服务标准、同样的服务形象面向广大纳税人,确保纳税人在国税机关只进一个门、只到一个窗口,就能办成所有国税事,办税流程节点减少 20%,办税时限缩短 48%,报送资料减少 7%,工作流程平均用时仅为 1.45 天,减少 24%。树立互联网、大数据、"云技术"思维,打通线上、线下服务渠道,大力推行"非接触式服务",为纳税人提供全天候的线上服务,配置自助办税设备 1 500 台,建立了 66 个 24 小时自助办税区。全年整个国税系统纳税人 80% 以上的办税业务量通过网上办税、移动办税、自助办税等线上平台完成;通过短信平台自动触发 7 大类 50 项共 4 037 万条涉税提醒,使纳税人跑税务机关次数同比下降近 50%。与此同时,江苏国税还始终坚持服务江苏经济社会发展大局,在稳增长、调结构、促改革、惠民生等方面充分发挥职能作用,全年直接组织国税收入 5 699.8 亿元,同比增长 10.8%,成为全国首个所有地市级国税收入突破百亿元的省份;全年累计办理各项税收优惠 2 571.9 亿元,几乎是"征 2 返 1",真正打通全面落实各项税收优惠政策的"最后一公里"。

第三,把住进户检查"总开关",税收执法更规范。针对长期以来存在的税务机关对纳税人多头检查、重复检查的问题,江苏国税推出了《税收检查任务管理办法》,率先向全省纳税人郑重承诺,同一个年度内对同一纳税人的到户检查一般不超过一次。国税机关发起的纳税评估、反避税调查和税务稽查等各类税收检查,必须通过综合管理部门这个"总开关",从根源上解决了任意下户、随意执法的问题。该办法实施后,全系统下户检查减少了82%。为进一步规范行政处罚裁量权,营造公平的治税环境,与江苏省地税局共同率先在全国统一国地税行政处罚裁量基准,并推行特定税务行政行为"首违不罚",税收执法规范性的显著增强。

第四,推动管理"转方式",征管的效能更加彰显。面对传统的"管户制"征管体制已无法满足纳税人数量大幅增长、生产经营方式日趋多元化的现实,江苏省国税局建立了以风险管理为导向、分级分类为重点的新型征管体制,改变了对所有纳税人不加区别普遍实施管理的传统做法,实行基于风险导向的动态管理,这一差别化管理的导向更加"精准"。与此同时,将税收遵从管理职责由原来的基层一级承担转变为省、市、县三级分类分级分工负责。由此,江苏国税人力资源被大大解放,全系统从事税收遵从管理的人员比例达到80%,其中风险管理人员比例达到55%,与改革前相比增加近一倍,征管资源配置更科学,2014年风险管理成效达到216亿元。

第五,打造智能"处理器",信息支撑更有力。江苏国税加大信息化基础建设投入,充分发挥税收大数据优势,打造了支撑省、市、县三级应用、覆盖所有纳税人的、具有国际先进水平的数据情报平台。平台运用数据仓库技术,打破信息孤岛,实现20个内部业务系统和41个外部部门的150多亿条数据的集中存储,并能够对各类数据进行充分整合、信息共享、全景展示和智能分析,成为管理各类税收数据的中央处理器,在破解征纳双方信息不对称问题上取得重大突破。依托数据情报平台,建设了纳税人遵从风险库,包含303个行业模型、263个风险指标、130个风险项目、1万多个风险管理案例。通过精准扫描,排查出多起团伙虚开增值税专用发票的重要线索,全年查处亿元以上虚开发票案件24起,涉案金额206亿元,有力打击了税收违法犯罪,维护了市场经济秩序。排查出多起团伙虚开增值税专用发票的重要线索,全年查处亿元以上虚开发票案件24起,涉案金额206亿元,有力打击了税收违法犯罪,维护了市场经济秩序。

第六,筑牢法治"防控线",权力监管更严格。以内控信息化建设为抓手,对税收执法实施全程防控,构筑流程、纠错、核查、问责四道防线。

2. 2015年江苏国税的税收征管工作

2015年,江苏省国税机关以推广运用《风险应对工作模板》和《纳税评估法律指引》为核心,以创建"三个示范"为抓手,全面打响了深化税收管理改革"第三战役",特别是在下半年,积极承接了全国税收征管规范2.0版的试点和深化国、地税征管体制改革的试点,有效转变了税收管理方式,推动了依法治税进程,提升了税收工作质效。

第一,打响改革"第三战役"。修订《税收职责清单(2015版)》,细分为"纳税服务"、"税收风险管理"和"非独立事项"3大类、23小类、84项职责事项,逐项规范职能、程序和岗位设置,为权力行使确立规矩、制定标准、划清边界。建成全省统一的风险分析识别库,归集行业模型303个、风险指标176个、风险项目68个、典型案例10 267个及案例"画像"12个,实现了省局一级风险分析识别。研发运用《风险应对工作模板》和《风险应对法律指引》,使纳税评估等工作从原有的单纯查账、补税,上升为法治化框架下提高纳税遵从度的核心业务,在此基础上,全面落实科学的抽查制度,把好任务总开关,做到"检查谁风险管理说了算,谁检查竞标管理说了算,怎么查模板指引说了算",实现了省局一级风险应对任务管理。模板指引上线以来,全系统应用模板指引累计完成 7 943 户纳税评估任务,总成效 25.13 亿元,户均成效 31.64 万元,较 2014 年同期上升了 65%。在全省系统大力开展风险应对、纳税服务和法治税务三个示范点建设,以此促进改革举措全面落地,着力提升规范化管理水平。

第二,实施国家税务总局两大试点。全面实施《全国税收征管规范(2.0 版)》试点,实现征管核心流程、分级分类管理、征管机构职能、风险管理机制、岗责体系设置等 10 个方面的规范运行,初步形成以纳税人自主申报制度为基础,以促进遵从为根本,以风险管理为导向,以分类分级为重点,法治化、信息化的现代税收征管新格局。积极承接中央深化国、地税征管体制改革试点,提请省委省政府牵头成立改革领导小组,拟定综合改革试点工作方案,明确试点工作任务,从依法治税、优化服务、转变方式、加强合作、强化支撑等五个方面,对综合试点工作做出了初步部署和安排,目标是确保在 2016 年 6 月底前完成试点任务。

第三,启动"互联网+智慧江苏国税"建设。出台《"互联网+智慧江苏国税"行动方案》,按照税收管理改革的总体思路,将现有所有软件整合成一个平台,形成涵盖纳税服务、税收征管、行政管理等各类税收管理事项的江苏国税电子税务局,最终成为"互联网+智慧江苏国税"的唯一载体。截至 2016 年 1 月,电子税务局一期第一阶段建设已实现对互联网、移动APP、12366 纳税服务热线、短信、微信、邮政专递、自助办税终端等七个渠道的整合,涉及285 项业务功能,已在 14 个单位试点运行。截至 2015 年 12 月底,已有注册纳税人 69.2 万户,办理各类业务事项 98.6 万户次,整体运行情况良好。

3. 2016 年以来江苏国税的税收征管工作

进入 2016 年,江苏国税在税收征管方面的显著成绩,主要体现在《深化国税、地税征管体制改革方案》的试点方面。作为全国首批综合改革试点单位,截至 2016 年 9 月江苏省国税局已完成了 160 项综合改革试点细分事项的 90%,在落实"营改增"税制转换、优化纳税服务等 8 个领域实现了 50 个到位。

第一,在加快建设服务型税务机关方面,建立了"省局实体化集中管理+市、县局终端扁平化运作"的服务体制。232 个纳税服务流程规范统一。94 个专业纳税服务机构——第一税务分局职能配置整齐规范。各类线上线下办税服务资源全面整合、一体运行。O2O 发票服务、简易处罚在线处理等创新服务举措全面落实。实现 10 大类 121 项主要办税事项全省通办。办税服务实名制全面实施,90 万纳税人完成实名验证。《江苏省税收失信行为管理办法》由江苏省政府发布实施,"互联网+江苏国税税务金融街"项目签约 14 家银行,发放贷款 131 亿元,惠及 4 万余户纳税人。

第二,在构建现代税收征管体系方面,以转变征收管理方式为突破口,推动《全国税收征管规范(2.0 试点版)》确立的 154 项具体改革措施落地,系统完备、规范统一的 172 个事中事后管理流程投入运行。全省国税局系统除 94 个专业化纳税服务机构之外的 594 个税务分局、稽查局承担专业化风险应对职能。省、市、县三级分类应对和统一指挥、统筹管理、分工协作的纵向横向风险管理运行机制运行顺畅。健全完善多层次风险应对任务综合管理体系。推行正列举式的税收执法权力清单和责任清单,取消所有省以下国税机关自行制定的审批、调查和核查事项。推广运用《税收风险应对工作模板——纳税评估》和《税收风险应对法律指引——纳税评估》。建立省级的大企业风险应对专业化团队,专门组建跨境税源风险分析团队和反避税中心。据统计,2016 年 8 月江苏省一般纳税人户数环比增长 2.1％,而增值税专用发票领票户数、发票领用份数环比分别下降 6.2％、2.9％,共有 1 893 户纳税人因惧怕身份验证而"失踪"。通过模型监控扫描识别涉嫌虚开增值税专用发票纳税人 2 496户,其中有 403 户纳税人虚开当天即被发现。截至 2016 年 8 月底,已完成涉票风险应对5 597 户,累计查补税款 21.3 亿元。

第三,在提升国、地税合作水平方面,以建立国地税合作常态化机制为重点,在全省建成国地税联合办税服务厅 28 个,互设窗口的办税服务厅 41 个,共同进驻政务服务中心 75 个。建立全方位的国地税相互委托代征机制,91％的国税机关受托代征地方税收达 13 亿元。联合开展征管基础管理、企业所得税核定征收管理、遵从风险管理、非居民企业管理和税务稽查等执法活动。建立、健全国地税涉税信息共享机制,目前已实现国地税征管信息全方位交换,交换信息总量达 44 亿条。

(二) 江苏省地税部门的税收征管工作

1. 2014 年江苏地税的税收征管工作

一是强化顶层设计,不断深化税收征管改革。具体包括:研究下发了《关于完善和深化征管改革有关问题的通知》,统一设置纳税服务、基础管理、中等风险应对机构,充实中、高等风险应对机构主动发现税源信息的职能。推行税源管理事项清单制,完善税收业务操作规程。优化风险监控部门职能配置,规范风险应对流程、简并风险应对文书。完善不同类型风险应对方式,支持纳税人自查补缴税款。创新"三证合一"登记管理制度、信息变更推送确认制度,试点推行电子发票,完善催报催缴和非正常户管理方式。进一步加强信息化统筹建设和服务支撑,加强税源和征管状况监控分析。加大稽查业务统筹力度,调整县级稽查局职能,深入推进稽查管理体制改革。

二是强化数据挖掘,深入推进税收风险管理。进一步强化了大集中系统前端校验控制,推进税收数据质量管理平台建设,开展全省数据质量监控分析。优化数据标准管理系统,完善操作手册,强化第三方数据采集与共享,严把数据入口质量关。修订税收风险识别和风险任务推送制度,下发《关于明确税收风险管理工作若干问题的通知》,建立基层税务机关反馈税源信息纳入风险管理的机制。结合税收风险等级划分标准,集中开展风险指标整合工作。加强分工协作,整体联动开展大企业税收风险管理工作。优化税收违法案件举报受理、处理流程,将举报业务融入风险管理。

三是强化依法行政,稳步推进法治地税建设。完善依法行政考核评价机制,开展依法行政示范单位创建工作。深化行政审批制度改革,推行行政权力清单和责任清单,编制行政审批事项目录,率先取消非行政许可审批事项。深入开展税收执法风险防范工作,全面梳理法律文书,促进涉税事项办理规范化。与国税部门联合发布行政处罚裁量基准,确保执法口径和尺度一致。修订行政处罚实施办法,完善首违免罚、不予处罚、减轻处罚等具体规定。充分发挥行政复议和解、调解职能,化解税务争议和矛盾。组织开展区域性税收优惠政策清理工作。落实关于税收规范性文件管理的规定,开展税收执法案卷评查并督促整改。进一步规范税务稽查调查取证,建立和完善大要案审理制度。深入开展税收执法督察和专项执法督察工作。做好风险应对质量的复审工作。出台并落实税收执法督察规则实施办法。全面落实结构性减税政策,协调推进"营改增"工作,落实小微企业税收优惠,研发推广减免税核算管理系统。

2. 2015 年江苏地税的税收征管工作

2015 年,江苏省地税局开展了大量的税收征管方面的相关工作,主要包括:

其一,坚持组织收入原则不动摇,印发《关于进一步规范税收执法严格征管挖潜增收的通知》,严肃组织收入工作纪律,坚决防止和制止收"过头税"、空转等违规行为,确保地税收入质量。

其二,积极响应国家"互联网+"行动计划,全面实施"大数据治税工程",围绕"税收征管规范,工作流程重构,软件系统完善,硬件设备完备,人员素质提升"的目标,运用大数据和信息化思维审视和改进税收工作,在进一步巩固、完善以风险管理为导向的纳税服务、风险监控、风险应对的征管体制基础上,实现更加科学、有效的税收服务和管理。

其三,全面对接国家税务总局纳税服务规范和征管规范,修订实施新的征管工作规程,保证征管制度、工作规程、大集中系统和基层实际操作的一致性,建立实施与税源分类分级管理相适应、强化事前服务和事中事后监管的税收管理方式,简化整合现行基础管理事项,科学划分基础事务与执法事务,实现基础事务与前台服务无缝对接,执法事务与风险管理全面融合,初步形成了职责更加清晰、资源配置更加合理、执法更加规范、管理更加有效、环境更加优化的征管新格局。

其四,积极落实国地税合作规范,全面推进与国税部门的信息共享、服务一体、征管互助、执法协同,形成税收管理合力。

其五,加快推进"三证合一、一照一码"登记制度改革,积极与行政服务中心、工商、质监等部门对接,统一业务标准,改造并联审批平台和核心征管系统,2015 年 10 月 1 日起全省全面推行"一照一码"。截至 2016 年 1 月,全省"一照一码"模式设立登记 90 723 户。

其六,简并小微企业征期,取消增值税、消费税附加税费的零申报,简化新办纳税人办税要求和纳税人跨市县迁移办税流程,减轻纳税人负担。推行纳税提示制度,提醒纳税人异常情况,促进依法自主申报纳税,提升税法遵从度。

其七,探索完善税收风险管理方式,推进风险管理实体化运作,修改完善风险识别模型和风险指标体系,提升税收风险监控能力。加强基础数据管理,建设数据质量管理平台,实行核心数据痕迹化管理。

其八,建设数据应用公共服务平台,以一户式数据管理为基础改进主题数据归集机制,探索互联网涉税信息采集分析,开展部门间常态化数据交换,夯实大数据治税基础。加强大企业税收服务与管理,实行纳税提醒、税收风险指引等个性化服务方式。2015 年,江苏省地税局在国家税务总局大企业创新服务与管理工作评比中荣获一等奖。

其九,加强信息化统筹建设和服务支持,提高信息系统的稳定性和安全性,制定金税三期推广上线工作方案,启动各项上线准备工作。

3. 2016 年以来江苏地税的税收征管工作

根据江苏省地税局制定的 2016 年度工作计划,2016 年江苏省地税部门税收征管工作的核心是"增强大局意识,全面深化征管体制改革"。为此:

认真组织学习《深化国地、地税征管体制改革方案》,牢固树立抓改革、求创新、促落实的大局意识,扎实开展综合改革试点,全力以赴确保《方案》落地生效。紧跟深化财税体制改革进程,开展环境保护税、房地产税、消费税、车辆购置税等税种的预测分析,研究其对地方财力和地方税管理体系的影响,制定收入管理预案。根据"营改增"推进方案,按时完成纳税户确认和征管衔接,协调国税、财政做好"营改增"各项工作。探索建立自然人税收管理体系,加快自然人征管系统及客户端、APP 建设,实现查询、申报、税款缴纳的全流程服务,不断扩大自行申报环节自主申报比例;建立自然人涉税风险管理体系,突出高收入纳税人的税收风险分析,加强外籍个人"离境清税"、"年度申报"核查管理,有效应对自然人涉税风险;探索建立自然人诚信体系,设置自然人办税诚信指标,适时融入社会诚信体系,助推个税管理改革转型。推进基金费征管工作法治化、信息化进程,建立统一规范的基金费征管体系和流程,全面实施信息管费,构建基金费征管质量评价体系;贯彻落实《江苏省社会保险基金监督条例》,加强社保费征管部门协作,推广社保费并联信息协作平台,提升征缴管理质量,保障社保基金足额征收。按照扁平化、专业化、实体化的要求,压缩管理层级、调整管理层次、拓展管理层面,优化省、市、县三级税务机关管理职能。修订完善征管工作规程,深化税源分类分级管理,简化、整合各类管理事项,把税收征管的重心调整到事前衔接并保障纳税服务、事中事后强化风险管控上,提高税收征管效能。调整完善与征管职责相匹配、与提高税收治理能力相适应的人力资源配置,实现力量向征管一线倾斜。拓宽社会协作渠道,建立健全党政领导、税务主责、部门合作、社会协同、公众参与的税收共治格局。

(三) 江苏省反避税的主要成效

面对跨境税收筹划和避税安排日益隐蔽和复杂的新形势,同时面对 OECD 和 G20 国家对于打击 BEPS 项目的盛行以及中国政府高调宣誓要积极参与国际反避税合作的决心与行动,江苏省在国际税收反避税的领域也开展了一系列的工作,取得了一定的成绩。突出表现就是作为中国国际税收以及反避税领域管理实践的排头兵,江苏国税于 2014 年和 2016 年分别发布《2014—2015 年度国际税收遵从管理规划》和《2016—2018 年度国际税收遵从管理规划》,专门对 OECD 发布的《关于税基侵蚀和利润转移报告》(BEPS 报告)所描述的跨国税源风险的一系列重点和热点阐明本部门的观点和态度,并对相关企业提出若干条建议。

1.《2014—2015 年度国际税收遵从管理规划》的主要内容

该规划首先阐明了江苏省国税局对于 BEPS 报告中若干问题的关注和看法,并提出了几个方面要求企业予以重视:一是要充分考虑市场在价值创造中的作用,认为在跨国公司全球利润分配中应体现成本节约和市场溢价理念;在转让定价调查、预约定价谈签及企业同期资料准备中要将市场要素作为分割的重要因素加以考虑;企业在利润分配中应体现中国市场巨大及需求旺盛等诸多方面的"特殊性"。二是征税权必须与经济活动的实质相一致,提出对各种错配安排造成的双重不征税、少征税、缓征税的问题要加大征管的力度。三是企业经济活动与纳税申报要一致,提出会高度关注中国企业在全球集团中的利润占比。四是增加转让定价文档的透明度,鼓励企业提供更多的相关信息,以促进税企的信任和合作。五是重新审视数字经济下的来源地征税权,认为要引入新的概念来判断所得来源地,并提醒企业要高度重视以上问题给自身遵从带来的税收风险。六是关注安全港规则在转让定价中的运用,提出在跨国关联交易风险监控时,拟参考其他发展中国家的安全港标准。七是企业应加强税务治理和内部控制,希望企业予以关注和配合其对企业关联交易内部控制进行的测试和评价。

其次,规划对跨国税源风险点做出了提示。主要包括:搭建离岸架构,规避税收管辖权;利用跨境投融资侵蚀税基;无偿向境外输出无形资产,侵蚀境内企业利润;境外投资企业不申报、少申报境外所得;职能定位、经济实质与利润水平不相匹配;以关联对外支付费用转移利润;通过抵消交易,降低企业集团整体税负;以不合理价格收购境外关联企业转移利润;提供关联研发服务,未体现相应收益或回报;承担"隐性"成本使集团受益,而未得到相应补偿;设立避税地壳公司或离岸账户进行避税交易;利用筹建期获取资本性收益不申报;通过三方合同规避非居民纳税义务。

最后,详细介绍了2014—2015年度江苏税务机关的风险应对措施,主要包括八个方面。一是依托数据仓库,开展风险筛查,通过测算企业潜在税款流失偏离额(度),定位重点应对目标。二是建立风险区分框架,进行风险等级划分。三是从关联交易申报入手,建立一体化管理机制。四是在省局层面成立专门的反避税中心,提升反避税调查层级,加大反避税管理力度。五是充分利用国际征管协作手段,强化跨境税源监管。六是引入高层沟通机制,解决信息不对称问题。七是做好与会计和税务中介的沟通,发挥中介的积极作用。八是加强政府部门合作,建立立体的协税网络。

2.《2016—2018年度国际税收遵从管理规划》的主要内容

国际税改已进入后BEPS时代之后,2016年8初,江苏省国税局再次发布《2016—2018年度国际税收遵从管理规划》,相比2014年版的国际税收遵从管理规划,2016年国际税收遵从管理规划更为简明扼要地提出了14条建议和观点。主要包括:

一是提出跨境税收风险控制应纳入公司治理和内部控制,并建议跨国纳税人:(1)将跨境交易税收风险控制纳入公司治理和内部控制,董事会应制定税务风险管理策略,统筹内部各层级、各部门共同做好风险防范;(2)涉及集团内的关联交易定价、跨境业务重组、离岸架构设计等重大事项,应经董事会审议集体讨论决策;(3)企业可以委托中介机构提供专业服务,但并不因此改变企业对涉税行为法律责任和后果的承担。

二是再次重申了中国地域特殊因素对价值创造的贡献,例如优良的公共设施、巨大的中国市场、高附加值劳务及相应的成本节约等。规划特别提醒存在收入、资产、高附加值劳务、利润来源于中国,但留在中国的利润及税收占比较低的跨国企业,以及集团来源于中国市场的销售和利润占比高,而留在中国成员企业的利润和税收占比低的跨国企业,这两种"一高一低"的情况,将具有较大的国际税收管理风险。

三是提出企业职能风险承担与利润分配应一致。规划列举了多年以来跨国公司对在华子公司职能定位上存在的任意性、不真实性、滞后性等问题,并相应的建议跨国公司:(1)认真审视在华成员企业在经营活动中实际履行的职能和承担的风险,据实做出企业职能和风险的准确定位,不能主观做出与实质不符的定位;(2)动态审视在华子公司经营活动的变化,伴随集团业务的发展或重组,在华子公司的职能风险可能已经发生变化,增加了研发或营销职能,不能固守旧制,仍定位为"两头在外"的契约制造商,人为给予低成本加成回报,应根据实际情况调整企业定位和利润归属;(3)职能风险的调整应考虑相应补偿,如在华子公司前期承担了大量研发或营销活动,在即将进入后续收益期时,集团将该职能剥离到其他关联企业,则该职能调整应按独立交易原则加以审视,考虑对前期职能承担的补偿。

四是要求对无形资产本地化研发和受托研发给予合理回报。提醒跨国纳税人：(1) 本土化研发或受托研发即使是在总部总体决策指导下，仍有具体决策、风险承担、资产使用、重要人员投入等特征，在价值创造中发挥特定作用。总部决策应获取应有利润，但不应忽视本地化或受托研发对无形资产价值的贡献，更不能仅靠法律形式人为将超额利润归集到集团内某一公司，特别是位于低税地的公司；(2) 受托研发不是一般性集团内劳务，不能仅按低成本加成率予以回报，要结合研发人员投入、研发成果利用以及研发中的成本节约等因素，对受托研发活动给予充分补偿；(3) 仅拥有无形资产的法律所有权或仅提供资金，未承担相关风险、履行相应职能的企业，只能按独立交易原则获取与之相应的补偿，不能享有无形资产的超额回报。

五是重视业务重组经济实质。并提醒跨国纳税人：(1) 业务重组应基于合理商业目的，不应以获取税收利益为唯一目的或主要目的，如人为设置中间架构、增加交易环节等；(2) 业务重组应有公司内部完整决策程序和过程资料相佐证，包括董事会决议、内部备忘录、重组评估报告、重组合同、补充协议、收付款凭证、与相关交易方的沟通记录等相关资料；(3) 业务重组应有实质性的功能、风险或资产转移，合同形式与实际执行相符，重组后的各方利润归属应与新的资产、职能和风险配置格局相一致。

六是提出要基于价值贡献适用适当的转让定价方法。根据近年来转让定价调查和 APA 实践以及与部分跨国公司形成的共识，建议跨国纳税人调整思维定势，根据实际情况尝试基于集团全球价值链分析的转让定价方法，具体可分为三个步骤：(1) 充分占有信息；(2) 依据占有的信息，分析集团价值链的整体营运及获利情况，梳理价值链上各项职能的承担者和履行情况，识别价值创造的核心要素；(3) 按照已确定的某个或某组核心要素指标（如资产、销售、费用、成本等），将价值链上的总利润在各职能及其承担者之间进行分配，确保利润分配结果与价值链上各方的职能和风险承担相匹配。

七是建议避免激进的税收筹划。

八是建议避免出现被列为高风险的几种错配，具体包括：(1) 集团利润趋势与中国成员企业利润趋势不一致；(2) 集团社会形象和税收贡献不一致；(3) 价值贡献和利润分配不一致；(4) 高新技术企业定位与税收表现不一致；(5) 经营规模变化与经营效益变化不一致；(6) 投入与产出不一致。

九是要求提高同期资料准备质量，并提醒：(1) 密切关注即将出台的同期资料新规；(2) 同期资料准备质量将作为企业风险等级评定的重要依据；(3) 中介机构应发挥专业技能，帮助企业提高同期资料质量；(4) 跨国公司总部应按照税收透明度原则、BEPS 报告相关指引以及中国税收征管法的要求，加强对跨国关联交易的风险控制，提高在华成员企业同期资料质量，帮助中国成员企业向税务机关披露全球架构、全球定价原则等信息。

十是要重视申报、备案类法律义务的遵从。从国际税收的角度提醒跨国纳税人：(1) 及时履行申报、备案义务；(2) 申报、备案的信息和数据应真实完整反映企业经营情况；(3) 申报、备案的遵从情况影响企业风险等级评定。

十一是要充分认识《多边税收征管互助公约》、CRS 和 FATCA 实施对企业的影响，多种工具齐头并进。

十二是要树立全球价值链布局中的国际税收遵从意识。提醒跨国纳税人，特别是"走出去"企业,在全球价值链布局中树立国际税收遵从意识。

十三是要增强税企沟通和信息透明度。建议跨国纳税人:(1)主动加强与税务机关的沟通;(2)对拒绝沟通、不履行资料提供义务的纳税人,税务机关可通过跨国税收情报交换或第三方渠道,获取和查证相关信息,视情节轻重依法采取行政处罚、核定征收等措施;(3)特别要提醒的是,在税收检查中依照法定程序要求企业提供证据,企业依法应当提供而拒不提供,在诉讼程序中提供的证据,中国法院一般不予采纳。

十四是建议关注江苏国税跨境税源管理举措。从2016年起,随着国际税收改革进入后BEPS时代以及国地税征管体制改革进入实施阶段,江苏省国税局将进一步转变观念与方式,提升技术手段,推动业务创新,提高对跨国纳税人监管水平:(1)开展大数据分析,整合企业申报信息、商业数据库信息以及外管、商务等第三方信息,运用数据仓库技术开展风险筛查,监控跨国企业利润水平变动,结合企业内控情况、沟通意识、信息透明度、同期资料准备质量等,确定风险等级,聚焦高风险企业开展风险应对;(2)强化反避税调查,抓住职能承担、价值链定位、经济实质与税收贡献相匹配的核心,对转让定价、资本弱化、受控外国公司、利用无形资产或金融工具转移利润等跨境避税行为加大调查力度;(3)建立高层沟通渠道,省局将加强与跨国公司集团总部的直接沟通,传递跨境税源管理案件的观点及处理意见,使集团总部参与信息披露和税企对话,解决信息不对称和决策环节多、耗时长、应对效果不佳的问题;(4)积极实践国际税改成果,重点关注中国特殊因素的利润贡献、无形资产本土化的利润回报、价值贡献分配法的适用、协定滥用、人为规避常设机构等热点、难点问题,回应纳税人的关切,丰富中国观点维护国家税收权益。

二、新常态下江苏省税收征管改革的主要方向

前已述及,在我国经济发展进入新常态后,江苏省国税机关、地税机关均立足自身的职责分工和部门特征,从2014年迄今的各个年份中,各自独立又相辅相成地开展了一系列的税收征收与管理工作,在具体的业务中成绩显著。与国家刚刚开启的税收征管体制改革的大布局相一致,未来江苏省的税收征管改革将主要集中在《深化国税、地税征管体制改革方案》所限定的领域,着重推进税收现代化,服务于国家治理。

(一)切实实现全方位覆盖

我国始建于1994年的现行国税、地税机构分设的征管体制一直平稳运行并不断优化,取得了显著成效,但同时也在职责划分、执法、办税、组织管理等方面都累积了不少亟待解决的问题,江苏省的税收征管体制与税收征管工作实践也是如此。

在这一情况下,江苏省税务部门必然将紧贴国家的战略性改革要求,"内外兼修"、"双管齐下"的重点执行并认真落实《深化国税、地税征管体制改革方案》所提出的六大任务。主要内容涉及理顺征管职责划分、转变征收管理方式等降低国内征税、纳税成本,提高征管效率的举措,也有深度参与国际合作,通过积极参与国际税收规则制定、严厉打击国际逃避税等措施,提高中国的国际税收影响力。根据方案的内在要求,江苏省税务机关除了会加强对纳税人的管理与改善税务服务之外,还将不可避免地逐步加大对税务官员的考核机制建设,从税务机构内部寻求解决问题、提高效率的机制。

（二）国税、地税合作将更加得以深化

针对此前国税、地税或将合并的传言，《深化国税、地税征管体制改革方案》明确提出，要"发挥国税、地税各自优势，推动服务深度融合、执法适度整合、信息高度聚合"。由此可判断，未来江苏省必将仍然在坚持国税、地税机构分设的基础上进行税收征管体制的改革与融合，而不会"两税"合一。因此，可以预见的是，在新常态模式下，江苏省的税务机关将秉承"合作不合并"的机构设立形式开展税收征管工作，但两大税务部门在开展具体的税收征管活动中将更加注重融合与合作。

（三）更加注重对纳税人服务

在未来的新常态模式下，江苏省国税、地税机构的税收征管都将呈现服务征管"含金量"高的特征，服务性强将会是未来江苏省税收征管体制的重要特征。

目前，税收服务不规范问题突出，不同地方之间以及统一地方的国税与地税之间，均存在较大的差异性。因此《深化国税、地税征管体制改革方案》明确提出要"最大限度便利纳税人"，并列出了一系列紧凑的改革"时间表"，如2016年实现"前台一家受理、后台分别处理、限时办结反馈"的服务模式，2017年基本实现网上办税，以及跨区域经营企业办税事项全国通办等。

实际上，根据前面的内容可知，目前江苏省税务机关已经在改善纳税服务上取得了较大的进展，越来越多的纳税人已经可以享受到"进一家门，办两家事"的便利。随着深化国税、地税征管体制改革方案的推进，江苏省税收征管必将更加注重让纳税人获得更规范、便利、高效、放心的服务。

（四）更加关注反避税

随着中国经济的发展，纳税人不断增加，企业跨区域、跨国经营已成常态。为纳税人改善服务的同时加强征管，防范逃避税也变得尤其必要。《深化国税、地税征管体制改革方案》提出，要提升大企业税收管理层级，构建以高收入者为重点的自然人税收管理体系，全面推行电子发票，从源头上防范逃骗税和腐败行为。江苏省自2014年中国经济进入新常态之初便发布了2014—2015年国际税收遵从管理规划，并于2016年发布了第二次的2016—2018年国际税收遵从管理规划，随着中国新型国税、地税征收管理体制的建立与完善，结合江苏省在全国避税领域一直处于排头兵地位的现实，可以预见的是，江苏省的发避税工作必将日益深入、日臻完善。

三、会计师事务所避税业务对江苏省反避税工作的启迪

由于纳税人不当避税会违背税收立法精神、扭曲税负公平以及缩减国家税收收入，世界各国都在一定程度上开展反避税的制度安排和实践。我国于2008年开始实施的新《企业所得税法》中首次专设了第六章的"特别纳税调整"，并于次年发布《特别纳税调整实施办法》，从立法层面对企业所得税领域的一般反避税条款和特别反避税措施进行了规定，充分彰显了我国政府对反避税工作的重视，历年来江苏省税务部门对于这一问题更是持续广泛关注，并两次发布国际税收遵从管理规划等，就是重视这一问题的典型例证。

事实上，避税业务的"营利性"催生了一个重要的以会计师事务所为主体的避税产业。从安然事件等国际著名的案例来看，这些会计师事务从外部配合到实际参与，甚至有时担当

了"始作俑者"的角色。对此,江苏省未来要开展好反避税这一工作,必须重视会计师事务所等避税产业主体在避税业务中的作用、特点、行为模式及运作机制等,并及时地采取措施加以防范与应对。本节将在全球视野内分析会计事务所避税行为模式的基础上,探求江苏省未来的可鉴之处。

(一)会计师事务所在避税业务中的行为特征

1. 逐利性是主动从事避税业务的根本诉求

在美国,销售那些存有潜在滥用风险或违法的避税项目曾经是一个非常赚钱的行业,高额回报引导了会计师事务所将其核心业务由传统的向客户提供会计和审计服务延伸到了避税服务领域。为了实现盈利目标,这些会计机构往往构建相应的组织文化并付诸实践。这些文化摒弃了对公共义务的考虑,而是优先考虑个人利益并鼓励竞争性的个人主义。人们相信以"通融"的手段获得私人收益是一种"商业头脑"的显示,这一观点在竞争压力和升职、地位、利润等联系在一起时便更容易被接受。因此,避税被看作是一种自然的、不可避免的以及可取的诉求。美国参议院常设调查委员会的调查曾表明,美国的避税行业逐步由针对客户的税务要求提供一对一的税务建议而发展为了由其主动的发起、设计以及大规模推销避税产品。

2. 避税领域多样化和避税手段复杂化

从国外会计师事务所销售避税项目的策略以及著名的避税案例来看,其多样化的避税方案不仅涉及企业所得税,亦涉及销售税及个人所得税类。

(1)企业所得税避税

企业所得税是纳税人关注的核心避税领域。美国安然公司曾经的内部交易和财务造假案以及世界通讯公司的倒闭案使得避税问题一度成为社会关注的焦点。毕马威为后者设计了一套以特许权使用费为媒介的避税方案,虚构了一项无任何制度依据的所谓"管理远见"(management foresight)的无形资产,并由母公司通过对附属机构特许使用这一无形资产而收取大量的特许权使用费。为了使税收最小化,世界通讯公司先是选择在享有税收优惠的地区设立一个子公司,并声称该子公司对这一项新设计的无形资产享有所有权。基于管理水平对这个集团运作的重要性,集团内的所有公司需要为这一"管理远见"的使用而支付特许使用费。这些公司在1998—2001年支付了200亿美元的使用费,并享受了相应的税收减除;但收费的子公司由于处于税收优惠地区却只需就其所得缴纳较少的税收,甚至无须纳税。这样,世界通讯集团内部的这些交易对其全球利润水平毫无影响,却节约了大量的税款。毕马威会计行也从中获得了将近1 000万美元的酬金。①

(2)销售税避税

销售税也是避税行业关注的一个领域。毕马威曾利用欧盟的增值税指令为一家名为RAL的英国控股集团设计了一套游戏机项目避税方案。首先是在格恩西岛设立一家子公司,再由集团在英国境内的另一家子公司将一定数量娱乐场的游戏机租赁给格恩西岛子公司并为这些娱乐场配备工作人员。实际上,所有的经营都发生在英国境内,格恩西岛公司只

---

① Prem Sikka, Mark P. Hampton, 2005, The Role of Accountancy firms in tax-avoidance; Some Evidence and Issues, Accounting Forum, 29. www. elsevier. com/locate/accfor.

有两名全职人员和两名兼职的管理者负责所谓的财务、投诉和公司管理。根据欧盟的增值税条款，在欧盟以外成立并向英国实体提供产品和服务的企业，不仅无需进行增值税登记并且可就其在英国境内产生的"进项税额"享受退税。于是，通过避税设计，这些游戏机经营活动的提供者便变为了格恩西岛子公司，该公司不仅无须承担销项税额，而且可就其供给服务过程中的进项税额享受退税，从而大规模削减 RAL 的增值税额。

（3）工薪税避税

由于工薪税会增加雇主的成本，也受到了避税产业的关注。普华永道曾利用离岸公司为高收入者进行避税筹划。其中，参加的雇员需要放弃年终奖，而代之以按 1 便士的价格获得设在泽西岛等的离岸公司的某些股份，这些股票可以按照每股 100 英镑的价格赎回。每个雇员可以得到 10 份独立的股份，且每份的到期日均不相同，如果某一份额 10 年后到期，则意味着相应的纳税义务被推迟了 10 年。这一方案为参与的公司节约了大约 12% 的工薪税成本。

3. 采取保密措施隐藏相关信息

出于保密性和知识产权等方面的考虑，各避税产业主体在从事避税业务时往往注重保密性。例如曾旨在成为美国避税产业领头羊的毕马威会计师事务所，为了向税务当局隐藏其过度避税业务，就采取了多种多段，包括声称其仅是税务顾问而非避税发起人，不登记潜在的滥用避税方案，严格限制文件文档的使用，以及使用不适当的纳税申报报告以使美国国税局和其他机构的监察最小化，等等。对于客户，毕马威则要求一些潜在避税项目的购买者要签署"保密协议"，向客户所做的方案陈述也往往选择在黑板或可擦除的白板上展示，文字材料则在客户离开时被收回。对于工作人员，毕马威则建议他们清除文件并且不保留某些信息。安达信在安然丑闻爆发后大规模销毁相关文件和电脑记录，可以说是避税产业保密性的极端代表。

4. 与其他专业机构合谋从事避税业务

在一些复杂的避税项目中，会计师事务所还往往同律师事务所、投资顾问公司、银行、甚至是慈善组织合作，共谋达到赚取酬金的目的。如毕马威就曾在其名为外国杠杆投资项目（Foreign Leveraged Investment Program，简称 FLIP）的避税业务中，先是与 Quellos 投资公司合作，借助投资专家的帮助来设计一系列复杂的金融交易，Quellos 又帮助毕马威获得了瑞士银行的支持和参与。Quellos 同瑞士银行根据情况对金融交易进行微调，同时还帮助毕马威向客户进行 FLIP 介绍并通过其证券经纪人帮助购买了 FLIP 的客户完成文书工作和交易。瓦乔维亚银行不仅向毕马威推荐对 FLIP 感兴趣的银行客户，甚至会为其提供场所推介 FLIP。毕马威还邀请盛德国际律师事务所出具了对 FLIP 评价良好的法律意见书。毕马威甚至还曾将一些慈善组织（如奥斯汀消防救援和退休基金）作为避税项目当中的交易方，引入到一个叫公司贡献战略组合策略（Corporation Cle Contribution Strategy，简称 SC2）的存有高度问题的避税项目之中。

5. 建立系统化组织体系积极营销和参与避税项目

会计师事务所通过系统化的组织模式和积极的营销策略来力求利润。毕马威曾拥有一个精密的研发与营销避税方案的组织体系，包括一个以研发新税收产品为唯一使命的"税收创新中心"，该中心通过向税务工作人员施压以获取新想法，并将这些想法快速地转入研发过程,以期获得合意的避税方案。之后,毕马威便采用侵略性的营销策略来销售其新研发的通用类税收产品,具体措施包括使用电话营销的方式搜寻客户,构建专门的税收销售队伍,使用机密的客户税收数据来搜索客户,将其自己的审计客户作为推销目标,并且使用税收意见书和保险单作为营销工具,等等。最后,毕马威还直接积极参与到其客户的避税实践中,包括竭力赢得其他专业机构的合作、准备文件、提供服务、准备纳税申报服务等。

(二) 对江苏省反避税的若干启示

1. 注意防范避税产业的冲击,研究对其从业不当避税的处罚制度

为了限制会计师事务所积极从事滥用税收条款避税或违法避税的行为,美国曾以立法的手段要求加强审计的独立性并严格约束会计师事务所可能向其客户提供的税收服务,同时制定规则禁止会计师事务所与其提供税务服务的客户签订"成功酬金"协议,禁止向客户的某些管理层提供税务服务,以及不对客户的相关税收方案进行筹划、营销和表态。美国通过法律法规禁止会计机构的某些避税行为及处罚的做法无疑可为我国所借鉴。虽然避税在我国暂被定性为非违法,但在《特别纳税调整实施办法》中,将滥用税收优惠、滥用税收协定、滥用公司组织形式、利用避税港避税等行为界定为了"避税安排",这为我国判断并限制会计机构或其他组织的避税产业盈利行为提供了甄别标准。我国在逐步完善如何对纳税人自身的"避税安排"进行处罚的同时,还应未雨绸缪地探索对避税企业自身之外的会计师事务所等避税产业主体积极推动、甚至是主动说服纳税人从事"避税安排"的行为进行处罚的制度安排,通过增加其避税业务的违规成本,削弱其从事"避税安排"业务的原动力。

2. 构建一体化的反避税立法体系,将其覆盖范围扩大至所有税种

企业所得税、增值税、工薪税等都曾是各会计师事务所通用类避税产品设计的媒介税种。从我国实践看,纳税人在商品税、个人所得税及其他税种领域的避税也屡见不鲜。但目前我国立法层面的反避税法规仅体现在企业所得税上,对其他税种的避税则尚未涉及,从而使得其他税种的反避税缺乏法律依据和准则。这既有损于反避税立法的完整性,也不利于反避税工作的综合绩效,更是会间接导致不同税种纳税人的歧视避税待遇而有损公平。因此,建议构建一体化的反避税立法体系,将所有税种函括到反避税立法体系和框架之中,力求公平与效率。

3. 加强对反避税信息披露制度的建设

针对纳税人及避税产业主体会刻意隐藏其避税业务的行为,美国通过专门的税收条款规定纳税人及其业务承办人要向美国国税局披露那些潜在的非法避税信息,这点对于我国极富启迪意义。建议探索会计师事务所从业避税业务及相应设计方案的信息披露制度,从纳税人之外的角度,开拓对纳税人避税的甄别与举证的"源头控管"路径。具体来看:一是可考虑通过立法手段确定纳税人的外部审计机构在必要时对其避税业务相关信息负有无条件的披露义务;二是鉴于纳税人及其聘用的会计师事务所之间的利益共谋,要对拒绝或不全面履行信息披露义务的避税产业主体辅之以严厉的违规处罚;最后,鉴于我国目前尚未明确的厘定避税和税务筹划的概念及内涵,在必要时会计师事务所为纳税人所做的税务筹划项目也应被列入信息披露的范畴。

4. 充分重视其他专业机构的反避税角色

毕马威的 FLIP 与 SC2 项目充分说明,反避税工作在注重防范纳税人的同时,还必须关注其避税辅助机构的作用。这些机构及其人员往往具有较强的专业素养和较高的避税经验,尤其是会计机构、投资公司、律师行到金融机构,乃至慈善组织等组成了一个严密的合作团队,各司其职又协同合作,极大地增加了反避税工作的复杂性和艰巨性。随着经济一体化的加快以及我国以后反避税工作的纵深发展,这一合谋策略势必被充分应用到大型避税项目,尤其是跨国避税业务之中,对此应引起高度的重视并研究相应的防范措施。

　　5. 加强反避税工作人员素质建设

　　相较于发达国家,我国反避税力度不足,存在着诸多问题是不争的事实,其中重要一条就是要加大专业反避税人员的队伍建设。曾有学者统计,仅 2008 年四大会计师事务所在我国从事转让定价的工作人员就是我国税务系统反避税人员的四倍!① 会计师事务所及其专业人员的避税业务对我国反避税人员的理论素养与专业素质提出了直接的挑战,反避税人员需精通税法、财务、会计、法律、金融以及非营利组织财会管理方面的专业知识,加之必备的外语及计算机等现代工具素养,在涉及诸如预约定价等税务调整业务时还需掌握谈判技巧,必须注重通过针对性、系统化的人员培训机制建设一支专业化、稳定化的复合型高素质反避税队伍。

四、江苏省反避税的信息披露制度研究

　　纵观上述的内容,江苏省未来的税收征管工作质量必将极大地依赖于各类税收安排信息的掌握情况,即税收透明度制度的构建。纵观国内外在税收透明度方面所采取的诸多举措,尤其是近年来在世界范围内起主导作用的 BEPS 报告中所采取的主要措施,建立一个强有力的税收安排信息披露制度,无疑对于江苏省未来的税收征管,尤其是反避税工作具有无与伦比的重要意义。

　　长期以来,避税与反避税都是全球性的议题。在与相关纳税人的博弈中,各国政府一直在不断探索有效的反避税手段,而税收安排的避税信息披露制度便是其中的成果之一。目前,关于如何划分纳税人避税行为和税务筹划行为的界限尚无明确定论。世界各国多是按照"实质重于形式"的原则,依照纳税人实施的以获取税收利益为目的(或主要目的)的避税安排是否具有合理的商业目的,来筛选出违背立法意图的避税安排。显然,这一甄别过程的效果如何在很大程度上有赖于反避税部门能否及时获得足够充分的避税安排信息,而提供这些信息恰恰是避税信息披露制度的直接目的。需要指出的是,避税信息披露制度仅仅旨在为反避税部门筹集信息,而并不涉及对被披露避税方案合法性与合理性的判断,因此,政府相关部门受理了纳税人对某个避税安排的披露,并不意味政府认可了该项避税安排。

　　避税信息披露制度是指国家通过法定手段强制性地要求有关纳税人(及/或其他信息披露义务人)在进行避税安排之前/之后的若干时间内,就其所要开展的避税业务向国家主管收入部门(主要是税务机关)及时披露相关信息的制度安排。该制度的最大优点在于有利于税务当局及时收集纳税人的避税安排信息,从而尽早识别出纳税人不合规的避税行为。

　　在新常态的语境下,江苏省应借鉴其他国家的成功经验,积极探索并建立相关避税交易的信息披露制度,进而构建起强有效的反避税体系。纵观世界范围内,英国的避税信息披露

---

① 李业《反避税:任重而道远》,《中国税务》2008 年第 9 期。

制度是最为典型的,其税收制度与我国现行的税制体系也具有一定的相似性,基于此,本节以具有代表性意义的英国避税信息披露制度为样本,探寻其对于江苏省未来所应构建的避税信息披露制度的相关启示。

(一) 江苏省税务部门建立避税信息披露制度的紧迫性分析

1. 国际协同反避税的现实倒逼中国及江苏省应尽快构建避税信息披露制度

伴随着跨国公司的拓展与跨国交易规模的不断增长,税务筹划与避税业务也已呈现出高度"国际化"与"全球化"的特征,从而严重侵蚀了相关国家税基和税收的完整性,并与各国的税收立法意图相背离。对此,各国通过合作联盟协同应对跨国避税已成为国际趋势,2013年 G20 与 OECD 启动税基侵蚀与利润转移计划(BEPS)并在全球掀起了打击 BEPS 的浪潮便是一个典型范例。而 2014 年 11 月中国最高领导人在 G20 峰会上对于"加强全球税收合作,打击国际逃避税"的表态,强有力地表明中国会积极加入到国际协同反避税的联合行动中来。在落实 BEPS 的具体措施中,避税信息披露正在成为一项新兴且重要的工具手段。2015 年 4 月,OECD 启动了"公开磋商第 12 项行动计划——强制披露跨国公司的避税策略",作为 OECD 落实 BEPS 的重要内容,该计划通过了制定模块式的信息披露框架,期望"经过最新风险评估方式与合规性税收计划,各成员国就可以在跨国公司避税策略制定之前及时掌握其相关信息并做出快速反应。"[①]结合 OECD 在国际层面上的政策导向作用,尤其是美国、英国、加拿大等国家已建立了避税信息披露制度的示范效应,中国有构建避税信息披露制度的迫切需要,江苏也是如此。

2.《办法》的实施亟须构建避税信息披露制度给予支撑

国家税务总局于 2014 年 12 月初发布《一般反避税管理办法(试行)》(下文简称《办法》),并于 2015 年 2 月 1 日起施行。《办法》一经出台便引起了各界的广泛关注,被赞誉为是实施一般反避税工作的操作指南,并兼具完善我国反避税法规体系的重要作用。《办法》的第二章第七条中规定:"各级税务机关应当结合工作实际,应用各种数据资源,如企业所得税汇算清缴、纳税评估、同期资料管理、对外支付税务管理、股权转让交易管理、税收协定执行等,及时发现一般反避税案源。"显然,这种凭借事后信息来甄别避税对象和避税行为的模式,一方面受制于中国目前反避税人员的专业技能和技术条件,难以实现全面锁定案源的目的,而只能起到概率式抽查性的效果;另一方面则是主要作为对避税行为发生之后的甄别与弥补,无法起到足够的事前威慑和阻止避税的作用。高质量的避税信息披露机制无疑会提高避税安排的透明度,从而增加避税安排被税务部门的识别风险乃至是税收收益的否决风险,进而极有可能会使得谨慎型、保守型或是更加关注名声型的纳税人产生畏难心理而放弃相应的避税安排。这种事前的威慑效应恰好可以与《办法》的事后查处效应相耦合,因此,尽快建立强制性的避税信息披露制度是江苏省要真正构建全方位反避税防控体系的迫切要求。

3. 避税信息披露制度有利于提高中国反避税工作的综合效率

避税信息披露制度的诸多优点有利于降低中国(含江苏省)反避税的成本,并提高其综合效率:其一,该制度的首要优势在于提升避税交易或行为的透明度,这有利于税务部门锁

---

① 戴正宗,OECD 启动避税强制披露计划,中国财经报网,2015-4-28.

定避税交易与避税参与人,从而大幅降低税务管理部门的识别成本;其二,税务部门对避税信息的获取有助于其税务审计效率的提高,便于税务部门间的相互配合,共同提升纳税人的税收遵从度;其三,避税信息的披露有利于税务部门更全面地了解某个纳税人避税交易或避税安排的情况,缩短识别不合规的避税安排的时间,从而显著提升税务部门的反避税效率;其四,信息披露制度会迫使纳税人聘请更具专业技能的人员去设计尽可能不被税务部门否定的避税方案,这在一定程度上会遏制不合规避税行为的出现。

(二) 英国避税信息披露制度的框架与内容[①]

目前仅美国、英国、加拿大、葡萄牙、爱尔兰等少数国家建立起了系统、全面性的避税信息披露制度。其中,英国的税制及其实施避税信息披露制度时的现实背景与中国当前的现状具有极大的相似性,因此,英国避税信息披露制度的架构、要素及其突出特点等,均可作为范本宜被江苏省所参照。

1. 英国避税信息披露制度的基本框架

英国建立避税信息披露制度的直接目的是向它的税务与海关总署(Her Majesty's Revenue & Customs,下文简称 HMRC)提供避税安排(Tax Arrangements)及其如何运作的早期信息,以便帮助 HMRC 快速、准确的识别某项避税安排的发起人、营销人或是使用人。根据不同税种的特点,英国采取直接税与间接税分别对待的原则设计了两套具体的避税信息披露制度,一套适用于增值税,另一套则适用于个人所得税、企业所得税、资本利得税、国民保险税、印花税、遗产税以及豪宅税等直接税(Disclosure of Tax Avoidance Schemes,下文简称 DOTAS)。两套制度均对各自所对应的披露要素作出了全面、详尽的规定,并对未能合规履行披露义务的责任人做出了具体的处罚安排。这一制度框架既能满足全面反避税的需要,同时又能兼顾不同税种的突出特点,具有较强的启迪意义。

2. 避税信息披露义务人的相关规定

(1) DOTAS 避税信息披露人的判定标准

DOTAS 规定,英国各直接税避税安排信息的披露义务人主要包括三类主体:

1) 避税安排的"发起人"(Promoter)。DOTAS 将避税安排的发起人作为主要的信息披露义务人。发起人是指参与了避税方案的设计、组织或管理的人,也包括极力促成某一避税方案被其他人付诸实施,或是极力接近他人以促使其执行某一避税方案的人,包括银行与证券交易所。DOTAS 要求所有英属或非英属的避税安排发起人,均需就其避税方案所引致的英国税收收益向 HMRC 履行信息披露义务。

对于仅仅参与了避税安排的设计,而没有涉及方案的实施、组织或管理的人,如果能通过良性测试(The Benign Test)、非顾问测试(The Non-advisor Test)和不知情测试(The Ignorance Test)这三条测试标准中的任何一个,则不构成避税安排的发起人,从而无须申报。简单地说,良性测试是指有关人员在提供税收建议的过程中,并不参与避税方案任何具体要素或意见的实际构建;非顾问测试是指在避税方案设计过程中虽然涉及了相关人员提

---

① 下文中若无特别说明,相关内容主要出自英国 2013 年 11 月 4 日起生效的避税信息披露制度指南(Guidance:Disclosure of Tax Avoidance Schemes)和 2013 年 10 月 30 日出版的增值税通告 700/8:避税方案披露(VAT Notice 700/8:Disclosure of VAT Avoidance Schemes)。

供的业务,但这些业务丝毫不涉及与避税相关的税收建议;不知情测试指的则是相关主体有无法获得足够信息的合理理由,信息的缺乏导致其难以判断是否应披露某一避税安排。

2) 致力于营销避税方案的"介绍人"(Introducer)。介绍人是指宣传、销售避税方案的人,他们并不参与避税方案的具体设计,亦不了解这些方案如何运作,其作用仅是在发起人与潜在顾客之间搭建起桥梁。DOTAS 规定:避税方案的介绍人无须承担自动披露信息的义务,但当 HMRC 对其有信息披露要求时则必须如实提供相关信息。

3) 避税方案的"使用人"(Users 或 Client)。在三种情形下避税方案的使用人需承担信息披露义务:一是非英属的避税方案发起人未履行信息披露义务;二是当发起人为律师时,法定的职业特权(LPP)导致其可以免于提供部分或全部的信息;三是不存在发起人(如纳税人自我设计避税方案)时。

此外,避税安排的发起人必须提供避税方案代码(Scheme Reference Number,下文简称 SRN)给顾客,后者则需在其涉及的相关纳税申报表中列出 SRN 信息。

(2) 增值税避税信息披露人的判定标准

增值税采用测试法(Tests)与营业额起征点(Turnover Thresholds)相结合的方式,要求在英国(或有义务在英国)进行增值税登记的人,需就其符合下文中所介绍的 10 类列举法(Listed Schemes)避税项目和 8 条特征评判法(Hallmarked Schemes)避税项目,在规定时限内向 HMRC 披露相关信息。

3. 应披露避税项目的选择标准

(1) 直接税应披露避税安排的评判

DOTAS 通过测试法与特征评判法相结合的方式,订立了 6 条测试(Tests)基准和 7 条特征(Hallmarks)标准,依次递推、融会贯通的筛选应披露项目,尤其是捕捉一些新型的或是具有创新性的避税安排、适宜于大规模营销的避税方案以及特定领域的避税项目。其中:

1) 测试标准(Tests)

按照满足上一条测试标准之后依次递推检测下一条的顺序,6 条检测标准依次为:

测试 1:"税收利益"测试,用于检验某一避税安排或建议是否会为纳税人带来(或预期能够带来)税收利益,这里的避税安排包括各种避税方案、避税交易或是一系列的交易行为;税收收益则主要集中在主要是个人所得税、企业所得税、资本利得税和国民保险税等方面;

测试 2:目的测试,用于检验符合测试 1 条件的避税安排是否以获得上述税收收益为主要目的(或主要目的之一)。

测试 3:披露主体身份测试,用于检测避税安排是由发起人提供的,还是由其使用人自我内部设计(In-house)的;

测试 4:披露特征测试(发起人),用于检测由发起人提供的避税安排,是否符合下述的特征 1(a)、特征 1(b)、特征 3 或者是特征 5—7;

测试 5:披露特征测试(使用人),用于检测由使用人自我设计的避税安排,是否符合下述的特征 2、特征 3 或者是特征 7;

测试 6:企业规模测试,用于检测将会获得税收收益的企业是否为中小企业。

2) 特征标准(Hallmarks)

DOTAS 指南确定了 7 条标准以应对新型的以及具有创新性的避税安排,或者是用于

捕捉一些特定领域的避税项目。这些特征并非彼此独立,且会随着时间和形势的变化而动态的予以更改。这些特征具体包括:

特征 1(a)与特征 1(b):避税安排发起人要求的保密性。(Confidentiality Where Promoter Involved)。这条特征是指当避税安排是由发起人提供时,发起人为了维持自己的竞争能力与盈利能力,或是为了能够重复使用可以带来税收利益的避税要素,往往会就避税安排对其他发起人或 HMRC 保密。如果某一避税安排符合下述构成要件中的任何两个,即被判定为符合这一保密性的特征:一是这一避税方案会引起税收利益;二是有理由判定任何发起人都可能希望将这一方案对其他发起人保密;三是保密的目的是为了促进避税要素(或类似要素)的重复使用。

特征 2:避税安排使用人要求的(Confidentiality Where No Promoter Involved)。这条特征是指当避税方案是由其使用人内部设计,并且税收收益的受益人为非中小企业时,该避税安排的信息披露义务人往往就避税要素如何导致税收利益对 HMRC 保密。假设这一避税安排的使用人是发起人,如果他希望对避税安排予以保密,则会被判定符合这一标准。

特征 3:额外收费(Premium Fee)。不论是外部提供还是内部设计的避税安排,如果发起人及其关联人会从这一避税业务的税收利益享有人手中收取额外费用,则符合这一标准,但税收利益享有人为中小企业时除外。由于顾客只有在避税方案极其具有价值和一般难以获得时才会愿意支付额外的各种费用,因此这条特征旨在识别具有创新性的或是更有价值的新型避税方案。

特征 4:标准化的避税方案(Standardized Tax Product)。这一特征适用于适宜大宗销售的容易复制的"即买即用"型避税方案,顾客可以不经修改的直接移植使用。如果首次获得时间为 2006 年 8 月 1 日及之后的一项避税安排,可以作为税收领域的"产品"直接销售,一般很容易获得并且不属于免于披露的"白名单"项目,则这一避税安排便符合这一特征。

特征 5:损失方案(Loss Schemes)。这条特征是指当参与避税安排的执行人员数量超过一个人时,通过各种损失方案的设计以便抵消个人所得税或资本利得税的纳税义务。

特征 6:租赁安排(Leasing Arrangement)。这条特征是指涉及长期的厂房或设备租赁的避税安排,在符合若干法定条件和价值条件时,需要披露相关信息。

特征 7:雇佣所得(Employment Income)。这条特征是指某项避税安排的主要目的,或主要目的之一,是通过在若干法定条款下采取相关措施,以减少或消除雇佣所得,从而达到避税的效果。

3) 流程图

在对 DOTAS 所适用不同税种的避税安排是否应予以披露的判定中,上述测试和特征中的个别条款存在着一定的应用差异,但总体上推断决策的路径和判断标准框架是完全一致的。限于篇幅,此处仅以相对最为重要的个人所得税、企业所得税和资本利得税为例,展示应披露特征方案判定的流程图,如下图 11-1(见下页):

(2) 增值税应披露避税安排的评判

增值税避税信息披露制度适用列举法(Listed Schemes)和特征判断法(Hallmarked Schemes)筛选应披露项目。

1) 列举项目

对于列举项目,英国制订了 5 个测试标准来锁定避税信息披露义务人,分别是纳税义务人身份确定、符合列举项目范畴、引发避税信息披露申报的相关事件发生、营业额超过起征点以及尚未向 HMRC 申报。其中:

① 适用正列举法的 10 类避税方案(Schemes)分别为:第一,关于某一建筑物主要利益的首次转让方案,这类方案旨在通过纳税人与关联方的交易,去除开发商适用零税率销售的建筑物在改建、扩建、维修、翻新或是养护过程中的增值税成本;第二,付款处理方案,这类方案旨在通过将零售商品或服务的广告价格中的一部分,通过支付方式的处理(如将现金支付转为信用卡支付)转化为免税的情形,以此来降低应纳的增值税额;第三,价值转移方案,这类方案旨在将价值由适用标准税率的销售转移到适用零税率或免税的关联销售之中,来带到避税的目的;第四,售后回租协议方案,这类方案旨在当直接购买货物无法抵扣所有的进项税额时,通过售后回租协议的方式来延迟或减低增值税成本;第五,延长核算日期方案,这类方案旨在通过推迟零售或邮购货物销项税额的核算日期来避税;第六,与第三方的供应商组建增值税集团的方案,这类方案旨在当纳税人无法就其大宗购买的应税服务(含外包服务)抵扣所有的进项税额时,通过与供应商组建一个增值税集团,以降低或消除应纳的增值税;第七,通过非营利机构提供教育与培训业务的方案,这类方案旨在将从事教育或培训业务的公司向其顾客所提供的服务转为由某一非营利性机构来提供,从而达到避免承担增值税的目的;第八,通过某一非资质机构提供教育与培训业务的方案,这类方案旨在通过将由

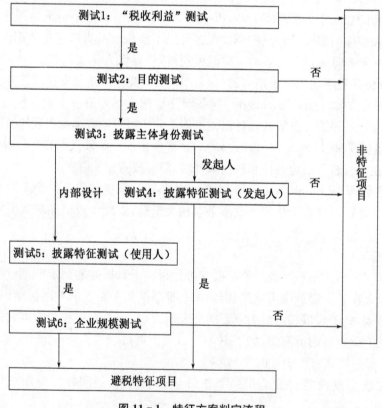

图 11 - 1 特征方案判定流程

享有免税资格经营机构所提供的教育与培训服务,转为由不符合免税资质的机构来提供,从而达到避免无法抵扣进项税额的目的;第九,跨境面值抵用券方案,这类方案旨在通过以欧盟其他成员国的人员为中介,将英国供应商提供的"相关服务"①最终提供给英国居民使用,且该居民以其他国家发行的面值抵用券作为支付手段,以此来达到在欧盟区域内避免缴纳增值税的目的;第十,放弃相关租赁的方案,这类方案旨在通过维持建筑物租赁人实际控制原有租赁面积80%以上的基础上,租赁人与建筑物所有人通过约定放弃相关租赁的办法,以达到逃避或大幅度降低增值税额的目的。

② 引发避税信息披露申报的相关事件包括三种情形:一是对于 2004 年 8 月 1 日起及其之后的任何一个增值税会计期间,纳税人申报表中的应纳增值税数额高于或低于没有发生列举项目时;二是对于 2004 年 8 月 1 日起及其之后的任何一个已申报了增值税的会计期间,纳税人要求偿还多申报的销项税额或是少抵扣的进项税额,而此销项税额或进项税额的数额高于没有发生列举项目时;三是对于 2005 年 8 月 1 日起及其之后的任何一个增值税会计期间,纳税人不得减免的增值税额应该高于没有发生列举项目时。

③ 营业额起征点的标准中,营业额为应税销售与免税销售的营业额之和,当纳税人在其应披露避税安排所属会计期间的上一个年度中的年营业额(或其所属集团的年营业额)达到或超过 60 万英镑,或是以算术平均法为基准折算的适当比重②时,就需要就上述 10 类避税安排向 HMRC 披露相关信息。

2) 特征项目

对于特征评判项目,同时满足 9 条测试条件的人需及时向 HMRC 申报披露其避税安排信息,这 9 条测试标准分别是:纳税义务人身份确定、避税安排参与人、非列举项目、寻求税收利益(tax advantage)目的、引发避税信息披露申报的相关事件发生、营业额超过起征点、避税安排符合至少一个制度规定的避税特征、尚未向 HMRC 申报以及未能获得应得的SRN。其中:

① 避税安排包括任何的避税协议、方案、交易或一系列交易活动。

② 为任何人寻求税收利益是方案主要目的或主要目的之一。参与避税安排的当事人均需履行避税信息披露申报义务,而非仅仅限定于税收利益的实际获得者。"税收利益"是指相较于没有经过避税安排的情形,纳税人会承担(或将会承担)较少的税款;获得(或将会获得)税收退款或是更多、更早地获得税收退款;较早的在供应商核算销项税额前抵扣进项税额;较少的应纳增值税额;以及不可退的增值税数额少于没有避税安排时的数量。

③ 引发避税信息披露申报的相关事件与列举项目中的三种情形基本相同,些微的差异在于当避税方案仅涉及面值抵用券这一个特征时,会计期间的起始日期为 2005 年 8 月 1 日。

④ 关于营业额的起征点,要求纳税人或其所属集团应税销售和免税销售的营业额之和,在其应披露避税安排所属会计期间的上一个年度中,总额达到或超过 1 000 万英镑或是

---

① 包括电信、广播、电视,以及软件、图像、音乐盒游戏等网络电子服务。

② 如月营业额为 5 万英镑,季度营业额为 15 万英镑。

1 000万英镑的适当比重①。

⑤避税特征包括:第一,保密协议,该特征适用于存在保密条款以及方案使用人不愿详细揭示其特定的避税安排如何产生税收收益这两种情况;第二,税收利益分享协议,该特征适用于避税方案的发起人(Promoter)或其他的避税方案参与人与纳税人分享该方案所能带来的税收利益,这里的"发起人"是指在交易、任职以及提供应税服务的过程中,参与了这一利益分享协议设计或营销的所有人;第三,成功酬金协议,该特征适用于避税项目发起人部分或全部的按照税收收益收取酬金的情形;第四,关联人之间预付账款,该特征适用于需要关联方供给货物的避税安排;第五,贷款、参股与证券认购筹资,该特征适用于关联方之间供给货物时以贷款、购买对方发行的股份或有价证券的方式支付货款的情形;第六,境外循环,该特征适用于允许抵扣进项税额的出口商所出口的服务,却作为增值税的非应税项目再次被"进口"的用于为英国人员提供其他服务时;第七,关联方之间的产权交易;第八,发行面值抵用券。

相关主体要就符合这些特征的避税安排向HMRC申报具体信息,除非第三方(如避税方案的发起人)已经自愿披露了这一避税安排并且提供了项目自愿注册代码,或是纳税人(或其所属集团)的年营业额低于1 000万英镑。

4. 避税信息披露的时间

适用于直接税的避税信息披露制度(DOTAS)规定:设计或营销某项避税方案的发起人,需要在获得或执行某避税方案的5日内向税务与海关总署(HMRC)进行申报,同时,该避税方案的使用者也需履行信息披露义务。对于存在共同发起人(Co-promoter)的情形,一方披露即可免去其他发起人的申报义务。若境外的避税安排发起人未履行申报义务,或是以律师等为发起人因其受职业特权保护而无须披露的情况下,则避税方案的使用者需在参与首次交易的5日内向HMRC进行申报。对于包括内部设计避税安排在内的无发起人的情形,避税安排的使用者需在参与首次交易的30日内履行申报义务。

适用于间接税——增值税的避税信息披露制度则围绕之前应披露避税安排的评判标准中,已述及的三种引发避税信息披露申报的相关事件,要求披露义务人在相关日期之后的30日内向HMRC申报相关信息。其中,相关日期的判断标准为:对于避税安排可以改变增值税申报净额的情形,为纳税申报的到期日;对于避税安排可以使得纳税人多抵扣进项税额或是少申报销项税额的情形,为纳税人提出退款申请的当天;对于避税安排可以减少不得扣除应纳税额的情形,则为相应会计期间的纳税申报到期日。

5. 避税信息披露的内容

对于直接税与国民保险税,避税安排的披露人需在申报时提供自己的姓名、地址、避税安排满足的应披露项目评判特征、避税安排的名称与概述、避税安排中引致税收利益的要素及其运作原理,以及这些税收利益得以产生的法律依据。若信息披露人是作为境外发起人的顾客来履行申报义务,则还需提供境外发起人的姓名和地址;对于特征项目,若满足的应披露特征不止一个,则一般只要求披露最为符合的那一条特征即可,无须申报全部特征。

对于增值税的避税信息披露,除了要求申报公司名称(若为集团成员则还需申报集团中

---

① 如月营业额为83.333 4万英镑,季度营业额为250万英镑。

其他成员名称)、地址和增值税注册登记号等常规信息外,还需从三个维度对避税安排予以重点披露:一是关于避税方案如何运作的信息,着重披露每一项避税安排、交易的内容、相关顺序、时间间隔以及涉及的货物与服务;二是避税安排符合的每一项避税披露特征;三是避税预期的税收利益得以产生的法律依据,包括英国、其他国家以及欧盟的相关法律。

6. 未履行披露义务面临的处罚

适用于直接税的避税信息披露制度(DOTAS)对于避税安排发起人未履行信息披露义务、披露信息不符合规定以及避税方案使用人未申报避税方案代码(SRN)等三种不遵从行为做出了量化的处罚规定,具体的处罚标准和数额由法庭或税务与海关总署(HMRC)予以认定:首先,对于没有在规定日期或是未能按照规定的方式履行披露义务的,由法院在"初始阶段"①(Initial Period)裁决征收每天不超过 600 英镑的罚款;法院若认为按日处罚力度不足,则有可能加收一个不超过 100 万英镑的加重处罚;HMRC 也可以在初始处罚的基础上,每日加收不超过 600 英镑的罚款。其次,对于没有在规定日期或是未能按照规定的方式正确披露避税信息的,法院可以裁决征收不超过 5 000 英镑的初始处罚;HMRC 对于法院做出初始处罚之后仍不合规披露信息的当事人,按日征收不超过 600 英镑的处罚。最后,对于使用人未申报 SRN 和相关信息的情形,采取按次累进处罚的原则,对第一次发生的,每个应披露项目罚款 100 英镑;在之后 3 年内第二次发生的(无论避税安排是否与上一次未披露的项目有关),对每个避税安排处罚 500 英镑;第三次及之后再次发生的,则每个避税项目处罚 1 000 英镑。

如果应披露人未能及时、充分地申报增值税避税安排的信息,对于列举项目则处罚相当于所节约增值税额的 15%;对于特征判断法的项目则处以高达 5 000 英镑的罚款。

(三) 英国避税信息披露制度的若干启示

1. 避税信息披露制度范围应覆盖不同的税种并具有一定的融合性

目前,中国的反避税条款仅适用于企业所得税中的转让定价、资本弱化、成本分摊等特别纳税调整事项,范围过窄已是共识。早在 2011 年,国家税务总局就提出了要在《税收征管法》和《个人所得税法》中增补反避税条款,借以扩大反避税范围的制度主张②,但遗憾的是截至目前仍未能取得实质性的进展。英国反避税的信息披露制度为中国扩大反避税的范围提供了一个全新的视角,中国应该尽快建立覆盖面较广的避税信息披露制度,从信息搜集与披露的角度打开全面反避税的突破口。与此同时,英国对直接税与间接税区别对待的信息披露制度框架具有启迪性,建议中国按照所得税类和商品税类分别设计相应的信息披露制度。同时,英国的避税信息披露制度与其他税收法律法规高度耦合的精神,也是中国构建避税信息披露制度时应深入思考的问题。上述所有的这些适用于中国的各项建议,对于江苏省尤为适用。

2. 避税信息披露制度应坚持整体披露与循序渐进相结合的原则

从英国避税信息披露内容上可以看出,英国对待应申报的避税安排采用的不是分步骤

---

① 该初始阶段的计算,始于披露义务到期日的下一天,止于法庭做出裁决的日期和避税安排最终被披露当天的上一日这两个日期中较早的那一天。

② 王宗涛. 我国一般反避税条款:法律性质及其立法构建[J]. 税务研究,2014,(8):67.

的选择性披露的做法,而是遵循了避税信息整体披露的原则。江苏省要构建的避税信息披露制度也应坚持这一原则,这样可以确保税务部门所收集信息的完整性和真实性,同时堵塞披露义务人的税收不遵从漏洞。由于严格遵循整体信息披露的原则将会增加全面反避税信息披露的难度,因此,建议江苏省在商品税和所得税中分别先选择个别税种进行避税信息披露试点,然后根据具体的实施效果再循序渐进地扩大适用范围,同时,在试点过程中,尤其要依据不同税种自身所具有的特点来设计灵活多样的避税特征(hallmarks)评判标准,而不能按照统一的标准搞一刀切。事实上,就英国的避税信息披露制度(DOTAS)中的诸多直接税而言,每个税种适用 DOTAS 的具体时间也存在着一定的差异,这从一个侧面揭示出构建与执行江苏省的避税信息披露制度要遵循循序渐进原则的必要性。

3. 避税信息披露制度要素应具有合理性与科学性

基于中国与英国的国情差异,包括江苏省在内的中国不能简单移植英国的避税信息披露制度,但其避税信息披露制度要素的合理性与科学性值得我们借鉴。譬如,在披露义务人的选择方面,英国的避税信息披露制度是以避税安排的发起人为主,只有在非英属发起人未申报或因内部设计避税方案而不存在发起人时,才由纳税人进行信息披露,而中国 2015 年实施的《办法》中更多侧重于纳税人承担披露义务视角,因此,英国在确定避税信息披露义务人时重视第三方披露信息的做法给江苏省乃至中国提供了一种新的思路;在具体的测试标准及披露特征方面,一些测试与特征之间的递延逻辑与搭配路径,可以直接为我们避税信息披露制度要素的构建提供技术性的操作基准;另外,避税方案代码(SRN)、以营业额为客体的申报门槛、披露时间、披露内容等制度设计均可为我们合理、科学的设计避税信息披露制度提供创新性思路。

4. 执行避税信息披露制度时应配置专门的处罚条款

在英国,无论是适用于增值税这一间接税的避税信息披露制度中,还是适用于个人所得税、企业所得税、资本利得税、国民保险税、印花税、遗产税以及豪宅税等直接税的避税信息披露制度中,都明确规定要对信息披露义务人未能严格按照制度要求来履行信息披露义务的行为做出专门的处罚。在实践中,针对上述的制度不遵从行为,除了税务与海关总署设有专门的处罚条款外,英国还设有专门的增值税与税务法庭来处理纳税人不遵从披露制度的行为,同时还受理避税信息披露义务人的相关申诉。那么,江苏省在构建避税信息披露制度的过程中,也应积极考虑专门配置针对避税信息披露义务人不履行行为的处罚条款,以及建立相应的税收法庭制度,以此来提升避税信息披露义务人的制度遵从度。

5. 注重避税信息披露制度的低运行成本

英国避税信息披露制度中的许多制度模块、流程及节点都非常注重制度综合运行成本的节约。譬如,营销避税方案的"介绍人"无须主动披露,只需在被 HMRC 要求时进行信息披露即可;若避税方案由多人共同发起,则无须所有人都进行申报,而只需其中一人申报即可;若应披露项目同时满足多个评判特征,则只需就最为符合的那一条特征予以信息披露而无须全部列出,等等。这些规定既有助于节约税务部门的信息搜集与甄别成本,也有利于减少纳税人的遵从成本,这些对于降低未来江苏省所可能构建的避税信息披露制度的执行成本均具有较高的借鉴意义。

参考文献

[1] 江苏省统计局. 江苏统计年鉴(2010—2016),江苏省统计局网站.

[2] 中华人民共和国国家统计局. 中国统计年鉴(2010—2016),国家统计局网站.

[3] 姚少华."新常态"成经济大逻辑[J].沪港经济,2015(2):42-43.

[4] 白彦锋,乔路. 当前GDP变化与税收变化的合理性研究——基于经济进入"新常态"下的数据[J].新疆财经,2015(5):5-13.

[5] 顾敏明,吴晗冰,顾方媛. 发挥税收促进经济发展的作用[J].群众,2016(10):63-64.

[6] 陈隆. 国家治理体系和能力现代化框架下税收征管"新常态"的构建[J].税收经济研究,2015(2):1-10.

[7] 何晴,张斌. 经济新常态下的税收增长:趋势、结构与影响[J].税务研究,2014(12):18-22.

[8] 桂萍,唐明. 经济新常态下我国地方税税源优化策略及实现路径[J].商业研究,2015(12):73-79.

[9] 贾康,梁季. 我国地方税体系的现实选择:一个总体架构[J].改革,2014(7):57-65.

[10] 朱为群,唐善永,维长艳. 地方税的定位逻辑及其改革设想[J].税务研究,2015(2):51-56.

[11] 马海涛,李升 中国税制改革与发展的新认识[J].哈尔滨商业大学学报:社会科学版,2014(3):92-101.

[12] 杨卫华,严敏悦. 应选择企业所得税为地方税主体税[J].税务研究,2015(2):42-50.

[13] 唐靖妮. 构建地方税体系的难题及建议[J].税务研究,2014(4):19-22.

[14] 赵硕刚. 我国税收"新常态"的特点、问题及对策[J].税务研究,2014(12):9-12.

[15] 楼继伟. 深化财税体制改革建立现代财政制度[N].中国财经报,2014-10-16.

[16] 白彦锋,王婕,彭雯雯. 非税收入与税收、经济增长的动态关系分析[J].税收经济研究,2013,(1):56-64.

[17] 廖信庭. 经济增长对税收增长影响的通径分析和实证研究[D].南昌:江西财经大学,2014.

[18] 彭静. 美国税收增减变化对美国经济增长影响的实证研究[J].湖南人文科技学院学报,2014,(10):145-148.

[19] 张利英. 新常态下GDP的"增与减"[EB/OL],求是网,2015-04-26.

[20] 中共中央. 央关于全面深化改革若干重大问题的决定[M].北京:人民出版社,2013.

[21] 俞可平. 论国家治理现代化[M].北京:社会科学文献出版社,2014.

[22] 江苏省发改委"开放型经济研究"课题组. 新常态下江苏开放经济发展新思维[J].群众,2015(4):35-37.

［23］刘兴远. 新常态下推动江苏经济发展迈上新台阶［J］. 唯实，2015(1)：18－22.

［24］程婉静，冯烽. 新常态下中国税收与经济增长的关系——基于结构向量自回归模型的实证分析［J］. 技术经济，2015(9)：97－103.

［25］郑雅卓. 关于中国税收与经济增长的因果关系［J］. 生产力研究，2012(1)：62－64.

［26］李稻葵. 什么是中国与世界的新常态［MD/OL］. 新华网，2014－10－11.

［27］卢锋. 宏观政策"知难而进"［J］. 新理财—政府理财，2014，(8)：28.

［28］胡巍. 关于税收新常态的几点思考［J］. 税务研究，2016(3)：108－112.

［29］胡怡建. 经济发展新常态税收增长新趋势［J］. 中国财政，2015(7)：40－41.

［30］边静如，毛成银，陈杰. 经济新常态下我国税收制度改革研究［J］. 改革与战略，2016(2)：43－46.

［31］国家发展改革委. 经济增速放缓首先是国家宏观调控的结果，http://www. China. com. cn/news/18da/2012－11/11/content_27073253. html.

［32］王军. 深化税制改革服务发展大局［J］. 求是，2013(24)：28－30.

［33］欧发明. 论新预算法下税收收入组织工作的新常态［J］. 经济研究参考，2015(23)：7－8.

［34］冯俏彬. 税收制度新常态［J］. 新理财，2015(1)：30－31.

［35］付敏杰，张平. 新常态下促进消费扩大和升级的税收政策［J］. 税务研究，2015(3)：11－16.

［36］盛琳. 新常态下深化税收制度改革的思考［J］. 学习与实践，2015(5)：113－118.

［37］于颖哲. 新常态下提高吉林省经济对税收贡献率的思考［J］. 税收经济研究，2015，(2)：82－87.

［38］陈国富. 新常态下做好税收收入预测工作的探讨［J］. 经济研究参考，2016(5)：65－69.

［39］Barro R J. Government Spending in a Simple Model of Endogenous Growth［J］. *Journal of Politicial Economy*，1990(98)：103－125.

［40］Kneller R.，Bleaney M. F.，Gemmell N. Fiscal Policy and Growth：Evidence form OECD Countries［J］. *Journal of Public Economics*，1999(74)：171－190.

［41］Angelopoulos K.，Economides G.，Kammas P. Tax-spending Policies and Economic Growth：Theoretical Predictions and Evidence form the OECD［J］. *European Jounal of Politicial Economy*，2007(23)：885－902.